"校企合作"教材

列车调度指挥和调度集中系统维护

主　编　余红梅
副主编　张　雄

西南交通大学出版社
·成　都·

图书在版编目（CIP）数据

列车调度指挥和调度集中系统维护 / 余红梅主编
. —成都：西南交通大学出版社，2019.8
ISBN 978-7-5643-7053-4

Ⅰ. ①列… Ⅱ. ①余… Ⅲ. ①铁路行车 – 运输调度 – 管理信息系统 – 维修 – 高等职业教育 – 教材 Ⅳ. ①U284.59

中国版本图书馆 CIP 数据核字（2019）第 177223 号

Lieche Diaodu Zhihui he Diaodu JiZhong Xitong Weihu
列车调度指挥和调度集中系统维护
主编 余红梅

责任编辑 李芳芳
特邀编辑 李 娟
封面设计 吴 兵

出版发行 西南交通大学出版社
（四川省成都市金牛区二环路北一段 111 号
西南交通大学创新大厦 21 楼）
邮政编码 610031
发行部电话 028-87600564 028-87600533
网址 http://www.xnjdcbs.com
印刷 成都中永印务有限责任公司

成品尺寸 185 mm × 260 mm
印张 15.25
字数 381 千
版次 2019 年 8 月第 1 版
印次 2019 年 8 月第 1 次
定价 45.00 元
书号 ISBN 978-7-5643-7053-4

课件咨询电话：028-87600533

前　言

行车调度自动控制系统目前在我国铁路上的应用主要有两大类，即列车调度指挥系统（TDCS）和分散自律调度集中（CTC）系统。TDCS已在全路基本普及，而分散自律CTC目前正在大力发展，其应用正在全路大范围地展开，各铁路局集团公司等用人单位明确提出需要会维护这类设备的人才。根据用人单位的需求和建议，我们编写了本书，在介绍TDCS、CTC“是什么”的基础上，重点介绍TDCS和分散自律CTC系统的日常维护、设备安装及配线、常见故障处理等关于“做什么”及“怎么做”的工作任务内容，通过对工作任务的学习，实现学生对系统功能、控制方式和设备构成等理论知识的掌握。

本教材注重实际应用，以“能力主导，理论够用”为原则，结合铁路现场，使用胶济线、武广客运专线的实际应用系统作为案例，重点介绍系统的构成、设备的布局、安装及配线和日常维护。全书分为上、下两篇，上篇介绍行车调度自动控制系统的理论知识，下篇介绍行车调度自动控制系统的日常运行维护知识。由于TDCS和分散自律CTC这两个系统有很大一部分的内容是相同的，而今后的趋势将是“以TDCS为基础，大力发展CTC”，故本书将以分散自律CTC系统为重点。

教材的内容将按照铁路现场信号工的“四懂”与“四会”基本要求进行安排，即力求通过学习，使学习者能够懂设备结构、懂设备性能、懂设备原理、懂规章制度，同时达到会使用、会维修、会排除障碍、会标准化作业的目标。教材上篇内容为“四懂知识”，以传统的章节形式展开；下篇内容则为“四会知识”，以项目和任务的形式展开，把职业能力的培养作为目标。

本书由南京铁道职业技术学院余红梅老师联合中国铁路武汉局集团有限公司张雄、裴以胜等现场专家共同编写完成，武汉铁路职业技术学院令小宁老师、陕西铁路工程职业技术学院孙青秀老师参与了编写，全书由余红梅任主编，张雄任副主编。具体编写分工如下：上篇第一、三章，下篇项目二的任务1～8及项目三，由南京铁道职业技术学院余红梅老师编写；上篇第二章由陕西铁路工程职业技术学院孙青秀老师编写；上篇第四章、下篇项目二的任务9，由中国铁路武汉局集团有限公司工电检测所张雄高工编写；上篇第五章由中国铁路武汉局集团有限公司电务处综合科裴以胜高工编写；下篇项目一的任务1和任务2，由武汉奋翼科技有限公司（原为中国铁路武汉局集团有限公司电务处高工）蔡红标编写；下篇项目一的任务1和任务2、附录1及附录2由武汉铁路职业技术学院令小宁和王蓉彬共同编写完成。

本教材的编写参考了卡斯柯信号有限公司的相关资料，如胶济线分散自律调度集中系统技术方案、武广客运专线调度集中系统培训材料等，还有部分资料来自国铁集团和有关铁路局集团公司的相关标准，同时也参考了天津职业技术学院侯启同老师2008年主编的教材《列车调度指挥和调度集中》，在此一并表示感谢，感谢他们为铁路现代化建设做出的巨大贡献，更感谢他们对铁路教育事业的大力支持。

TDCS和分散自律CTC布局面大，其功能也复杂，涉及的配套基础技术众多，包括计算机网络通信技术、多媒体技术、数据库技术、现代铁路运输管理、行车自动化以及自动信息采集等诸多技术，编者虽然花费了很大的精力来完成本书的编写，但由于水平和时间有限，书中仍然存在很多局限与缺陷，将在后续教学实施过程中不断充实与完善，也恳请广大读者批评指正。

编 者

2019年2月

目 录

上 篇 行车调度自动控制系统理论认知

下 篇 行车调度自动控制系统运行维护

上 篇

行车调度自动控制系统理论认知

本篇介绍

本篇内容为铁路信号工等岗位所必需的关于我国铁路运输目前广泛使用和大力发展的行车调度自动控制系统的“四懂知识”。通过本篇的理论学习，学习者应该能够懂 TDCS、CTC 设备结构，懂 TDCS、CTC 设备性能，懂 TDCS、CTC 设备原理，懂全路 TDCS、CTC 设备管理与维护规章制度等。在此基础上，学习者应对行车调度自动控制系统“是什么”具有简洁而又系统的理解，为后续“做什么”及“怎么做”的学习打下坚实的基础。

学习目标

- 了解我国铁路运输行车调度工作的基本任务、机构设置及职责范围。
- 了解我国铁路行车调度控制系统的应用与发展。
- 熟悉列车调度指挥系统（TDCS）的概念与功能。
- 熟悉列车调度指挥系统（TDCS）的网络结构及设备组成。
- 熟悉分散自律调度集中（CTC）系统的概念与功能。
- 熟悉分散自律调度集中（CTC）系统的网络结构及设备组成。
- 熟悉全路 TDCS、CTC 系统设备管理办法。
- 熟悉铁路电务信号部门关于 TDCS、CTC 的作业规程。

第一章　行车调度自动控制系统概述

我国铁路运输在国民经济中占有很重要的地位，它担负着全国一半以上的客运和货运周转任务。铁路运输生产昼夜不停地在全国纵横交错的 13 万多千米的铁路网上进行着，它具有线长、点多、单位多、分工细、多工种联合作业的特点，被形容为一架庞大的联动机。组成这架联动机的全路各单位和各工种必须协同工作、相互配合，才能保证铁路运输秩序正常，从而完成铁路运输任务。随着国民经济的不断向前发展，铁路运输需要借助行车调度自动控制这样的技术来调度指挥这架联动机，从而提高铁路运输效率。（截止到 2018 年年底，我国铁路营业里程达到 13.1 万千米，其中高铁超 2.9 万千米）

第一节　铁路运输行车调度工作简介

一、铁路运输调度工作基本任务

铁路运输调度工作是整个铁路运输组织过程的核心，承担着铁路日常运输的组织、协调和指挥工作。其基本任务是：严格执行国家运输政策，实现国家重点运输任务；正确编制和执行运输工作日常计划；根据市场需求，科学组织客流、货流，搞好均衡运输；经济合理地使用机车、车辆及其他运输设备，组织各部门紧密配合、协同动作，充分挖掘铁路运输潜力，实现列车编组计划、列车运行图和运输方案，完成运输计划，提高铁路运输效率，为我国经济建设和国防建设服务。

二、铁路运输调度机构设置

铁路运输调度工作通过设置各级铁路运输调度机构，实行分级管理、集中指挥。我国铁路在 2005 年 3 月 18 日之前实行的管理体制是铁道部、铁路局、铁路分局、站段四级管理模式。2005 年 3 月 18 日之后，为了提高管理效能，优化运输组织，实行了铁路局直接管理站段的体制，即铁道部、铁路局、站段三级管理模式。相应的铁路运输调度机构也设置为三级，即在铁道部设调度处，在各个铁路局设调度所，在调度所下设各工种调度、综合、安全、技术教育、生产分析以及统计室，在车站设调度室（指技术站，包括区段站和编组站）。2013 年 3 月，根据国务院机构改革和职能转变方案，实行铁路政企分离。撤销铁道部，组建国家铁路局，承担原铁道部拟定铁路发展规划和政策的行政职责，隶于交通运输部；同时组建中国铁路总公司（China Railway Corp.），承担原铁道部的企业职责。2019 年 6 月 18 日，中国铁路总公司改制成立为中国国家铁路集团有限公司（后简称国铁集团），这一改革后，中国国家铁路集团有限公司负责统一调度指挥铁路运输，实行全路集中统一管理，确保铁路运营秩序和安全，确保重要运输任务完成，不断提高管理水平，为人民群众提供安全、便捷、优质服务。

根据铁路线路布局以及客流、货流集散情况，到目前为止，我国铁路总共设置了 18 个铁路局集团有限公司，即中国铁路哈尔滨局集团有限公司、中国铁路沈阳局集团有限公司、中国铁路北京局集团有限公司、中国铁路太原局集团有限公司、中国铁路呼和浩特局集团有限公司、中国铁路郑州局集团有限公司、中国铁路武汉局集团有限公司、中国铁路西安局集团有限公司、中国铁路济南局集团有限公司、中国铁路上海局集团有限公司、中国铁路南昌局集团有限公司、中国铁路广州局集团有限公司、中国铁路南宁局集团有限公司、中国铁路成都局集团有限公司、中国铁路昆明局集团有限公司、中国铁路兰州局集团有限公司、中国铁路乌鲁木齐局集团有限公司、中国铁路青藏集团有限公司，相应设有 18 个调度指挥中心。

国铁集团设调度处、各铁路局集团有限公司设调度指挥中心（总调度室）、技术站设调度室，组成 3 级调度指挥机构。国铁集团、铁路局集团公司、技术站调度分别代表中国国家铁路集团有限公司、铁路局集团公司、技术站最高领导进行分级管理、逐级负责、统一指挥。各级运输调度部门同时受运输部门的领导和上级调度部门的指挥。

国铁集团设值班处长、调度员；各局集团公司值班调度设值班主任（必要时可设值班副主任）、主任调度员、调度员；技术站值班调度设值班站长和车站调度员（设调度室的技术站设室主任、副主任）。国铁集团值班处长、各局集团公司值班主任、车站值班站长分别领导一班工作，在组织日常运输工作时，下级调度必须服从上级调度的指挥；国铁集团、各局集团公司、车站各工种调度及有关人员分别由值班处长、值班主任、值班站长统一组织指挥。

三、各级调度主要工作职责范围

国铁集团调度统一指挥 18 个局集团公司完成全路运输生产经营任务。各局集团公司调度统一指挥管内各运输生产单位完成运输生产经营任务；技术站调度统一指挥本站的相关人员完成本站运输生产经营任务。

（一）国铁集团调度主要职责

（1）依法对 18 个局集团公司调度指挥进行监督管理和监督检查工作，维护调度纪律，正确发布调度命令。

（2）负责全路日常客运、货运和车流组织工作。组织各局集团公司及时地按计划输送旅客，平衡各局集团公司货车保有量，经济合理地使用机车车辆，充分利用铁路运输能力，挖掘铁路运输潜力，提高铁路运输效率和效益。

（3）编制和下达全路调度轮廓计划和日班计划，督促、检查各局集团公司按日班计划均衡地完成运输生产经营任务。

（4）监督检查各局集团公司按列车编组计划编车、按列车运行图行车、按运输生产经营计划组织运输，督促、组织各局集团公司按国铁集团批准的计划均衡地完成局间分界口的列车、车辆交接任务，并及时处理局间分界口出现的问题，实现局间分界口的畅通。

（5）掌握全国重点用户、港口和车站的装卸车，搞好与路外单位的协作。

（6）掌握旅客、军运及重点列车的始发运行情况；处理跨铁路局集团旅客列车的加开、停运、变更径路、客车甩挂，根据需要临时调拨客车、动车组。

（7）负责审批日常Ⅰ级施工和繁忙干线国铁集团管理的施工项目日计划，组织各局集团公司兑现施工日计划，做好施工期间的分界口车流调整工作。

（8）负责全路抢险救灾物资运输工作，及时掌握铁路交通事故、自然灾害等突发事件信息，启动应急预案，通报信息，组织救援，调整运输。

（9）按阶段收取各局集团公司调度工作报告，检查日常运输工作的完成情况。

（10）负责全路调度信息化统一规划等其他工作。

（二）局集团公司调度主要职责

（1）严格遵守和维护调度纪律，正确发布调度命令，及时处理影响行车安全的有关情况，确保调度指挥安全。

（2）组织局集团公司管内各运输生产单位充分利用运输能力，完成运输生产经营任务。

（3）负责编制和下达局集团公司调度日班计划，并组织各站段落实，提高计划兑现率。

（4）组织调整局集团公司管内的货流、车流，按阶段均衡地完成国铁集团下达的车流调整计划。

（5）根据国铁集团批准的计划，组织列车在分界口均衡交接，保证机车与列车的紧密衔接，保持与邻局的密切联系，向邻局做出正确的列车预报，及时协商、解决发生的问题，保证分界口畅通。

（6）负责组织和监控列车运行，重点掌握旅客、专运、军特运、超限超重、挂有装载危险货物车辆等重点列车，督促、检查车站按列车编组计划、列车运行图、运输生产经营计划和重点要求编发列车，实现按图行车。

（7）掌握局集团公司管内客车配属、客流变化、旅客列车的开行情况，重点掌握动车组、特快旅客列车、国际旅客列车及跨局重点旅客列车的运行情况；组织站段按计划、及时地输送旅客，组织局管内旅客列车的临时加开、停运、迂回运输、编组、车辆甩挂和实施票额调整。

（8）负责编制、下达施工日计划，发布运行揭示调度命令、施工调度命令，协调组织施工按计划进行，确保施工期间行车安全。

（9）检查、通报各站段安全正点情况，及时收取、上报铁路交通事故、自然灾害等突发事件信息，启动应急预案，通报信息，组织救援，调整运输。负责调动救援列车或向国铁集团调度请求调动跨局救援列车。

（10）及时收取、上报调度工作报告等其他工作。

（三）技术站调度主要职责

（1）严格执行各项规章、安全管理制度和安全卡控措施，遵守和维护调度纪律，认真执行上级调度命令和指示，及时处理影响行车安全的有关情况，确保调度指挥安全。

（2）掌握货源、货流、车流，根据局集团公司下达的日（班）计划，正确编制和组织实现车站的班计划和阶段计划，保证车站按列车编组计划和列车运行图编发列车，不间断地接发列车。

（3）经济合理地运用车站技术设备和能力，掌握调车机运用，组织有关部门、单位密切配合，协同动作，按作业计划、技术作业过程和时间标准，完成编组和解体列车的任务，提高作业效率，加速机车车辆周转。

（4）及时收集到达列车预确报，掌握车流变化，正确推算现车和指标，按阶段向局集团公司调度汇报车流和车站作业情况。

（5）分析考核车站日常作业计划的兑现情况和日常运输生产完成情况等其他工作。

各级调度机构为检查和落实当日运输生产计划,需不断提高铁路运输调度指挥技术手段，才能更好地完成各项经营指标和技术指标。

第二节 行车调度控制系统的应用与发展

一、传统的行车调度指挥方法

调度指挥是保证铁路运输安全和提高运输效率的关键环节。但在过去的很长一段时间内，我国铁路调度各级机构基本上采用的是“一部电话、一支笔、一把尺、一张纸”的传统行车调度指挥方式。这种传统的行车指挥方式是以调度电话为主要工具，建立在人与人之间，通过口头联系完成调度工作。调度员通过调度电话向车站值班员下达列车运行计划和调度命令，了解和监视列车的运行情况，同时记录列车运行实迹，并手工画出列车实际运行图；通过实际运行图和计划运行图的比较，确定列车交会、越行的地点，而列车在两站之间（区间）的位置，调度员只能进行估算，不能准确掌握。当列车受干扰偏离计划运行线路，例如列车在区间晚点，必须等列车到达下一个车站时，通过该车站值班员电话报告才能知道晚点多少，然后再调整计划，并下达至车站，命令值班员按调整计划接发列车，并转告司机。

由此可见，传统的行车调度指挥方式是一种完全的人工指挥模式，在这种模式下，调度人员是间接了解运行情况，然后做出判断进行行车指挥的，因此被形容为“看不见、摸不着情况下的行车指挥”。这种行车指挥方法的主要缺点之一就是行车信息延迟、发生差错的概率较大，不适应现代铁路运输发展的步伐，故需发展行车调度控制系统，实现现代化的行车调度指挥模式。

二、行车调度自动控制系统的功能

在我国，对行车调度控制系统的研究在20世纪50年代就开始了。其主要目标是通过铁路信号系统，自动收集管辖区段内的列车运行情况、车站区间信号设备状态等信息，并将这些信息及时准确地反映到调度所里，实现在调度所对铁路沿线设备状态及行车状态的监视和控制，为调度员提供管辖区段内的实际行车情况，使调度指挥工作“看得见、摸得着”，从而减少行车调度指挥信息的延误和差错，提高铁路运输生产安全和效率。

随着相关基础技术的不断进步与发展，行车调度控制系统的自动化程度不断提高，“行车调度控制系统”这一叫法渐渐被“行车调度自动控制系统”所取代。综合描述，铁路行车调度自动控制系统是指为满足铁路运输调度的要求，利用自动控制、远程控制和数字信息等基础技术，实现对管辖区域内沿线铁路车站、区间信号设备以及列车运行情况进行远程集中监视、实时控制和管理的设备。其目标是要实现行车调度指挥自动化，改善工作人员的劳动条件，提高工作效率和质量，实现铁路运输调度指挥现代化和信息化。

三、行车调度自动控制系统的发展历程

铁路行车调度自动控制系统的最早设备被命名为调度集中（CTC，Centralized Traffic Control）系统，由美国研制成功，其安装的数量也最多，其他如俄罗斯、日本、印度、巴西等国家都大量使用。近几十年来，调度集中系统所采用的基础技术随着科学技术的发展而不断更新，其功能也在不断改进和完善。按照构成系统的主要控制技术的发展历程，调度集中系统的发展可以分为如下几个阶段。

1. 继电式时代

继电式调度集中系统是指以继电器作为电路主要元器件构成的系统。在 20 世纪 60 年代以前，世界各国采用的行车指挥控制系统主要用各种继电器来控制远距离设备。美国、苏联、日本等国家在线路电路、线路继电器以及电码的组成方面做了许多研究和改进工作，以期缩短命令的平均传送时间和增加系统的控制距离，但由于使用继电器较多，继电式调度集中设备始终存在机械磨损以及维护量大等问题。

2. 电子式时代

电子式调度集中系统是指以电子元器件（包括磁芯和晶体管等）作为电路主要元器件构成的系统。20 世纪 50 年代后期，随着电子技术的发展和铁路调度集中的应用，各国逐渐在整个系统中应用了电子元器件。在 20 世纪 60 年代后，这种系统成为各国铁路的发展方向。如 1959 年美国联合道岔信号公司（WABCO USS）生产了 528 型调度集中，其控制部分为继电方式，表示部分采用晶体管，各站并行传送。

中国研制的 DD-1 型和 DD-2 型等调度集中系统就是这种类型。英国、法国铁路也先后有了电子式的调度集中系统。

3. 集成电路式时代

集成电路式调度集中系统是指以集成电路作为电路主要构成模块的系统，由复杂的布线逻辑电路组成。在 20 世纪 60 年代后期到 70 年代初，该系统开始在一些国家的铁路上安装运用。中国在 20 世纪 70 年代中期安装运用的 DD4、D4·D 等系统就是这种类型。随着大规模

集成电路的发展，可以将复杂的布线逻辑电路集成在一块小小的芯片上，进一步提高了系统的集成化，减小了系统体积，减少了电路环节，降低了故障率。

4. 计算机化时代

20 世纪 70 年代后期，微处理器和微型计算机进入了铁路信号系统，以微型计算机的硬件和软件来取代由单纯硬件组成的布线逻辑已成为铁路信息与控制技术发展的总趋势。用软件技术实现期望功能，并构成模块，使系统设计简化，可靠性增加，设备易于安装、维修、更换。各国铁路从 20 世纪 70 年代后期开始研制和运用这种系统。

5. 网络化时代

进入 20 世纪 90 年代，计算机技术、通信技术以及建立在计算机和网络技术基础上的计算机网络技术得到了迅猛的发展。调度集中从技术上均以计算机网络构成分布式系统，显示方式采用单元拼接式模拟表示盘、显示板或大屏幕投影等方式，系统逐步向综合化、智能化和网络化的大型信息管理系统发展。新建高速铁路、地铁、城市轨道交通系统，一般都毫无例外地装设这种新型的网络化调度集中设备。

四、行车调度自动控制系统的应用

（一）国外行车调度自动控制系统的应用

1927 年，世界上第一套调度集中系统——美国通用信号公司生产的单线制调度集中——安装在美国纽约中央铁路的 Stanley—Berwick 之间，其中有单线和双线铁路，以无人管理（不设闭塞设备）的车站为主，利用连续的直流电来控制远方的道岔和信号机。

20 世纪 50 年代后期随着电子技术的发展，各国的调度集中逐步实现全电子化，出现了电子式调度集中系统，信息传输由直流电码转向频率电码。到了 60 年代后期，随着计算机的发展和应用，调度集中系统进入应用计算机进行研究、开发的阶段。调度集中系统进一步扩大了系统的信息处理能力，使其不仅可以人工操作，还能实现列车进路自动控制、列车自动跟踪、列车交会和越行的预测，同时也使系统的控制范围进一步扩大，出现了能控制 1 000 ~ 2 000 km 的铁路行车指挥控制中心。这一时期有 30 多个国家的铁路设计使用了调度集中，运用里程超过 70 000 km。

从 20 世纪 80 年代起，世界各国铁路均相继开发和应用了以计算机为基础的铁路行车指挥自动控制系统，开始建立调度工作一体化的综合型调度指挥管理中心，借助于遥控遥信技术扩大其控制和监视范围，并向智能化方向发展。

进入 20 世纪 90 年代后，各国铁路均积极推进调度指挥管理中心的建设，将行车指挥自动控制作为推进铁路现代化的必要手段。美国、加拿大、苏联、日本分别有 25%、60%、30%和 70%以上的铁路都安装了调度集中系统。

随着计算机技术、通信技术和智能决策技术的发展，各国调度集中系统逐步向综合化、智能化和网络化的大型信息管理系统发展。

（二）我国行车调度自动控制系统的应用

1. 传统调度集中

我国铁路于1962年在宝成线（宝鸡—凤州段）首次安装继电式调度集中，仿制苏联的技术，后来在陇海线（郑州—开封间）也安装了一套这种制式的调度集中设备。与此同时，我国跨越了世界上发展调度集中系统的全继电器式阶段，直接着手研制电子式调度集中系统。1967年研发出DD-1型晶体管分立元件电子式的单线调度集中设备（于1969年在成昆线成都南—燕岗136 km的单线区段投入使用）；1970年又生产出改进型设备DD-2型调度集中（该设备于1971年在浙赣线向塘西—新余安装测试）；1972年在东陇海铁路（开封—商丘）131 km单线自动闭塞区段也安装了一套DD-2型调度集中，取得了提高通过能力、减少行车事故、延缓双线建设的明显效果。DD-2型调度集中对我国行车调度指挥控制的发展发挥了较大的作用，是我国自行研制生产的具有代表性的电子调度集中设备。

其后，随着集成电路技术的发展与应用，我国还研制出了在双线区段使用的调度集中，被命名为DD-3型，后改进成DD-4型调度集中。

1975年，我国又研制出了D4·D型调度集中，采用PMOS集成电路，于1977年在高寒地带的滨洲线博克图至免渡河之间安装试用，一年后通过原铁道部的鉴定。

随着超大规模集成电路微处理器等计算机技术的飞速发展与应用，我国出现了以微处理器为基础的行车调度控制系统，其典型设备就是D4调度集中，1991年应用于宝成线的宝鸡至凤州段，为单线调度集中系统。D4型调度集中系统的总机采用了微处理器技术，但沿线车站分机尚未采用微处理器。

D4型调度集中之后，我国开始研制全计算机化的调度集中，其中有作为国家重大技术装备科技攻关项目的D5型双线调度集中系统，于1993年底在大秦线使用，全长613.5 km；还有在兰新线柳园至哈密段使用的从卡斯柯公司引进的CTC4000型调度集中设备，该区段为全长272.6 km的双线区段，于1995年2月开通使用。随后，在广深准高速铁路中也运用了全计算机化的调度集中，在京广线郑州至武昌段则安装了具有计算机辅助功能的CTC4000型全计算机化的调度集中。

综上所述，在2005年前，我国铁路累计在20多个区段安装了调度集中系统，在设备配套的单线区段使用效果明显。有统计数字表明，调度集中在不增加车站到发线的情况下，单线区段通过能力可提高20%~30%；如配合中间插入双线区段，通过能力显著增加，可提高50%~70%，运行速度可提高20%左右。但由于各种原因，我国调度集中在这一时期的使用效果较差，其控制功能未能真正投入正式使用，导致调度集中系统在我国的发展十分缓慢，几乎所有的调度集中系统最终都被当作调度监督使用，即只使用了调度集中系统的表示功能。

2. 传统调度监督

所谓调度监督，是指通过应用远程控制技术中的遥信技术，将所管辖区域内信号设备的状态、各次列车的运行状况等信息从沿线的车站传递到调度所，并将信息显示在表示盘或显示器上，使调度员可以直观地了解辖区内的设备状况和行车信息，预计下一时段列车运行的趋势。

我国是 1960 年前后从电子化开始研制调度监督系统的，其主要设备有 DJ-1 型调度监督和 DD-2 型调度集中表示部分（调度监督）。计算机调度监督系统的典型设备主要有 DJ4 型、DSS3000 型、TY-DJ 型等。DSS3000 型双线调度监督设备是卡斯柯公司引进美国 GRS 公司以通用型计算机为基础的调度监督设备，是 CTC4000 的表示部分。TY-DJ 型计算机调度监督系统，开始是作为枢纽调度监督系统开发的，后来扩展到分界口和区段。其中铁道部科学研究院研制的 DJ4 型计算机调度监督系统，是一套通用的并能基本满足当时我国铁路运营要求、反映现代科技水平的监督系统。

由于调度监督系统可以向调度所实时提供站场设备状况和列车运行情况，使调度员对所管辖区段情况一目了然，而且减轻了调度员收集行车信息的工作量，因此受到行车指挥人员的一致欢迎。到了 20 世纪 90 年代初期，我国调度监督的建设约有 19 000 km，占设备里程的 30%以上，另有枢纽和分界口调度监督近 80 处。

这一时期的调度集中与调度监督的建设与使用，为我国铁路运输调度指挥的现代化建设做出了极大的贡献，但这些传统的调度集中与调度监督均因为配套技术落后、功能单一等原因，未能在铁路上推广，也不能满足当前我国铁路信息化建设的要求。

3. DMIS（TDCS）

1996 年，铁道部开始实施 DMIS（Dispatching Management Information System）工程，即铁路运输调度指挥管理信息系统。DMIS 是为了提高现有运输指挥手段、提高调度管理水平和运输效率、改善调度指挥人员工作条件的大型综合性系统工程，它覆盖全国铁路，实现全国铁路系统内有关列车运行、数据统计、运行调整及数据资料的数据共享、自动处理与查询。

2005 年初，铁道部把 DMIS 规范为铁路列车调度指挥系统，即 TDCS（Train Dispatching Command System）。TDCS 是从现代化的运营和管理角度构造的一种全新的调度控制系统，通过实时采集有关行车及设备的动态信息，实时追踪和监控铁路列车运行信息，追踪列车的运行实迹，监视现场设备的状态，是覆盖全国的现代化、网络化、数字化的铁路行车调度指挥系统。经过十几年的建设，它实现了全路联网，已全部覆盖 18 个铁路局集团公司、5 000 多个车站，实现了对全路和全局的运行列车进行实时管理、集中监视的功能，做到了“透明指挥”，全面提高了行车安全程度和列车正点率，提高了铁路运输能力和效率。

4. 分散自律调度集中

我国传统调度集中实现了列车作业的中心远程控制，但不能实现调车作业的远程控制，而且因配套技术跟不上，许多有关行车调度指挥的工作仍停留在人工阶段；TDCS 实现了行车调度指挥自动化，但不能解决行调作业冲突问题。因此，我国铁路部门一直致力于研制出能适合我国铁路客货混运、调车作业量大等运输特点的新一代调度集中系统，即分散自律调度集中（CTC）系统。2004 年 5 月，卡斯柯信号公司研制出第一套分散自律调度集中系统 FZK-CTC，通过铁道部技术审查后在青藏公司西宁—哈尔盖调度区段正式使用，这标志着我国在行车调度控制自动化领域进入了世界先进行列。目前，分散自律 CTC 系统开始在六大干线和主要运煤通道、客运专线全面安装使用。

分散自律调度集中系统是采用了分布式计算机网络控制技术、无线通信技术、现代控制技术的智能化的遥控遥信系统，它将列车运行由人工指挥调控变为计算机列车运行阶段计划智能自动调控。系统在 TDCS 的基础上，具备运行图日班计划自动生成、阶段计划自动调整下达、列车运行控制自动调整（含调度命令自动下达）、进路自动排列等功能，减轻了调度员的工作负担。按照智能化“分散自律”的设计原则，车站分机具有复杂的逻辑运算与逻辑判断功能，系统每一个分机都具有以列车运行阶段计划为核心的自律机制，具有接收列车运行调整计划并自动执行计划的功能，列车运行调整计划的制订与调整由调度中心完成，计划的执行由沿线车站分机自主判断完成。

分散自律调度集中是专门针对我国铁路复杂的运输组织状况，在吸取国内外调度集中设备的经验和广泛听取运输部门意见的基础上提出的一种新型调度集中系统。它以 TDCS 为平台，以调度集中为核心，综合了计算机技术、数字化信息传输、无线通信技术、网络信息技术、智能化控制技术等，实现了行车调度指挥自动化，是铁路信息化、现代化建设的重要内容。

目前我国最主要的两大行车调度指挥自动化系统是列车调度指挥系统（TDCS）和分散自律调度集中系统（FZ-CTC）。其中，调度集中系统在我国的应用与研究由来已久，但在 2003 年前，其一直没有得到推广。究其原因，主要是基础技术和相关配套技术的落后，解决不了我国客货混运这样的铁路存在的列车调度冲突等实际问题。自从 2003 年卡斯科信号有限公司在青藏线西宁—哈尔盖调度区段实施的分散自律型调度集中系统得到铁道部的认可，随后相继在胶济线、浙赣线、武九线、京津城际、京广高铁、京沪高铁、杭黄高铁等线路上使用，新一代分散自律型调度集中不断得到认可与推广。特别是在客运专线高铁线路，分散自律型调度集中（FZ-CTC）与计算机联锁（CBI）以及中国列车控制系统（CTCS）一起构成三大基本系统，它的功能及实际价值得到了空前的提高。

第三节　传统调度集中与新一代调度集中

一、传统调度集中存在的问题

（1）智能化程度不高。

传统调度集中的行车调度指挥手段不能摆脱老三件，未能将调度员从烦琐的工作中解脱出来，又不具备列车进路自动和智能控制功能，反而将车站值班员的既有工作内容加给了调度员，加大了调度员的工作强度，也使调度员的工作负担和责任都较以往更大。另一方面，摆脱不开对车站值班员的依赖，许多工作仍然依靠车站值班员完成，不能实现运输组织的根本变革。

（2）交放权频度过多。

传统调度集中不具备调车进路远程控制功能，调车作业导致频繁交放权。由于传统调度集中只负责列车的集中指挥和控制，对调车作业未采取任何技术措施，只要车站一进行调车作业，就会出现中心控制与车站控制权力的交接问题，并且交放权手续繁杂、过程麻烦，而我国铁路沿线车站都有不小的调车作业量，频繁的交放权不适合我国铁路的这种路情，严重影响使用的积极性。

（3）车次号的传输与校核技术不完善。

在传统调度集中里，车次号的传输、生成，运行图的自动生成、调整，以及无线传输技术的应用等关键技术没有突破。而车次号是调度集中的基础信息，传统的调度集中在列车车次号自动输入、自动校核、自动跟踪上的技术问题没有得到完全解决，造成车次号丢失或车次号错误，影响调度集中系统的正常使用。

（4）无线通信手段不能满足要求。

调度集中是基于调度所对列车进行集中指挥和调度管理的系统，它不同于传统的调度员→车站值班员→司机（车长）的间接运输组织指挥模式，它是调度员对列车（司机）的直接指挥与管理。因此，必须保证调度指挥中心对列车（司机）的直接指挥，必须具备调度员与司机直接良好的通信能力，而当时的无线列调技术在这一方面不能保证。

（5）不具备非正常情况下涉及的安全按钮的控制功能，无法实现非正常情况下的远程控制。

（6）可靠性水平低。

传统调度集中基于当时的技术水平，技术落后，质量不高，故障频发，再加上信号设备基础质量不高，使系统的可用度不高。系统经常的停用带来针对运用管理的调度命令频发，增加了各级的工作量。传统调度集中设备上道，不但使各级运输生产指挥部门感到没有益处，反而带来很多麻烦。

由于传统调度集中存在上述一些问题，现场对采用调度集中进行列车集中指挥和调度管理没有积极性。再加上当时对运力资源调整改革、减员增效的认识不高，导致对调度集中没有明显需求。因此，传统调度集中没有得到推广，研制新型调度集中就必须解决上述问题。

二、新一代调度集中的特点

（1）智能化系统。

智能化就是利用计算机软硬件技术（含 DMIS 技术），通过对实际运输生产中的调度指挥工作流程进行优化处理，并转化为计算机控制程序，使运输组织指挥达到智能化、自动化，最大限度地将调度员从烦琐的工作中解放出来。新一代调度集中将在目前 DMIS 的基础上，实现列车运行计划自动调整，实际运行图自动描绘，调度命令多媒体下达（可根据列车运行计划执行情况自动向有关列车发送信息），事件自动记录，为统计分析提供原始数据，使行车调度员彻底摆脱老三件，将主要精力专用于行车计划管理、调整，确保列车按图运行、安全正点高效运行，从而提高运输效益。

（2）分散自律系统。

分散自律就是利用基于 TDCS 的现代计算机技术、网络技术、信息处理技术和智能化软件，实现列车运行调整计划（阶段计划）由中心自动下传到各个车站的分散自律机，并由自律机自主执行，完成列调车进路的自动协调办理。新一代调度集中系统将没有中心控制权与车站控制权之分，只有指令来源不同之分，通过列车运行阶段调整计划进行来自多处指令的自律，科学合理地解决中心控制与车站控制（含调车作业）的矛盾；新一代调度集中只存在非常站控模式，正常情况下不存在控制权转换问题；车站参与的控制只能影响过路选择，而不能影响列车运行调整计划的执行，除非是特殊情况。

（3）不仅面向列车作业，同时解决沿线调车作业问题。

新一代调度集中必须适合我国路情，不仅要完成对列车作业的集中控制，还要解决沿线车站调车作业的集中控制。因此，新一代调度集中和传统调度集中不同，它不但要采集列车进路信息，还要采集调车进路信息，实现现场设备完整、如实地显示。通过采用分散自律技术，在阶段计划的控制下，解决以往因调车作业带来的频繁交放权问题，实现中间站调车作业的集中控制。具体措施有：本务机（含小运转）担当的调车作业原则上由调度中心负责编制作业计划，实现调度集中条件下集中管理；设有调车机的调车作业计划由车站负责编制，并通过新一代分散自律机约束检查后具体执行；凡涉及列车作业相关进路的调车作业指令，必须经过空间与时间上的冲突检查后，在确保不影响列车作业的基础上，才可变成执行命令进行执行。

（4）不但适应有人车站，也适应无人车站。

经研究得出结论，新一代调度集中是依靠先进的计算机技术、网络技术和智能化技术，通过对现行运输过程的优化，实现调度指挥中心对列车运行的直接集中管理与调度指挥，实现以列车运行为主、沿线调车作业为辅的行车指挥自动化，强化干线运输能力的调控手段。在配套子系统到位的情况下，如在无线通信系统、车次号校核子系统、无线调度命令传送系统、列车编组顺序电子信息的基础上，增加取代车机联控的自动预告系统，则完全可以在没有客货运业务的中间车站实现行车、调车作业控制无人化。新一代调度集中真正成为既是行车指挥现代化技术装备，也是现代铁路运输组织模式。这样将大大促进我国铁路运力资源的调整和改革工作，将从技术措施上保证关停部分车站、实现减员增效的战略部署。

（5）充分体现 TDCS 平台的基础作用。

近几年，TDCS 调度指挥信息管理系统的建设已取得明显进展，实现了列车运行阶段计划自动调整、实际运行图自动描绘、调度命令自动下达、行车日志电子信息化，许多区段已经实现甩图，行车调度工作在信息层次基本实现了现代化。除此之外，随着 TDCS 的建设，铁路沿线初步具备了信息网络，这为新一代调度集中的研究和装备奠定了重要基础。经研究得出如下结论：在 TDCS 基础上建设新一代调度集中，原有 TDCS 技术装备不但不应废弃，反而需要按照行车指挥控制的要求进一步加强，功能要进行进一步补充，从而可以大大加快新一代调度集中的建设步伐。

（6）充分体现高可靠性的技术特点。

高可靠性就是采用冗余系统配置和高质量的软硬件产品，使系统的可用度达到先进水平，并通过故障弱化措施，突破以往的技术误区，大大提高系统的可用度。新一代调度集中系统采用高性能、高质量、高可靠的计算机设备，服务器、工作站、数据库以及网络设备，从中心到车站全部是双套冗余配置。广域网采用了迂回、环状、冗余设计，对于新建客运专线、高速铁路又特别提出了可使用独立的光纤，以便满足对不同光缆敷设路径的更高要求。对电源和通道同步提出了高性能配置和雷电防护要求，应满足国铁集团颁布的电磁兼容和防雷标准。在调度中心设置网管工作站，通过网络拓扑技术以及故障诊断技术，可以将网络上每一节点的状态进行实时监控。与此同时，专门设置了电务维护工作站，用于监视系统的运行状况，对中心控制工作站、车站自律分机的所有操作命令、设备运用状态、故障报警信息进行分类、记录和输出。采用远程维护服务器，用于远程紧急技术支持，在维护人员授权的情况下，可以进行异地远程修复及其他技术支持。新一代调度集中明确要求具有自我诊断、运行日志保存、查询和打印等功能，并实现维护专家系统功能，真正实现系统维护工作现代化。

（7）充分体现标准统一的原则。

我国铁路信号发展的经验表明，凡是我们自主研发的技术装备，标准越规范、制式越统一、技术越成熟，技术发展就越顺利。所以，从开始研究技术规范到系统成型将充分体现标准统一、制式统一、功能统一的原则。新一代调度集中系统标准统一的内容主要有系统基本功能统一、网络结构统一、用户协议统一、系统软硬件平台统一、无线通信接口统一等，特别要求面向车务操作的人机界面要全面统一。因为新一代调度集中是一个全新的理念，上述要求是工作中应该遵循的重要原则。

请思考

1. 铁路运输调度工作的基本任务是什么？
2. 试述我国铁路运输调度机构的设置情况。
3. 传统的行车调度指挥手段是什么？它的缺点有哪些？
4. 行车调度自动控制系统要实现的目标是什么？
5. 从技术上看，行车调度自动控制系统经历了哪几个发展阶段？
6. 从应用的角度上看，我国行车调度自动控制系统出现过哪些设备制式？
7. 调度监督和调度集中的区别在哪里？
8. 传统调度集中存在的问题主要有哪些？
9. 目前我国铁路现场广泛使用的行车调度自动控制系统有哪些？将大力发展的是哪一个？

第二章　列车调度指挥系统

第一节　TDCS 概述

一、TDCS 的概念

TDCS 即我国列车调度指挥系统，是 Train operation Dispatching Command System 的缩写。TDCS 是 2005 年原铁道部在《铁路信息化总体规划》中重新定义的概念，由 DMIS 系统改名而来。DMIS 于 1996 年开始在全路实施建设，经过十多年的努力，基本上实现了全路联网，解决了行车指挥自动化的问题，使行车指挥脱离了传统的人工模式，实现了运行阶段计划的自动生成和辅助自动调整等功能。DMIS 重在信息管理，而 TDCS 除此之外，还重视控制的实时性。

TDCS 是实现铁路各级运输调度对列车运行实行透明指挥、实时调整、集中控制的现代化信息系统。TDCS 采用铁路信号技术、计算机技术、通信技术、网络技术、多媒体技术和数据库技术，通过铁路既有专用数据通道，将国铁集团、铁路局集团公司以及全路所有车站连接成一个实时、可靠、安全的 TDCS 网络系统，实现了铁路运输组织的科学化、现代化，增加了运能，提高了效率，减轻了调度人员的劳动强度，改善了调度指挥的工作环境。

二、TDCS 的发展历程

从 20 世纪 80 年代后期以来，全路信号研究设计部门、科研机构以及各局集团公司的信号工程技术人员，为全路运输调度指挥管理信息系统工程的立项决策做了大量的前期准备工作。

1994 年，铁道部电务局、运输局正式提出建设铁路运输调度指挥管理信息系统的可行性研究报告，工程名称确定为 DMIS 工程。

1996 年 1 月 18 日通过了可行性报告，决定组织建设 DMIS 工程。1996 年 10 月 3 日，铁道部下达了《关于铁路运输调度指挥管理信息系统工程总体方案的批复》。

1997 年 6 月 11 日确定了 DMIS 一期工程范围。1997 年 12 月，上海、北京、济南、沈阳、郑州铁路局及广铁（集团）公司的 DMIS 一期工程方案通过了审查。

1998 年 1 月 16 日，铁道部下达了《关于对 DMIS 初步设计文件修改意见的通知》。1998 年 1 月 19 日，铁道部下达了《关于铁路运输调度指挥管理信息系统（DMIS）工程初步设计的批复》。1998 年 3 月 26 日，铁道部下达了《关于加快 DMIS 一期工程建设的通知》，明确了工期要求，工程实施正式起步。

2000 年 4、6、8 月，铁道部运输局基础部分别在北京和南京召开了无线车次号校核系统技术和工程实施的会议，对技术方案的确定、工程实施的步骤、产品生产的进度等进行了具体的安排。

2001 年，全面进行 DMIS 二期工程建设，进入建设新高潮。

2003 年 11 月，兰州铁路局率先开通覆盖全局所有干线及主要支线的 DMIS。2003 年年底，又在京沪全线全面实现了 DMIS 功能，全线一百多个车站全部实现车站值班员用计算机接收阶段计划、调度命令、生成行车日志等功能。

2004 年，基本上形成了铁道部、铁路局高度指挥中心和四大干线（京沪、京哈、京广、京九线）车站基层网。

2005 年，根据铁路信息化总体规划，DMIS 更名为 TDCS。运输局基础部提出了以 TDCS 为平台、以 CTC 为核心，构建我国铁路现代化的调度指挥系统，力争在 2006 年前在全路所有干线装备 TDCS 的建设目标，从而实现我国行车调度指挥现代化的历史性突破。

目前，已建成覆盖国铁集团、18 个局集团有限公司、全路 70 多条繁忙干线和主要干线共 5 000 多个车站的 TDCS，为实现全路运输调度的集中管理、透明指挥、实时监视、自动调整，达到提高运输效率、保证行车安全、减员增效的目标，打下了坚实的基础。

三、TDCS 的功能

TDCS 系统功能的形成，主要经历了以下三个阶段：

第一阶段，主要是建设各级网络并将各级网络连通，将原有的调度监督系统（DSS，Dispatching Supervision System）信息、初步的行车统计信息和采用逻辑追踪的列车车次号信息传送到原铁路局和原铁道部调度中心。我国前期建设的传统 DSS 系统能够实时反映整个运营线路上进路开通、信号显示和列车走行的信息，为调度人员提供行车指挥的决策依据。该系统功能单一，但实时性强。

第二阶段，完善原铁路局和原铁道部的 TDCS 功能。这一阶段以 2001 年 6 月原铁道部运输局在原上海铁路局召开的 TDCS 工作会议为标志，原铁道部把当年所属原上海铁路局的南京分局 TDCS 确定为“南京分局模式”。2001 年 10 月，由原铁道部科教司组织召开“铁路局及分局 TDCS 技术鉴定会”，通过了原铁路分局 TDCS、原铁路局 TDCS 技术鉴定，并决定在全路进行推广。在这一阶段，TDCS（早期为 DMIS）在调度监督的基础上增加了调度命令、站间透明、阶段计划下达、无线车次号校核、车站值班员日志（运统二/三）等功能。

第三阶段，调度所实现了“甩图”功能。所谓“甩图”，就是调度员完全抛弃原有的利用笔、纸（图）、调度电话、橡皮进行调度指挥的原始手工作业方式，使用 TDCS 网络实现列车运行计划自动调整、计划和命令自动下达，以及自动收点等工作。

总的说来，TDCS 最基本的功能是查看辖区内站场总画面和单站画面，实现对行车信息的监控，为各级调度人员和相关调度领导提供实时行车信息，为他们做出更加合理的调度决策提供更多更有效的科学依据，使铁路运输安全进一步加强、效益进一步提高。这一点也是传统调度监督系统的功能，只是 TDCS 实现的监视范围更大，提供的信息更多。

除此之外，利用计算机、网络及其他多媒体设备，TDCS 还能实现许多自动化功能，主要包括列车实际运行图的自动绘制、调度命令和日班计划的自动下达、行车日志的自动生成、自动报点等，使行车调度指挥工作迈入自动化时代。

具体来讲，按《铁路技术管理规程》要求，TDCS 要实现以下基本功能：

（1）对列车在车站和区间运行进行实时监视、实时追踪，动态调整、自动生成列车运行 3 小时阶段计划，实现列车调度命令的自动下达和实际运行图的自动描绘。

（2）实现分界口交接列车数、列车运行正点率、行车密度、早晚点原因、重点列车跟踪等实时宏观统计分析并形成相关统计报表。

（3）显示铁路路网、沿线线路、车站、救援列车分布等主要技术资料和气象资料。

（4）对区间和车站列车进路进行实时检测。

（5）通过无线车次号校核系统（radio train number checking system）实现列车车次号的自动跟踪和无线车次号自动校核。

（6）列车运行自动采点。

（7）自动生成“行车日志”和“列车运行图”。

（8）对有关列车运行的历史重现，为铁路事故救援、灾害抢险、防洪等提供决策参考。

（9）列车早晚点自动计算与部分运输指标自动统计和分析。

（10）站场实际状况、列车运行实际状况的历史再现。

（11）高性能的网络安全功能。

四、关于行车调度指挥工作的几个基本概念

1. 运行图

运行图可以分为：基本运行图、日班计划运行图、3 小时阶段计划运行图、实际运行图。

（1）基本运行图：国铁集团每年颁布的年度计划中的列车运行图，包括车次号、列车类别、运行等级、到发时刻表、区间运行时分、作业情况等信息。基本运行图一般一年内更改两次。

（2）日班计划运行图：当日 18 时至次日 18 时的运输计划。日班计划运行图是根据基本运行图及当日列车运行要求而做出的。它包括机车周转计划、列车工作计划、货运工作计划，包括列车停运、列车增开、列车改线运行、股道或区间封锁、施工开天窗、货车甩挂作业等信息。日计划分为两个班计划：当日 18 时至次日 6 时为第一班计划，次日 6 时至次日 18 时为第二班计划。

（3）3 小时阶段计划运行图：我国铁路运输能力小于运输需求，为最大限度地满足客户要求，运行计划排得满满的，没有必要的余量来满足客观情况的变化，日班计划往往难以实现，不得不随时制订 3 小时阶段计划来指挥列车运行。由此看来，3 小时阶段计划是保证实现班计划任务的 3 ~ 4 小时具体行动计划，是调度员组织实现计划任务的主要手段。

（4）实际运行图：是 3 小时阶段计划执行的历史记录，也是下一个日班计划和 3 小时阶段计划编制的参照。

2. 分界口

分界口指局与局之间的交界车站。如武汉铁路局集团公司与郑州铁路局集团公司的分界口有 4 个，即孟庙—小商桥、余官营—宝丰、小林—李家湾、耿坡—部营；武汉铁路局集团与广州铁路局集团的分界口有 3 个，即蒲圻—茶岭、赤壁北—岳阳东、西斋—澧县。

3. 无线车次号校核系统

无线车次号校核系统是从移动的列车向地面方向可靠地传送车次号、机车号、列车速度、位置和编组等信息的系统，是 DMIS 的子系统之一。DMIS 采用无线车次号校核系统后，改变了过去调度监督系统只能依靠人工输入车次号的局面，使系统具有列车车次号实时跟踪、校核和列车运行状态信息传输的能力，有利于实现列车运行计划调整、运行数统计和实时运行图自动绘制等功能。

第二节　TDCS 的结构

一、TDCS 总体结构

目前我国铁路运输管理体制是国铁集团、18 个局集团有限公司、车站 3 级管理体制，TDCS 作为列车调度指挥系统，是以国铁集团和各局集团有限公司列车调度指挥为核心，以站段为基础的调度指挥系统。为适应现行的铁路运输管理体制，根据《铁路技术管理规程》，将 TDCS 从上至下设计为 3 级网络结构，即国铁集团调度指挥中心系统、各局集团有限公司调度所指挥系统、站段基层信息采集系统三部分，如图 1.2.1 所示。

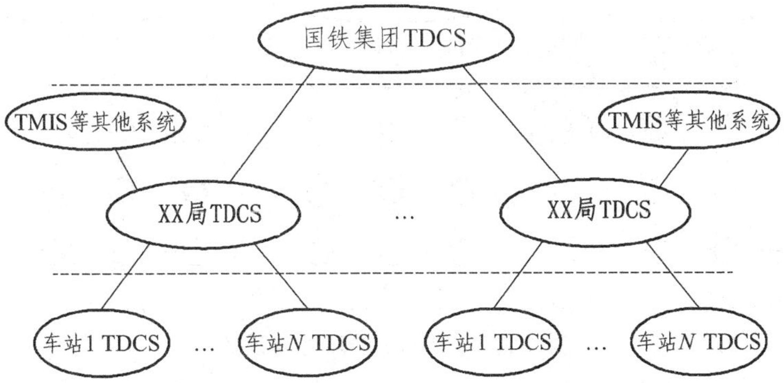

图 1.2.1　TDCS 整体结构示意图

3 层结构中的最高层为国铁集团调度中心 TDCS，第 2 层为 18 个局集团公司调度所 TDCS，第 3 层为设置在沿线各个车站信号楼机械室和运转室的车站 TDCS。这些分散在全路各地的 TDCS 通过网络连接，构成一个覆盖全路的现代化铁路运输调度指挥和控制的大型网络系统。

国铁集团 TDCS、18 个局集团公司调度所 TDCS 以及全路沿线各车站 TDCS，都各自构成独立的局域网，然后国铁集团 TDCS 局域网和各局集团公司 TDCS 局域网之间、局集团公司 TDCS 局域网和各个车站 TDCS 局域网之间采用专用通道连接起来，构成一个覆盖全路的广域网。

与其他信息系统的数据交换，在各局集团公司调度所 TDCS 这一层通过网络接口实现。TDCS 可以向其他信息系统提供列车运行调整计划、列车运行实际状况及列车运行早晚点情况等信息，同时从其他系统接收列车运行计划、列车编组情况、站存车等信息。图 1.2.1 中的其他信息系统主要指现有的铁路运输管理系统（TMIS）、车辆管理信息系统（CMIS）、集装箱系统、车次号自动识别系统（ATIS）等。

（一）TDCS 层次化结构设计

作为铁路信息化建设的一部分，TDCS 覆盖全国，构成一个非常庞大和复杂的广域网系统。TDCS 组网的原则是统一规划、统一标准、合理布局，并要求使用铁道部统一标准，统一分配 IP 地址和域名。整个 TDCS 网络由局域网和广域网组成，采用成熟的 TCP/IP 技术和多层交换技术组网。

目前网络结构设计通常采用层次化的网络设计原则。网络层次的多少是按网络规模和网络中信息传输的流向和流量进行设计的，通常有以下 3 层：核心层、区域层和接入层。

TDCS 的网络系统也采用了核心层、区域层、接入层的 3 层的层次化构架设计理念。这样的层次构架正好符合我国铁路运输现行的 3 级管理体制，即国铁集团指挥中心、各局集团公司指挥中心、基层调度指挥点 3 级。TDCS 层次化网络体系结构如图 1.2.2 所示。

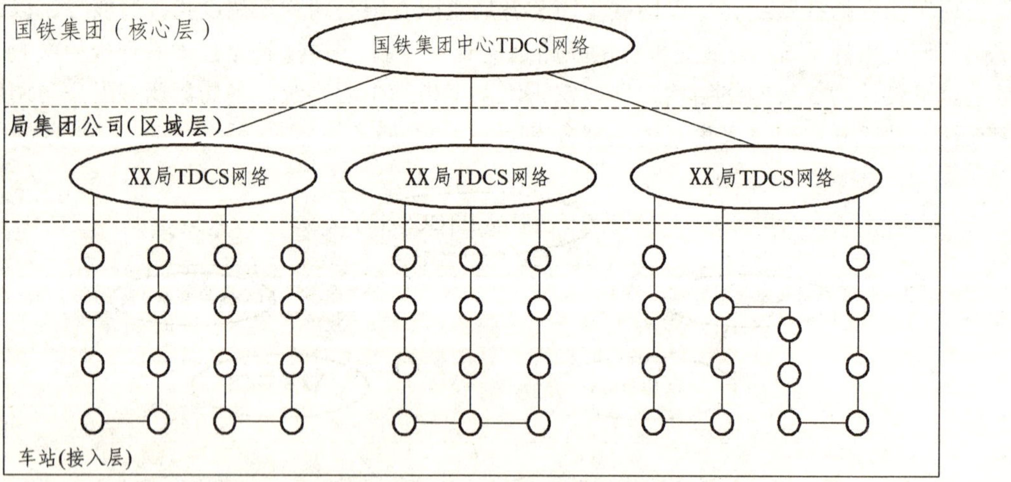

图 1.2.2 TDCS 的层次化设计

注：○表示车站 TDCS 局域网。

在 TDCS 中，核心层是整个 TDCS 网络系统的最上层，是系统的中枢，国铁集团中心 TDCS 为核心节点。

区域层由各局调度所 TDCS 组成的网络构成，在 TDCS 中主要负责汇聚接入层各信源点采集到的信息，并上传至各局集团公司调度所 TDCS、国铁集团中心 TDCS，并把国铁集团、局集团公司下达的调度命令传达至各信源点。各局集团公司调度所 TDCS 叫作区域节点。

TDCS 系统的广域网区域层涵盖所有的局集团公司调度所 TDCS。

接入层即沿线车站 TDCS 局域网，主要负责信息的采集，向调度中心提供所需信息，并接受调度中心下达的命令、信息等。

核心层和区域层共同构成 TDCS 广域网的骨干网。骨干网是网络中担任主要数据传递和交换功能的实体集合，也就是说它既是一种“传输网”，又是一种“交换网”，包括了两部分网络的功能——数据传输和数据交换，同时还负责较小网络之间的主要通信量。TDCS 通过专线和数据链路构成了庞大的网络体系，通过骨干网可完成整个系统中的大容量信息发送、转接、中继等任务。

骨干网由节点和节点互联线路构成，在 TDCS 中，骨干网涵盖了国铁集团调度指挥中心节点、局集团公司调度指挥中心节点以及这些节点之间的连接通道。

骨干网是整个网络的关键部分，为提高系统可靠性和实时性，骨干网现采用双专线连接，且选用不同物理路由。两路专线则分别连接两套网络设备，通过两路多条专线方式，完成各局集团公司调度所至国铁集团中心以及相邻局集团公司调度所之间的 TDCS 互相连接。规定骨干网专线通道带宽每条不应小于 2 Mb/s，网络拓扑结构采用部分网状网结构。网状网结构的优点是线路冗余度大，网络连接可靠性高，相连节点间可直接通信；缺点是线路利用率低，网络成本高，另外网络的扩容也不方便，每增加一个节点，需增加多条线路。

综上所述，国铁集团中心 TDCS 是整个 TDCS 的核心，通过组建广域网系统与 18 个局集团公司指挥中心相连。各个局集团公司中心 TDCS 系统即调度所之间以及调度所与基层调度指挥点之间也通过组建广域网系统进行相互连接。整个网络的基本信息由各个基层调度指挥点采集获得。

（二）TDCS 冗余设计

国铁集团中心 TDCS、各个局集团公司调度所 TDCS、各个车站基层信源点各自构成专用局域网，并设置专用信息处理平台，用于管理和提高数据处理效率等。各级局域网通过专用数字通道构成的广域网相连，以实现各级之间的信息交换。

各级 TDCS 局域网的关键设备均采用冗余配置，国铁集团、局集团公司调度所以及沿线车站的 TDCS 网络一般也需采用双网冗余技术，但 CTCS-0 或 CTCS-1 区段车站的 TDCS 可以采用单网设计。

TDCS 冗余设置如图 1.2.3 所示。

1. 广域网连接采用双网冗余设置

国铁集团指挥中心 TDCS 节点至各局集团公司调度所 TDCS 节点、各局集团公司调度所 TDCS 节点之间均采用双专线连接。两条专线分别连接两套设备、选用两条不同物理路由，最大限度地保证 TDCS 核心层不发生中断。根据现阶段 TDCS 的信息量，专线通道带宽每条至少为 2 Mb/s，今后可视发展采用更高带宽的专线组网。同样，局集团公司调度所 TDCS 节点和各车站 TDCS 节点之间、车站和车站 TDCS 节点之间也都采用带宽至少为 2 Mb/s 的双专线连接。

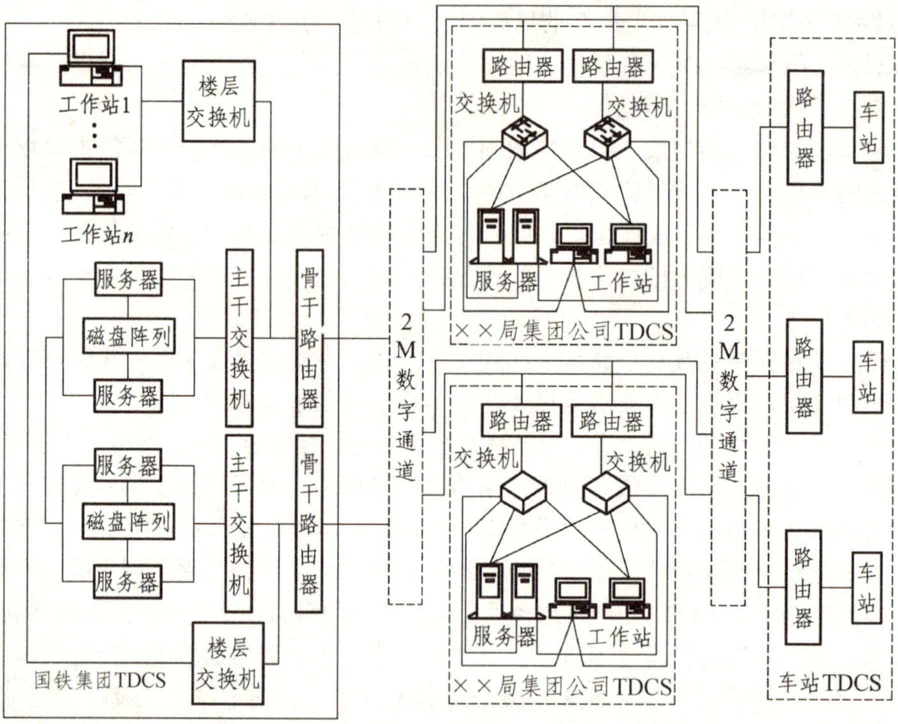

图 1.2.3 TDCS 系统的冗余设计

2. 关键设备采用双套冗余设置

国铁集团关键设备，如服务器、主干交换机、楼层交换机、骨干路由器等均采用双套设置；局集团公司关键设备，如服务器、交换机、路由器等也都采用双套设置；车站关键设备，如 TDCS 分机、交换机、路由器、协议转换器等同样都采用双套设置。

二、国铁集团调度中心 TDCS 局域网

国铁集团调度指挥中心 TDCS，是整个 TDCS 系统的重要组成部分，是 TDCS 的最高层系统，它由高性能、高可靠的计算机网络系统构成。

（一）网络构成

如图 1.2.4 所示，国铁集团中心 TDCS 以国铁集团调度中心大楼三、六、九（图中略）、十层为主体，构成一个国铁集团调度指挥中心 TDCS 局域网，并通过 2 M 专线、路由器与 18 个局集团公司调度所 TDCS 连接，构成广域网系统。其主要功能是完成相关信息交换，建立全路各专业技术资料库等，获取各局分界口、重要铁路枢纽、主要干线等的运输状况和调度监督等实时信息，为国铁集团领导的决策提供真实可靠的信息，实现调度指挥工作的现代化管理模式。

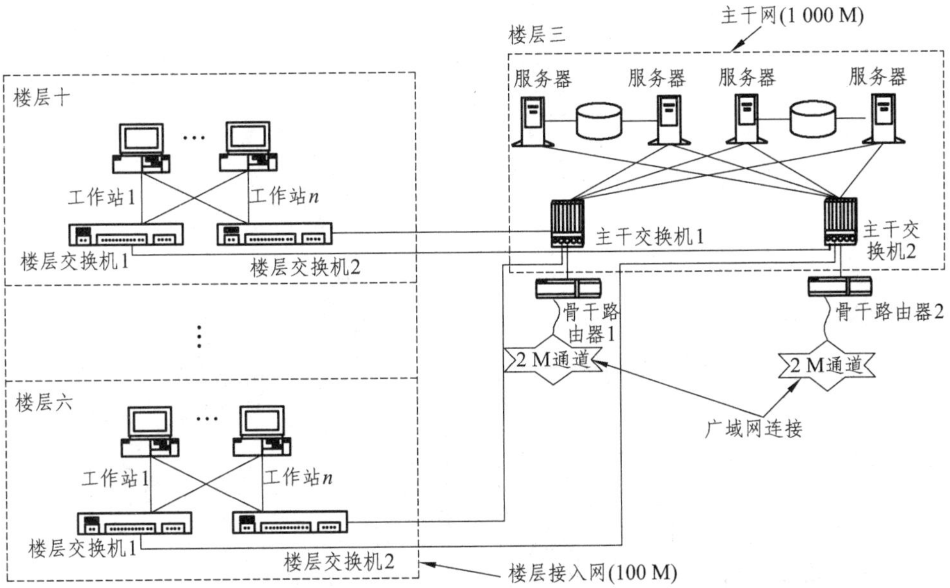

图 1.2.4　国铁集团 TDCS 局域网构成

国铁集团调度指挥中心 TDCS 局域网由主干网和楼层接入网构成。

主干网是国铁集团 TDCS 网络系统的核心，用来连接小型机、高性能服务器、路由器设备和楼层接入网交换机、工作站等设备。主干网采用成熟的 1 000 Mb/s 以太网技术，传输介质采用光纤，为各楼层客户及服务器之间提供高速的信息交换通道。各楼层用户接入网采用高效率的 100 Mb/s 以太网构成。

网络系统具有冗余和备份能力，可使网络系统不间断运行；采用双网设计，主干网及楼层接入网设置两台核心以太网交换机。服务器和工作站均采用双以太网适配器相互连接，任何两台计算机设备之间都具有两条通信通道。

国铁集团调度指挥中心使用路由器，通过 2 M 专线通道与各铁路局集团公司调度指挥中心进行信息交换。在国铁集团调度指挥中心设有两套路由器设备，与每个局集团公司采用两条 2 M 专线通道连接。两条通道能均衡信息流量并互为主备，保证远程通信的可靠性。为了实时监视和记录国铁集团 TDCS 与各铁路局集团公司 TDCS 通信通道的状态，2 M 专线通道一侧还装了通信质量监督设备。

（二）设备组成及功能简介

国铁集团 TDCS 的设备组成如图 1.2.5 所示，主要包括：

1. 各种功能不同的服务器

服务器是局域网中的重要设备，系统设置 2 台数据库服务器、2 台应用服务器、8 台通信服务器和 2 台信息接口服务器。所有服务器共享一套存储系统（SNA 光纤磁盘阵列和磁带库），对所有工作站提供数据库访问与应用服务。每台数据库服务器和应用服务器配置相同，配置

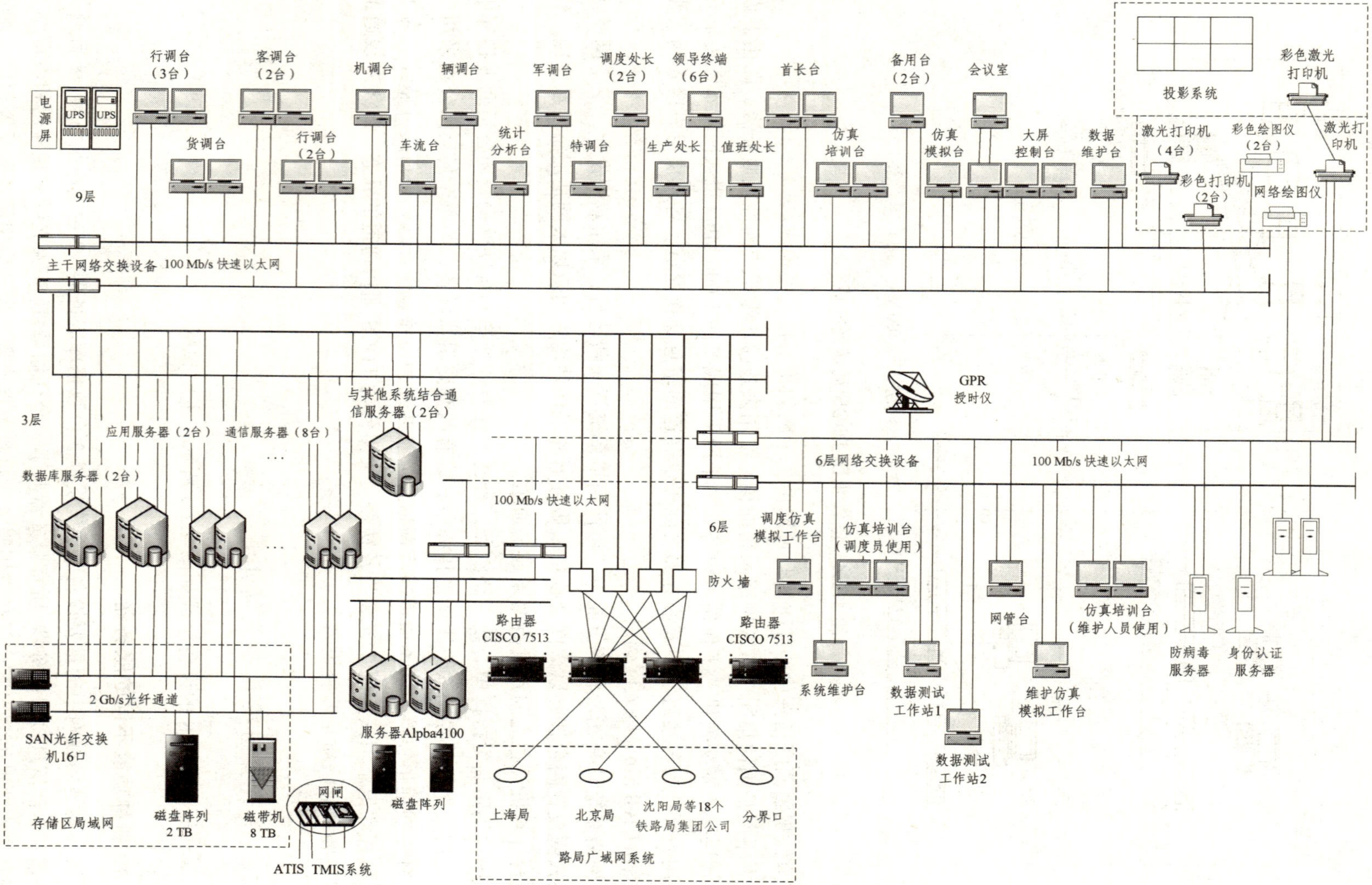

图 1.2.5 国铁集团 TDCS 设备组成

8 个 1.6 GHz 的高性能 CPU、32 GB 内存、4 个 146 GB 硬盘（构成本地镜像）、2 个 2 Gb/s 光纤通道口、2 个 1 000 Mb/s 光纤以太网口。

2 台数据库服务器以及 2 台应用服务器均使用高性能集群软件提供高可用性集群环境。数据库软件包括应用集群、分区、管理工具等组件。数据库服务器和应用服务器将完成系统的最主要任务，如数据库访问服务、文件访问服务、信息处理、数据统计分析、应用软件服务等。

通信服务器采用 8 台高性能服务器，形成 4 对双机热备系统，实现与 18 个局集团公司的信息交换；选用通信中间软件作为支撑平台，通信协议遵照《列车调度指挥系统（TDCS）数据通信规程（V2.0）》。通信服务器采用高性能 PC 服务器，配置 2 个主频为 3.0 GHz 的 CPU、4 GB 内存、2 个 73 GB 硬盘、2 个 2 Gb/s 光纤通道口、2 个 1 000 Mb/s 光纤以太网口。

2. 存储系统

存储系统包括一套存储区域网（SAN）光纤磁盘阵列和一套磁带库。磁带库能满足数据较长时间备份，配置至少 24 个磁带盒，容量为 8 TB，并安装管理软件和备份软件，以满足实时备份的要求。

3. 网络设备

网络设备包括主干交换机、楼层交换机以及构成 TDCS 系统广域网骨干网的核心路由器。

4. 大屏幕投影系统

大屏幕投影系统由投影仪、投影屏幕、多屏控制器、控制台、配套的音响系统和录放像设备等组成。

大屏幕投影系统能集多种信息于一体，提供高清晰度、大画面的宏观显示。大屏幕不仅能宏观地显示调度工作站的显示内容，而且能将活动图像通过网络接口的方式以大画面显示出来，为调度人员及有关领导提供图形、图像、文字等多种形式的信息。借助于大屏幕投影墙控制系统，操作控制人员能对大屏幕进行显示控制。操作控制人员还能将大屏幕授权给某些工作站用户使用，使他们能将各自屏幕上的显示内容送至大屏幕上显示，以供调度大厅的现场人员观看。

国铁集团调度指挥中心调度大厅设置的投影大屏幕墙由 48 台投影仪投影的大屏幕组合而成，48 个投影屏幕以 4 m×12 m（高×宽）矩阵排列。大屏幕的划分可根据具体情况来决定，通常将屏幕划为三部分：中部用于铁路运输状态宏观显示，右边用于站场图形细景显示，左边用于地形地貌、天气情况以及其他信息的显示。也可将整个大屏幕作为一个具有高分辨率的显示器来使用，如进行重点列车跟踪。

5. 网络管理设备

网络管理设备具有网络拓扑管理、配置管理、性能管理、故障管理、安全管理等功能，对各服务器和网络进行监视和管理。

6. 网络安全设备

国铁集团网络安全设备包括：网络安全集中管理中心、防火墙、入侵检测、防病毒、身份鉴别、漏洞评估、安全接入控制、安全审计、补丁分发等。

7. 系统维护台

系统维护台为用于数据测试的工作站。

8. 培训设备

培训设备指仿真模拟工作站，用于培训。

9. 行车指挥设备

行车指挥设备包括各行调台、客调台、行包台、值班处长台、领导终端、调度处长台、生产处长台，此外还有机调台、辆调台、军调台、货调台、车流台等。其中，行调台、客调台、货调台、行包台、首长台等行车指挥设备配置双屏工作站，其他专业调度台配置了单屏工作站。各台显示器采用不小于 21 英寸（1 英寸=2.54 厘米）的液晶显示器。

10. 电源系统

电源系统设有两路具备自动切换功能的电源屏，设配电盘，配置大容量、长延时、在线式 UPS 电源。

11. 其他设备

国铁集团中心 TDCS 根据需要可以配置彩色喷墨绘图仪、激光打印机、时钟、数字化仪和图像扫描仪等其他设备。打印机、绘图仪应具有网络接口，通过网络供局域网内用户共享，如在各楼层内设置网络共享的激光彩色打印机和彩色喷墨绘图仪，用于输出报表、图纸以及图形资料等。

（三）国铁集团 TDCS 功能

国铁集团 TDCS 并不负责具体的行车指挥工作。其功能主要是接收各局集团公司 TDCS 发送的列车运行状况、信号设备显示状态、列车早晚点信息、计划运行图、实际运行图、各种调度命令、施工及封锁信息，以及气象、事故、灾害信息等，为国铁集团各专业调度提供实时监视及统计查询功能。此外，国铁集团 TDCS 还要统计各局间分界口站的运输数据。

三、局集团公司调度所 TDCS 局域网

局集团公司调度所 TDCS 简称“局 TDCS”，又称调度所 TDCS。TDCS 最重要的组成部分是可以直接指挥车站的局集团公司 TDCS 这一层。局集团公司 TDCS 实现对全路局的行车

进行实时、集中、透明指挥，用自动化的手段调整运输方案，通过计算机网络下达行车计划和调度命令，实现自动报点和车次号自动跟踪，改变过去车站值班员用电话向调度员人工频繁报点、调度员用电话向车站下达计划和命令、车站手抄再复诵的落后方式。列车实际运行图自动绘制，自动过表，车站行车日志自动生成。这些都大大减轻了行车调度员和车站值班员的工作强度。

（一）网络结构

局集团公司 TDCS 构成覆盖路局范围内的局域网，如图 1.2.6 所示。局集团公司 TDCS 采用双网系统，系统中重要设备如服务器、交换机和路由器等硬件均设计为双套冗余。

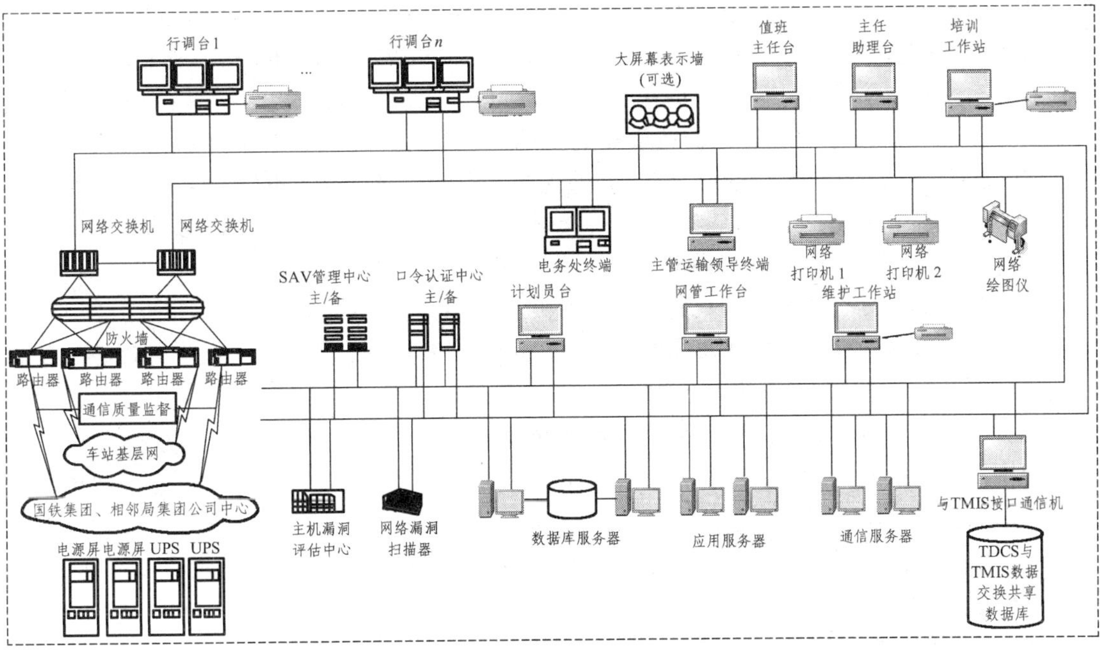

图 1.2.6　局集团公司 TDCS 系统构成

为保证系统运行的实时性、稳定性、可靠性和安全性，按照《铁路列车调度指挥（TDCS）及调度集中系统设计规范》（以下简称《设计规范》）的规定，局集团公司 TDCS 局域网设置于调度所，采用交换式以太网，网络速率不低于 100 Mb/s。调度所设备间通过网卡和交换机相连，构成调度所中心局域网，实现局集团公司调度所内部数据的交换。

（二）设备组成及功能

局集团公司 TDCS 设备组成如图 1.2.6 所示，按照放置地点可以分成以下几部分：

1. 局集团公司中心机房设备

设在中心机房的设备包括数据库服务器、应用服务器、通信服务器、网络设备（网络交换机、路由器）、防火墙、网络管理工作站、系统维护工作站、电源屏及电源设备（包括 UPS

电源、配电盘）、防雷屏、通信机柜及通信设备（前置通信机、远程通信设备）。对于有 TMIS 的铁路局集团公司，在中心机房还要设置 T/D 结合服务器、T/D 共享数据库等设备。

1）数据库服务器

数据库服务器由小型机、高分辨率彩色显示器、键盘、鼠标器等设备组成，安装 Unix 操作系统及集群管理软件构成双机集群环境，可安装 Oracle 或 DB2 数据库。数据库服务器主要完成各种信息的存储和分析统计，如基本运行图、实际运行图、阶段计划、运行图自动调整以及各种分析统计报表。数据库服务器采用双机配置，共享一台磁盘阵列，构成集群环境，实现负载均衡。任一台数据库服务器的故障都不影响系统的运行。

2）应用服务器

应用服务器配置 2 台高性能的服务器，采用双机热备方式工作，确保硬件系统稳定运行。每套服务器应配置 2 块自动镜像并且可热插拔的 SCSI（Small Computer System Interface，小型计算机系统接口）硬盘，确保数据存储的可靠性；如果硬盘故障，保证可以采用在线方式更换。此外，配置双套 CPU 和双套热插拔电源模块，以及 2 块 100 Mb/s 网卡。SCSI 硬盘是采用 SCSI 接口的硬盘，使用 50 针接口，外观和普通硬盘接口有些相似。SCSI 硬盘和普通 IDE 硬盘相比有很多优点，比如接口速度快，硬盘转速快，缓存容量大，CPU 占用率低，扩展性远优于 IDE 硬盘，并且支持热插拔。

应用服务器是整个 TDCS 的核心设备，主要功能包括：

（1）调监信息（列车车次号自动跟踪信息、列车到发点信息、人工车次号管理等）存储和信息转发，3 小时计划的处理和发送。

（2）基本图、班计划、阶段计划的存储和转发。

（3）接收来自通信前置机调监信息，包括列车运行状况、车次号等，调度命令回执，车站站存车信息，车站速报表信息。

（4）发送信息到通信前置机，包括 3 小时计划（初始和变化）、调度台的人工操作命令、早晚点信息、调度命令、列车在各个车站中各个咽喉的运行次序等。

（5）给 GPC 发送信息，包括运行图信息（基本图、班计划、阶段计划）的修改、增加、删除，列车冲突信息，列车属性信息，车站停车信息，站场图显示信息（列车运行状况、车次号、各种报警信息等），调度命令回执，车站存车信息，车站速报表信息。

（6）接收来自 GPC 的信息，包括人工更改（修改、增加、删除）运行图（基本图、班计划、阶段计划）信息，人工更改列车属性信息，人工更改车站停车信息，人工调整命令或者人工确认调整结果，人工编辑车次号（改车次号，加车次号，删车次号）信息，人工编辑调度命令，车站站存车查询信息，车站速报表查询信息，3 小时计划中列车的运行次序信息。

3）通信服务器

通信服务器用于铁路局集团公司 TDCS 和各个车站系统、相邻铁路局集团公司、国铁集团之间的数据交换。包括通信前置机服务器、铁道部通信服务器、分界口通信服务器。

（1）通信前置机服务器。

每套通信前置机服务器采用 2 台高性能的 PC 服务器，双机采用热备方式工作，确保硬件系统的稳定运行。通信服务器应配置 2 块 100 Mb/s 网卡，内存为 2 GB、主频为 3.0 GHz、硬盘容量为 70 GB。通信服务器常采用 Windows Server 2003 操作系统，配置各种负责通信功能的应用软件。

通信前置机的主要功能包括：与应用服务器通信；现场信息采集和处理；无线车次号校核与查询；列车车次号自动跟踪；列车到发点自动记录；人工车次号管理；邻站表示信息处理和发送；现场表示码位的实时记录和回放（仅用于系统调试）；察看车站 PC、车站分机、车站采集设备运行状态；转发阶段计划、调度命令、列车速报、站存车信息；车站码位采集模拟。

（2）国铁集团通信服务器。

国铁集团通信服务器采用 2 台高性能的 PC 服务器，双机采用热备方式工作，确保硬件系统的稳定运行。通信服务器采用 Windows 2000 操作系统，配置各种负责通信功能的应用软件。其主要功能包括：将本局 TDCS 信息送至国铁集团 TDCS。

（3）分界口通信服务器。

分界口通信服务器采用 2 台高性能的 PC 服务器，采用双机热备方式工作，确保硬件系统的稳定运行。通信服务器采用 Windows 2000 操作系统，配置各种负责通信功能的应用软件。其主要功能包括：接收相邻局集团公司 TDCS 传送来的信息并做相应的处理，将本局 TDCS 信息送至相邻局 TDCS。

4）与 TMIS 接口通信机

TMIS 和 TDCS（DMIS）的接口常称为 T/D 结合。TMIS 是铁路运输管理信息系统，包括车站管理信息系统、货票系统、货运营销与生产管理系统等。TDCS 则主要完成信息管理和实时控制，以实时采集的列车动态运行数据为基础，实现列车的调度监督管理。

T/D 结合的标准结构如图 1.2.7 所示。遵循原铁道部 164 和 363 号文规定，其结合方案为双方通过共享数据库（即图中的 T/D 结合数据库）交换信息。为了控制数据的安全，在数据库中建立了 tmis 和 dmis 两个用户。规定 TDCS 提供给 TMIS 的数据存放在 dmis 用户中，且由 TDCS 负责数据的维护操作，TMIS 对该用户中的数据只有读取权限；同样，TMIS 提供给 TDCS 的数据存放在 tmis 用户中，且由 TMIS 负责数据的维护操作，TDCS 对该用户中的数据只有读取权限。

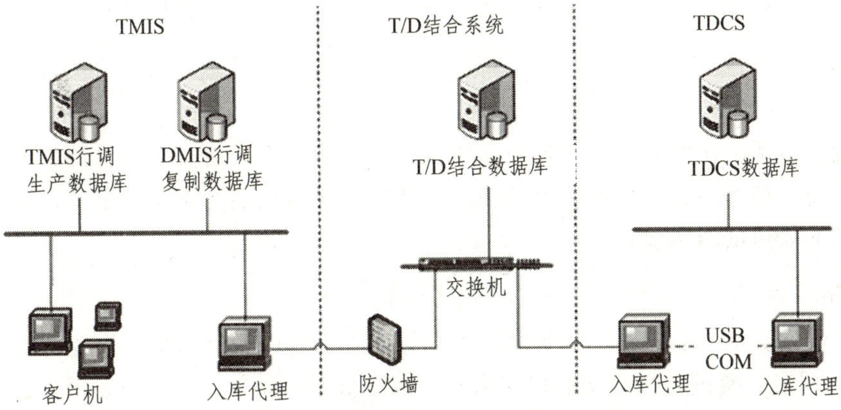

图 1.2.7　T/D 结合标准结构

与 TMIS 接口的通信机通常采用 2 台高性能的 PC 服务器，双机采用串联方式工作，一台接入 TDCS 网络，一台接入 TMIS 网络，中间采用高速串口通信，即图 1.2.7 中所示的入库代理服务器。服务器配置 2 块 100 Mb/s 网卡，采用 Windows Server 2003 操作系统，配置各种负责通信功能的应用软件。

TDCS 向 TMIS 传送的数据包括：

① 实际运行图信息，包括运行线、运行线时刻表、区间天窗修、区间慢行、区间封锁、车站封锁、车站慢行等信息。

② 行调台调度命令及其接收状况。

TMIS 向 TDCS 传送的数据包括：

① 基本图信息，包括基本图运行线及时刻表数据。

② 列车编组信息（确报信息）。

5）网络管理工作站

在中心机房中设置网络管理工作站，系统维护人员可以在工作站监视整个铁路局集团公司网络的运行状况。其主要功能包括设备自动搜索、网络拓扑图、图形化管理、网络设备状态的监视等，同时还可以对网络设备进行流量统计、分析、远程配置等维护工作。工作站主机采用 PC 机，配 2 块 100 Mb/s 网卡和 1 台大屏幕显示器，安装 Windows 操作系统和网络管理软件。

6）系统维护工作站

在中心机房中设置系统维护工作站，维护人员可以在该工作站了解系统各设备的工作状态和列车运行情况。工作站配置多屏显示卡、2 块 100 Mb/s 网卡、拨号调制解调器和多台显示器，安装 Windows 操作系统和相关应用程序。系统维护台的主要功能包括：站场图显示及回放（可选择单站方式或区段方式）；车次号显示；实时显示各车站列车运行情况；调阅各行调台实际运行图、历史图、基本图。

7）电源屏设备

铁路局集团公司局域网上的服务器和工作站等设备均依靠电源屏供电。电源屏提供电源稳压、与设备间的隔离、双路电源的自动与人工切换及断电报警功能。双路电源的切换时间小于 0.15 s，输入电压可为 220 V 或 380 V。为了保证给调度所设备提供高质量的、有效可靠的净化电源，并在电源切换时使系统设备正常工作不受影响，电源屏外接双热备的大容量长延时在线式 UPS。

8）防雷设备

防雷设备包括电源防雷设备和通信防雷设备。电源防雷设备安装在电源屏的前端，用于保护电源屏免受外部不良电压或电流的损坏。如果远程通信使用了室外电缆，则需要在通道线的接入端加装通信防雷设备。

9）网络交换机

为了使通信更加可靠，整个局集团公司局域网采用双以太网结构，设置两套带宽不小于 100 Mb/s 的网络交换机，每台交换机网络端口数不低于 48 个。所有局集团公司局域网工作站均配备 2 块网卡，可以分别与 2 套交换机连接。

网络传输协议遵照《列车调度指挥系统（TDCS）数据通信规程（V2.0）》执行。网络拓扑结构，采用交换式以太网星形网络结构。这种结构的优点是：克服了总线结构中总线故障引起网络整体瘫痪的可能；单个用户的故障不会影响整个网络的运行；结构简单，便于网络的建立与重新配置；便于控制与管理；每个客户独享 100 Mb/s 带宽；允许网络进行重新配置；网络管理系统可对各用户端口进行控制。

10）远程通信系统

远程通信系统由 4 台路由器和若干调制解调器构成。其中 2 台连接车站基层网的核心路由器（通常用 CISCO 7200 系列），负责与车站进行远程通信，配置 48 个 2 Mb/s 远程端口。路由器和协议转换器的连接采用标准的 V.35 协议电缆。基层网同一个环到局集团公司中心的通道应分别接到不同的路由器模块上，以保证中心一台路由器故障时，影响最小。另外 2 台路由器（常用 CISCO 2611）负责与相邻局集团公司、国铁集团进行远程通信，采用 2 M 专线通道方式。调制解调器实现与铁路局集团公司下辖站段远程终端的通信。

11）网络安全设备

网络安全设备用于网络安全管理，包括 SAV 管理中心、口令认证中心、主机漏洞评估中心和网络漏洞扫描器。安全管理的功能分为两部分，首先是网络管理本身的安全，其次是网络对象的安全。

目前 TDCS 中使用的各种安全基础设施包括访问控制系统、入侵检测系统、身份和认证管理系统、防病毒系统及扫描系统等。网络安全设备主要包括防火墙、防病毒系统、动态身份认证及漏洞扫描四套系统。

（1）防火墙。

TDCS 目前使用的是代理服务器防火墙技术，位于网络入口处，用于访问控制和入侵检测，控制进、出网络的数据流，保护内部网络免受外部攻击。

虽然状态检测防火墙在安全性上已超越了包过滤防火墙和代理服务器防火墙，但由于状态检测防火墙的实现成本较高，且不易管理，所以目前在实际使用中仍然以代理型产品为主。同时基于对系统成本与安全技术成本的综合考虑，选择性地使用某些检测型技术，这样既能够保证网络系统的安全性需求，同时也能有效地控制安全系统的总拥有成本。

（2）防病毒系统。

病毒本身已是令人头痛的问题，而随着网络的发展，又出现了网络病毒，为网络带来灾难性后果。病毒防治技术必须考虑安装病毒防治软件，TDCS 安装的是 SAV 企业版防病毒系统，位于网络内部，保护客户端不被病毒感染。SAV 企业版防病毒系统可以进行病毒防护/内容过滤，提供针对网络攻击的全面保护，提供先进的病毒防护服务，包括“行为阻截”技术、Seeker、数字免疫技术等。

（3）动态身份认证系统。

动态身份认证系统位于网络内部，是进行身份和认证管理，防止非法用户登录的系统。TDCS 采用 SPA 动态身份认证系统，通过动态口令登录系统，使令牌中的密码与系统中的密码同步变化，令黑客很难在很短暂的时间内破解密码，从而更难以进入到关键系统，因此高度保护关键系统中的数据安全。

（4）漏洞扫描系统。

TDCS 的漏洞扫描系统位于网络内部，其原理是根据已知的安全漏洞知识库，对目标可能存在的安全隐患进行逐项检查。漏洞扫描系统可扫描网络中存在哪些安全隐患、脆弱点，并对网络安全漏洞进行评估，提出修改建议。漏洞扫描系统基本上可分为基于主机和基于网络两种，主机型主要关注软件所在主机上存在的风险漏洞，而网络型则是通过网络远程探测其他主机的安全风险漏洞。

2. 调度所设备

调度所设备包括行车调度台工作站、基本图维护工作站、调度主任工作站、主任助理工作站、值班主任工作站、分析室工作站，以及机调、货调、局长等工作站和大屏幕系统。

1）行车调度台工作站

在各个行车调度台设置工作站，为调度员提供各种运输指挥中需要的功能。工作站配置多屏显示卡、2 块 100 Mb/s 网卡和 3 ~ 4 台液晶显示器。工作站上安装 Windows 操作系统、列车运行显示系统、调度命令系统和列车调度系统程序。

2）基本图维护工作站

在分析室设置基本图维护工作站，为铁路局集团公司基本图维护人员提供服务。工作站主机采用 PC 机，配置 2 块 100 Mb/s 网卡和 1 台液晶显示器，安装 Windows 操作系统和基本图维护系统程序。

3）调度主任工作站

在调度所主任室设置调度主任工作站，为调度所主任提供列车实时显示和运行图分析功能。工作站主机采用 PC 机，配置 2 块 100 Mb/s 网卡和 1 台液晶显示器，安装 Windows 操作系统、列车运行显示系统和运行图分析系统程序。

4）主任助理工作站

在调度所设置主任助理工作站，为调度所主任助理提供列车实时显示和运行图分析功能。工作站主机采用 PC 机，配置 2 块 100 Mb/s 网卡和 1 台液晶显示器，安装 Windows 操作系统、列车运行显示系统、调度命令和运行图分析系统程序。

5）值班主任工作站

在调度所值班主任室设置值班主任工作站，为调度所值班主任提供列车运行显示、运行图分析、运行图打印和调度命令功能。工作站主机采用 PC 机，配置 2 块 100 Mb/s 网卡、1 台液晶显示器、激光打印机和彩色喷墨绘图仪，安装 Windows 操作系统、列车运行显示系统、调度命令系统和运行图分析系统程序。

6）分析室工作站

在分析室设置分析室工作站，为调度所分析室人员提供运行图分析功能。工作站主机采用 PC 机，配置 2 块 100 Mb/s 网卡和 1 台液晶显示器，安装 Windows 操作系统和运行图分析系统程序。

7）电务处终端

电务处终端主要完成调度监督及站场表示回放功能。

8）运输处终端

运输处终端主要完成查询各行调台基本图、实际运行图、速报、站存车及调度监督功能。

9）其他工作站

根据各铁路局集团公司的实际情况，在统计室及机调、车流、客调、货调、局长等处可安装工作站。工作站的配置与分析室工作站配置相同。

10）大屏幕系统

为了提供宏观的行车信息显示，可在铁路局集团公司调度大厅设置大屏幕投影显示系统或马赛克表示盘设备。投影系统和表示盘内部均设置驱动终端。采用 PC 机作为终端的主机，配置 2 块 100 Mb/s 网卡和 1 台显示器。终端上安装 Windows 操作系统、显示驱动程序。

3. 远程工作站设备

远程工作站设备设在机务段（折返段）、车务段调度命令工作站和电务段调度工作站。

1）调度命令工作站

在机务段（折返段）、车务段设置调度命令工作站，提供调度命令接收和打印功能。工作站采用 PC 机作为主机，配置 1 台显示器、路由器和激光打印机。工作站上安装 Windows 操作系统和调度命令接收系统程序。

2）电务段调度工作站

在电务段设置电务段调度工作站，显示列车运行、车站信号设备等信息，并可进行站场显示历史回放。工作站采用 PC 机，配置 1 台显示器和路由器。工作站上安装 Windows 操作系统和列车运行显示系统程序。

（三）局集团公司调度所 TDCS 的广域网连接

局集团公司调度所 TDCS 设备与车站系统以及其他系统，通过数据传输通道和网络设备构成广域网,在广域网上实现远程信息交换和共享,如图 1.2.8 所示。局集团公司调度所 TDCS 的广域网连接主要包括：与沿线各车站 TDCS 局域网连接，与其他局集团公司 TDCS 局域网连接，与国铁集团调度指挥中心 TDCS 局域网连接，以及与设在电务段等地的远程终端连接。

（四）局集团公司 TDCS 的功能

1. 局集团公司主要干线列车运行宏观显示

系统将管内铁路以地图的形式显示在大屏幕上，同时将管内运输情况统计等信息以地图的形式实时地显示出来。通过电子地图宏观显示系统，调度员可以直观地了解管内列车的运行情况，以及干扰列车运行的因素，为进行指挥决策提供科学的依据。

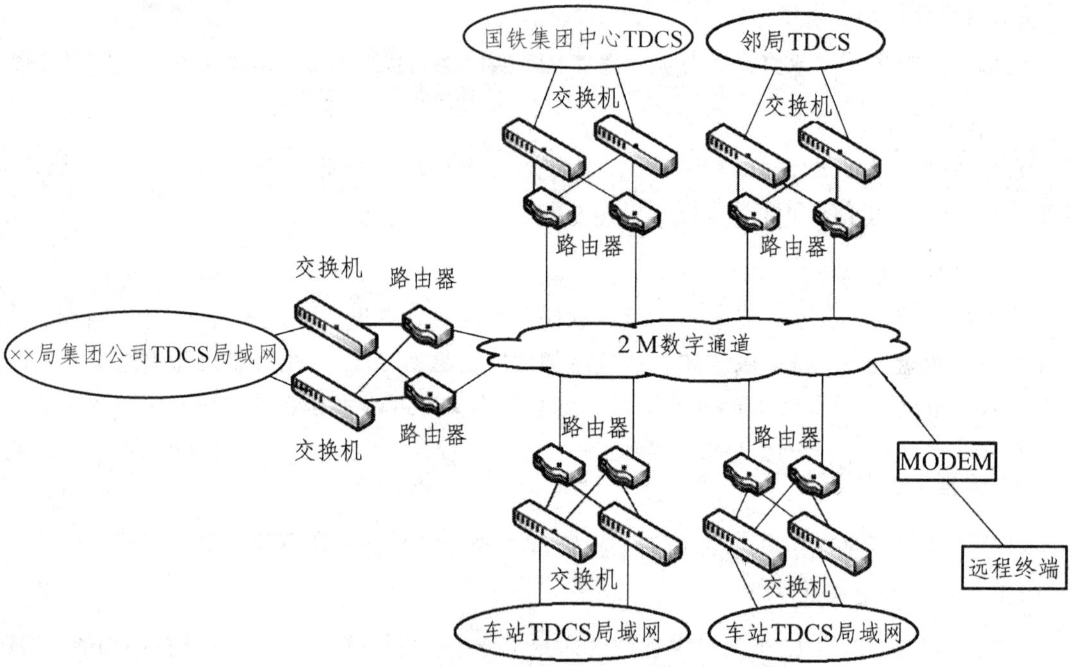

图 1.2.8　局集团公司 TDCS 广域网构成

2. 列车运行实时监视和历史查询

系统提供按时间段、列车种类和调度区段等对列车运行正点率、正点和晚点现象、运行密度以及当前列车实际运行情况等信息进行查询的功能。

3. 编制列车运行计划

系统提供基本图和日班计划的编制的工具软件，计划员将相关的基础信息输入后作为整个系统的基础数据。这些数据存储在数据库里，作为行车指挥的基本依据。

4. 自动采集列车运行时刻

系统自动记录所有列车经过车站的到发点时分，并与计划运行图进行比较，计算列车的早晚点时分。列车运行自动采点是许多其他功能的基础。

5. 自动绘制实际运行图

系统根据自动采点得到的列车运行到发点数据，自动生成列车实际运行线并进一步形成列车实际运行图，从而取代了调度员以前的手工绘图。

6. 列车车次号的自动采集和跟踪

系统具有车次跟踪的功能，随着红光带的移动自动实现车次号的传递；系统可以根据列车的运行状况和信号设备状态对列车车次号进行自动跟踪，并采用无线车次号系统进行车次号自动校核。车次号自动追踪是根据信号设备状态（占用、锁闭、信号开放）判断列车位置，并随着列车的移动而不断移动列车车次，从而达到标志列车、自动采集列车到达、出发时刻的目的。

7. 自动或人工调整阶段计划

系统根据列车实际运行状况和“先客后货、先快后慢”等原则自动调整列车运行计划，经调度员确认后可通过网络自动下达到车站。

8. 向车站、机车自动下达阶段计划和调度命令

系统将常用调度命令做成模板。调度员调出相应模板，填写有关内容后可通过网络发到受令处所。值班员收到命令后有相应提示，并发送回执。调度员可根据需要增加调度命令模板。

9. 自动生成车站行车日志等

在车站，系统可以自动生成行车日志，减轻了车站值班员的工作量。

四、车站 TDCS 局域网

车站 TDCS 是 TDCS 的基层系统，主要负责各种行车信息的采集，是整个系统的动态信息源。车站 TDCS 具备的功能有：接收调度员下发的阶段计划、调度命令；向调度台上报列车运行实际点；采集站场设备状态；显示本站与邻站站场调监画面；接收无线车次号信息；发送无线调度命令；发送列控临时限速命令。

（一）车站 TDCS 网络构成

车站 TDCS 设备构成覆盖车站范围内的局域网，主要包括车站分机、车务终端、网络设备、电源设备、防雷设备、车站联锁系统接口设备和无线系统接口设备等。

车站 TDCS 通过集线器自身构成一个局域网，实现车站内部的数据交换。车站 TDCS 局域网与相邻车站 TDCS 局域网或与调度所 TDCS 局域网的连接，通过路由器、协议转换器或调制解调器以及 2 M 数字通道实现，如图 1.2.9 所示。

（二）车站 TDCS 设备组成

1. 车站 TDCS 分机

车站 TDCS 分机采用工业控制微型计算机，是整个车站系统的核心设备。其主要功能有：接收本站采集的表示信息（包括来自本站采集设备和计算机联锁的信息），对采集的信息进行加工和处理，并将本站的信息打包通过网络转发；接收处理邻站的信息，并将邻站信息中继转发；接收调度所下达的控制命令、计划，通过车站网络系统转发给车务终端；将计算机联锁系统、数据库、通信服务器的数据进行发送，向列车发送无线调度命令等功能。车站 TDCS 分机的主要功能就是数据的接发，因此车站 TDCS 分机又经常被各个不同的厂家称为通信计

算机、数据传输单元或数传控制机等。

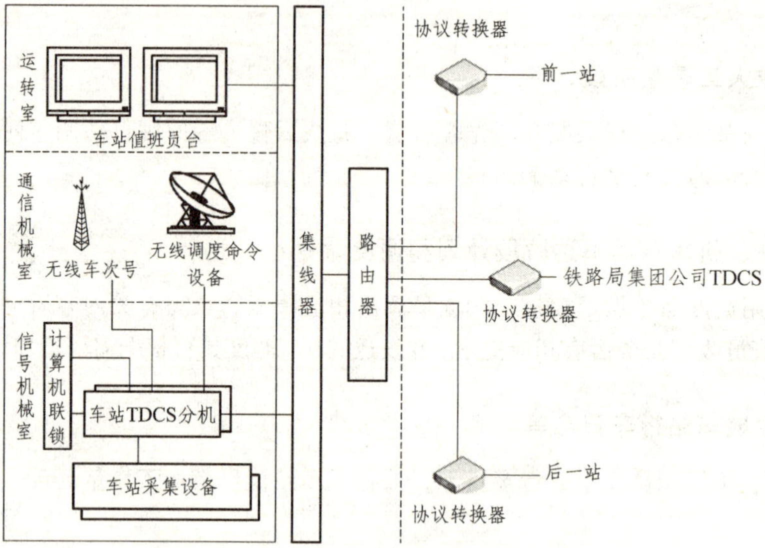

图 1.2.9　车站 TDCS 网络构成示意图

2. 车站采集设备

车站采集设备负责采集开关量信息，通常由采集电源板和若干个采集板组成。采集设备和车站 TDCS 分机都是由两套设备交叉连接组成。

3. 车站 TDCS 与其他系统的接口

1）与联锁设备的接口

在使用继电联锁的车站，车站 TDCS 分机应从分线盘上直接采集信号联锁设备的状态信息；在使用计算机联锁的车站，车站分机通过串行通信接口接收车站计算机联锁设备送来的站场表示信息。如图 1.2.10 所示，左边为计算机联锁 9 孔插头，中间为放置在车站 TDCS 分机机柜里的计算机联锁有源转换器。车站 TDCS 通信计算机（或 NPC）的串口，通过 RS232/422 转换设备，经光电隔离，与计算机联锁维修机或上位机的串口用 9 孔插头连接。

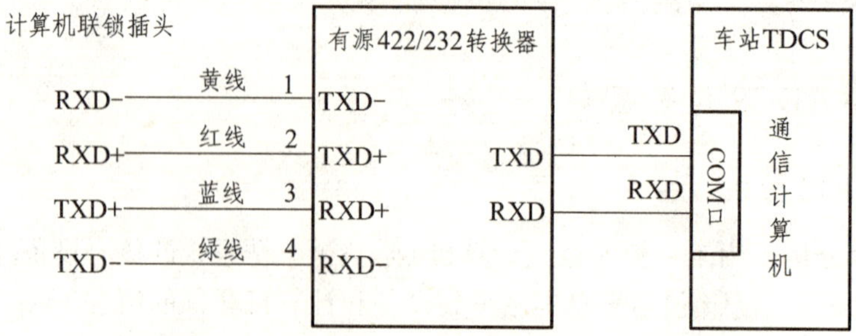

图 1.2.10　TDCS 系统与计算机联锁系统的接口

2）与无线车次号设备的接口

车站 TDCS 通信计算机通过串行通信接口（一般采用 RS422 接口）同无线车次号设备相

连，接收无线车次号信息。由机车的发送设备发送出有关车次的信息，传送到铁通机械室的接收解码器。由于无线车次号接收解码器与车站 TDCS 分机采用 RS422 接口连接，需要进行接口转换。如图 1.2.11 所示，由铁通设备将有关车次信息的通信线以接收正、负极线送到 TDCS 车站分机机柜里，然后将这两根线接到有源 422/232 转换器上，232 一侧接到通信计算机串口上。

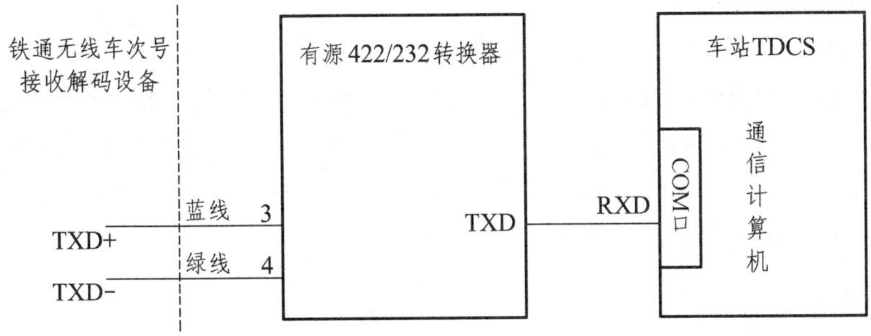

图 1.2.11 TDCS 与无线车次号系统的接口

3）与无线调度命令发送装置的接口

车站 TDCS 分机通过串行通信接口（一般采用 RS422 接口）同无线调度命令发送装置相连，向列车发送无线调度命令。无线调度命令系统需要一个有线和无线的转换过程：调度所调度命令生成→调度所通信服务器→调度所的协议转换器→光缆→车站协议转换器→路由器→交换机→车站 TDCS 通信计算机→无线转发。调度命令转发设备通过串口线，采用 422 的方式与通信计算机连接，两个系统间的接口也存在 422/232 转换问题，如图 1.2.12 所示。

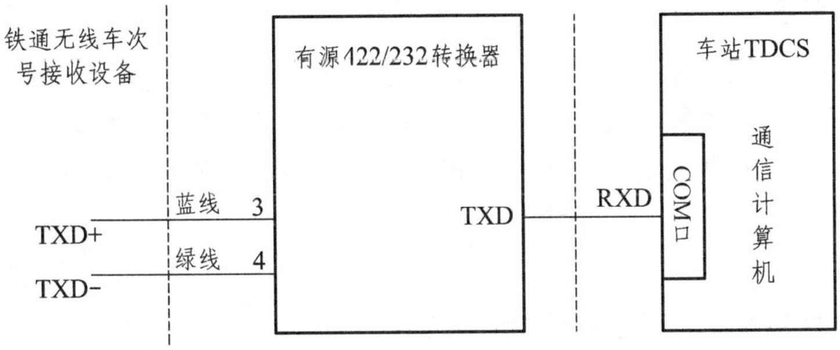

图 1.2.12 TDCS 与无线调度命令设备的接口

4）与网络的接口

车站分机与网络集线器连接，再经由路由器、协议转换器、2 M 数字通道实现站站串联，或与路局调度中心相连，从而实现将车站采集的信息传送到局集团公司调度中心机房设备上，并将调度所下发的各种计划和调度命令等信息传送到车站网络系统中。

4. 网络设备

网络设备通常也安装在采集机柜中，包括集线器（或交换机）、路由器和协议转换器。每个终端设备的配置均为双冗余网卡，路由器也有两个以太口，与双集线器共同构成双冗余 100 Mb/s 局域网。车站的协议转换器一般配置为 4 台，分别连接左右两个邻站。若需要往局集团公司中心迂回，则增加相应的协议转换器。

1）网络交换机

网络交换机用于实现局域网连接。车站 TDCS 交换机的多端口能分别与通信计算机的网卡、路由器的以太网接口、车站运转室车务终端机的网卡等直接相连。

2）路由器

路由器是 TDCS 广域网络的重要设备，同时也是实现系统之间数据传输的关键设备。车站 TDCS 采用了 CISCO 公司的路由器产品，它的可靠性高，扩展性强，支持各种路由协议和 X.25、TCP/IP 等通信协议，同时支持 V.24、V.35 等接口标准。为保证站内局域网与广域网的可靠连接，车站路由器具有双以太口，它与双集线器、双网卡组成的网络，使得任何一个网络设备故障，都不影响整个车站系统的正常运行。

3）协议转换器

协议转换器是用来进行各种通信协议转换的设备。协议转换器设备有很多，最常用的是 V.35 到 G.703 的协议转换器。由于路由器要接广域网线路，在 TDCS 中，广域网的传输通道多数采用 E1（即 2 Mb/s）高容量数字通道，E1 数字通道常用的接口模式标准是 G.703 模式，而路由器常用的接口模式有 V.35、RS232、RS422 等模式，所以就涉及选用怎样的广域网通道接口与路由器接口进行连接的问题。为了使得参数保持一致，防止数据通道的不通、失步等情况，在路由器接口和广域网通道接口之间需要接口协议转换器，将数据转换为可以识别的模式，完成 V.35 与 G.703 模式之间的互相对接。

5. 车务终端设备

车务终端设备设于运转室，由工控机、显示器、键盘/鼠标、音箱等组成。车务终端设两台显示器：一台显示本站和邻站信息，另一台显示阶段计划、调度命令和运统二/三的有关内容。车务终端采用双机热备的工作方式，当正在工作的机器故障时，系统自动切换至另一台机器工作。

（三）车站 TDCS 的广域网连接

一般 8～15 个相邻车站或站场 TDCS 串联后，抽 1 个头回局集团公司调度中心，构成一个环形网络。局管内的各车站、站场 TDCS 与所属局集团公司 TDCS 构成多个环形网络，如图 1.2.13 所示。

TDCS 系统的车站通道连接示意图由设计单位提供，根据国铁集团相关文件的要求，遵循以下原则：

（1）站间及车站到局集团公司中心的通道均为 2 M 通道，协议转换器由铁通提供，提供接口为 V.35。

（2）基层网通道按环形方式组网，每 8～15 个车站拉 1 个抽头回局集团公司中心机房。

（3）电务、机务、站调等终端通道为实回线通道（使用 EDSL 传输方式，EDSL 是 Ethernet Digital Subscriber Line 的缩写，表示以太数字用户线），原则上接入最近的车站 TDCS 网络设备（与接入站处于一个局域网），且通道长度应不大于 5 km。EDSL 调制解调器由厂家提供。

（4）TDCS 中心（局集团公司）一侧通道放至 TDCS 中心网络机柜。

（5）车站终端通道放至信号机械室 TDCS 机柜。

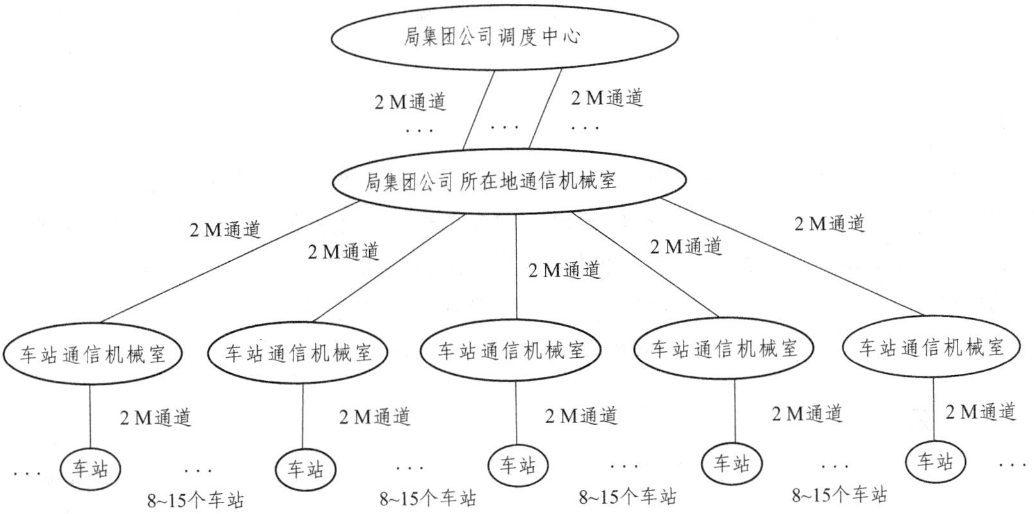

图 1.2.13　车站 TDCS 的广域网连接

第三节　TDCS 的技术特点及功能特征

TDCS 改变了传统铁路信号的观念，用网络的观点对现有铁路信号专业技术门类进行改造，把传统的区间、车站、编组站三段式信号组织方式改造为国铁集团、局集团公司两级调度指挥中心的控制结构，由国铁集团调度指挥中心局域网、局集团公司调度指挥中心局域网、基层网等三层网络结构实现。

一、技术特点

1. 先 进 性

TDCS 系统设计具有高起点，在研制中采用最先进并具有发展前景的技术，如计算机技术、信息技术、智能决策技术、地理信息技术、远程控制技术、网络技术、数据传输技术、多媒体技术等，同时吸收采纳了国外新技术，采用了国际标准及国内外最新产品，使系统整体在一定时期内保持技术先进性。

2. 实 时 性

TDCS 是实时过程控制和实时信息处理系统。在列车运行过程中，铁路沿线的各种信号灯、道岔、轨道等信号设备的状态显示及位置等信息主要是通过基层网的列车运行系统自动采集的，并及时、准确地向上传递给局集团公司、国铁集团的各级调度人员。按照铁国铁集团信号专业相关标准，在信息高峰的情况下，这一过程延时时间不能超过 4 s。在两级三层的任何一台信息处理机上，这些信息必须实时、有序地进行处理，既不能定时处理，也不能批量处理。

3. 安 全 性

TDCS 是一个闭环系统，采用闭环网络设计，使之从信息采集、传输、处理、方案制订、计划调整、控制决策、命令传输、校核到设备动作是循环、不间断地执行的，整个系统达到“自成体系，安全运行”，确保系统连续稳定运行。国铁集团、局集团公司调度指挥中心局域网中均配置了网络防火墙及入侵检测系统、防病毒软件、动态口令等安全防范子系统，确保各级调度指挥中心的安全性，防止黑客攻击、破坏或者窃取有关信息。

4. 可 靠 性

TDCS 是一个行车调度指挥系统，重点工作是行车调度指挥和管理，其应用和工作性质决定了它必须是高可靠和高安全的，而且必须保证不间断正常运转。作为一套行车设备，一旦系统中断或故障，将会直接影响整个调度指挥的正常工作。因此，网络及关键设备采用双套冗余设计以及双电源，提供系统容错机制，保证系统不间断地稳定运行，保证数据信息的安全性和正确性。同时，系统对网络及设备的运行具有监控和管理能力，对非法用户或计算机病毒入侵具有抵御能力。另外，系统提供可靠的数据后备和恢复手段，提供系统故障恢复功能，在系统故障时尽可能减少数据丢失。

5. 开 放 性

TDCS 是一个庞大的综合性系统，这样的系统需要集成大量的计算机设备、网络设备、打印设备、存储设备、显示设备，同时在集成化的环境下还得依靠软件支撑平台开发大量的动/静态数据处理、实时信息处理、智能分析计算统计、界面显示程序，因此系统采用了符合国际标准和工业标准的开放式系统平台。同时，TDCS 工程是在吸收国内外先进经验的基础上结合我国铁路的实际情况开发的现代化管理系统，开发的过程同时也是一个摸索、学习的过程，期间难免会遇到新的问题和需求，因此有了开放环境，便于今后系统扩展。

6. 可维护性

TDCS 工程涵盖了国铁集团、各局集团公司及基层的车站，集成了大量的硬件设备和软件。大量的硬件设施都需要及时进行日常维护、保修，适当的时候也应该进行更新换代工作；铁路每年都有大量的站场改造、大修、运行图调整等工作，造成相关的静态基础数据需要及时进行更新，而且用户在使用过程中也会不断地提出新的需求，需要对软件进行适当的修改升级工作，因此，TDCS 提供方便的维护手段，以便于维护和维修。另外，考虑到 TDCS 是一个 24 h 不间断运行的实时系统，尤其在局集团公司和车站层要通过它来直接对行车进行调度指挥，因此要有足够的技术措施保证维护工作不会导致整体系统停机或中断。

7. 互操作性

TDCS 是一个两级三层的系统，由于牵涉的范围广、地域宽，其工程由通号设计院、铁科院、卡斯柯公司三家单位在 TDCS 技术总体组的协调下共同承担。由于各局集团公司、车站所管辖范围内的线路、车站的调度强度都有很大的差异，设计中不可能对所有局集团公司、车站采用同样的软硬件平台，因此，技术总体组规范了各局集团公司、车站的软硬件平台的标准配置，也组织各建设单位共同形成了网络间的数据传输和交换的格式标准。各单位考虑了与异种机、异种网的互联，按照统一的规范标准，保证国铁集团和局集团公司之间能够方便地进行数据传输和交换，并采用分布式数据库系统以便于访问和维护。同时，作为运输调度指挥管理信息系统，在保证信息安全的前提下，TDCS 充分考虑与铁路其他系统之间交换数据的功能，以便更好地发挥为铁路运输服务的作用。

8. 可扩展性

铁路每年都要进行不同规模的大修、新建，TDCS 覆盖的范围和规模将会不断扩大，因此，TDCS 系统设计中充分考虑了今后升级、扩展的能力。同时，由于大量采用了计算机技术、智能决策技术、地理信息技术、远程控制技术、网络技术、数据传输技术、多媒体技术等现代信息技术，而这些技术现在也处于高速发展期，需要不断地进行更新换代工作，所以，系统按照国际标准和规范进行设计，预留今后方便地进行 CPU、内存、磁盘容量升级和扩展的能力。

9. 友 好 性

TDCS 作为行车调度指挥的重要装备，所面对的最直接的用户就是铁路的各级调度。调度直接参与铁路行车组织，劳动强度大，而原先的“老三件”的工作方式异常落后，使他们精神高度紧张，现代化系统就是要彻底解放他们，使他们的工作重心从不停地打电话询问行车情况，然后调整、绘制运行图，转移到对自动实时处理的行车信息及绘制的运行图进行分析，提出更加有效的调度方案，进一步挖掘线路的运输能力，为铁路创造更多的效益。因此，应用系统设计从方便用户的角度出发，提供了友好的人机界面和方便灵活的使用方法，最大限度地满足了用户需求。

10. 节 约 性

全路有 TDCS、TMIS 等诸多的管理信息系统，不同的系统有不同的职能和工作范围。TDCS 作为其中的一个系统，它的侧重点在于行车调度指挥，与其他的系统构成了整个铁路信息现代化的基础。TDCS 严格按照国铁集团对各管理信息系统功能和范围的界定，遵循不重复建设、不重复投资的原则，充分利用现有设备，并在设计中预留与其他系统的接口，实现与其他系统的信息共享。

二、功能特点

1. 调度办公实现无纸化

采用TDCS之后，以前大量使用的运行图、部分报表、调度命令本以及车站行车日志等逐渐停止使用，不同专业调度之间信息的传递也在网上完成，调度员不用纸张，只通过简单地点击鼠标即可实现运行图的自动绘制，调整、下达阶段计划和调度命令等操作。

列车运行的到发点由系统自动采集，实际运行线可以自动生成。每班的运行图一般均存放在计算机的存储器中，只在需要时才用复印纸打印输出。

2. 流程管理实现程序化

TDCS 通过详细描述列调工作中的设备、规则、方式、流程等条件，采用程序智能控制作业流程，规范作业过程管理。如系统可以帮助调度员自动制订计划和绘制实际运行图，自动统计列车旅行速度、技术速度、分界口交接车数量和列车正晚点率等参数，可以在不同专业调度以及不同行调台之间自动传递各种图表、数据。现在大量的工作主要由系统自动按照规定完成，使调度员的工作更程序化，并且可以保证没有经过相关手续的调度命令不被下发。

3. 安全检测实现自动化

强大的防火墙系统和入侵检测系统保证了 TDCS 作为行车设备要求的高度安全性，有效防止了黑客的非法入侵和病毒的侵入。另外，系统掌握了管内车站设备的工作状态和所有列车的运行状况，通过软件可以自动检测运输组织中存在的安全隐患，如紧跟踪等，并及时给出报警信号。

4. 信息交换实现网络化

调度员和车站值班员的信息交换全部采用网络传输，替代了原有的电话交流模式，包括计划的下达、到发点的上报、调度命令的下达等。采用电话下达的方式，一方面工作强度大，另一方面容易造成误报、错报的情况，而网络下达高速、准确，因此很受调度员欢迎。以信息和网络技术替代既有的信息采集、交换方式，提高了信息交换的效率和质量，提高了工作效率，保证了系统的高实时性和高可靠性。

5. 机车地面实现一体化

TDCS 以无线列调系统为基础，开发了调度命令无线传输系统，实现了机车和地面的信息直接交换，有助于实现从“调度员→值班员→司机”间接调度模式向“调度员→司机”的直接模式转变。

6. 调度指挥实现无声化

有了 TDCS，调度员通过计算机网络下达和获取相关的行车信息，实现行车信息共享，不再以电话联系为主要方式，从而改善了调度人员原来嘈杂的工作环境。

7. 计划调整实现智能化

TDCS 采用人工智能的技术编制了专家系统数据库，汇集了众多调度员多年实践经验，可以根据现场的实际情况、列车的运行状况、规定的原则，通过决策制订出列车运行调整方案，供调度员参考。调度员确认后可通过系统自动下达到车站并传送到其他相关调度员。

8. 系统设备实现综合化

TDCS 在局集团公司层实现了不同设备之间的资源共享，优势互补，节约了投资，而且简化了现场设备，便于维护管理。

9. 设备维护实现远程化

TDCS 可以设备内置远程维护软件，使获得授权的系统维护人员（如厂家）可以通过计算机网络或电话拨号网在异地登录系统，对分布在全局范围内的设备进行远程维护。

远程维护技术的运用为电务设备的集中维护、减员增效提供了非常有效的技术手段。

请思考

一、简答题

1. TDCS 是什么系统，主要功能有哪些？
2. 目前我国 TDCS 的应用情况怎样？
3. TDCS 的三级网络结构是哪三级？
4. 国铁集团 TDCS 包含哪些主要设备？
5. 局集团公司 TDCS 包含哪些主要设备？
6. 车站 TDCS 包含哪些主要设备？
7. 局集团公司 TDCS 的广域网连接对象有哪些？请画出与车站 TDCS 的广域网连接路径。
8. T/D 结合是指什么？请描述 T/D 结合的目的和方案。
9. 车站 TDCS 的采集设备由哪几部分构成？请描述信息采集工作原理。
10. 请画出 TDCS 中抽头站的广域网构成。
11. 请描述车站 TDCS 与计算机联锁、无线车次号系统、无线调度命令转接设备的接口目的和方案。
12. TDCS 有哪些特点？

二、填空题

1. 国铁集团中心 TDCS 是整个 TDCS 的核心，通过组建__________与 18 个局集团公司指挥中心相连。在 TDCS 中，骨干网涵盖了__________节点、__________节点以及这些节点之间的连接通道，主要担任整个 TDCS 网络中________和________功能。

2. TDCS 专线通道带宽每条不应小于________。

3. 国铁集团中心 TDCS、各个局集团公司调度所 TDCS 以及各个基层信源点各自构成______网，从局域网的基本构成及功能的角度去描述，则国铁集团 TDCS 局域网的组成设备包括______________、______________、_____________、____________等四大部分。

4. 各个局集团公司调度所 TDCS 局域网设置于____________，采用交换式以太网，且网络速率不低于______Mb/s。调度所设备间通过______________相连，构成调度所中心局域网，实现各个局集团公司调度所内部数据的交换。

5. 各个局集团公司 TDCS 按照放置地点通常可以分成_____________、______________以及__________________三个部分。

6. 车站 TDCS 是 TDCS 的基层系统，主要负责________________，是整个系统的动态信息源。车站 TDCS 通过__________构成一个局域网，实现车站内部的数据交换。

7. 按照设备的性质与作用分类，车站 TDCS 由_____________、___________、___________设备组成。

8. 一般_______个相邻车站或站场 TDCS 连接后，抽 1 个头回局集团公司调度中心，构成一个环形网络。

第三章　分散自律 CTC 系统

第一节　分散自律 CTC 系统概述

一、基本概念

CTC 是 Centralized Traffic Control system 的缩写，指的是铁路运输调度集中系统，是实现调度中心对某一区段内的信号设备进行远程集中控制，对列车运行直接指挥、管理的技术装备。分散自律 CTC 系统则指应用了分散自律技术的新型调度集中系统，是一种近年来在我们国家得到大力推广应用的行车调度自动控制设备。

2003 年，根据铁路运输跨越式发展的需要和科学技术的进步，为了赶上世界铁路运输自动化水平，铁道部创造性地提出了不同于传统调度集中系统的新一代调度集中系统，即分散自律调度集中系统，并制定了《新一代分散自律调度集中系统技术条件》(暂行)，确定了技术框架和主要技术内核。

我国传统调度集中一直没有得到推广应用的首要原因是不具备调车进路的远程控制和集中管理的功能，而分散自律调度集中系统综合运用计算机技术、网络通信技术和现代控制技术，采用智能化分散自律设计原则，以列车运行调整计划为中心，兼顾了列车与调车作业，是一个符合我国国情、路情的高度自动化的调度指挥系统。

二、我国分散自律 CTC 的特点

分散自律概念最初源自日本东京圈城市铁路控制系统。由于日本是地震多发国家，为了使控制中心在遭受地震袭击瘫痪后，车站还能在一定时间内正常接发列车，日本东京圈城市铁路控制系统特别在车站设立了自律计算机，通过接收控制中心下达的运行计划，在与中心通信中断后自行接发列车，使铁路运输工作在一定时间内而不至于瘫痪。我国铁道部门引进分散自律的概念，创造性地解决了我国传统调度集中解决不了的行调冲突等问题，构建了适合我国铁路运输的分散自律 CTC 系统。它具有如下特点：

(1)"分散" 是相对于调度中心集中控制而言的，将过去由调度中心集中控制所有车站列车作业的方式改变为由各个车站独立控制各自的列车和调车作业。

(2)"自律" 是指依据各站的特点，系统按照《铁路技术管理规程》《行车组织规则》《铁路运输调度规则》《车站行车工作细则》(以下分别简称《技规》《行规》《调规》和《站细》) 等规则自动协调列车作业和调车作业的矛盾，实现列车进路和调车进路的统一控制，解决行车和调车相互干扰的问题。

（3）分散自律技术的实质就是比照我国铁路运输指挥的模式，将调度员指挥调度列车群运行的知识和车站值班员指挥控制本站列车调车作业的知识以形式化的描述纳入计算机处理。

（4）分散自律技术的基本原则是：列车作业优先于调车作业，调车作业不得干扰列车作业，若发生冲突则由系统判决，给出建议后执行。

（5）分散自律 CTC 系统在实现列车进路自动控制的同时，将调车进路控制也纳入系统的统一管理，避免了行车调度人员与车站行车人员频繁交接控制权的问题，提高了系统的使用效率。

（6）分散自律 CTC 系统反映了铁路信息化建设的新内容，它不仅仅是一套新的系统，更体现了铁路运输组织的新模式，是铁路行车指挥现代化的重要标志。

第二节　分散自律 CTC 系统功能

一、分散自律 CTC 系统的功能形成过程

调度集中既是先进的技术装备，也是新型的运输组织形式。调度集中虽然不能直接提高线路的通过能力，但通过集中控制，可提高行车调度的自动化程度，加强铁路运输的安全，充分运用线路的通过能力，提高劳动生产效率和改善劳动条件。因此，调度集中在发达国家得到了广泛的应用，日本调度集中营业里程达 2.6 万千米，占总营业里程的 90%；美国一个调度集中中心控制范围达 7.2 万千米；法国高速铁路已经全部实现了综合指挥调度；在韩国，也有 70%～80%的铁路实现了调度集中控制。

我国在 20 世纪 70 年代初开始了调度集中的研制工作，陆续推出了几种传统的调度集中制式，如 DD-1、DD-2、DY-1、D4、D5，并进行了上道试运行，但应用效果并不明显，其中大部分调度集中并未很好使用，基本上只起调度监督作用。所以，虽然经过了几十年的发展历程，但从未形成大发展的趋势，也没有发挥出应有的作用。对于上述状况的原因，在路内已基本达成共识，主要是我国铁路小站列车摘挂作业多，智能化控制水平低，车次号系统不完善、不可靠，无线列调设备不能保证大三角通话，阶段计划调整手段不完善（依然停留在纸、笔、电话的模式下），运输组织管理制度没有跟进配套等。

下面通过比较我国人工调度指挥、TDCS 调度指挥和分散自律 CTC 调度指挥的方式、手段及解决的问题等，帮助读者理解分散自律 CTC 的功能形成。

1. 人工调度指挥

传统的人工调度指挥阶段，调度指挥人员是借助纸、笔和电话等进行行车调度指挥工作的，如图 1.3.1 所示。这种落后的人工运输指挥使得传统的调度集中的使用只停留在人工控制阶段，一个调度员需要控制几个甚至十几个车站，工作负担和责任都比使用调度集中前更大，这很大程度上影响了调度集中的使用。

人工调度指挥时信息和命令的上传及下达完全借助于电话，是看不见摸不着的，这样的行车指挥属于较为低级的间接指挥，对于行车安全和运输效率的提高都是极为不利的。

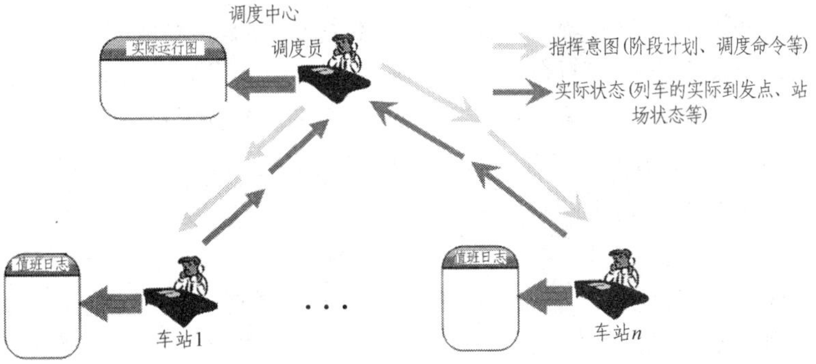

图 1.3.1　人工调度指挥流程示意图

2. TDCS 调度指挥

TDCS 完全解决了行车调度指挥自动化的问题，使行车指挥脱离了传统的人工模式。如图 1.3.2 所示，TDCS 借助于网络和计算机等现代化技术设备，实现了列车运行阶段计划的自动生成和辅助自动调整，实现了阶段计划和调度命令的自动下达、自动报点，并自动生成实际运行图以及自动生成行车日志等功能。但是，TDCS 不具备进路自动控制功能，也就是说计划下达到车站后，仍然需要车站人员通过联锁设备人工办理进路。

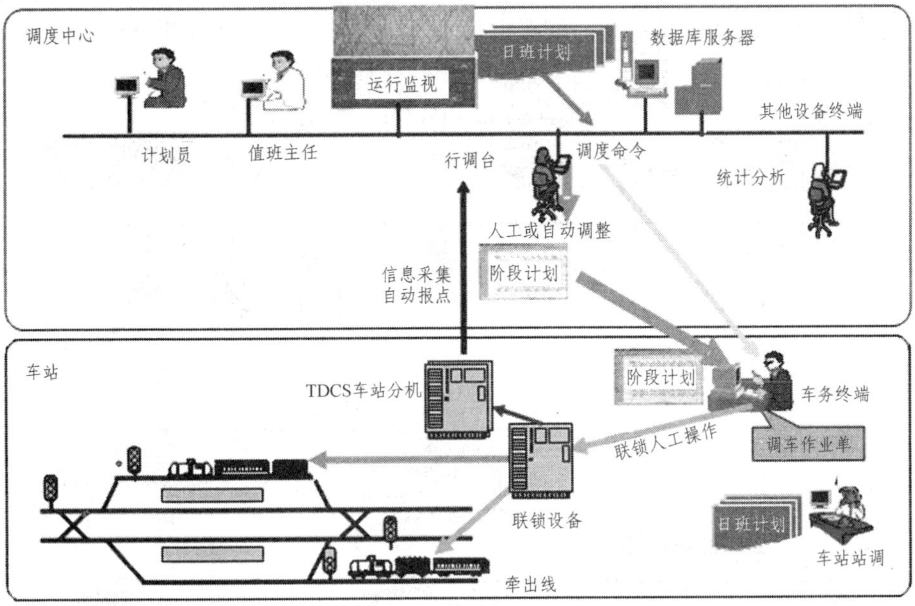

图 1.3.2　TDCS 调度指挥流程

3. 分散自律 CTC 调度指挥

TDCS 为调度集中实现自动控制扫清了最大的障碍，是全面实现调度集中系统的重要基础。虽然如此，如何有效解决行调干扰，避免控制权频繁下放，实现部分车站无人化仍是现代化行车调度指挥系统需要解决的关键问题。2003 年，铁道部提出了铁路跨越式发展的战略思想，调度集中作为铁路信息化建设的重要组成部分，必须得到较快的发展。为此，曾考虑从国外引进成熟的产品及系统，但通过与外方专家（厂商）的沟通，发现所有外方的既有系统均不能直接满足我国客货混跑、调车作业量大等运输现状，而且引进系统的高成本和后期维护问题使得从国外引进现成系统的方案无法具体实施。所以，原铁道部创造性地制定了《分散自律调度集中系统技术条件（暂行）》，提出了国内自主研发新一代调度集中系统的构想，并同时在原西宁分局西宁—哈尔盖（单线自动站间闭塞）进行了第一条试点，根据试点过程的经验，于 2004 年正式发布了《分散自律调度集中系统技术条件（暂行修订稿）》，开始在双线自闭区段的基建工程中正式建设。

图 1.3.3 所示为分散自律 CTC 调度指挥流程示意图。

分散自律 CTC 系统较传统调度集中具有比较明显的优势，它采用计算机分布式网络控制技术、信息化处理技术、调度智能决策、实时遥控、故障安全和信息安全技术，使调度集中控制范围内所有列车作业纳入列车运行调整计划自动管理，具备列车进路自动选排功能和部分非正常条件下接发列车功能以及降级处理措施。

系统根据不同区间、不同列车的运行时分，按照不同车站具体要求开放进出站信号的时机，远程控制车站电气集中设备进行接发列车进路的排列和信号的开放等。

该系统还解决了列车作业与调车作业在时间和空间上的冲突，实现了列车和调车作业的统一控制。进行调车作业时不需要控制权转换，调车作业进路排列和信号开放的时机由车站自律机根据机车乘务员的请求自动安排；司机室安装的调度命令无线传输系统专门设有供机车乘务员使用的调车进路要道请求按钮，系统可利用列车运行空当自动办理，并可为进路指令的执行做好准备，以及试排进路。同时调度指挥中心可向车站、机务段调度、乘务室等部门和机车乘务员下达调度命令（含许可证、调车作业通知单等）。

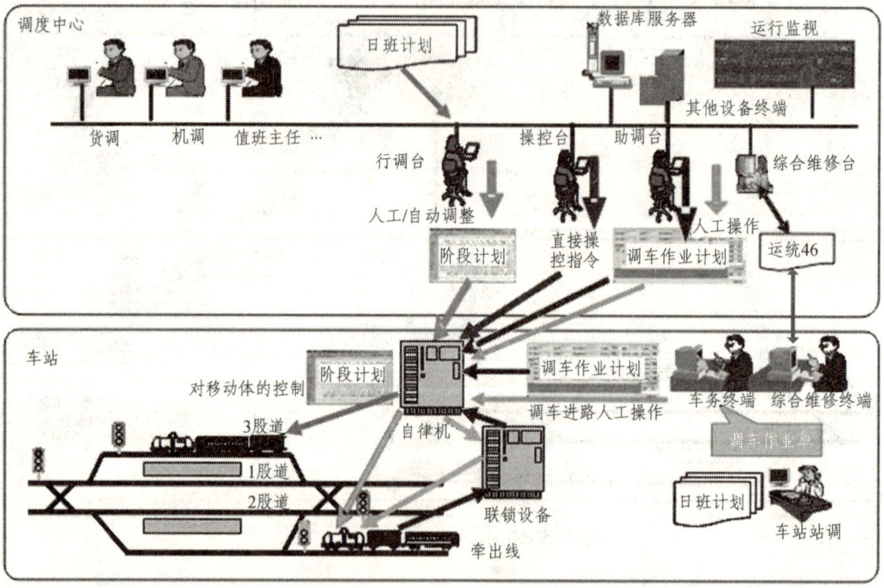

图 1.3.3　分散自律 CTC 调度指挥流程

系统还实现了自我诊断、维护智能化、运行日志保存、查询和打印等功能，可以对所有的人工操作进行完整地记录、查询、回放和打印。系统实时监控电源状态，停电时自动保存列车、调车作业等重要信息。在保证网络安全的条件下，根据原铁道部关于新一代分散自律调度集中系统建设的有关会议精神，可与其他相关系统联网，实现数据资源共享。

分散自律型调度集中，适用于不同牵引动力、运行速度、运量、线路类型的区段与枢纽地区，可实现不办理客货运业务、调车作业量较小、列车和调车进路由调度中心远程控制的车站的行车岗位无人化，根据列车运行计划内调车作业计划，自动调整运行图，自动排列进路，实现自动化及智能化控制，解决车站无行车作业人员时的运输需求。在列车进路集中自动控制的基础上，实现调车进路的集中控制和大部分涉及安全的按钮集中控制，满足我国铁路客货混跑、调车作业频繁的运输特点，并最终达到车站无人化作业。根据目前车站的定员情况，每个站可减少直接作业人员 8 人以上。这不仅使工作人员不必在生存环境和条件艰苦地区工作，也大大提高了运输业的劳动生产率，同时减少了人工作业时的许多程序，可在一定程度上提高行车作业效率。

采用分散自律技术，使列车进路和调车进路自动、可靠隔离，实现列车和调车作业控制权协调统一，解决了列车作业与调车作业在时间和空间上的冲突，实现了列车和调车作业的统一控制，从根本上解决频繁放权问题，提高系统的可用性。另外，系统严格的互控条件，减少了人工作业条件下的作业误差，更加提高了系统的安全性。

二、功能描述

分散自律调度集中系统采用计算机分布式网络控制技术、信息化处理技术，将列车运行调整计划下传到各个车站自律机中自主自动执行；在列车运行调整计划的基础上，解决列车作业与调车作业在时间、空间上的冲突，实现列车和调车作业的统一控制。

分散自律调度集中系统在信号设备控制与行车指挥方式上仅设有分散自律控制与非常站控两种模式。系统分散自律控制时，只有控制指令来源不同，没有中心与车站控制权的转换。非常站控为车站人工控制方式，中心不具备直接控制权，系统完好时具备 TDCS 功能。

分散自律 CTC 系统的总体功能可概括为：中心实现计划管理，车站完成进路自动控制。车站根据计划生成进路命令，交由车站联锁系统排列进路。进路控制以列车计划为主，以调车作业为辅，在保证列车计划顺利执行的前提下，实现对调车作业的约束管理。同时，系统具备调度中心、车站人工直接控制的能力以及 TDCS 路局系统的全部功能。

第三节　分散自律 CTC 系统构成

一、分散自律 CTC 系统总体结构

分散自律 CTC 系统实现以铁路局集团公司为中心的集中控制，从运输指挥模式看，可分为调度中心及车站两级结构，即调度所 CTC 和车站 CTC，如图 1.3.4 所示。

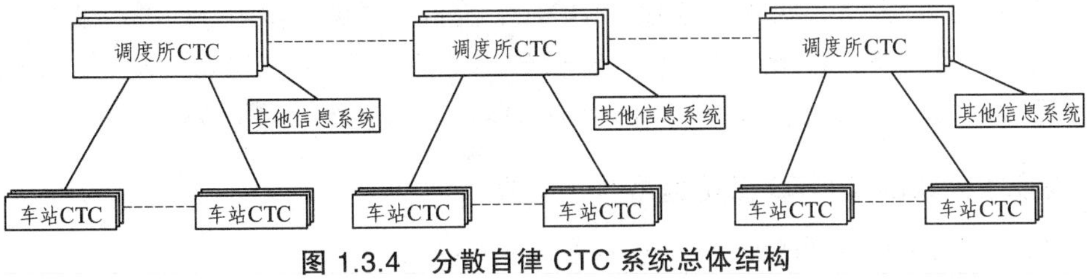

图 1.3.4　分散自律 CTC 系统总体结构

从网络构成的角度看，系统可分为调度中心子系统、网络子系统、车站子系统三大部分。下面分别以胶济线和武广客运专线为例，介绍其网络体系。

（一）胶济线分散自律 CTC 系统总体构成设计

1. 胶济线分散自律 CTC 系统应用概况

胶济线为既有线，其分散自律调度集中系统共计 34 个 CTC 调度控制车站，19 个 TDCS 指挥车站，2 个区间中继站监督车站。所有车站均采用一套分散自律调度集中总机系统进行控制，对 CTC 控制车站，系统实现中心按图排路控制；对 TDCS 指挥车站，系统实现中心调度指挥。

胶济线共设计三个调度台，分别为济南枢纽台、胶济一台、胶济二台，如图 1.3.5 所示。其中，济南枢纽台中 CTC 控制站从平陵城到淄博，其余为 TDCS 指挥站；胶济二台 CTC 控制站从淄博到高密，铁石、坊子、二十里堡为 TDCS 指挥站；胶济一台 CTC 控制站从高密到青岛，营海、红石崖、黄岛为 TDCS 指挥站。

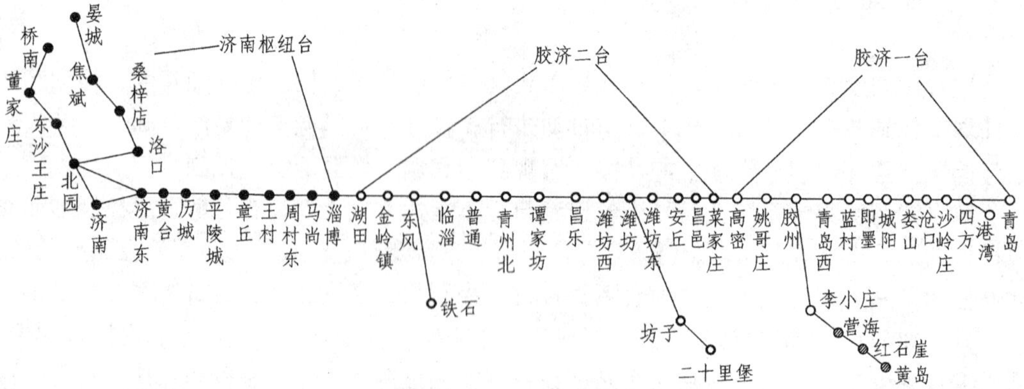

图 1.3.5　胶济线 CTC 调度台管辖情况

1）济南枢纽台

管辖范围包括：淄博、马尚、周村东、王村、章丘、平陵城 6 个 CTC 控制站，以及历城、黄台、济南东、济南、北园、东沙王庄、董家庄、桥南、晏城、焦斌、桑梓店、洛口、济南西（Ⅰ场下到、Ⅲ场下发、Ⅵ场上出场）13 个 TDCS 指挥车站，合计 19 个车站。

2）胶济二台

管辖范围包括：高密、菜家庄、昌邑、安丘、潍坊东、潍坊、潍坊西、昌乐、谭家坊、青州北、普通、临淄、东风、金岭镇、湖田、淄博 16 个 CTC 控制车站，以及坊子支线的二十里堡、坊子站及铁石 3 个 TDCS 指挥车站，合计 19 个车站。

3）胶济一台

管辖范围包括：青岛、四方、港湾、沙岭庄、沧口、娄山、城阳、即墨、蓝村、青岛西上行场、青岛西下行场、胶州、姚哥庄、高密 14 个 CTC 控制站，胶黄线黄岛、营海、红石崖线路所 3 个 TDCS 车站，以及 2 个区间中继站监督站，合计 19 个车站。

2. 胶济线分散自律 CTC 系统网络体系构成

胶济线分散自律 CTC 系统网络体系构成如图 1.3.6 所示。

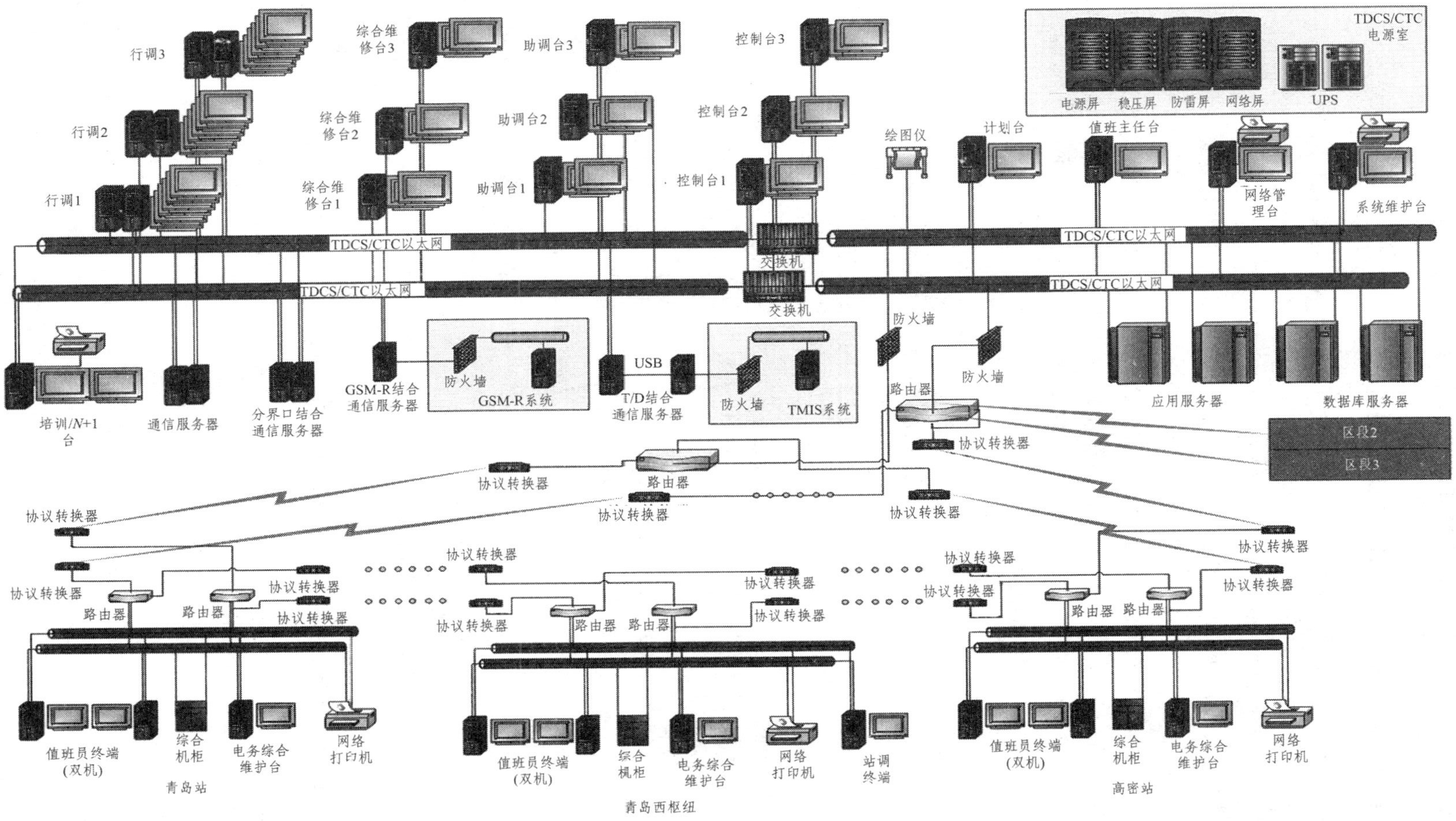

图 1.3.6 胶济线分散自律 CTC 系统网络体系构成示意图

（二）武广客运专线分散自律 CTC 系统总体构成设计

1. 武广客运专线分散自律 CTC 系统应用概况

武广客运专线正线安装调度集中设备，具体车站为：武汉、乌龙泉东、咸宁北、赤壁北、岳阳东、汨罗东、长沙南、株洲西、衡山西、衡阳西、耒阳西、郴州西、乐昌东、韶关西、英德西、清远、广州北和广州南站。其中武汉站分为武汉高速场和普速场 2 个联锁车站，同时在长沙还设有 1 个长沙动车所，故共有 20 个 CTC 车站，每个车站各安装一套车站调度集中系统设备。同时还包括 3 个既有线 TDCS 车站，即白马垄、十里冲和郭塘。

武广客运专线调度集中中心设备，分别安装在武汉局集团公司客运专线调度中心和广州局集团公司调度中心。共设三个调度台，分别管辖 5 ~ 7 个车站，其中 CTC1 台管辖范围为武汉—赤壁北，归武汉局集团公司管理；CTC2 台管辖范围为赤壁北—郴州西，CTC3 台管辖范围为郴州西—广州南，归广州局集团公司管理，如图 1.3.7 所示。

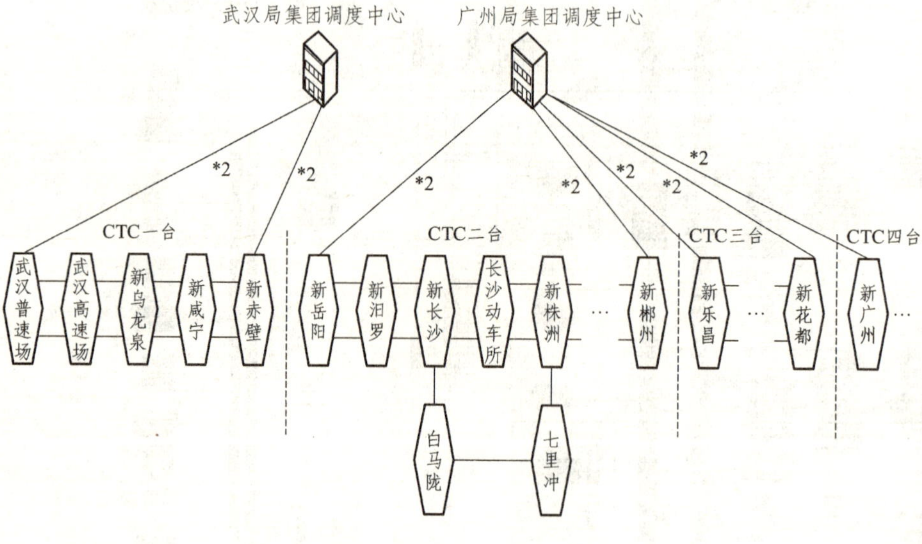

图 1.3.7　武广客运专线调度台管辖情况

注：（1）白马陇和七里冲为 TDCS 站，其他均为 CTC 站。
（2）*2 表示车站与中心间为双通道。

2. 武广客运专线分散自律 CTC 系统网络体系构成

武广客运专线分散自律 CTC 系统网络体系构成如图 1.3.8 所示。

由图 1.3.6 和图 1.3.8 可看出，既有线与客运专线分散自律 CTC 系统网络体系中除了部分设备有别外，其总体结构及基本设备组成是相同的，都是由调度中心子系统、车站子系统和传输网络子系统三部分组成。其中，调度中心子系统设在局集团公司调度所，包括各类服务器、各类工作站、网络设备、电源设备、防雷设备等；车站子系统设在沿线各站，主要设备包括车站自律机、车务终端、电务维护终端、网络设备等；传输网络子系统用于联系调度中心子系统和车站子系统，它包括网络路由器、协议转换器等通信设备和传输通道，构成双环自愈网络，采用迂回、环状、冗余等方式提高其可靠性。

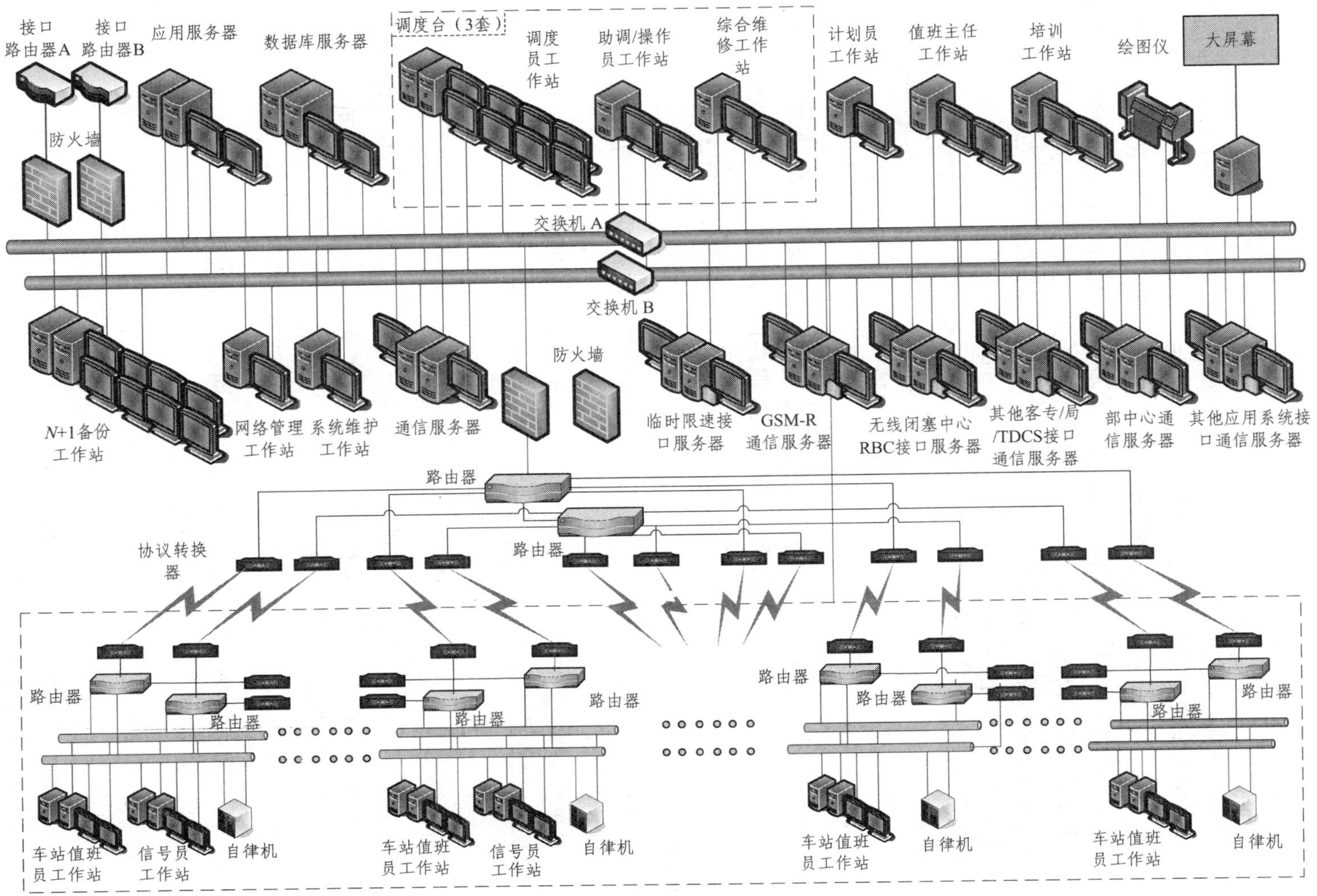

图 1.3.8　武广客运专线分散自律 CTC 系统网络体系构成示意图

二、分散自律 CTC 系统设备组成及功能

（一）调度中心子系统

调度中心子系统是 CTC 系统中完成行车指挥功能的核心，同时也提供了在非常情况下的人工控制功能及调车作业的计划编制、进路控制功能。

调度中心子系统的主要设备有：各类服务器，如数据库服务器、应用服务器、通信前置服务器等；各类工作站，如网管工作站、系统维护工作站、调度员工作站、助理调度员工作站、值班主任工作站、控制工作站、计划员工作站、综合维修工作站等，根据需要也可为其他调度台设置相应显示终端；网络设备，如交换机等。这些设备构成中心局域网，在中心局域网上，还配置有网络打印机和绘图仪，作为各种电子记录、统计报表和运行图的输出设备。

调度中心子系统设备从设置位置来看，包括中心机房设备和调度中心应用系统设备。下面按设置位置来介绍调度中心子系统的设备组成及功能。

1. 调度中心机房设备

调度中心机房设备也可以称为调度中心服务系统，它为应用系统提供后台服务，由数据库服务器、应用服务器、通信前置服务器、远程维护服务器、D/T 数据交换服务器、电务维护工作站、网管工作站、网络接口与交换设备、网络防火墙、防雷设备组成。

1）数据库服务器

在总机房配备两台双机热备的数据库服务器，存储分散自律 CTC 系统的基本图、日班计划、阶段计划、实迹运行图、列车编组信息和信号设备状态的表示信息等。双套数据库服务器可以保证单机故障不影响整个系统的正常工作。双套数据库服务器可以保证单机故障不影响整个系统的正常工作。胶济线安装的是 IBM DB2 数据库，武广客运专线安装的是 Oracle 数据库。

2）应用服务器

在总机房配备两台双机热备的应用服务器，其主要功能包括：存取数据库，完成阶段计划的生成、调整、冲突检测，实迹运行图自动生成与维护管理，消息转发等应用。主、备机在故障情况下能自动切换，保证单机故障不影响整个系统的正常工作。

3）通信服务器

配备双机热备的通信服务器，主、备机通过广域网与车站调度集中基层子系统相连。其主要功能是完成中心系统与基层子系统的数据交换。

4）接口通信服务器

（1）分界口结合服务器：用于局间分界口的数据交换和资源共享。

（2）D/T 数据交换服务器：配备一套高性能计算机，通过串口与 TMIS 系统交换信息，以 TCP/IP 方式接入系统网络。

（3）GSM-R 结合服务器：用于 CTC 系统和 GSM-R 系统的数据交换和资源共享。

GSM-R 作为无线综合通信平台，CTC 可通过 GSM-R 实现进路自动预告、无线调度命令传输（含行车凭证）、无线调车作业单传输、无线调车机车信号和监控、无线车次校核、列车停稳以及列车完整性报警等功能。

GSM-R 应用环境下，机车和调度集中系统之间通过基于 UDP 的点到点连接通信，机车将采用固定的 IP 地址，并在蜂窝技术支持下自动保持移动的不中断连接。

GSM-R 系统与调度集中系统在调度中心的接口连接如图 1.3.9 所示。图中 MSTP 是指 Multi-Service Transfer Platform，即基于 SDH 的多业务传送平台，同时实现 TDM、ATM、以太网等业务的接入、处理和传送，提供统一网管的多业务节点。

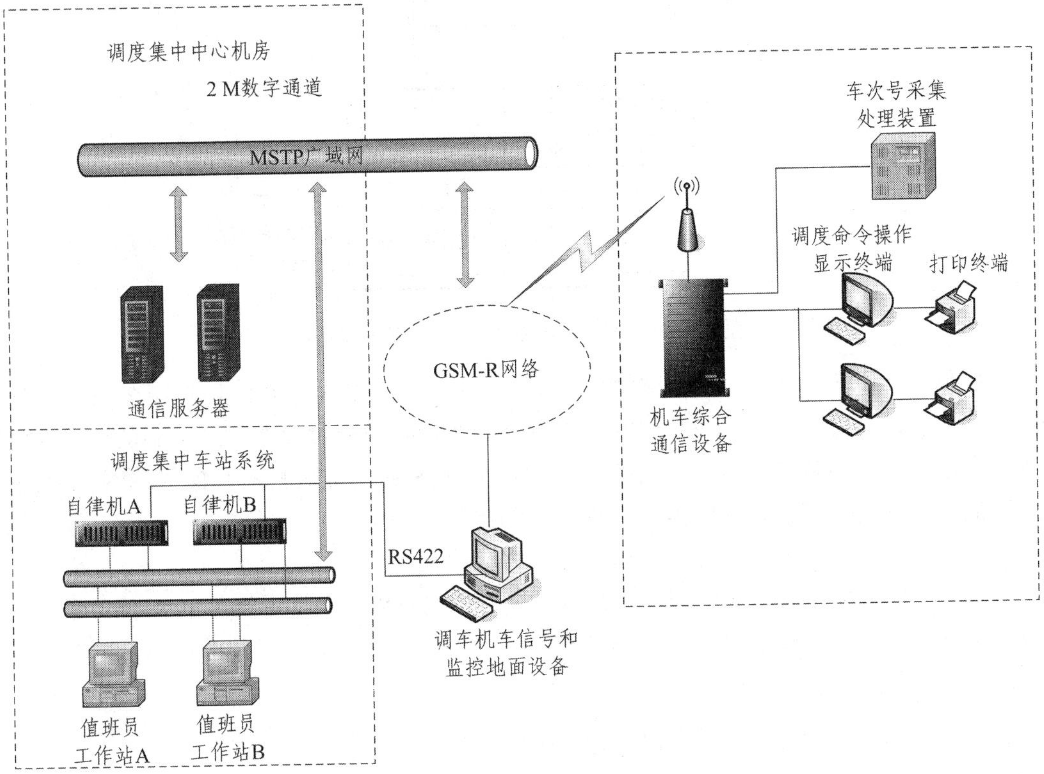

图 1.3.9　CTC 与 GSM-R 系统的接口

除此之外，像武广客运专线这样的 C3 列控模式，CTC 系统还设有其他一些接口通信服务器，例如：

（1）无线闭塞中心（RBC）接口服务器：用于与无线闭塞中心进行信息交换。

CTC 系统在调度中心通过“RBC 接口服务器”和 RBC 系统通信。CTC 系统与 RBC 系统接口如图 1.3.10 所示。

由 CTC 发送到 RBC 的信息有：建立连接信息，CTC 向 RBC 请求建立连接；连接检查信息，CTC 向 RBC 发送的心跳信息，同时报告 RBC 接口服务器状态；关闭连接信息，CTC 向 RBC 请求关闭连接；紧急停车控制命令；时钟同步信息；相关文本信息。

由 RBC 发送到 CTC 的信息有：列车位置、车次号等列车状态信息；速度信息、停稳信息；连接状态信息，包含 RBC 工作状态；报警信息；操作反馈信息。

（2）临时限速 TSR 接口通信服务器：用于与临时限速系统服务器系统接口。

调度中心设置 TSR 接口服务器与 TSR 服务器连接，如图 1.3.10 所示。临时限速在调度台拟定，通过 CTC-TSR 接口服务器发送给 TSR 服务器保存，并由 TSR 服务器下达给 RBC 和列控中心。

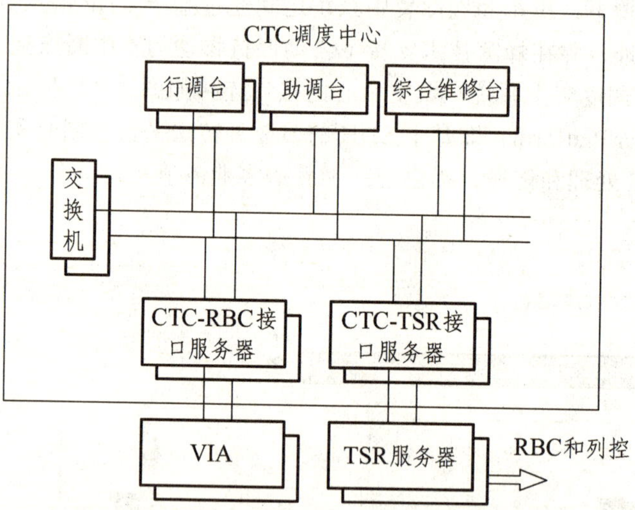

图 1.3.10　CTC 与临时限速 TSR 的接口

（3）相关客运专线接口通信服务器：实现与其他客运专线、其他局集团公司以及其他 CTC/TDCS 系统接口。其中，CTC 与既有 TDCS 系统的接口通过设在调度中心的接口通信服务器（或称为 CTC-TDCS 通信机）来完成。CTC-TDCS 通信机是联系 CTC 系统和 TDCS 系统的桥梁，负责交换双方系统所需要信息。

（4）国铁集团中心通信服务器：用于与国铁集团通信接口。

（5）其他应用系统接口通信服务器：如与牵引供电及电力调度系统（SCADA）系统、旅客服务系统、动车组调度系统、异地备份中心等应用系统的接口。

5）系统维护工作站

通常在系统维护工作站上以图形方式显示以下信息：

（1）CAD 服务器、通信前置机和相关调度台工作站的工作状态。

（2）车站 CTC 自律机、车站车务终端的工作状态。

（3）车站采集/输出板的工作状态及码位状态。

当系统维护工作站所监控的设备出现故障时，给出语音或文字报警。

如有条件，系统维护台可与微机监测系统、信号机械室环境监控系统联网，以便随时查询车站信号设备的工作情况。

6）网管工作站

网管工作站配备一套带双屏显示的高性能工作站以及高可靠网管软件。其作用是监督分散自律调度集中中心局域网和分散自律调度集中广域网运行状况，主要用于网络诊断报警，提供网络拓扑图状态、通道的流量和网络连接等信息，以便于系统网络故障的快速定位。当所监控的网络设备发生故障时，给出语音或文字报警。

7）网络系统

（1）交换机。

交换机具备许多接口，用于多个网络节点互连。交换机在同一时刻可进行多个端口对之间的数据传输。每一端口都可视为独立的网段，连接在其上的网络设备独自享有全部的带宽，无须同其他设备竞争使用。当节点 A 向节点 D 发送数据时，节点 B 可同时向节点 C 发送数据，而且这两个传输都享有网络的全部带宽，都有着自己的虚拟连接。假使这里使用的是 10 Mb/s 的以太网交换机，那么该交换机这时的总流通量就等于 2×10 Mb/s=20 Mb/s。而使用 10 Mb/s 的共享式 HUB 时，一个 HUB 的总流通量也不会超出 10 Mb/s。

一般来说，交换机的每个端口都用来连接一个独立的网段，但是有时为了提供更快的接入速度，我们可以把一些重要的网络计算机直接连接到交换机的端口上。这样，网络的关键服务器和重要用户就拥有更快的接入速度，支持更大的信息流量。

（2）路由器。

路由器是构成广域网的必备通信设备。广域网通信过程是根据地址来寻找到达目的地的路径，这个过程在广域网中称为“路由（routing）”。路由器负责在各段广域网和局域网间，根据地址建立路由，并计算传输数据的最佳路径，同时将数据送到最终目的地。

路由器相当于一台计算机，它有自己的操作系统（网络操作系统）、内存以及周边组件。它能够连接多个独立的网络或子网，实现网间最佳寻径和数据报传送，可以进行流量管理，还可以进行数据压缩、加密等。路由器有多个 LAN（局域网）和 WAN（广域网）端口，用来实现不同网络的物理连接，要求每个端口所连接的网段是一个独立的网络或子网号。

路由器有端口固定配置和模块化两种结构。采用模块化接入的路由器，扩展性较好，可以支持多种端口类型，例如以太网接口、快速以太网接口、高速串行口等。本系统采用的是 CISCO 模块化结构的各种型号的路由器。

（3）协议转换器。

协议转换器简称协转，也叫接口转换器。它可以将 IEEE 802.3 协议的以太网或 V.35 数据接口同标准 G.703 协议的 2 Mb/s 接口进行相互转换。协议转换器也就是网关，它能使处于通信网上采用不同高层协议的主机仍然互相合作，完成各种分布式应用。它工作在传输层或更高。接口协议转换器一般用一个 ASIC 芯片就可以完成，成本低、体积小。

它将以太网信号或 V.35 信号转换为 E1 信号，以 E1 信号形式在同步/准同步数字网上进行长距离传输。其主要目的是延长以太网信号和 V.35 信号的传输距离。协议转换器是一种网络接入设备。

8）网络安全设备

网络安全设备包括：防火墙入侵检测系统（SW-300），用于车站子系统与调度中心子系统间的入侵检测；身份认证控制中心（SPA-510），用于登录系统身份认证的服务器；网络防毒控制中心（SAV），用于提供一套网络防病毒整体解决方案；网络漏洞评估子系统，从攻击者的角度发现终端系统及系统服务存在的潜在漏洞。

9）GPS 授时设备

列车调度工作中，各站行车必须按照调度员计划执行，并把实际情况向调度员汇报。调度员下达到各站的计划中包含时间信息，各站车站值班员向调度员报点时也包含时间信息，统计列车正晚点时还需要比较实际和计划运行线的时间信息。因此，如何实现整个系统时钟的一致性、精确性，是一个重要的问题。GPS 授时设备给分散自律 CTC 系统提供准确的时钟同步信息。GPS 的时钟采用原子钟，时间精度可以达到微秒级，是非常可靠的时钟源。

10）电源系统和防雷设备

CTC 中心机房及调度所设备采用集中供电方式。电源设备包括专用电源屏、电源防雷模块和不间断电源（UPS）。其中不间断电源包括两台 30 kVA 的 UPS。

UPS 供电状态信息由 CTC 网络维护终端通过串口方式采集。当 UPS 的供电中断，并且电池的消耗达到一定程度时，UPS 将通过标准协议通知网络维护终端，并由其通知 CTC 中心系统其他设备安全关机。当供电恢复时，系统设备能够自动启动。

CTC 中心另配防雷屏（柜）一套，用来统一安装通道防雷模块。

2. 调度中心应用系统

调度中心应用系统主要提供调度所各相关工种的操作界面和培训功能。其主要设备包括：列车调度员工作站、助理调度员工作站、控制工作站、综合维修工作站、值班主任工作站、计划员工作站、统计员工作站、培训工作站和必要的打印机和绘图仪等。

每个调度区段设置一个调度员工作站、一个助理调度员工作站、一个控制工作站，其硬件设备均采用高性能工作站，根据实际需要配置多屏显示。同时，每个调度区段配备一套备用主机设备。当主用设备（调度员工作站或控制工作站设备）故障时，在备用设备上输入口令，即可取代故障设备，不影响系统的正常工作。根据不同的输入口令，可将备用设备设置为调度员工作站或控制工作站。

1）调度员工作站

调度员工作站是 CTC 系统中的重要组成部分，是整个 CTC 系统中的列车调度指挥中心。它的主要功能就是为调度员提供一个良好的人机界面，从而使调度员可以方便快捷地进行阶段计划的铺画与调整，同时能够自动从站场收集列车的实际运行状况，并结合列车的实际运行情况进行列车阶段计划的修改与调整，并实时地将调整后的计划下达到车站，从而实现科学、高效、合理的列车运行调度指挥。

调度员工作站是列车调度员的工作平台，调度员使用分散自律 CTC 系统的列调工作站提供的操作界面来调整和下达列车阶段计划，维护实迹运行图，下达调度命令以及与相邻区段列车调度员交换信息。

列车调度员工作站的显示器用来显示实际运行图界面、调度命令界面、站场基本运行图界面等，根据实际需要配置多屏显示。列车调度员工作站采用双机互备，当主用设备故障时，备用设备可取代主用设备，保证系统的连续正常工作。

2）助理调度员工作站

助理调度员工作站硬件设备均采用高性能 IBM 图形工作站，根据实际需要配置多屏显示，可以分别显示管辖范围内每个车站进路操作控制界面和列车运行图界面。助理调度员工作站的主要功能是实现无人站调车作业计划的编制、调整和指挥。它主要由站场图信息显示模块、调车计划的制订模块、调车进路的直接操控模块、自律机调车进路的人工修改模块、调车计划的下达模块构成。

3）控制工作站

控制工作站硬件设备均采用高性能 IBM 图形工作站，根据实际需要配置多屏显示，可以分别显示管辖范围内每个车站进路操作控制界面和列车运行图界面。控制工作站主要实现调度中心人工进路操作控制、闭塞办理、非常处理的功能，即对不在列车调整计划中的进路进行远端操控（主要指对无人站的试排进路、道岔清扫等），以及在 CTC 系统自动排列的进路由于其他非人为原因被联锁取消时进行远端修正。

在武广客运专线等许多线路现在多采用操作员工作站与助理调度员工作站合一的方式，即助理调度员还要完成操作员的工作。

4）综合维修工作站

综合维修工作站由配双屏显示的高性能工作站组成，用于安排天窗修等设备维护情况下的特殊行车要求。综合维修调度员在列车调度员的领导下，通过此工作站完成车站设备日常维护、天窗修、施工以及故障处理方面的登销记手续办理，并具有设置电力网、临时限速，区间、股道封锁等功能。

5）值班主任工作站

值班主任工作站由双屏显示的高性能工作站组成，用于对管辖各调度区段行车信息的监视与调度命令的签发。其主要功能如下：

（1）了解调度集中区段的列车实际运行图。

（2）了解车站接发车作业情况和调车作业情况。

（3）发布调度命令及其他管理信息。

6）计划员工作站

计划员工作站的主要功能如下：

（1）调阅调度集中区段的列车实际运行图。

（2）监视车站接发车作业情况。

（3）发布日班计划及其他管理信息等。

7）培训台工作站

培训台工作站由多台高性能商用机组成，并根据实际需要配置多屏显示。其作用是为调度所各级行车指挥人员提供岗位技术培训。这几台机器上安装相应的应用软件，在中心建立一套专供培训使用的数据库，并在应用服务器的数据库内，按照一个调度台的规模配置所需信息。在仿真培训环境内，操作人员可模拟值班主任向行调台发送日班计划、调度命令等信息，也可模拟行调台铺画阶段计划，并向车站下达阶段计划、调度命令等信息。仿真环境内的站场设备状态，都与现场实际设备的状态一致。在仿真培训环境内使用应用软件，不会影响正常系统的使用。

8）*N*+1 备份工作站

当列车调度台工作站、助理调度员工作站或综合维修工作站出现故障时，可以使用此备份工作站指挥行车。

9）打印机和绘图仪

调度中心的一台网络绘图仪，作为共享设备执行各工种的实迹运行图的绘制和其他相关报表的绘制。

10）表示墙系统

表示墙系统由一套显示转换驱动工作站与专业的大屏背投设备组成，用于显示车站站场作业情况和区间列车运行情况等信息。

（二）车站子系统

1. 车站子系统功能

车站子系统是分散自律 CTC 系统的重要组成部分，是整个网络系统的基本功能节点。调度中心将行车计划下达至车站，车站子系统根据列车运行调整计划完成进路选排、冲突检测、控制输出等核心功能。同时，车站子系统还可以实现调车作业计划单编制及调车作业进路控制功能。

2. 车站子系统逻辑结构

车站子系统是以两台集线器（或交换机）为中心节点构成的双局域网系统。系统中的两台值班员工作站、一台电务维修工作站、两台路由器、两台自律机以及一台网络打印机都通过双局域网平台连接在一起。

一般中间站车站子系统逻辑结构如图 1.3.11 所示。

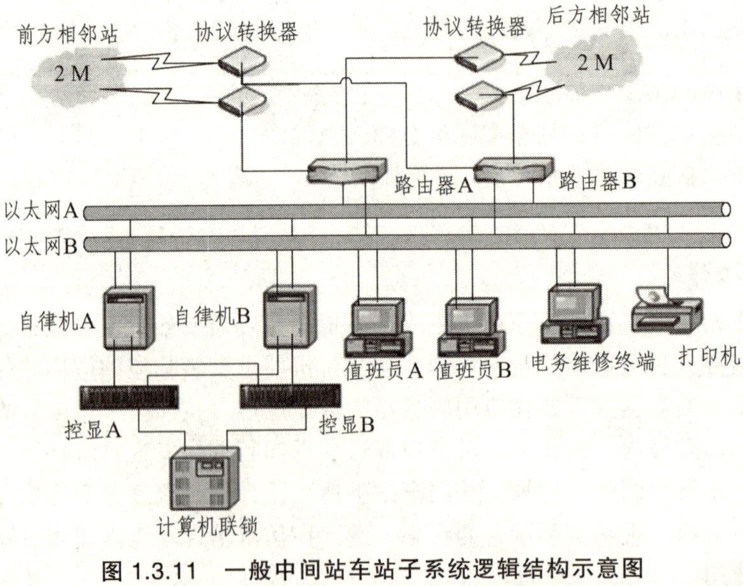

图 1.3.11　一般中间站车站子系统逻辑结构示意图

如果是抽头站，则路由器 A 和 B 还需增加连接一套协议转换器和 2 M 通道去铁路局集团公司调度中心。为了加强车站设备的可靠性，车站子系统设备包括信息采样输出控制接口、车站自律机、数据传输网络和车务操作终端，各部分均采用双套冗余设计。

3. 设备组成及功能

车站子系统由车站自律机、计算机联锁接口装置或 6502 联锁车站驱动装置、采集装置、网络设备、网络接口设备、电源设备及防雷设备等组成。

1）车站自律机

自律机是车站子系统的核心，是高可靠的智能数据处理中心，采用高可靠专用工业控制平台。自律机采用双机冗余配置，通过以太口、RS485 串口双心跳连接线保证双机数据同步；平台采用嵌入式操作系统，增加整个系统在网络上的安全性。

2）6502 联锁驱动装置或计算机联锁接口装置

对于 6502 联锁车站，驱动装置是整个 CTC 车站子系统控制命令的执行接口机构，是 CTC 系统与 6502 联锁系统的分界口。

对于计算机联锁车站，需要有相应的接口装置与自律机相连，从而接受来自自律机的进路命令等，以实现行车集中控制。

3）信息采集装置

信息采集子系统是整个 CTC 系统的基层采样、预处理系统，也是新一代 CTC 系统的重要组成部分。信息的隔离采样，在硬件上采用双机热备、软件自动倒机模式；在内部逻辑处理上，采用对交流信号的高速处理，完成在信息采样方面的故障-安全性处理。

4）网络接口设备

网络接口设备与双套自律机系统安装在同一机柜中，选用基于开放式 TCP/IP 协议的设备，以及国际统一标准的交换机、路由器、协议转换器设备，同时采用成熟的商用软件。众多的厂商支持使整个系统产品生命周期更长。

5）电源、防雷设备

电源、防雷设备是 CTC 系统车站子系统的基础性设备。

整个车站子系统的电源来自专用的智能电源屏，采用双路电源无缝切换技术，实现对两路电网输入的无缝切换；同时提供电源屏系统监控接口，使得车站子系统的核心设备随时掌握自身电源系统的状态。UPS 采用双机热备，能自动切换。

电源防雷设备安装在 CTC 电源屏的输入配线柜中，通道防雷设备安装在 CTC 自律机系统机柜的底层，保证系统免受雷电危害。

6）电务维护终端

电务维护终端是车站子系统维护所用的侦测设备，系统采用单机单屏配置，通过双以太口组成一个虚拟端口连接在车站双网中。系统配有声卡和音箱，当本车站子系统中软件节点出现故障时，可进行语音报警提示。

电务维护终端主要工作有：监视系统的运行状况，对所有操作控制命令、设备运用情况、故障报警信息和车站网络运行状态等进行分类存储、查询和打印。

7）综合维修终端（暂放信号机械室）

综合维修终端采用工业控制计算机，系统采用单机单屏配置。它主要用于无人车站电务、工务、电力、桥隧等部门在施工、维修和抢险等情况下，现场人员和调度中心的联系，以及设备日常维护、天窗修、施工以及故障处理方面的登销记手续的办理。

8）车站运转室车务终端

车务终端采用工业控制计算机组成双套冗余热备系统，是对车站自律机中指令及命令人工干预的输入平台。

每台单机通过双以太口组成一个虚拟端口连接在车站双网中，除完成本站行车日志的自动生成、调度命令签收等 DMIS 的功能外，还能完成调车作业计划的编制、申请以及调车进路和其他特殊进路的办理等功能。

9）转换装置

对于 6502 联锁控制车站，配置的转换装置完成 CTC 系统与车站控制台对车站联锁系统的控制权利及接口转换功能，使得车站联锁系统通过一个硬件接口来保证在任意时刻只有唯一的命令来源。

10）其他设备

其他设备包括：

（1）无线车次号校核子系统，通过标准接口与车站自律机相连接。

（2）无线调度命令上传子系统，其地面设备包括运转室的无线列调设备与车站转接器，通过标准接口与车站自律机相连接。

（3）无线调车机车信号监控系统，其地面无线数传电台，通过标准接口与车站自律机相连接。

（三）网络子系统

网络子系统采用通用的网络和接入设备按 IP 网的方式组成，由调度中心局域网、车站局域网、站间广域网组成。

1. 局集团公司调度中心局域网

如图 1.3.12 所示，调度中心网络系统由两台高端 CISCO 公司的网络交换机作为局域网网络主干，采用 TCP/IP 网络协议，构成双冗余网结构的交换以太网，调度所设备以及总机房设备之间采用以太网交换机和智能集线器连接。局集团公司调度中心的所有服务器和工作站都配有两块网卡，分别连接到两台交换机上，组成两个局域网。

调度中心局域网的路由器、交换机、防火墙相互之间交叉连接，具有很高的可靠性，当其中一个出现单点故障时，不影响系统的正常运行。调度中心双冗余网的结构在系统稳定性、可靠性方面均极大地优于普通的双网络结构。

普通双套网络结构中，与每一个网络节点对应的是两个不同的硬件节点与软件节点。即在软件上，每一个网络节点对应的是两个独立的 IP，要实现两套网络的热备，必须依赖专用软件对两个不同的 IP 进行不断的侦听。同时，在网络上双倍的 IP 地址也使应用软件的复杂性极大地增加，从而使系统稳定性与可靠性降低。

双冗余网的结构中，与每一个网络节点对应的是两个不同的硬件节点，单节点内部把两个不同的硬件节点系统虚拟为一个软件节点。即一个 IP 地址，在双套网络之间的切换是在每个节点内部系统完成的，不需要专门软件支持，这同时也极大地降低了应用软件的复杂性，从而使系统的稳定性与可靠性增强。

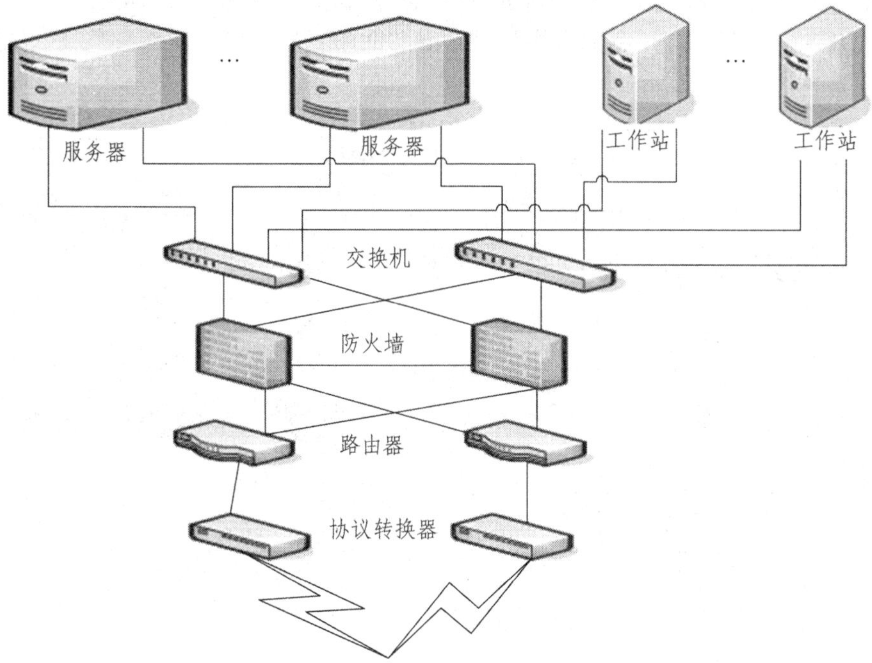

图 1.3.12　调度中心局域网

2. 车站局域网

如图 1.3.13 所示，车站网络系统同样由两台网络交换机或两台交换式集线器作为局域网

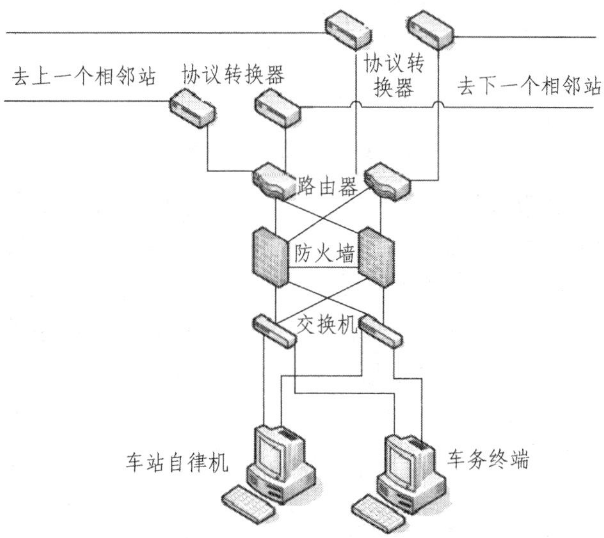

图 1.3.13　车站局域网

网络主干，现场较多采用 CISCO 公司的产品；车站局域网采用 TCP/IP 网络协议，构成双冗余网结构的交换以太网。

3. CTC 系统广域网

CTC 广域网由路由器、协议转换器等网络通信设备和传输通道构成。传输通道应采用迂回、环状、冗余等方式，并尽可能采用具有自愈功能的双环结构，以提高系统广域网的可靠性，如图 1.3.14 所示。

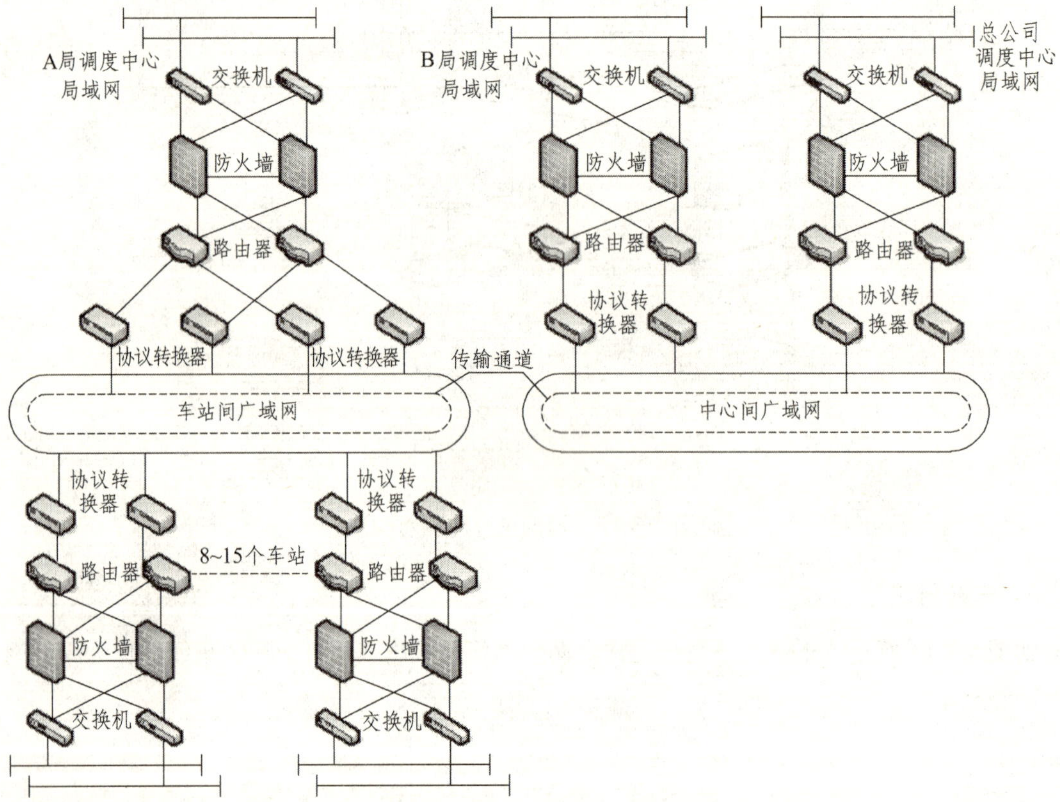

图 1.3.14　CTC 广域网

站间网络连接是 CTC 系统执行中心行车调度指挥的纽带，中心到车站及车站之间采用独立光纤构成冗余自愈环状连接的专用网。在整个网络中，每个节点局域网均以双套广域网接口与双独立光纤通道相连接，接口设备采用通用协议转换设备，路由器采用双套 CISCO 高端路由器。在整个网络环路上，为进一步提高网络系统的稳定性与可用性，对双套数字通道采用每 N（N 一般为 8 ~ 15）个站形成一个单独的环，即每 8 ~ 15 个车站应有一条通道返回调度中心。如果是客运专线，N 为 5 ~ 10，即在客运专线每 5 ~ 10 个站构成一个单独的环。

整个网络在双套冗余环状的设计基础上，采用国际标准的网络软硬件以及成熟的技术，使得整体系统具有通用性强、施工维修方便、易于扩容等特点。

第四节　分散自律 CTC 系统控制模式

一、设计原则

系统设计为分散自律控制模式和非常站控模式。

1. 分散自律控制模式

分散自律控制模式为正常控制模式，其基本思想是用列车运行调整计划自动控制列车运行进路，同时在分散自律条件下，调度中心具备人工办理列车、调车进路的功能，车站具备人工办理调车进路的功能。在分散自律控制模式下，原车站联锁控制台不起作用，即除非常站控按钮外，车站控制台其他按钮均不起作用。

2. 非常站控模式

非常站控模式是当调度集中设备故障、发生危及行车安全的情况或设备天窗维修、施工需要时，脱离系统控制转为车站传统人工控制的模式。在非常站控模式下，CTC 调度员工作站和车务终端中所有按钮的操作均不起作用。

车站值班员可以按下 6502 控制台上的非常站控按钮，切断分散自律 CTC 系统控制输出继电器的电源，直接通过控制台按钮的方式进行控制。

在计算机联锁车站，则是在计算机联锁系统的操作界面上，进入非常站控，此时计算机联锁系统不再执行任何 CTC 的控制指令，由操作员操作按钮进行控制。

在非常站控模式下，CTC 系统不再发出进路控制命令，所有的列车进路和调车进路由车站值班员在原有的计算机联锁设备或 6502 控制台上手工操作。CTC 仅用来接收调度命令和阶段计划，并显示站间透明信息等（降级为 TDCS 使用）。

二、分散自律模式下系统的操作方式

分散自律模式下系统操作方式设计为三种，即中心操作方式、车站调车操作方式、车站操作方式。

1. 中心操作方式

中心操作方式又称为中心控制子模式，由调度中心完全控制车站列车计划的调整、车站到发线的安排、列车和调车信号的开放、调车作业计划的编制。信号设备控制权限划分如下：

（1）中心具有信号设备的全部控制权，包括列车进路序列、列车进路按钮、调车进路序列、调车进路按钮以及其他功能性控制操作。

（2）车站无直接控制权限。在此控制模式下，车站行车只保留一名值守人员，车站所有

的行车指挥及调车作业全部由调度中心调度员指挥控制。

中心控制子模式适用于无人站或较小的中间站。

2. 车站调车操作方式

车站调车操作方式又称为分散自律子模式，由调度中心通过计划实现对列车的控制，而由车站通过调车计划或直接操作实现对调车的控制。调度中心制订列车调整计划，安排被控车站的股道应用；车站制订调车作业计划，办理调车作业。

中心对列车进路有操作权，对调车进路无操作权；车站对调车进路有操作权，对列车进路无操作权。信号设备控制权限划分如下：

（1）列车进路序列、列车进路按钮由中心控制。

（2）调车进路序列、调度进路按钮由车站控制。

（3）道岔的单操、单锁、单解、单封，中心和车站均可操作。

（4）半自动闭塞按钮、坡道按钮、上电解锁按钮、允许改方按钮、总取消按钮等功能按钮，中心和车站均可操作。

（5）对于封锁操作，在该操作方式下遵循“谁封锁，谁解锁”的原则，即调度员封锁的设备，车站无法解锁；车站封锁的设备，调度员无法解锁。

分散自律子模式适用于一般中间站，即大多数 CTC 车站。

3. 车站操作方式

车站操作方式又称为车站控制子模式，由调度中心负责列车计划的调整及下达，而车站有权修改进路序列中的股道安排；由车站制订调车作业计划、办理调车作业。所有的列车进路及调车进路最终均通过自律机实现对计算机联锁的控制。信号设备控制权限划分如下：

（1）车站具有全部信号设备的控制权，包括列车进路序列、列车进路按钮、调车进路序列、调车进路按钮以及其他功能性控制操作。

（2）中心无直接控制权限。

车站控制子模式适用于较大型车站，如区段站。

例如胶济线，根据运输组织模式，青岛西、青岛、淄博、东风四个站采用分散自律模式下的车站控制子模式指挥行车。在此模式下，调度员调整计划并下达，车站值班员负责对计划中的股道号进行修改调整并最终下达到自律机，由自律机控制联锁设备自动完成列车进路的办理。

其他车站采用分散自律模式下的分散自律子模式指挥行车。同时，对于调车作业，调度中心及车站均具备调车计划编制及办理功能。

三、控制模式转换

控制模式的转换由列车调度员与车站值班员根据需要进行操作。系统对控制模式的转换操作进行记录。在模式转换时系统不影响已办理的列车进路和调车进路。

分散自律控制模式转向非常站控模式不检查任何条件，但要向列车调度员进行提示报警。

非常站控模式转回分散自律控制模式时，系统检查以下条件：

（1）CTC 系统设备正常。

（2）非常站控模式下没有未完成的按钮操作。

在满足上述条件时，允许转回分散自律控制模式。表示灯亮黄灯后，操作非常站控按钮，转回分散自律控制模式下的车站控制方式，否则操作无效。

图 1.3.15 所示为控制模式转换示意图。

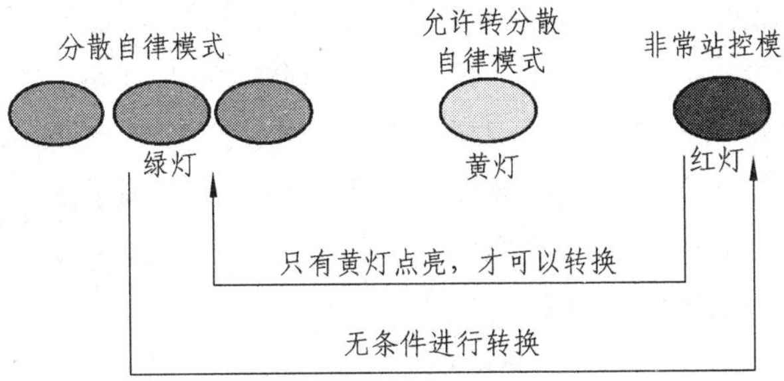

图 1.3.15　控制模式转换示意图

CTC 分散自律控制模式下，从车站操作方式转换到车站调车操作方式、中心操作方式时，由调度员进行控制方式切换申请，车站同意；从车站调车操作方式、中心操作方式转换到车站操作方式时，由车站进行控制方式切换申请，调度员同意；车站调车操作方式与中心操作方式间的切换，由调度员根据需要通知车站后直接切换。切换完成后，相应指示灯亮稳定绿灯，表示控制方式已切换完成。

CTC 分散自律控制模式下，系统在得到列车在车站通过、到开的信息后，自动生成行车日志，并能根据列车运行图中规定的区间运行时分、列车的性质、线路及车站设备等情况，合理安排列车会让，自动调整列车运行计划。

CTC 分散自律控制模式下，车站值班员的操作不能解锁调度员办理的进路或关闭信号，调度员的操作不能解锁车站值班员办理的进路或关闭信号。

四、非正常情况下的 CTC 控制

1. 接车作业

（1）进路锁闭状态下，进站信号机因故不能开放时，系统应能及时报警，由调度员人工办理接车作业。

（2）由于轨道区段故障导致进路无法建立，由调度员在判明轨道电路故障条件下，人工开放引导信号。

（3）道岔无表示时，必须经现场人工确认并采取相关安全措施，由调度员办理引导总锁闭，开放引导信号；经现场人工确认列车整列到达后，取消引导总锁闭或转为非常站控模式后，由车站办理引导接车。

（4）如果进站信号机内方第一区段故障，由调度员办理引导接车，引导信号应保持开放，列车头部越过故障区段后自动关闭引导信号。

2. 发车作业

发车进路因故无法排列时，系统应自动报警，由调度员人工办理非正常发车作业。

3. 非正常解锁

（1）接车进路：调度员和司机确认列车整列到达或通过后，调度员人工解锁遗留接车进路。

（2）发车进路：调度员和司机确认列车整列出站后，调度员人工解锁遗留发车进路。

（3）调车进路：原则上由办理调车进路的人员负责人工解锁该调车进路的遗留进路。调度中心、车站都具备在分散自律控制模式下的调车进路人工解锁手段。

（4）轨道电路停电恢复时，在人工确认机车停稳后，由调度员（或车站值班员）按压轨道电路停电恢复按钮，分咽喉一次性解锁。

4. 非正常办理

（1）当区间为自动站间闭塞且区间故障不能正常复原时，需调度员人工确认区间空闲后，调度中心人工办理事故复原操作。

（2）当自动站间闭塞区间检查设备为计轴设备，出现轴数不符且计轴设备处于区间占用状态，或者计轴设备检修及停电复原时，需调度员人工确认区间空闲后，由中心人工办理计轴复零操作。

（3）在自动站间闭塞区段的区间空闲检查设备故障停用时，调度员通过列车运行调整计划以及实迹运行图，并与列车司机利用无线通信联系，人工确认列车整列到达、区间空闲后，人工办理闭塞行车。

5. 系统故障降级处理措施

（1）当车站自律机与中心网络通信中断后，系统应立即自动报警。

（2）对于双线自动闭塞区段无人车站，在通信中断且未转为非常站控模式时，调度员不得改变该站来车方向列车运行调整计划设定的车序，由车站自律机按已收到的列车运行调整计划和列车实际运行情况继续自动执行。列车运行调整计划执行完毕后，通信仍未恢复正常时，系统应将该站设置为自动通过状态。

（3）对于单线自动闭塞区段无人车站，在站间自动闭塞正常工作情况下，通信中断且未转为非常站控模式时，调度员不得改变该站来车方向列车运行调整计划设定的车序，由车站自律机按已收到的列车运行调整计划和列车实际运行情况继续自动执行，直到列车运行调整计划执行完毕。

（4）对于有人车站，在通信中断后可参照上述条款执行，也可及时转为非常站控模式组织接发列车。

第五节　分散自律 CTC 系统软件逻辑简介

一、主要软件

分散自律 CTC 系统的主要软件名称、安装位置及功能如表 1.3.1 所示。

表 1.3.1　分散自律 CTC 系统的主要软件

名　称	安装和运行位置	功　能
SERVER	应用服务器	列车计划和运行图调整处理、冲突检查、中心数据通信转发
BASELEVEL	通信服务器	基层网和中心系统之间的数据转发，GSM-R 通信等
GPC	调度台、助调等	提供中心调度操作界面、运行图、站场监视、调车管理、按钮控制等
STPC	车务终端	提供车站值班员操作界面、按钮控制、行车日志、调车作业等
LIRC	自律机	自律机逻辑功能
LIRC_MMI	自律机	自律机液晶屏界面程序
NETMAN	系统维护台	系统维护综合功能

二、分散自律 CTC 系统逻辑通信关系

分散自律 CTC 系统逻辑通信关系如图 1.3.16 所示。图中 $GPC_1 \sim GPC_n$ 表示各调度台；SERVER 表示服务器；master 表示主机，slave 表示备机；BASELEVER 表示前置通信机；LiRC 表示自律机；NEIB LiRC 表示相邻车站自律机；STPC 表示车务终端。图中的虚线表示没有实际数据传输，仅仅发送握手信息维持连接。

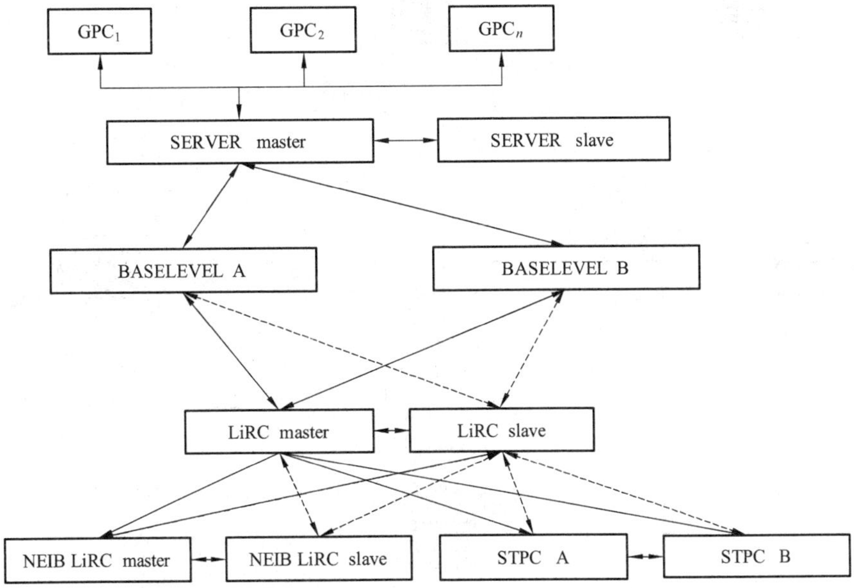

图 1.3.16　分散自律 CTC 系统逻辑通信关系示意图

三、分散自律 CTC 系统各通信设备之间的信息交换内容

图 1.3.17 所示为分散自律 CTC 系统各通信设备信息交换示意图。

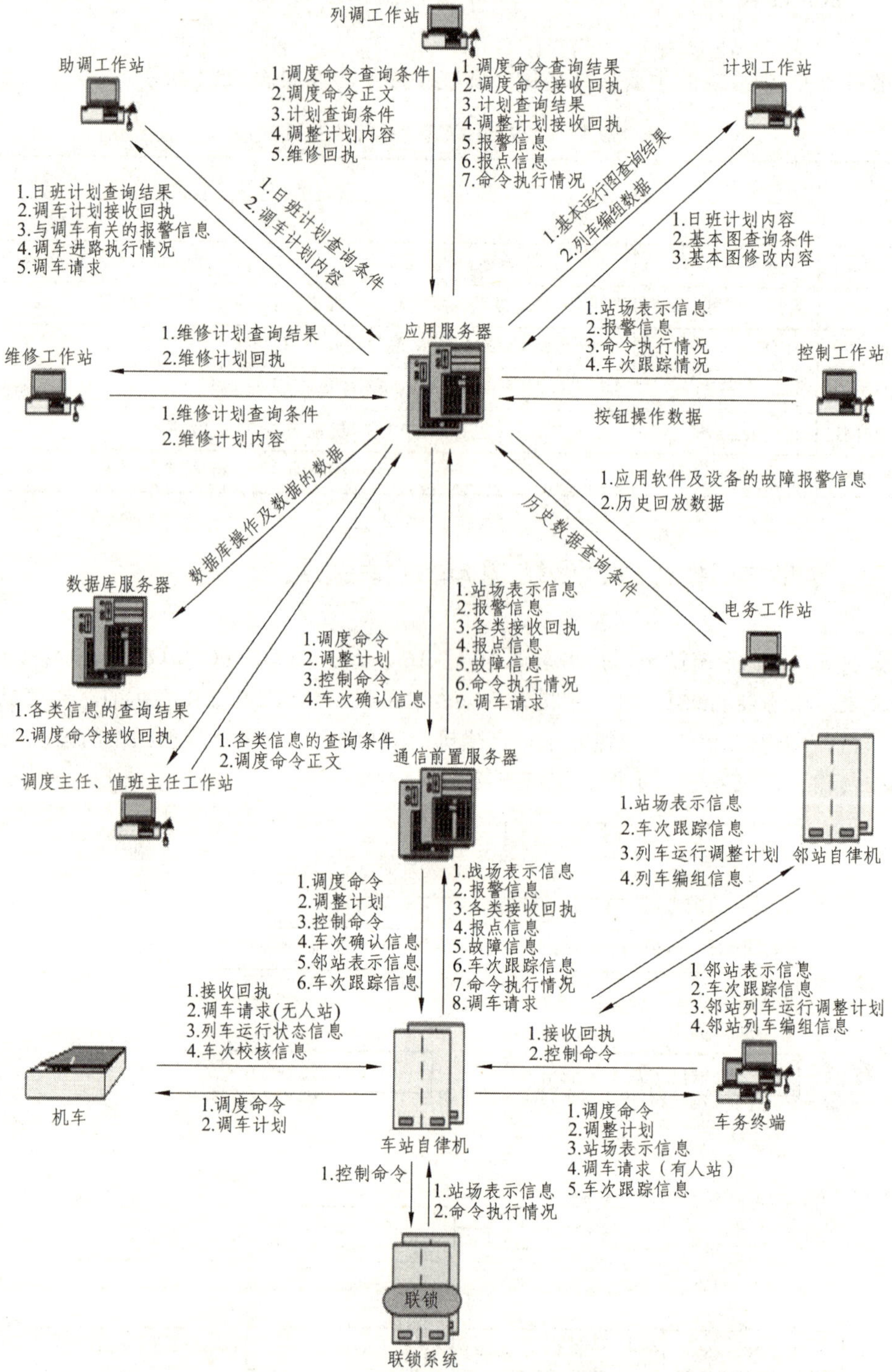

图 1.3.17　分散自律 CTC 系统各通信设备信息交换示意图

由图可知，调度中心的通信核心为应用服务器，而车站的通信核心则为车站自律机，中心与车站的通信在前置通信机与自律机之间进行。

1. 与应用服务器的直接通信

与应用服务器直接通信的设备有列车调度员工作站、助理调度员工作站、维修工作站、数据库服务器、通信前置服务器、控制工作站、计划工作站、值班主任工作站、电务工作终端等。具体通信内容如图 1.3.17 所示。

2. 与车站自律机的直接通信

与车站自律机直接通信的设备有通信前置服务器、计算机联锁、车务终端、机车、相邻车站自律机。具体通信内容如图 1.3.17 所示。

3. 通信前置服务器与车站自律机的通信

通信前置服务器与车站自律机的通信完成了调度中心与沿线各车站之间的信息交换，实现了 CTC 系统集中指挥、分散自律控制的基本功能。

请 思 考

一、简答题

1.“分散”与“自律”的含义是什么？

2. 相比于 TDCS，分散自律 CTC 系统最主要的功能突破是什么？

3. 分散自律 CTC 系统由哪三大子系统构成？

4. 分散自律 CTC 调度中心子系统设备包括哪些？

5. 分散自律 CTC 车站子系统设备主要包括哪些？其中，安置在信号机械室的是哪些？安置在运转室的是哪些？

6. 分散自律 CTC 系统的控制模式有哪几种？

7. 请描述车站自律机与中心前置通信服务器之间的通信内容。

8. 非常站控模式转回分散自律控制模式系统应检查哪些条件？

二、填空题

1. 传统的人工调度指挥时，调度员和车站值班员主要借助________来实现信息的上传下达，它的缺点是____。

2. TDCS 完全解决了行车指挥________的问题，使行车指挥脱离了传统的__________，在这种模式下，调度员和车站值班员主要借助________来实现信息的上传下达，它的缺点是调度员实现行车指挥工作仍然离不开沿线各站___________，仍然属于________指挥。

3. 分散自律 CTC 调度指挥时，除了能实现 TDCS 的所有功能外，最重要的是还能实现________________的统一自动控制，在一定的条件下能实现__________无人化，即调度员实现行车指挥工作可以不依赖沿线各站___________，属于________指挥。

4. TDCS 和分散自律 CTC 系统都实现了行车调度自动化，自动化工作主要体现在以下几个方面：＿＿＿＿＿＿、＿＿＿＿＿＿、＿＿＿＿＿＿、＿＿＿＿＿＿＿＿。

5. 分散自律 CTC 系统实现以＿＿＿＿＿＿＿＿为中心的集中控制，它的系统结构为＿＿＿＿＿＿＿、＿＿＿＿＿＿＿、＿＿＿＿＿＿＿三大部分。

6. ＿＿＿＿＿＿＿＿是 CTC 系统中完成行车指挥功能的核心，同时也提供了在非常情况下的＿＿＿＿＿＿及＿＿＿＿＿＿的计划编制、进路控制功能。以上三个功能分别由＿＿＿＿台、＿＿＿＿台、＿＿＿＿台来完成。

7. 分散自律 CTC 网络子系统采用通用的网络和接入设备按 IP 网的方式组成，由＿＿＿＿＿＿＿、＿＿＿＿＿＿、＿＿＿＿＿＿组成。

8. 分散自律 CTC 系统与 TDCS 相比增加的主要功能是＿＿＿＿＿＿＿＿＿＿＿＿，增加的主要设备是＿＿＿＿＿＿＿＿＿＿＿＿＿＿＿＿＿＿＿＿。

9. CTC 系统正常情况下处于＿＿＿＿＿＿＿控制模式，该模式下又分为三种子模式，即＿＿＿＿＿＿＿、＿＿＿＿＿＿＿、＿＿＿＿＿＿＿＿。

10. 在分散自律车站控制子模式下，车站具有对＿＿＿＿＿＿＿的控制权，中心对此无权进行操作。

第四章　全路 TDCS、CTC 系统设备管理办法

TDCS、CTC 是铁路各级行车调度实现透明指挥、实时调整、集中控制的现代化信息系统，是保证行车安全、提高运输效率、改善行车指挥人员工作条件的重要行车设备，也是铁路信号的基础设施。

TDCS、CTC 由国铁集团、局集团公司中心局域网及车站基层网组成，具有点多线长、布局成网、分散维护、集中使用的特点，维护管理必须树立全程全网的观念，实行统一指挥、分级管理、分工负责、密切协作的工作制度，加强基层建设，做好各项基础工作，不断提高维护管理水平。

为规范 TDCS、CTC 维护管理，确保系统正常运行，提高系统的稳定性、可靠性，原铁道部运输局于 2005 年制定了《行车调度指挥系统（TDCS、CTC）维护管理办法》。该管理办法对组织机构、职责范围、修程及取费标准、设备维护分工、维护管理制度及通道标准进行了规范。下面主要介绍机构设置、职责范围和设备维护分工等。

第一节　全路 TDCS、CTC 维护

一、全路 TDCS、CTC 维护机构设置

1. 国铁集团试验室

国铁集团信号试验室（以下简称“集团试验室”）负责部 TDCS、CTC 中心系统的维护和全路 TDCS、CTC 网的正常运行，并指导全路 TDCS、CTC 的维护工作。

2. 局集团公司检测所

各局集团公司电务检测所（以下简称“检测所”）负责局集团公司 TDCS、CTC 中心系统的维护和全局 TDCS、CTC 网的正常运行，并指导全局 TDCS、CTC 的维护工作。

3. 信息车间

电务段信息设备维修车间（以下简称“信息车间”）负责管内 TDCS、CTC 基层网设备维护及管理工作，信号工区负责 TDCS、CTC 车站设备日常维护工作。

国铁试验室、各局电务检测所、电务段信息车间实行 24 小时值班制度，实时掌握系统运行情况，保证系统正常工作。

二、全路 TDCS、CTC 维护职责

1. 铁总试验室 TDCS、CTC 维护职责

（1）负责国铁集团中心系统设备大修、软硬件维修及日常维护工作，协调有关厂商、设计和相关部门共同做好系统维护工作。

（2）负责系统测试、调试、数据信息核对工作。

（3）审核各局集团公司中心主要设备型号，局对部、相邻局间通道变更，扩大 TDCS、CTC 用户范围申请，并报主管部门审批。

（4）参与各局集团公司 TDCS、CTC 竣工验收工作。

（5）负责国铁集团中心系统设备鉴定，并根据设备鉴定结果提出设备质量提高计划。

（6）及时组织处理系统故障，尽快恢复系统功能，并根据故障情况，及时通知铁通公司、设备厂商、研发单位共同处理故障。

（7）负责故障设备及器材检测、更换及修复。

（8）指挥各局电务检测所处理故障。配合有关施工，按规定办理因故停用手续。

2. 检测所 TDCS、CTC 维护职责

（1）负责局集团公司中心系统设备大修、软硬件维修及日常维护工作，协调有关厂商、设计和相关部门共同做好系统维护工作。

（2）指挥电务段信息车间、信号工区处理故障。配合有关施工，按规定办理因故停用手续。

（3）配合集团试验室对管内系统设备进行测试、调试、数据信息核对及故障处理。

（4）配合相邻检测所对管内系统设备进行测试、调试、数据信息核对及故障处理。

（5）审核 TDCS、CTC 车站设备、通道和软件修改申请，并报主管部门审批。

（6）制订管内 IP 地址分配和网络调整方案。

（7）组织或参与各局集团公司 TDCS、CTC 竣工验收工作。

（8）组织系统设备鉴定，并根据设备鉴定结果提出设备质量提高计划。

（9）及时组织处理系统故障，尽快恢复系统功能，并根据故障情况，及时通知有关电务段、铁通公司、设备厂商、研发单位共同处理故障。

（10）负责故障设备及器材检测、更换和修复。

3. 电务段信息车间 TDCS、CTC 维护职责

（1）负责故障设备及器材检测、修复和更换工作，指导信号工区处理设备疑难故障。

（2）配合所在局检测所对管内系统设备进行测试、调试、数据信息核对及故障处理工作。

（3）参与管内 TDCS、CTC 竣工验收工作。

（4）指导信号工区做好 TDCS、CTC 车站基层网设备维护工作，并定期巡视检查。

（5）负责管内系统设备大修配合、软硬件维修和故障处理工作，协调有关厂商、设计和相关部门共同做好系统维护工作。

4. 信号工区 TDCS、CTC 维护职责

（1）负责处理告警和故障信息。

（2）负责车站 TDCS、CTC 设备复位、开（关）机、倒机、电源测试及日常维护等工作。

（3）配合段信息车间完成 TDCS、CTC 设备维修工作。

（4）在段信息车间指导下，进行故障处理和器材更换。

5. 铁通公司 TDCS、CTC 维护职责

（1）负责有关 TDCS、CTC 通信设备日常维护工作，保证通信通道安全畅通，未经检测所同意，不得擅自中断或变更通道。

（2）配合检测所、信息车间查找、处理通道故障。

第二节　国铁集团 TDCS 各类设备维护工作要求

一、设备维护工作

1. 维修办法

在故障修的原则下，实行预防修和状态修相结合的维修方式，以巡视、检查和定期测试为主，保证设备正常运用。

2. 巡视工作

集团试验室每日两次巡视检查设备运用状况，并向使用人员询问使用情况，做好巡视记录和设备清洁工作。

3. 检查工作

集团试验室对中心设备每月进行一次检查，并做好检查记录。有关信号下属单位、铁通公司配合。检查应严格按标准进行，不得漏项，不得无故延长检查时间。

4. 测试工作

由集团试验室负责组织实施，其中通道测试由铁通公司负责，集团试验室配合。集团试验室按月、季、年进行测试，认真填写测试记录表，每半年对系统运用情况进行分析，分析报告应报上级主管部门。

5. 故障处理

在巡检、测试过程中发现设备不良状况，应及时处理。值班人员接到设备故障通知后，应及时进行处理，并同时报告本单位调度。设备发生故障时，值班人员可直接通知和指挥下一级维护机构处理故障。故障涉及铁通公司时，应及时通知铁通公司处理，做好配合工作，并及时向本单位调度报告。设备故障处理影响 TDCS、CTC 设备使用时，应按有关规定办理设备停用、登记、销记手续。故障处理应有详细记录，包括故障时间、地点、设备名称、故障现象、原因和处理结果等内容，如表 1.4.1 所示。

表 1.4.1 TDCS、CTC 故障处理记录表

顺号	地点	设备名称	时间		故障现象	原因及处理结果	受理人及修复人
			发生	修复			

二、设备维护分工

1. TDCS、CTC 与铁通公司设备分界点

（1）数字通道：由通信机械室引出的电缆（含插头）直接接至 TDCS、CTC 中心机房或车站信号机械室 DDF 架或 TDCS、CTC 分机内，电缆（含插头）一侧由铁通公司维护，DDF 架、TDCS、CTC 总（分）机由电务段维护。

（2）实回线通道：由通信机械室引出的电缆接至信号机械室端子盒上，端子盒及电缆一侧归铁通公司维护，端子盒至 TDCS、CTC 设备一侧（含引入线）归电务段维护。

（3）车站无线车次号校核系统、无线调度命令传送系统设在信号机械室（运转室）内，以 TDCS、CTC 分机连接器插座为分界点，插座以外（包括插座、电缆）由铁通公司维护，连接器及分机由电务段维护。

2. 与运输调度部门的分工

调度员和车站值班员使用的 TDCS、CTC 设备由电务部门负责维护，使用部门负责保管。打印纸、墨盒、硒鼓等耗材由使用部门提供。

3. 与电力部门的分工

以中心机房（机械室）电源闸刀为界，外线归电力部门维护，闸刀、接线端子一侧由电务部门维护。

请思考

1. TDCS 由____________、__________局域网及__________网组成，具有点多线长、布局成网、分散维护、集中使用的特点，维护管理必须树立全程全网的观念，实行统一指挥、分级管理、分工负责、密切协作的工作制度，其正常运行监控分级管理具体包括______________、____________、____________以及__________。

2. TDCS、CTC 各类设备维护工作要求在________的原则下，实行________和________相结合的维修方式，以______、_____和______测试为主，保证设备正常运用。

3. 集团试验室每____两次巡视检查 TDCS 设备运用状况，每____进行一次检查。测试工作按__________进行，其中通道测试，由________负责，________配合。

4. TDCS、CTC 设备故障处理影响 TDCS、CTC 设备使用时，应按有关规定办理设备______、______、_______手续。

第五章　铁路电务信号 TDCS、CTC 设备检修作业程序

TDCS、CTC 设备检修作业程序包括调度中心设备检修作业程序和车站检修作业程序，检修作业包括日常维护和集中检修。以下内容参考武汉局集团公司电务系统关于 TDCS、CTC 设备检修作业程序。

第一节　TDCS、CTC 中心设备检修作业程序

一、日常养护

1. 日常养护工作周期

日常养护工作周期要求每天 1 次或多次。

2. 日常养护工作内容

1）计算机外观检查

需检查的设备包括服务器、前置机、维护台、调度台、网络安全机柜等，检修内容如下：

（1）各部外观清洁，机箱、机柜通风良好。

（2）主控机、显示器、鼠标、键盘、网络等插接件插接牢固。

（3）工作表示灯显示正常。

（4）无错误及报警提示。

2）软件运行检查

需检查的设备包括服务器、前置机、维护台、调度台等，检修内容如下：

（1）应用软件运行正常。

（2）磁盘剩余空间正常。

（3）网络状态正常。

（4）无错误及报警提示。

3）网络安全日常维护

需检查的设备包括防病毒服务器、漏洞评估、防火墙等，检修内容如下：

（1）漏洞评估、动态口令、防病毒服务器网络状态检查。

（2）每周病毒库升级。

（3）查看病毒库威胁日志。

（4）防火墙两级通道状态检查。

（5）每月对漏洞评估系统进行一次升级，对漏洞评估对象进行一次漏洞评估，并生成一套评估报告，进行分析。

4）网络互联设备外观检查

需检查的设备包括路由器、交换机、集线器、调制解调器等，检修内容如下：

（1）工作指示灯显示正常。

（2）通信通道插座及配线无松动、接触良好。

（3）设备运行正常，声音无异常。

（4）表面清洁、无尘土。

（5）每日值班人员通过网管系统全面查巡网络连接状态是否良好。

5）电源设备外观检查

需检查的设备包括电源屏、配电柜、UPS 电源等，检修内容如下：

（1）盘面整洁、外观良好，各指示灯正常，仪表指示正确。

（2）各种器材运用状态良好，无过热现象、无异声、无异味、无异状。

（3）UPS 无报警信息。

（4）测试电源一、二路输入电压。

（5）测试 UPS 输出电压。

6）大屏机、大屏幕外观检查

（1）设备运行正常，声音无异常。

（2）鼠标、键盘等外围设备工作正常。

（3）工控机、视屏控制主机、视屏分配器及大屏幕开关位置正确，工作表示灯显示正常。

（4）大屏幕显示正常，应用程序运行图标正确。

（5）无错误及报警提示。

二、集中检修

1. 集中检修工作周期

集中检修工作周期建议每月 1 次。

2. 集中检修工作内容

1）计算机检修

需检查的设备包括服务器、前置机、维护台、调度台、网络安全机柜等，检修内容如下：

（1）机柜内部清洁。
（2）配线整齐无破皮，插接件紧固、良好。
（3）主机运行正常，主、备服务器能正常切换。
（4）服务工作站数据清理。
（5）防静电措施良好。
（6）防尘措施良好。
（7）加锁良好。

2）网络互联设备检修

需检查的设备包括路由器、交换机、集线器、调制解调器，检修内容如下：
（1）内部螺丝紧固，不松动。
（2）电源插头、插座插接牢固，接触良好。
（3）线把捆绑整齐，标号明确、清晰。
（4）风扇工作正常。
（5）路由器、交换机热备功能良好，切换正常。
（6）主、备通道接收、传递信息正常。

3）电源设备检修

需检查的设备包括电源屏、配电柜、UPS 电源等，检修内容如下：
（1）屏内各部清洁。
（2）各部螺丝紧固，螺帽、垫片齐全。
（3）闸刀安装牢固，作用良好。
（4）配线整齐清洁，无破皮，无接地，焊接良好，套管不脱落。
（5）逐台检查各种器材插接良好，安装牢固。
（6）两路电源自动、手动转换可靠，相序一致。
（7）UPS 电源检修内容及方法严格按随机使用手册及有关规定执行。
（8）地线测试：计算机联锁防雷地线接地电阻不大于 4 Ω，其他地线（如安全地线、逻辑地线等）应符合设计规定。

4）大屏机、大屏幕检修

（1）各种插接件插接牢固、不松动。
（2）各种线把捆绑整齐、无破皮。
（3）大屏机、大屏幕及外围设备内、外部清洁。
（4）过滤网清洗。
（5）机柜风扇工作正常。
（6）屏内灯管无老化及破损现象。
（7）机柜门、锁良好。

第二节　TDCS、CTC 车站设备检修作业程序

一、日常养护

1. 日常养护工作周期

日常养护周期要求每天 1 次或多次。

2. 日常养护工作内容

1）终端 PC 机外观检查

（1）各部外观清洁，机箱、机柜通风良好。
（2）主机、显示器、鼠标、键盘、网络等插接件插接牢固。
（3）屏幕站场图及应用程序运行图标显示正确。

2）采集机机柜外观检查

（1）采集机各板指示灯工作正常。
（2）各采集板上表示灯闪光频率正常。

3）通信设备检查

（1）协议转换器、路由器、交换机、集线器（调制解调器）指示灯工作正常。
（2）通信通道插座及配线无松动、接触良好。

二、集中检修

1. 集中检修工作周期

集中检修工作周期建议每月 1 次。

2. 集中检修工作内容

（1）机柜内部检查。
（2）机柜内部清洁，加封、加锁装置良好。
（3）各部螺丝紧固，螺帽、垫片齐全。
（4）配线焊接牢固，插接件紧固、良好。
（5）防静电措施良好。
（6）防尘措施良好。
（7）测试电源工作电压。
（8）UPS 电源检修内容及方法严格按随机使用手册及有关规定执行。
（9）工控机通风口清洁。
（10）设备及电源接地良好。
（11）定期更换易损耗器材（如 UPS 电源、计算机电源、风扇、硬盘）。

下　篇
行车调度自动控制系统运行维护

本篇介绍

为了提高学生的综合职业能力，尤其是提高学生的工作技能，达到学生“零距离”就业的目标，参照铁路电务企业“信号工”的基本要求，每个学生除了要掌握“四懂”知识，即“是什么”的知识外，还必须掌握“四会”知识，即“做什么”与“怎么做”的知识。

本篇内容按照工作任务的模式进行组织，共设计有三个项目，每个项目又包含若干任务。通过对本篇项目任务的学习，学生应全面掌握TDCS和CTC系统的日常维护、检修、操作、故障分析与排除等“四会”知识。本篇三大项目是按照工作场所与情境设计的，具体为：

项目一　调度中心TDCS、CTC设备日常维护与使用

项目二　车站TDCS、CTC设备日常维护与使用

项目三　网络通信系统维护

学习目标

- 学会TDCS、CTC调度中心子系统的日常维护工作。
- 学会TDCS、CTC车站子系统的日常维护工作。
- 学会TDCS、CTC网络系统的日常维护工作。
- 积累TDCS、CTC系统故障处理的经验与策略。

项目一　调度中心 TDCS、CTC 设备日常维护与使用

项目简介

TDCS、CTC 设备的维修有别于一般信号设备，其特点是在故障修的原则下实行预防修和状态修相结合的维修方式，以巡视、检查、定期测试为主，保证设备正常运用。本项目主要介绍局集团公司调度中心子系统设备的日常维护及使用，通过学习要求学会以下工作：

（1）巡视：信号工要巡视系统服务器、通信前置机、国铁集团通信机、分界口通信机、T/D 通信机、防火墙服务器、防病毒服务器、路由器、交换机、UPS、电源屏、网管工作站、维护台工作站、行调台工作站等设备的工作状态，并做好记录；校核时钟，误差不大于 10 s；询问用户使用情况并做好记录；保持设备清洁。

（2）检查：全面检查电源及其附属设备、网络设备、防雷设备，进行各种备用设备通电试验，配合通信进行通信干线及引入线测试，进行中心图纸及技术资料整理等。

（3）测试：测试中心机房电源设备输入/输出电压及电流，以及各路 UPS 输出电流；测试中心机房对抽头车站的通信 2 M 通道的误码；测试中心机房各种电源电压及接地；测试地线及防雷元件等。

（4）操作：熟悉调度员工作站、助调台工作站的主要操作界面，并能熟练操作，处理相应故障。

为使学生学会上述维护工作，本项目设计 4 个任务，通过 4 个任务的学习，使学生掌握 TDCS、CTC 系统调度中心设备的巡视、检查、测试及设备操作等工作技能。

学习目标

- 熟悉中心机房设备布局，会观察调度中心机房 TDCS、CTC 设备工作状态，会利用维修子系统监督系统工作等。
- 熟悉调度中心 TDCS、CTC 应用系统设备类型与功能，熟悉各种作业流程，会进行调度台的工作维护。
- 熟悉 CTC 调度台的工作界面，会进行运行图相关操作。
- 熟悉 CTC 助调台的工作界面，会进行进路控制等操作。

任务1　调度中心机房设备维护

任务目标：

（1）熟悉局集团公司调度中心机房 TDCS、CTC 设备布局。
（2）熟悉局集团公司调度中心 TDCS、CTC 电源系统的供电情况。
（3）学会观察局集团公司调度中心机房各种设备的工作状态。
（4）能利用维修子系统终端界面观察 TDCS、CTC 系统工作状态。
（5）了解并学会服务器维护工作。

一、熟悉局集团公司调度中心机房设备布局

各个局集团公司调度中心机房设备的基本布局都大同小异，通常按三部分分别布置。下面以某局集团公司调度中心机房设备布置为例进行介绍，如图 2.1.1 所示，从右至左分别为电源室、服务器室、终端设备室。

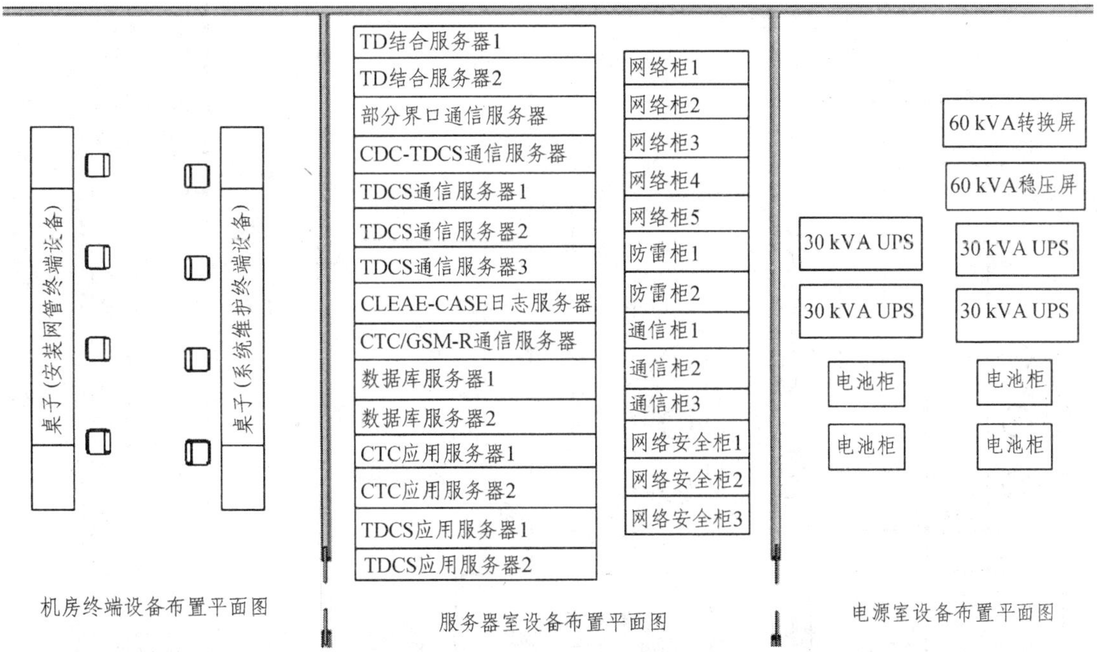

图 2.1.1　某局集团公司调度中心机房布置平面示意图

二、电源室设备配置

电源室设备通常由防雷屏、转换屏、稳压屏、UPS 电源屏组成。图 2.1.2 所示为某局集团公司调度中心电源系统构成框图。

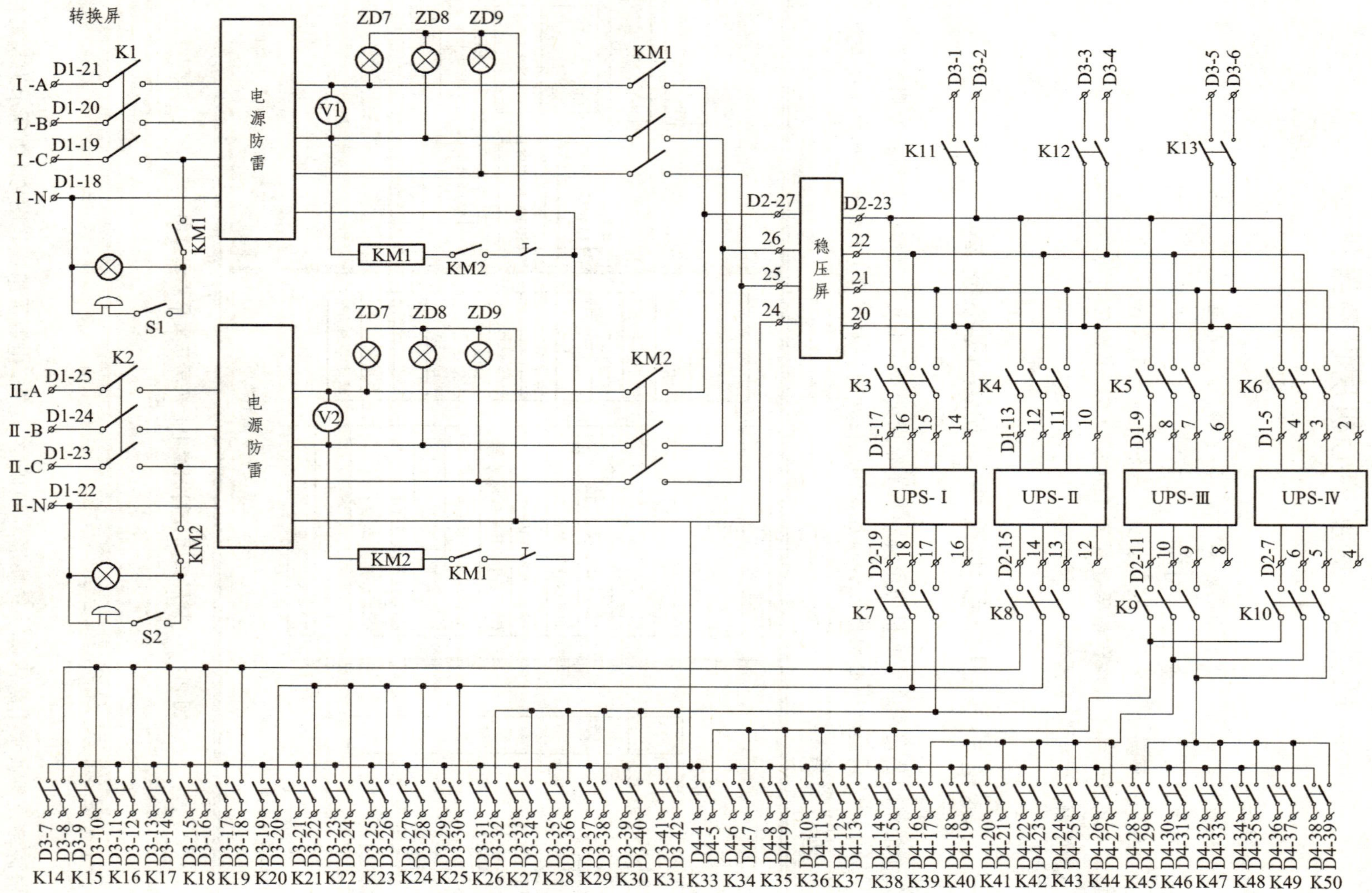

图 2.1.2 某局集团公司调度中心电源系统构成框图

系统采用集中供电方式，由图 2.1.2 可知，外电网给调度中心提供两路三相电力电源进行供电，即一路电Ⅰ-A、Ⅰ-B、Ⅰ-C、Ⅰ-N，二路电Ⅱ-A、Ⅱ-B、Ⅱ-C、Ⅱ-N。在满足基本供电要求的基础上，根据系统要求，两路外电源首先送到转换屏，经过电源防雷和两路转换后，输出一路三相电源到稳压屏；稳压屏主要将波动幅度较大的三相外电进行稳压处理，稳压精度为-3%～+3%；电源经过稳压后输出到 UPS，然后通过转换屏输出给整个 TDCS 系统设备和 CTC 系统设备。图中交流接触器 KM1 和 KM2 及其接点用来实现两路电源的无缝自动切换。指示灯 ZD7、ZD8、ZD9 分别用来监督 A、B、C 相电源电压。配置两套在线式 UPS 电源，每套 UPS 电源都是两台配备，互为热备。其中，UPS-Ⅰ和 UPS-Ⅱ互为热备，UPS-Ⅲ和 UPS-Ⅳ互为热备。另外配置免维护蓄电池，当外电网电力供应一旦出现中断时，UPS 系统通过电池放电保证对整个系统设备的供电时间不小于 30 min。

图 2.1.3 所示为电源转换屏安装示意图，从机柜正面可以看到各电源开关，从机柜后面可以看到安装的交流接触器（KM1 和 KM2）、防雷设备以及电源端子分配板（D1～D4）。

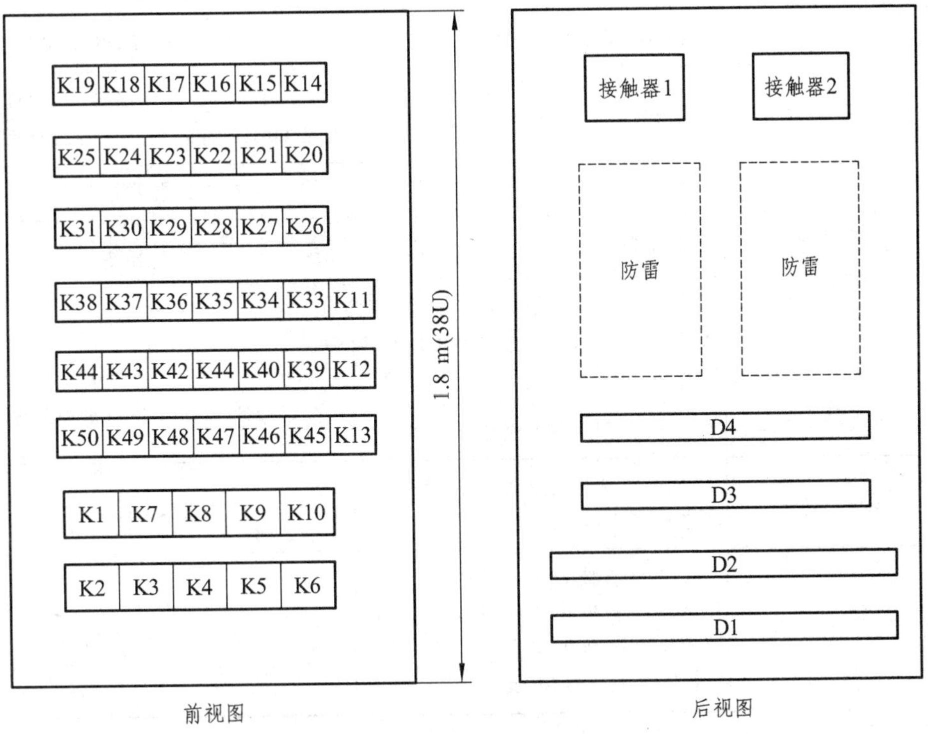

图 2.1.3 电源转换屏安装示意图

三、服务器室设备配置及维护

（一）主要设备配置要点及功能

服务器室主要安放的是 TDCS 和 CTC 的各类服务器设备、网络设备、网络安全设备、通信设备以及防雷设备等。这些设备大多是计算机设备，按原铁道部 2009 年颁布的《列车调度指挥系统（TDCS）、调度集中系统（CTC）组网方案和硬件配置标准（暂行）》，其配置要点及功能如表 2.1.1 所示。

表 2.1.1　服务器室设备配置及维护

序号	设　备	配置要点	功能说明
1	数据库服务器	采用小型机服务器，双机热备，共享磁盘阵列，容量不小于 4 TB	运行数据库管理系统，管理存储数据（列车计划、调度命令等）
2	应用服务器	采用 PC 服务器，双机热备	运行 CTC 应用服务器程序，时间一级同步服务
3	通信服务器	采用 PC 服务器，按线别分别设置，双机热备	车站基层网通信、GSM-R 通信、时间二级同步服务
4	综合服务器（A，B）	采用小型机服务器，双机热备	系统日志记录、工程文档存储，域用户控制、配置管理等
5	中心自律机	X346，Windows 2003，双套冗余	完成 CTC 配套 TDCS 车站的接入
6	TD/DT 通信机	X346，Windows 2003，双套冗余	TD 通信机连接 TMIS 端，DT 通信机连接 DMIS 端，双机之间点到点连接
7	分界口通信机	采用 PC 服务器，双机热备	局间分界口数据共享和交换
8	铁总通信机	采用 PC 服务器，双机热备	与铁总 TDCS 中心数据交换
9	网管工作站	采用图形工作站，双套配置，配置多屏显示，不少于 2 路 CPU	CTC 网络管理、通道状态监测
10	系统维护台	采用图形工作站，双套配置，配置多屏显示，不少于 2 路 CPU	设备状态监视、软件备份、数据制作
11	网络交换机	提供 2 个万兆光端口、48 个千兆电端口	中心局域网连接设备
12	网络路由器	设置双套核心接入路由器，至少提供 4 个信道化 155 M 端口；另设置双套外部接入路由器，至少提供 1 个信道化 155 M 端口	车站和局间广域网连接设备

（二）核心服务器的维护

如表 2.1.1 所示，根据需要，调度中心通常配备的服务器主要包括数据库服务器、应用服务器、通信服务器等。在日常维护工作中，当服务器出现故障时，必须由调度员通知所有车站转为非常站控模式，通过调度集中电话及时向各站下达阶段计划，转入人工铺画列车运行图组织指挥行车，并通知电务值班人员抢修。修复后，必须按照相关服务器文档启动服务器。下面重点介绍数据库服务器和应用服务器的维护。

1. 数据库服务器的维护

1）功能及配置

数据库服务器用于存储 CTC 的关键数据，所有数据全部写在共享磁盘阵列中，保证双机切换时的数据完整和一致。其主要功能如下：

（1）保存运行图数据、车站信息、区段信息等基础静态数据表。

（2）保存计划数据、调度命令、站场表示信息、实际运行图等动态数据，在数据库表间建立适当的约束关系，保证数据的完整性。

（3）采用强大、通用、高效、开放和可靠的数据库系统，提供完善的数据备份和恢复机制。

（4）数据库服务器为双机系统，双机切换快速、可靠。实际运行数据可保存 12 个月以上。

数据库服务器一般由两台高性能的服务器和磁盘阵列构成，并安装有集群软件和商业数据库。两套主机设置完全相同，一台运行，另外一台处于热备状态，一台故障后，无缝切换到另一台，保证系统数据的可靠性及完整性。

2）基本维护内容

局集团公司调度中心数据库服务器上运行数据库管理程序，如 DB2，应用服务器利用网络操作数据库。数据库服务器同时提供共享文件目录服务（Samba），用于保存行调台的调度命令数据，最大空间为 10 GB。

数据库服务器上安装了 HACMP 软件，用于实现双机热备。HACMP 是 IBM 提供的高可靠性群集系统软件。HACMP 的工作原理是监控主机及网络、网卡的状态。在一个 HACMP 环境中有 TCP/IP 网络和非 TCP/IP 网络。TCP/IP 网络即应用客户端访问的公共网。非 TCP/IP 网络是指 RS232 串口连接，它在两个节点间提供点到点的连接，用于在 TCP/IP 子网失效事件发生时控制信息和心跳信息的传递。

（1）开机顺序。

必须先打开磁盘柜电源，后启动服务器。如果没有按照顺序启动，会导致服务器不能访问磁盘柜，需要重新启动服务器。

（2）启动数据库。

如 DB2 数据库，以 db2 用户输入“db2start”命令，如果显示“The database manager is already active”或者“The database manager start successfully”，说明数据库系统启动正常。

2. 应用服务器的维护

1）功能及配置

应用服务器是整个 CTC 系统的核心，负责整个系统的数据收发、数据处理以及数据储存等工作。具体包括：CTC 系统基本图、日班计划、阶段计划、实迹运行图、调车作业计划及其他各项数据的存储；处理 CTC 内部数据与业务流程，包括列车阶段计划的维护及冲突检测和调整、调车作业计划及调车作业勾进路的生成，完成车次号跟踪、列车报点收集等不间断业务的处理和阶段计划的自动调整等复杂计算。

应用服务器一般由两台高性能的服务器构成，两台服务器互为热备，为系统的稳定运行提供保障。应用服务器采用主备方式运行，主机运行时主动和系统中各部件建立通信连接，进入工作状态；备机处于热备状态，实时接收主机发送的同步信息，一旦同步信息中断，立即成为主机，接管原主机的工作。应用服务器需要配置两块网卡，分别与两台网络交换机相连，确保网络通信的可靠。

图 2.1.4 所示为应用服务器的维护界面。

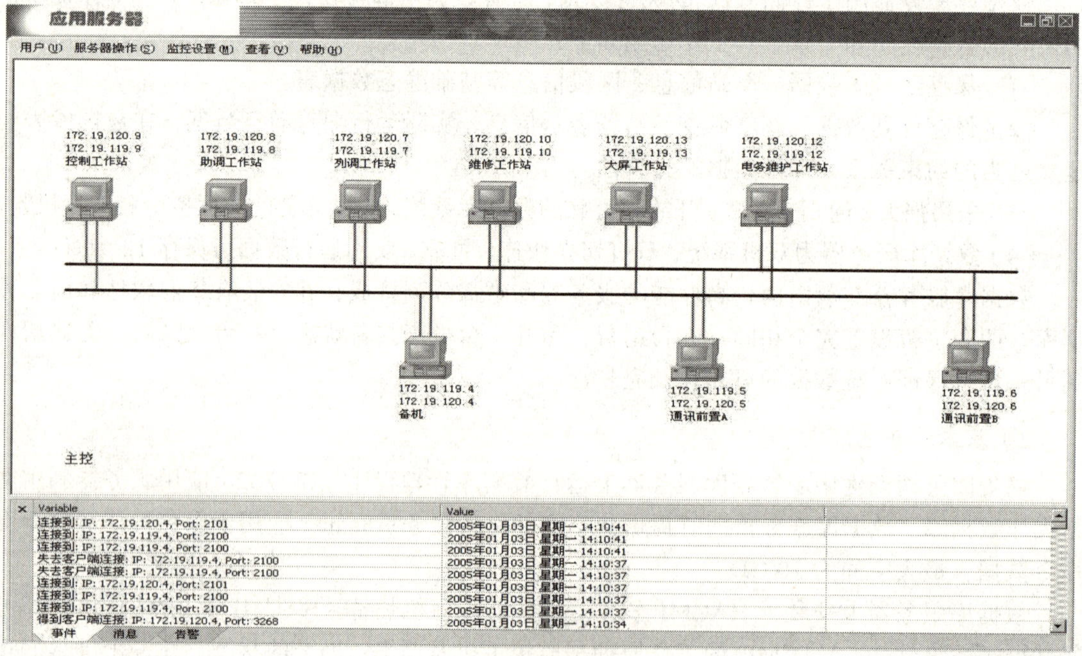

图 2.1.4 应用服务器操作界面

2）基本维护内容

现以胶济线 CTC 系统为例进行介绍。胶济线 CTC 系统采用了 IBM RS6000 服务器，安装了 AIX 5.0 操作系统，并安装了卡斯柯信号有限公司的服务器处理软件。系统采取了双机热备机制，正常工作状态下双机一主一备同步运行，在主机出现异常情况下备机自动切换为主机。

（1）开机。

① 打开服务器电源。

② 启动需十几分钟，直到出现登录窗口为止。

③ 在登录窗口中输入用户名，如“ctc”，再输入密码，如“ctcctc”。

（2）启动 CTC 程序。

① 用 ctc 用户登录后，打开一个命令窗口。

② 如果命令窗口内显示“：”，则跳到第三步；否则在命令提示符后输入“cd /home/ctc/ctc/code/run”。

③ 输入“./R”。

启动完成后会出现如图 2.1.5 所示的界面。

（3）关闭 CTC 程序。

① 选中 CTC 运行的窗口。

② 按“F10”选择退出，按“Y+回车”确认退出。

当系统不能正常退出时，连续按“Ctrl+C”键，也可以退出程序。关闭 CTC 运行的窗口，或单击工具栏上的“Exit”按钮，都将使 CTC 程序退出。

MASTER	CASCO SIGNAL LIMITED	04/09/2003
STANDBY DOWN	CTC 1.00	22：00：00

SYSTEM MESSAGE

图 2.1.5　启动完成界面

（4）关机。

一般在停电前或需要检修机器时使用。

关机的命令为“shutdown –Fh now”，需要在 root 用户下运行。关机会延续一段时间，直到 LED 灯上显示“OK”。不可直接关闭服务器电源，这属于非法操作，会损害机器，可能导致服务器不能正常启动。

（5）判断服务器运行状态。

服务器所有的主备机状态含义如下：

① 单机运行时主机状态有：

MASTER

STANDBY DOWN

② 双机运行时主机状态有：

- MASTER
  STANDBY　DOWN　　表示备机已退出，未运行。
- MASTER
  STANDBY　SYNC　　表示备机刚运行，正在同步数据中。
- MASTER
  STANDBY　UP　　表示备机已运行，此时可以切换。

③ 双机运行时备机状态有：

- STANDBY
  MASTER　UP　　表示正常，此时可以切换。
- STANDBY
  MASTER　SYNC　　表示主机刚运行，正在同步数据中。

（6）AIX 操作系统常用命令。

① telnet。

telnet 命令提供以仿真连接到主机系统的终端连接方法。它允许登录到远程计算机并发布命令，就像是在该计算机的键盘上操作一样。

② ftp。

ftp 命令提供基于字符连接到服务器并传送文件的方法。它允许登录到远程计算机并下载或者发布文件。

③ ls [-l] [文件通配符]。

ls 命令用于显示某一个目录的内容或者某一个文件的属性，相当于 DOS 系统的 dir 命令。

不带任何参数，它将会显示出目前目录中的所有文件。

带-l 这个参数可以显示更多的文件属性，如文件存取权、文件拥有者、文件大小、文件最后更新日期。

文件通配符用于描述一类文件，如“abc*.dat”为以“abc”开头且后缀为“dat”的所有文件。

④ cd 目录名。

cd 命令用于将目前的目录转移到所定义的目录去，和 DOS 系统的 cd 命令一致，使用“cd ..”可转移到上一层目录。

⑤ clear。

clear 命令用于清屏，相当于 DOS 系统的 cls 命令。

⑥ date 。

date 命令用于显示或者更改时期和时间。不带任何参数，它将会显示出当前的时期和时间。

⑦ whoami。

whoami 命令用于显示当前的用户名称。

⑧ su-[用户]。

su 命令用于切换当前的用户。不带用户名时，切换到超级用户。

⑨ 服务器关机、开机和重启。

AIX 系统的关机和重启都应在超级用户下进行。

关机的命令为“shutdown –Fh now”，关机会延续一段时间，直到 LED 灯上显示“OK”。重启的命令为“reboot”。

开机应在接通电源且 LED 灯显示“OK”后进行。在服务器设备硬件故障不能启动成功时，应记录 LED 灯上显示的错误代码，通知卡斯柯公司或者 IBM 售后服务部门。

⑩ 硬盘使用空间的判断。

df 命令用于显示文件系统空间使用情况。其显示内容如下：

Filesystem	1024-blocks	Free	%Used	Iused	%Iused	Mounted on
/dev/hd4	8192	2496	70%	1287	32%	/
/dev/hd2	1826816	880596	52%	25136	6%	/usr
/dev/hd9var	32768	18144	45%	287	4%	/var
/dev/hd3	16384	15552	6%	49	2%	/tmp
/dev/hd1	1392640	992112	29%	2584	1%	/home

其中，每行为一个目录的属性；第二列为分配的空间大小；第三列为空闲的空间大小；第四列为已使用空间的比例，该数值最好控制在 85%以下。

df-g 命令用于以 GB 为单位显示硬盘空间。

⑪ 程序运行状态的判断。

ps -afe |grep cadsys 命令用于查看主机程序的运行状态。其显示内容如下：

```
ctc  6230  6988  10  Nov 21    0 137：56 ./cadsys config.def 0x1ffff 0
ctc  6988  6728   0  Nov 21    0   0：00 ./cadsys config.def 0x1ffff 0
```

ctc 7298 12902 5 14：53：45 0 51：09 ./cadsys config.def 0x1ffff 0

ctc 8774 6988 0 Nov 21 0 3：11 ./cadsys config.def 0x1ffff 0

ctc 9038 6988 0 Nov 21 0 1：26 ./cadsys config.def 0x1ffff 0

ctc 9290 6988 0 Nov 21 0 4：38 ./cadsys config.def 0x1ffff 0

⑫ DB2 数据库 connect 命令。

以 CTC 用户输入“db2 connect to casco user db2 using db20”，如果数据库连接正常，则显示如下内容：

Database Connection Information

Database product = DB2/6000 5.0.0

SQL authorization ID = DB2

Local database alias = CTC_DB

⑬ ipconfig 和 ifconfig。

ipconfig 和 ifconfig 命令用于查看网络接口的配置，主要包括 IP 地址、网络掩码以及网关等。ipconfig 命令用于 Windows 系统，ifconfig 命令用于 Unix 和 Linux 系统。

（三）网络接口与交换设备

网络接口与交换设备安装在中心机房的网络柜中，网络接口与交换设备由高性能交换机及双以太网口路由设备组成。下面分别举例说明。

1. 交换机

交换机用于调度所 CTC 设备联网。在现场多用 CISCO 产品，如在武广客运专线，调度中心网络系统配置 2 套 CISCO 4506（双电源模块、5 个 48 口模块、1 个引擎模块）网络交换机作为局域网网络主干，构成双网结构的交换以太网。

2. 路由器

路由器用于中心与车站交互。在现场多用 CISCO 产品，如武广客运专线，调度中心配置 4 套 CISCO 7206（双电源模块、6 个 8T 模块及电缆）路由器，承担同车站调度集中基层子系统的主干广域网连接。正常状态下，路由器广域网接口状态灯亮绿灯。

3. 协议转换器

调度中心多采用架式协议转换器，图 2.1.6 和图 2.1.7 所示为铁路现场常用的一种协议转换器。

图 2.1.6 所示为 GV（G.703 转换为 V.35）型协议转换器正面图，其上指示灯含义如下：

TD 灯：指示路由器广域网接口到协议转换器 DB25 接口的连接状态。灯亮表示协议转换器收到路由器发出的信号，连接正常。

RD 灯：指示对端协议转换器到本端协议转换器的连接状态。灯亮表示收到从对端发送来的信号。正常状态下，5 个指示灯中只有 TD 和 RD 灯亮。

LOS 灯：当协议转换器没有侦测到本端 BNC 接头上的 2 Mb/s 信号时，此灯亮。没有接

2 M 线、2 M 线收发接反、2 M 通道不通都会使此灯亮。有时协议转换器电源故障也会引起此灯灯亮。

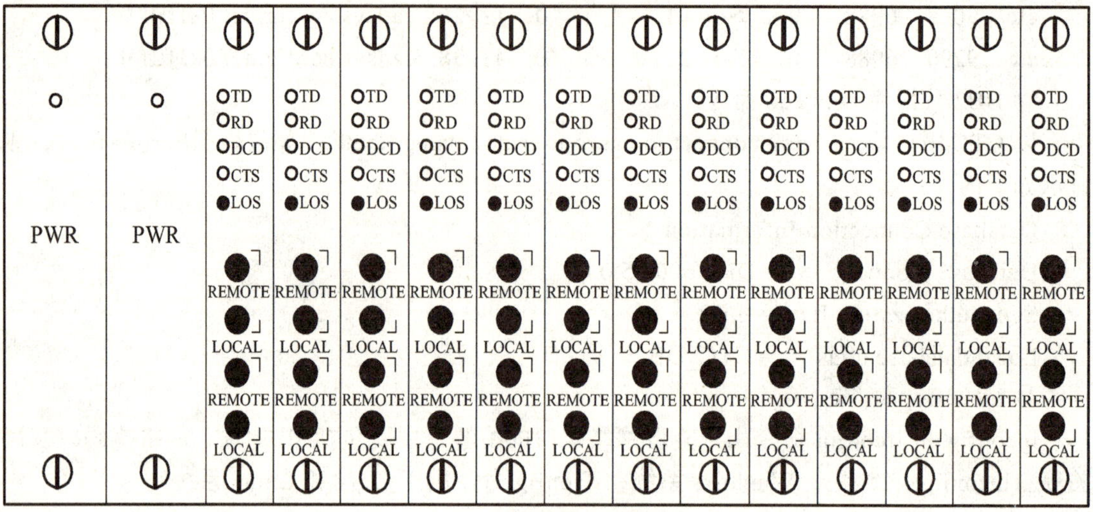

图 2.1.6　架式协议转换器正面图

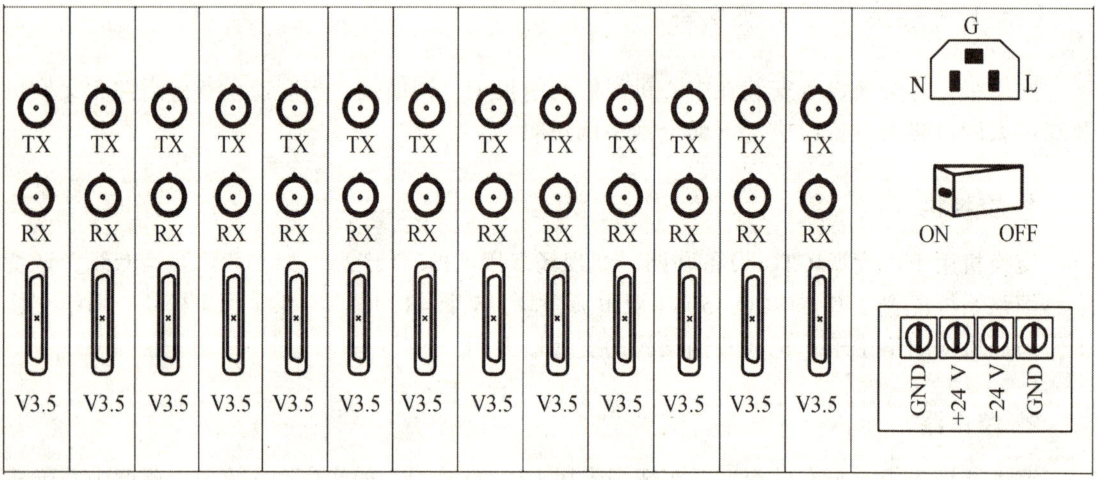

图 2.1.7　架式协议转换器背面图

LOS 指示灯下面的 2 组 REMOTE 和 LOCAL 按键用于打环测试选择。其中，上面 1 组为 DIGIT LOOP，即数字环；下面 1 组为 ANALOG LOOP，即模拟环；REMOTE 为远端环，按下此键，表示此时测试的是本地协议转换器与对端路由器之间的连接通道状态；LOCAL 为本地环，按下此键，表示此时测试的是本地协议转换器与本地路由器之间的连接通道状态。

图 2.1.7 所示为 GV 型协议转换器背面图，包含：BNC 接头 TX 与 RX，用于与铁通 2 M 光设备进行连接；V.35 接口，用于连接路由器。

四、机房终端设备室

机房终端设备室主要安放的是调度中心 CTC 维修子系统，主要包括网管工作站和系统维护工作站。

1. 网管工作站

网管工作站一般采用高性能 PC 机，操作系统为 Windows 系统，安装网络管理软件。该工作站主要用于网络诊断报警，以图形方式显示网络拓扑图和广域网通道状态，实时监控网络通道的流量和网络连接等信息。当所监控的网络设备发生故障时，工作站能给出语音或文字报警，以便于系统网络故障的快速定位。

2. 系统维护工作站

系统维护工作站一般由高性能 PC 工作站构成，主要用于系统设置、调试和技术支持。在授权的情况下，该工作站具有远程维护与技术支持功能。它同时具有监视系统运行状况的功能，对系统及现场设备运用情况、操作命令、报警信息进行记录、分析、回放、输出和打印。

一般会以图形方式显示以下信息：

（1）调度集中服务器、通信服务器和相关调度台工作站的工作状态。

（2）车站 CTC 自律机、车站车务终端的工作状态。

（3）车站采集/输出板的工作状态及码位状态。

当系统维护工作站所监控的设备出现故障时，给出语音或文字报警。

分散自律 CTC 机房维护人员在维护工作站上可进行分散自律 CTC 系统基础数据的维护和更新操作。

任务 2　调度中心应用系统设备维护

任务目标：

（1）熟悉局集团公司调度中心 CTC 应用系统的设备配置。

（2）熟悉调度员、操作员、助理调度员等工作站实现的各项功能含义及主要工作流程。

（3）熟悉调度员工作站的软件配置。

（4）能对调度员等工作站进行故障恢复。

一、调度中心 CTC 应用系统设备配置

调度中心 CTC 应用系统设备主要包括各种功能不同的工作站，一般集中设在调度大厅，提供调度所各相关工种的操作界面和培训功能。

一般每个调度区段设置一个调度员工作站、一个助理调度员工作站、一个控制工作站、一个综合维修工作站，其硬件设备均采用高性能工作站，并根据实际需要配置多屏显示。同时，每个调度区段配备一套备用主机设备。当主用设备（调度员工作站或控制工作站设备）故障时，在备用设备上输入口令，即可取代故障设备，不影响系统的正常工作。根据不同的输入口令，可将备用设备设置为调度员工作站或控制工作站。另外，调度所一般还会配备值

班主任工作站、计划员工作站、统计员工作站、培训工作站以及必要的打印机和绘图仪等。

二、调度员工作站功能实现及维护

（一）配　置

调度员工作站由高性能 PC 工作站构成，如胶济线 CTC 每套调度员工作站配置如下：IBM 图形工作站 Mpro，4 台 20 英寸液晶显示器，2 台 24 英寸液晶显示器，1 块四屏显示卡，1 块双屏卡，声卡及有源音箱，双网卡，Windows XP 操作系统。

（二）功能实现

调度员工作站十分重要，是行车调度功能实现的主要平台。它主要实现监控管辖区段范围内列车运行状况、指挥列车运行的功能，如人工编制和调整列车运行计划、调度命令的下达、与相邻区段调度员工作站交换信息、为 CTC 系统提供详细的列车会让方案等，是分散自律调度集中系统完成自动控制功能的主要依据。下面介绍其主要功能。

1. 用户登录和交接班登录

调度员必须进行登录，确认身份与密码后方可进入系统。系统给每个用户分配了代码、姓名和密码，在成功登录后，系统记录了该用户的代码与姓名，对该用户的操作进行跟踪记录。当调度员交接班时，可以退出系统重新登录，也可以直接选择交接班登录功能，输入代码与密码进入系统。

2. 调度监督信息显示

系统提供单个车站（一般占一屏）的调监显示和整个调度区段（一般占三屏）的调监显示，可根据调度员的不同需要进行画面的切换。显示的信息包括车站信号设备状态、列车运行位置及车次号。

1）信号设备状态显示

信号设备状态包括：列车及区间信号机的开放和关闭；调车信号机的开放和关闭；轨道电路的空闲和占用；进路的空闲、锁闭和占用；接近、离去区段的空闲和占用；闭塞分区的空闲和占用；场间、站间联系设备的状态；道岔定、反位表示；列车车次及早晚点时间；区间运行方向；区间闭塞状态；站名、站号、道岔编号、股道编号、分机故障灯、总挤岔故障灯、灯丝故障灯等。

（1）列车信号：进站信号与进路信号为高柱，平时显示一个红灯，开放信号时点一个绿灯，引导时点一个红灯、一个白灯；侧线出发列车信号为矮柱，正线出发信号为高柱，平时隐含，开放信号时点绿灯。

（2）信号机名称：站场图上，信号机名称平时隐含，需要显示时在调度员或操作员台上操作按钮进行选择显示。

（3）站场：显示与现场车站联锁控制台一致的状态。

（4）进路：显示与车站控制台一致的列车进路和调车进路，进路排出时，进路上显示白光带。

（5）闭塞分区：每个闭塞分区一段光带，红色表示占用，蓝色表示出清。

（6）区间信号机：用两个图形按红、黄、绿三种颜色来显示，显示条件由灯丝继电器条件和轨接条件共同决定。

（7）区间运行方向：车站正线出入站口设置运行方向箭头。

（8）车次窗：底色为黑色，每个股道与每个区间设一个车次窗，用于显示和输入车次号。

（9）道岔编号：站场图上，道岔编号平时隐含，需要显示时在调度员或操作员台上操作按钮进行选择显示。

（10）道岔位置：显示道岔的实际定、反位置。

（11）分机故障灯：当主机与车站分机设备通信故障时，点红灯；平时隐含。

（12）总挤岔灯：当收到总挤岔信息时，点红灯；平时隐含。

（13）站内主灯丝断丝报警：分为站内上、下行咽喉2个灯，站内某一咽喉方向有一架信号机的主灯丝断丝，相应咽喉的站内主灯丝断丝报警灯点红灯。

（14）区间主灯丝断丝报警：分为区间上、下行4个灯，某一区间方向有一闭塞分区的主灯丝断丝，相应方向的区间主灯丝断丝报警灯点红灯。

2）列车运行位置及车次号显示

列车的运行位置以轨道电路的占用红光带表示。当列车头部运行至股道或某一闭塞分区时，在股道车次窗或区间车次窗内显示列车的车次号，调度员也可在空闲的车次窗内预置车次号。车次号的显示由车次号部分加早晚点部分组成，如图2.1.8所示。

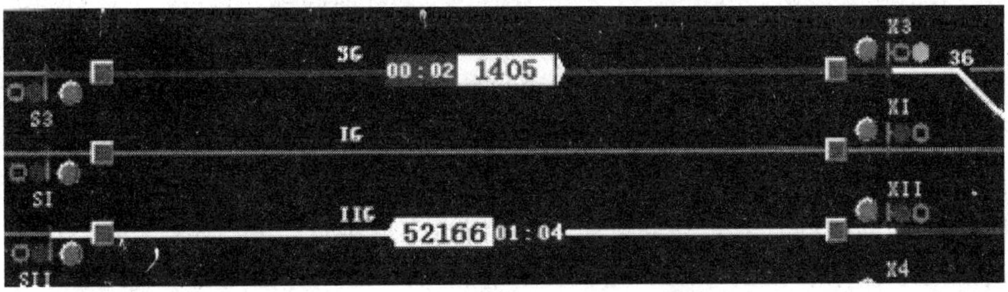

图 2.1.8　列车运行位置及车次号显示

（1）车次号部分：客车用白底红字，货车用白底蓝字。车次号至关重要，它的来源有：无线车次号、车站值班员输入、行车调度员输入。一旦出现丢车次或假车次时，系统能够在调度员工作站和车站值班员工作站上报警。

（2）早晚点部分：实时显示列车运行的早晚点情况，正点列车无早晚点部分。早点列车用红底白字，晚点列车用蓝底白字。晚点不足60 min显示分钟数，超过60 min显示小时数加分钟数。

3. 基本图操作与维护

基本图是一个调度区段行车的总体框架和行车标准。基本图分为常用基本图、春运基本图、暑运基本图和其他基本图。只能有一个基本图为当前有效基本图。系统提供多窗口的显示方式对基本图进行显示，还可以对基本图进行放大、缩小，只显示上行/下行列车，只显示客车/货车/客货车，绘制基本图等操作。

基本图运行线中每个节点的属性包括：车次号、车站号（车站名）、到发点、股道号、营业时间（最小停站时间）、入口及出口。通过菜单可以选择当前有效的基本图，此操作需要有特定的权限（密码限制）。

4. 班计划的接收、输入、下达

调度的班计划包括列车工作计划、机车工作计划和货运工作计划。CTC 系统所涉及的班计划指列车工作计划,由计划调度员根据车流推算得出的下一班开行的列车车次及其细点(如有临时加开车次)。调度的各个工种都是围绕着“兑现班计划”而展开工作的。

TMIS 计划子系统辅助计划调度员进行车流推算，生成下一班的班计划。CTC 系统从 TMIS 系统取得班计划。在 CTC 系统未与 TMIS 系统联网的情况下，计划调度员在 CTC 系统的计划员工作站上输入下一班班计划。输入的方式有：在基本图上采用添加/删除运行线方式；以文本调度命令形式输入开行列车车次或停开列车车次以及临时加开车次的细点，如有必要还会输入一些重点注意事项(如重点列车说明)。计划调度员输入的班计划发送给行车调度员，作为安排运行调整计划（阶段计划）的依据。行车调度员以调度命令的形式下达给车站值班员（有行车人员的车站）。

5. 阶段计划（列车运行计划）的生成、调整与下达

列车运行计划是行车调度员以班计划为依据安排的列车实际运行计划，包括开行列车的车次、到发点、中停车站、停靠的股道、作业时间及会让时间等。它是列车运行的依据，也是 CTC 系统列车进路自动排列的数据来源。

在调度员工作站上，列车运行计划一般是以运行线的形式表现的。运行线的生成方式有：生成图定车次、生成班计划车次、按邻台报点方式、按自动报点方式、手工按径路方式、鼠标逐点画线方式。

CTC 系统的 CAD（计算机辅助设计）功能可以实现对列车运行计划进行自动铺画与调整，解决阶段计划里的冲突，增大调度区段的通过能力。自动调整是靠调度员在操作界面上人工触发启动的，如对自动调整结果不满意，可返回调整前的状态。自动调整考虑的因素有：列车等级、列车的正晚点情况、车站的间隔时间、车站股道的应用、车站及区间的封锁慢行、机车交路、分界口正点交车要求。系统提供对运行线冲突的人工调整，人工调整的方式有：利用鼠标和键盘对运行线进行拖拉和双击，修改列车到发点和停站时间；修改运行线计划参数（如股道、最小停站时间等）；修改列车属性（列车类型、运行等级）；人工触发对单根运行线的重新铺画。

针对阶段计划运行线，还有如下操作：删除、修改列车车次，变换折返车次，区间/机外停车，中间始发/中间接入/后续交出/后续终止/临时停运/分割运行线，分部运行/合并运行，转实际/鼠标收点，甩挂机车，运输信息的编辑，设定保密列车，早晚点统计，分界口接入时间的编辑，邻台计划的传递等。

系统提供相邻调度台列车计划的互相传递功能，以使行车调度员能够根据相邻台的计划及时修正本台的计划。邻台计划的传递方式有：主动发送邻台计划、向邻台申请计划、拒绝邻台计划。列车调度员也可直接调阅邻台运行图（只读）来了解邻台计划。

列车运行计划经过调度员的自动调整及人工调整最终确定后，由调度员人工触发“下达行车计划”操作，将列车运行计划经过网络下达给车站自律机和车站值班员。车站自律机收到列车运行计划可进行按图排路，车站值班员收到计划后，据此安排接发车的准备工作和填记行车日志。

列车作业流程如图 2.1.9 所示。

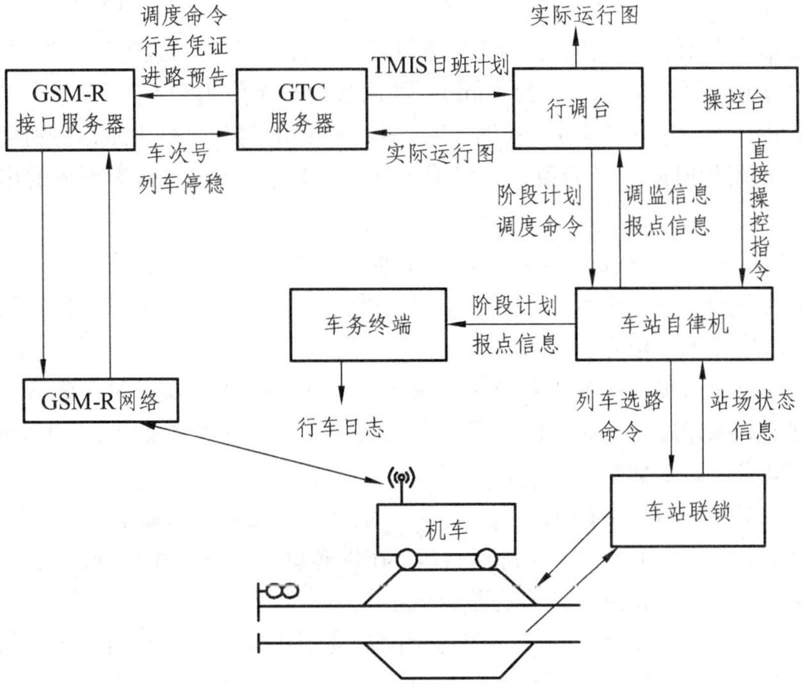

图 2.1.9　列车作业流程示意图

（1）在列调工作站编制阶段计划和调度命令，并下达到各站。

（2）车站自律机收到计划后，自动将列车运行调整计划转换为列车进路指令序列。

（3）CTC 排列进路的规定时机一到，并通过《站细》条件检查后，自律机向联锁系统下达进路控制命令。

（4）在进路排列完成后，自动以文字方式向司机提供前方站的接车进路预告信息。

（5）来自联锁的行车表示信息以及自身采集的表示信息发送至调度中心。

（6）车站自律机按照报点规则自动采集列车的到、发点或通过点，并将报点信息发送至调度中心，调度中心依此来自动描绘实迹图；车站自律机将报点信息传送至车务终端，车务终端根据该信息自动填写运统二/三报表。

6. 实迹运行图形成

实迹运行图是列车在运行图上的实际轨迹，它是计划运行线兑现后的结果，也是各项运输指标统计分析的基础数据。

实迹运行图的显示内容包括：每个类型的列车实迹运行线，按照《行规》的要求以特定的线型表示；列车始发、终止、接入、交出的早晚点表示，其中正点列车用红圈表示，早点列车用红圈加早点分钟数表示（超过 60 min，用小时加分钟表示，下同），晚点列车用蓝圈加晚点分钟数表示，单机、路用列车及某些特殊情况下不统计早晚点；区间封锁、慢行的表示；站内封锁、慢行的表示；电力区段电网检修的表示；文字注解，包括事故注解和记事注解的表示；分界口/区段站接入正晚点表示。

列车计划运行线描述了列车如何运行，在列车实际运行了之后，产生了实际的到发点，计划运行线则转化为实迹运行线。形成实迹运行线有以下方式：

（1）自动报点，又叫自动采点，是 CTC 系统的重要功能。其原理如下：

当列车进站停车时，通过轨道电路状态判断出车体完全进入股道后，取当时的时刻 T_a 加上停稳附加时分（经验值，一般为 1 min，可调节配置）作为列车的到达点。

当列车出站时，通过信号机状态结合出站进路判断出列车压过出站信号机后，取当时的时刻 T_d 减去启动附加时间（经验值，一般为 1 min，可调节配置）作为列车的出发点。

当列车通过时，取上述 T_a 与 T_d 的平均值作为列车通过点。

当无线车次号系统能够提供列车停稳和启动信息时，可以采集到完全准确的到发点。系统用自动采集到的列车到发点代替计划运行线的列车到发点，从而形成了实迹运行线。

（2）车站值班员人工输点。

在自动报点故障情况下，或车站值班员需要人工修正列车到发点时，车站值班员在 CTC 系统的车站值班员工作站上，人工输入某列车的到发点，上传到调度中心，形成实迹运行线。

（3）调度员人工转实际。

调度员可根据车站值班员的电话报点，通过鼠标、键盘在运行线上通过“转实际/鼠标收点”功能操作将计划运行线转化为实迹运行线。在没有事先铺画列车计划线的非正常情况下，系统也能根据列车的自动报点形成实迹运行线。

在调度员一个班的工作结束后，实迹运行图成为历史运行图，可通过绘图仪打印输出历史运行图；各个工种可调阅历史运行图；可对历史运行图的相关指标进行统计分析；系统保存了原始历史运行图和可修改历史运行图，有特殊权限的工种可以修改“可修改历史运行图”；历史运行图在系统的数据库中可保存 12 个月，过期自动删除。

7. 调度命令管理

调度命令是铁路运输指挥中上级对下级的书面命令。调度命令的发布必须做到“先拟后发，一事一令”。

调度命令的内容包括：命令号码、命令标题类型、受令单位和受令人姓名、抄知处所、发令人代码或姓名、批准人代码或姓名及批准时间（重要调度命令）、发令日期和时间、命令内容。

调度命令主要指调度中心各工种之间的调度命令，包括如下几种：

（1）值班主任、计划调度员给行车调度员下达的调度命令，如施工命令和班计划命令等。

（2）行调的重要调度命令需要值班主任同意时，由行调发给值班主任进行批准。

（3）行车调度员给车站值班员/机务段值班员/乘务室值班员的调度命令。

（4）行车调度员/车站值班员给机车司机的调度命令，指系统通过车地无线传输系统，将此类调度命令直接传输到机车的接收设备上，并可打印输出，代替传统的停车取命令的方式。

（5）车站值班员给行车调度员的调度命令请求，当车站请求施工时，车站值班员将施工申请以调度命令请求的形式发送给行车调度员。

调度命令发送流程如图 2.1.10 所示。

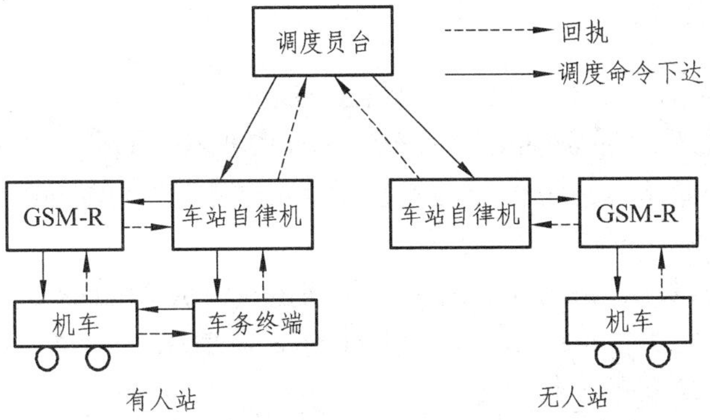

图 2.1.10　调度命令发送流程示意图

系统还提供调度命令管理功能，包括：① 提供简单模板和超级模板。② 提供类似电子邮件的命令管理方式，包括受令箱，用于存放接收的调度命令，可转发、打印、删除；发令箱，用于存放已经发送但未全部签收的命令，可重发、打印、删除；储令箱，用于存放全部签收的命令，可打印、删除；待发箱，用于存放拟好未发的命令，可发送、打印、删除；持久命令箱，用于存放持续有效的调度命令，可发送、打印、删除。③ 系统还具备命令号码自动递增、智能循环功能，自动接收和人工签收的双重反馈机制，以及调度命令可按日期或命令号码进行查询的功能。

8. 列车编组和速报的管理

CTC 系统与 TMIS 系统联网，从 TMIS 系统中取得列车编组（运统一，又名确报），它是调度员安排甩挂作业和调车作业的依据。

列车编组内容包括：车次号、发报时间和发报站、总重、辆数、长度、车号、品名、到站。列车的编组和列车运行线实现绑定，点击运行线可查询列车编组信息，并可从编组信息中提取列车速报信息。

列车的速报包括：车次号、机车号、司机姓名、运转车长姓名、列车长度、辆数、总重、尾号、篷布、超限级别。列车速报信息一般由始发车站的车站值班员在 CTC 系统的车务终端上输入，上传到调度中心，系统将该信息向列车运行的前方车站发送。根据不同的运输组织模式，速报中的机车号、司机姓名可由机务段值班员输入，运转车长姓名由乘务室值班员输入，也可由调度员电话收听，人工输入。列车速报信息随历史运行图同步保存，并能随运行图一并绘制输出。在编组/区段站，列车速报能够自动填记在运统三表格内。

9. 甩挂作业的安排

列车调度员根据列车编组单和车站存车情况，结合作业列车的运行具体情况安排列车在中间站的甩挂作业，形成甩挂作业计划，通过网络下达到车站。车站值班员根据甩挂作业计划安排站内调车作业，制订调车作业通知单。

车站的甩挂作业结束后，车站值班员将列车的新的编组发送到调度中心，系统自动更新列车的编组，以便安排前方站的甩挂作业。

（三）调度台软件配置

以胶济线 CTC 为例，配置文件路径为\\GPC\DATA。

（1）Commcfg 目录下，commhost.cfg 配置 CAD 服务器、自律机、车站终端等的 IP 地址。

（2）Commcfg 目录下，commlc.cfg 配置 LOG 服务器，制定其他配置文件、TCP 链接的 Client 终端等。

（3）Commcfg 目录下，commsvc.cfg 指定网络链接的端口信息。

（4）Commcfg 目录下，snmp.cfg.txt 指定 snmp 配置信息。

（5）Ip 目录下，IP 配置信息。

（6）mor_data 目录下，存放车场数据信息。

（7）ShuntDef 目录下，存放调车配置信息。

（8）Layoutctrl.cfg 配置站场显示选项，如字体大小、信号机大小等。

（9）Layoutctrl_note.cfg 配置调车作业单中的站场显示选项，如字体大小、信号机大小等。

（10）entity.cfg 为所有实体配置。

（11）entry.cfg 配置线号和入口的对应关系。

（12）gpc.def 配置车站列表以及 WINTG 用到的大部分配置。

（13）gpcno.def 配置该用户的 GPC 号码、屏幕数目以及是否需要保存运行图的提示。

（14）GPCUpdate.cfgGPC 配置自动更新时要连接的服务器地址。

（15）line.cfg 配置每个车站的股道。

（16）notepad.txt 配置列车编组等用到的常用词汇。

（17）prio_def.def 配置列车属性中的运行等级。

（18）tg.def 配置运行图各个区段以及线号信息、枢纽线路。

（19）\DDML\curr_dcno.cfg 配置最后一条命令的号码以及发令日期。

（20）\DDML\DispCmd.cfg 配置调度命令连续发送用到的模板（根据绘制图形的属性点右键发送相关调度命令）。

（21）\DDML\DrawingWords.cfg 配置各个绘制图形属性中的词汇列表。

（22）\DDML\gpcnetmap.cfg配置各个调度台用于调阅其他台的调度命令，发送调度命令模板以及超级模板。

（23）\DDML\ word.cfg 配置调度命令常用词汇。

（24）\DDML\modulefile\配置存放调度命令的模板文件。

（25）ctc_run.cfg 用于与服务器同步最新数据和程序，进行时间同步，启动调度台应用程序。

（四）调度台常见故障分析处理

（1）终端从站场图界面右键单击“运行图”菜单，运行图不出现。

原因分析：此时运行图被最小化。

处理方法：

① 按“Windows”键，出现任务栏，然后用鼠标单击运行图即可。

② 按住“Alt”键不放，连续按“Tab”键，当运行图图标被选中（出现方框）后，松开键盘即可。

③ 按“Ctrl+Alt+Del”，弹出任务管理器，在应用程序标签中选中运行图程序，在右键菜单中选择“前置”，或者“切换置”，或者“最大化”。

（2）单击“新建调度命令”菜单，“新建调度命令”对话框不出现。

原因分析：一般为调度员将该对话框拖动到了下方，导致找不到。

处理方法：在屏幕下方仔细查找“新建调度命令”蓝色标题栏，并将其拖到屏幕中央。

（3）单击“调度命令管理”菜单，“调度命令管理”对话框不出现。

原因分析：“调度命令管理”对话框被最小化或对话框被不小心拖动到了屏幕下方。

处理方法：在屏幕左下角查看“调度命令管理”对话框是否被最小化，如果是，单击“还原”按钮；如果不是，在屏幕下方仔细查找“调度命令管理”对话框蓝色标题栏，一般为调度员将该对话框拖动到了下方，导致找不到。

（4）运行图显示只有一部分车。

分析与处理：查看是否选择了只显示上行车，或者只显示下行车，或者只显示客车或货车。

（5）手工绘制的时候在图上不显示当前正在绘制的车。

分析与处理：查看是否选择了只显示上行车，或者只显示下行车，或者只显示客车或货车；应该选择显示上下行车和显示客货车。

（6）鼠标移动到列车上方的时候显示的车次不对。

原因分析：一般是由于在鼠标停留的点有多趟车，可以选择只查看上行车，或者只查看下行车，或者只显示客车或货车，来减少列车重复的机会。

处理方法：可以直接点击该列车，在运行图的状态栏会显示被选中列车的车次和机车号。

（7）需要的列车无法选中。

原因分析：由于在当前点有很多列车经过，造成选中的列车不是调度员希望的列车。

处理方法：可以使用查找列车功能进行查找，或者选择上行、下行、客车、货车分开显示。

（8）总是出现保存图片提示。

原因分析：调度员在白天第二班 7 点以后没有保存运行图。

处理方法：可以按打印按钮，进入打印预览，再打开右上角系统命令，存为图片，出现“保存运行图成功”的提示，成功以后不会再出现提示。

（9）每次自动报点后在运行图上每站都生成新车。

分析与处理：检查站场图车次和运行图上铺画的计划线车次是否一致，如数字 0 和字母 O 是否混淆，或检查运行图车次前后是否有空格等。若有这类错误，把错误的车次改正即可。

（10）自动报点以后在运行图上面没有生成新车。

原因分析：一般为在当前报点时间 8 小时以内有相同车次的列车。

处理方法：可以通过铺画后面开行列车的计划线来解决。

（11）机车号不正确。

分析与处理：通过列车编组找到不对的记录，输入正确车次号以后单击“修改”按钮。如果上述方法不起作用，可以选中列车，在列车右键菜单中选择“牵引/附挂机车”进行输入，输入的机车不会在编组中显示，但是会在运行图上面显示。

（12）按了“运行图打印”按钮，可是运行图没有打印出来。

分析与处理：按打印按钮进入打印预览窗口以后，在右上角“系统命令”菜单中选择“打印输出”方可。

（13）数字输入不了。

分析与处理：检查小键盘是否按下了 Numlock 键；如果当前在中文输入法状态，请查看是否使用了全角输入。

（14）列车线形不对。

分析与处理：可能使用了有悖于《调规》规定的车次，可以在列车右键菜单中选择列车属性，更改列车种类。

（15）行调台输入法调不出来，无法输入汉字。

分析与处理：用“Ctrl+空格”键切换至上次的输入法，或者用“Ctrl+Shift”键切换至要用的输入法。如果按“Ctrl+Shift”无效，使用“Alt+Shift”键进行切换。如果还无效，可以关闭新开的窗口后重新打开。一般各个调度台都已经装好了常用的所有输入法。

（16）程序有异常行为。

分析与处理：退出程序重新登录。每次换班时应该退出程序后重新登录。

三、助调工作站功能实现与维护

（一）熟悉配置

助调工作站一般由高性能 PC 工作站构成，以胶济线 CTC 为例，本工作站配置如下：IBM 图形工作站 Mpro，2 台 20 英寸液晶显示器，1 块双屏显示卡，声卡及有源音箱，双网卡，Windows XP 操作系统。

（二）功能实现与维护

助调工作站主要实现调度中心人工调车进路操作控制、区段解锁、非常处理等功能，同时还可实现无人车站调车作业计划的编制、调整、指挥以及在自律约束条件下的调车进路人工办理、取消等调车相关功能。具体包括：

（1）由本务机车或小运转机车担当的甩挂调车作业。

（2）由本务机车或小运转机车担当的取送车作业。

（3）无客货运业务中间站的甩挂故障车作业和路用车调车作业。

图 2.1.11 所示为调车计划和调车控制命令的发送流程。

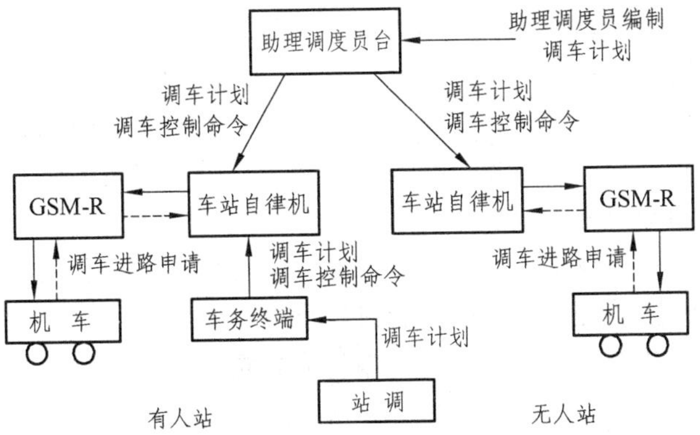

图 2.1.11　调车计划和调车控制命令的发送流程

四、控制工作站或操作员工作站

（一）熟悉配置

控制工作站或操作员工作站一般由高性能 PC 工作站构成，以胶济线 CTC 为例，本工作站配置如下：IBM 图形工作站 Mpro，2 台 20 英寸液晶显示器，1 块双屏显示卡，声卡及有源音箱，双网卡，Windows XP 操作系统。

（二）功能实现与维护

控制工作站或操作员工作站实现调度中心对车站的远程人工控制，提供与车站控制台相同的控制功能，进行调度区段内任一车站的列车进路办理和取消、闭塞作业、道岔设备单操等一般的联锁操作，实时监视列车的运行和现场设备的状态，完成各类报警的人工干预。控制工作站不提供调车进路的办理界面，不设调车按钮，有关调车进路的作业在助理调度员工作站上进行。人工直接用鼠标单击"始端"及"终端"按钮（"延续"按钮）办理进路，自律机进行联锁逻辑判断和《站细》检测后输出。人工单击"取消进路"按钮和"始端"按钮直接取消进路。

该工作站在武广客运专线等许多 CTC 系统中已与助调工作站合并。

五、综合维修工作站

（一）熟悉配置

综合维修工作站由高性能 PC 工作站构成，胶济线每套工作站配置如下：IBM 图形工作站 Mpro，2 台 20 英寸液晶显示器，1 台网络打印机，声卡及有源音箱，双网卡，Windows XP 操作系统。

（二）功能实现与维护

综合维修调度员在列车调度员的领导下，通过此工作站完成车站设备的日常维护、天窗修、施工以及故障处理方面的登销记手续办理，并具有设置临时限速，区间、股道封锁等功能。主要实现运统 46 的功能。

综合维修功能包含：综合维修车站检修功能、综合维修施工功能、综合维修施工开通功能。

综合维修车站检修功能：可以登记车站的不良及破损，以及向中心的综合维修台通知车站的不良及破损，查阅历史记录等。

综合维修施工功能：实现施工信息管理，可将常见的施工信息的登记表格做成模板，用于车站将自己的施工信息发送给中心的综合维护台。

综合维修施工开通功能：在申请了施工慢行或封锁后，当施工完成时，用此功能申请施工开通。

综合维修管理流程如图 2.1.12 所示。其中有人站设有车站值班员，无人站配备应急值班员（与车站值班员同等职责）。

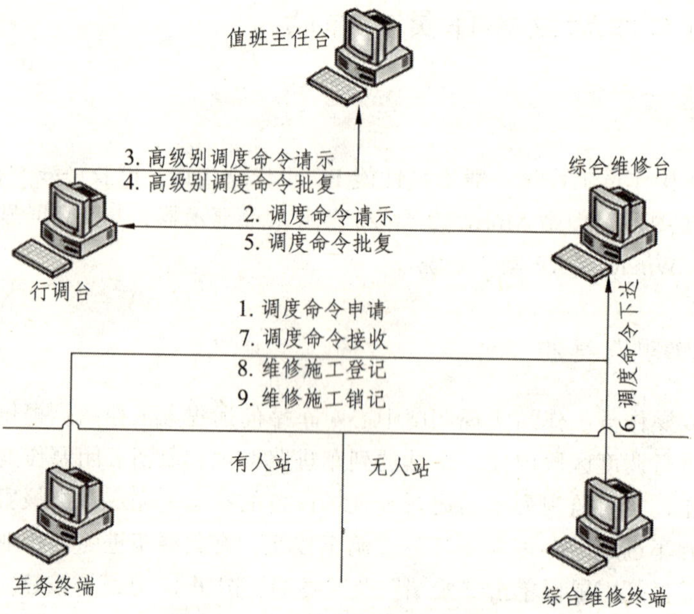

图 2.1.12　综合维修管理流程

任务 3　列车调度员台操作

任务目标：

（1）熟悉列车调度员台的操作界面，加强对调度台功能的掌握。

（2）熟悉列车调度员的操作，加深对 CTC 功能的理解，培养维护工作策略。

一、调度台运行图操作界面

现以卡斯柯公司研制的胶济线 CTC 为例进行介绍。

图 2.1.13 所示为 CTC 运行图主界面，整个界面分为菜单栏、工具栏、主画布和鼠标右键菜单四部分。

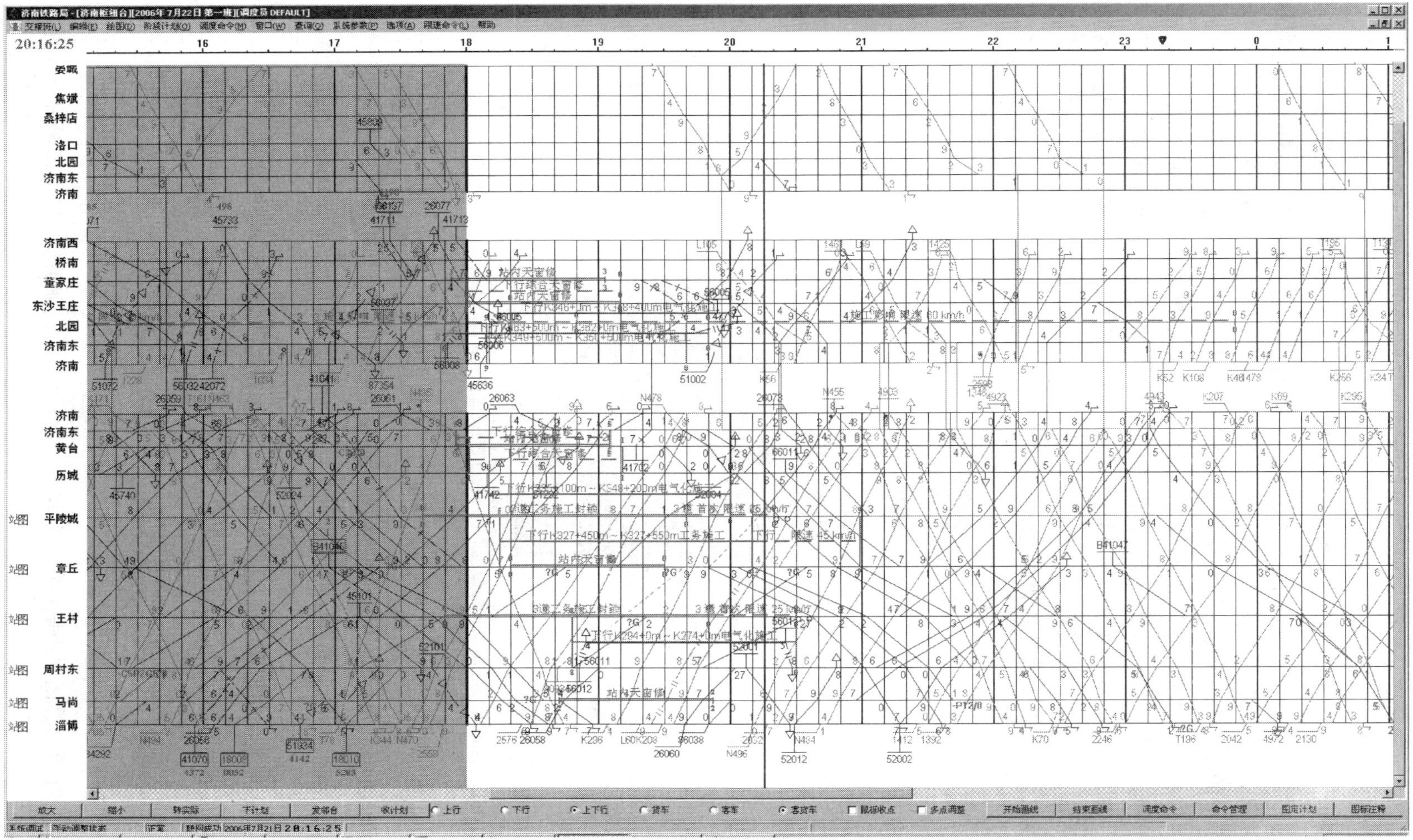

图 2.1.13　调度台运行图操作界面

主界面最上方一栏为菜单栏，由交接班、编辑、绘图、阶段计划、调度命令、窗口、查询、系统参数、选项、限速命令、帮助等十一项组成。

主界面最下方为工具栏，包括放大、缩小、转实际、下计划、发邻台、收计划、上行、下行、上下行、货车、客车、客货车、鼠标收点、多点调整、开始画线、结束画线、调度命令、图定计划、图标注释等工具。工具栏的功能多数在菜单栏也具有。

主界面中间部分为主画布，主要显示运行线。其左边一列为站名信息，是列车经过的车站的名称。站名文字为绿色，表示该站的车务终端目前是正常联机的；如是红色，表示该站车务终端故障，行车计划、调度命令等将无法下发给该车务终端，需联系维护人员处理。

鼠标右键菜单是指左键单击运行线与站线的交点，在出现的小方框上单击右键，系统会弹出的子菜单，如图 2.1.14 所示。

下面重点介绍有关阶段计划和调度命令的操作。

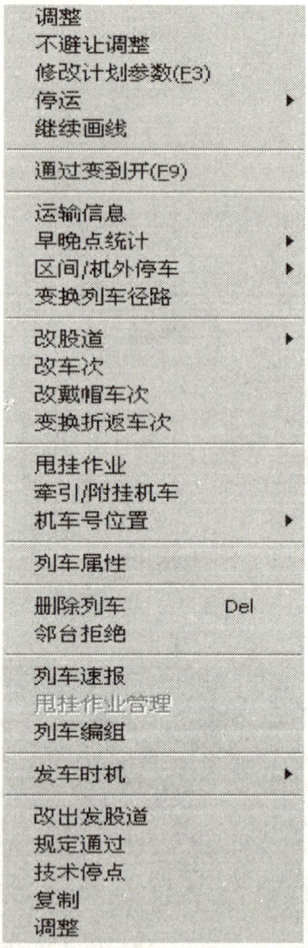

图 2.1.14　鼠标右键菜单

二、有关阶段计划的操作

在图 2.1.13 所示界面中用鼠标单击菜单栏“阶段计划”，弹出如图 2.1.15 所示子菜单。

1. 图定计划

“图定计划”用于生成图定的计划线。在图 2.1.15 所示菜单中选择“图定计划”，会弹出如图 2.1.16 所示窗口。

图 2.1.15 阶段计划操作子菜单

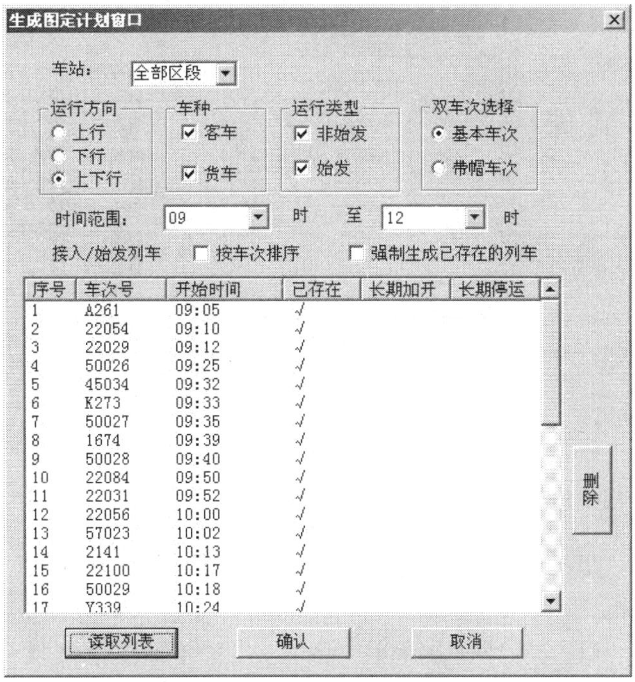

图 2.1.16 生成图定计划窗口

首先选择要生成的计划的运行方向、车种、运行类型等参数，再单击“读取列表”按钮，则符合条件的所有列车就出现在窗口的车次列表中,表中列出了车次号和从该站出发的时间。如有不需要生成的列车，则先在列表中选中该车次，再单击“删除”即可将该车次从列表中删除。车次全部确定后单击“确认”按钮就可生成所选中的所有车次计划。“已存在”一列显示的是该计划是否已经显示在运行图中了；“长期加开”表示该车为加开车，但不属于基本图里面的车；“长期停运”表示该车为基本图中的车，当前处于停运。

2. 自动调整

在图 2.1.15 所示菜单中选择“自动调整”或使用快捷键 F4，可自动对当前调度台铺画的计划线的会让进行调整。用户应事先对相关参数，如最小停站时间、列车优先级等进行设定，也可通过选择列车后的右键菜单对单条计划线进行调整。

3. 调整回退

“调整回退”用于撤销刚才做的计划调整。

4. 列车优先级

“列车优先级”用于调整当前铺画的计划线的优先级，作为自动调整计划的依据。

在图 2.1.15 所示菜单中选择“列车优先级”，会弹出如图 2.1.17 所示的对话框，在对话框中可以查看并修改各计划列车的优先级。

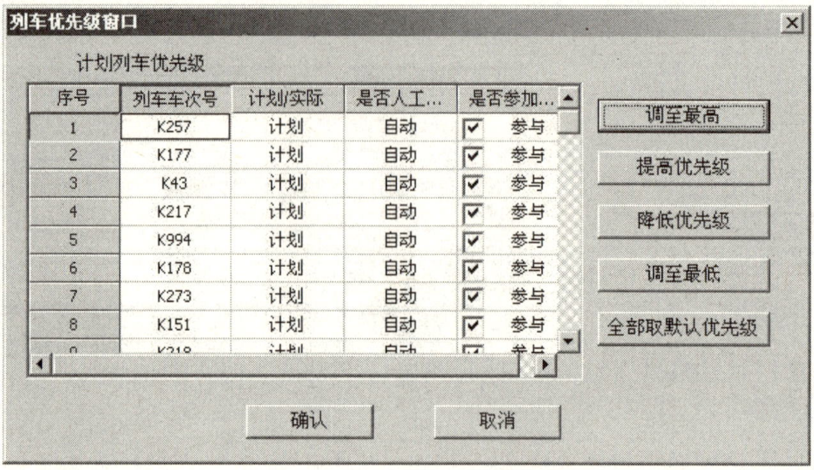

图 2.1.17　列车优先级窗口

5. 甩挂车管理

“甩挂车管理”用于定义列车甩挂计划、查询编组、布置列车甩挂、接收车站的实际甩挂情况。

在图 2.1.15 所示菜单中选择“甩挂车管理”，系统会弹出如图 2.1.18 所示窗口。在“车次号”下拉列表中，可以选择车次；在“车站”下拉列表中，可以选择车站；在“作业计划类型”下拉列表中，可以从甩车、挂车、甩挂车三种作业类型中进行选择；在“作业股道”下拉列表框中，可以选择股道。此项功能可以对甩挂作业信息进行增加、删除、修改操作，具体方法是：

（1）要增加甩挂作业信息，按窗口提示信息进行逐项输入，单击“增加”按钮添加至列表中即可。

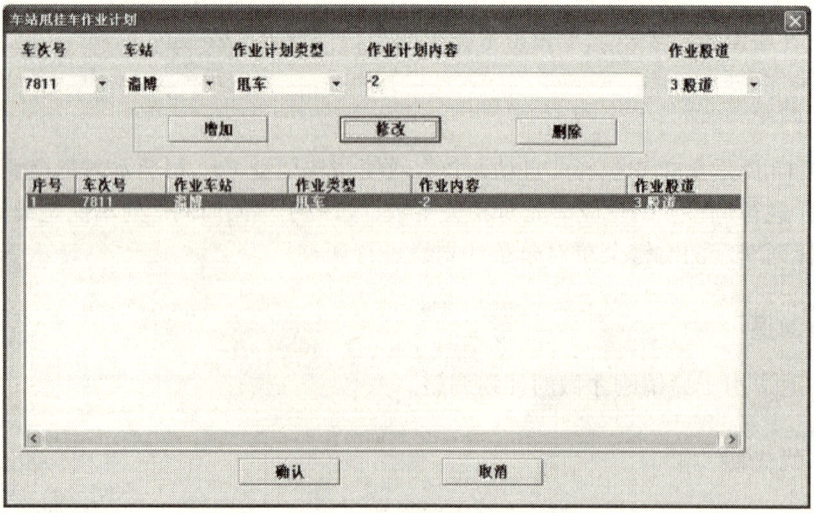

图 2.1.18　车站甩挂车作业计划窗口

（2）要删除甩挂作业信息，用鼠标选中欲删除信息并单击“删除”按钮即可。

（3）要修改甩挂作业信息，用鼠标选中欲修改信息，对其进行修改，并单击“修改”按钮即可。

6. 下达计划

“下达计划”用于下达行车计划给车站。在图 2.1.15 所示菜单中选择“下达计划”，会弹出如图 2.1.19 所示对话框，选定所要下发计划的开始及结束时间、车站和自律机后，单击发送，然后就可以看到车站是否收到计划、是否签收及签收人姓名。下达计划时系统会检测计划是否合理，如果有不合理的计划，则会给出提示，如图 2.1.19 所示。调度员在下计划前也可以单击“检查计划”按钮对计划预先进行检查。

图 2.1.19　下发车站计划窗口

三、有关调度命令的操作

此项操作用于生成新的调度命令。该子菜单如图 2.1.20 所示。

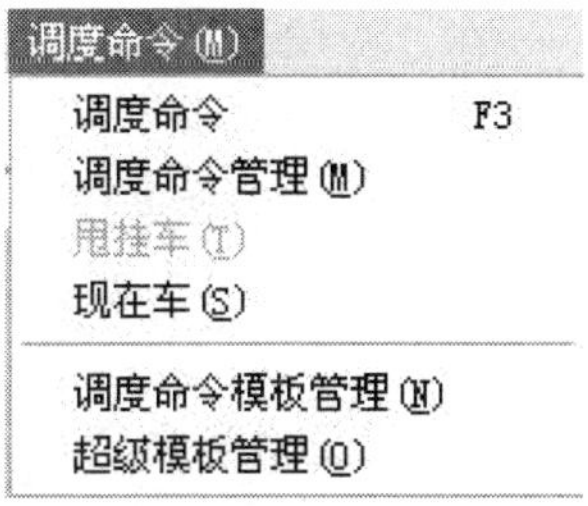

图 2.1.20　调度命令菜单

1. 调度命令

在图 2.1.20 所示菜单中选择“调度命令”或使用快捷键 F3，会弹出如图 2.1.21 所示窗口。

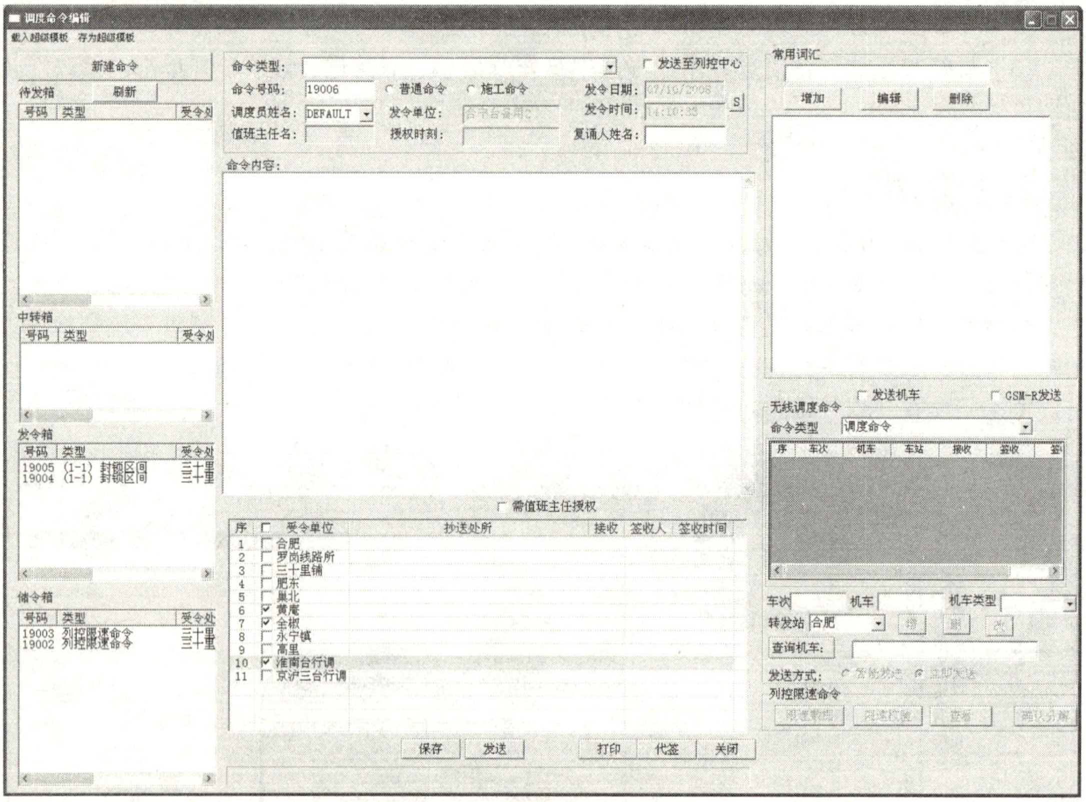

图 2.1.21　调度命令编辑窗口

操作步骤如下：

（1）单击“命令类型”，选择需要编写的调度命令类型，则在“命令内容”处显示一张该类型的调度命令的模板。

（2）通过鼠标单击来选择“受令单位”。

（3）将光标定位到“命令内容”处，编写命令具体内容，可增加、删除原命令，或从“常用词汇”栏中选择词组进行输入。

（4）单击“保存”按钮，保存当前调度命令。

（5）单击“发送”按钮，下达调度命令。

除了通过选择“命令类型”外，用户还可以通过窗口上部的“载入超级模板”选择调度命令类型，如图 2.1.22 所示。单击“存为超级模板”，可以把当前的调度命令内容存为超级模板。

在“常用词汇”栏，单击“编辑”按钮，系统自动调用记事本，打开一个文本文件，其中保存着系统使用的调度命令常用词汇，用户可以自行编辑。

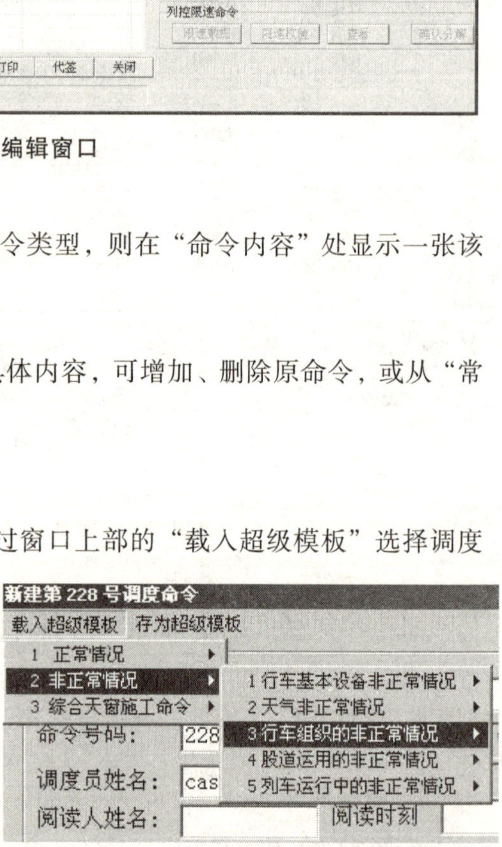

图 2.1.22　调度命令超级模板

2. 无线调度命令

无线调度命令的发送方式和普通命令的发送方式基本相同，区别在于无线调度命令的发送对象为机车。在图 2.1.21 所示窗口的右下侧，是无线调度命令发送的界面。“命令类型”下拉列表包括了无线调度命令的类型。在下发之前必须在此界面上的“发送机车”选择框上打“√”，如图 2.1.23 所示。

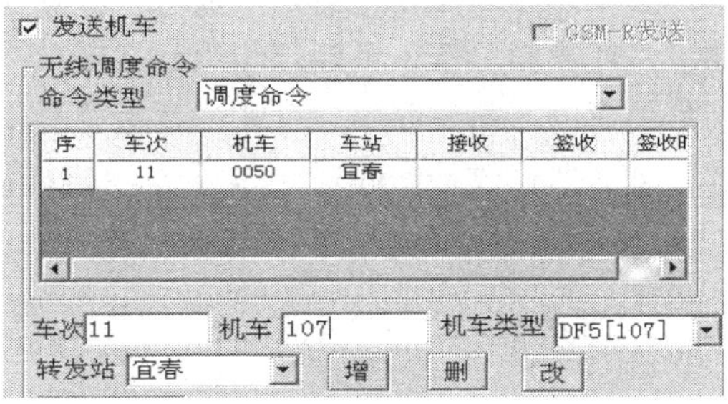

图 2.1.23　无线调度命令发送机车

发送的方式有“GSM-R 发送”和“无线列调”两种，如果采用 GSM-R 发送，需要在此界面上的“GSM-R 发送”选择框上打“√”。

选择“发送车站”后，要分别填入车次、机车、机车类型和转发站（以 GSM-R 方式发送则不需要）。

具体操作时，先选择机车类型，系统会自动在“机车”栏内增加机车类型代码，然后在尾部填入机车号。填写车次、机车、机车类型并选择转发站，然后单击“增”按钮，将填写内容增加到发送列表。对于发送列表的内容，在选中需要操作的行后，可以单击“删”或者“改”按钮，进行删除或修改。

无线调度命令完成草拟后，单击“发送机车”，则将命令下发。

在显示的发送列表内，可以查看无线调度命令的下发状态：接收栏内显示“已发送”，表示无线调度命令已从本系统发出，等待机车设备的接收和签收；接收栏内显示“√”，表示机车设备已接收无线调度命令；签收栏内显示“√”，表示机车设备已签收无线调度命令。

如采用 GSM-R 方式发送命令，则可以通过输入列车车次，查询机车号码和列车位置。方法是：在车次框内输入列车车次，单击“查询机车”。

3. 现存车

用于记录、接收车站上报的现存车。在图 2.1.20 所示选择菜单中选择“现存车”，系统会弹出如图 2.1.24 所示对话框。

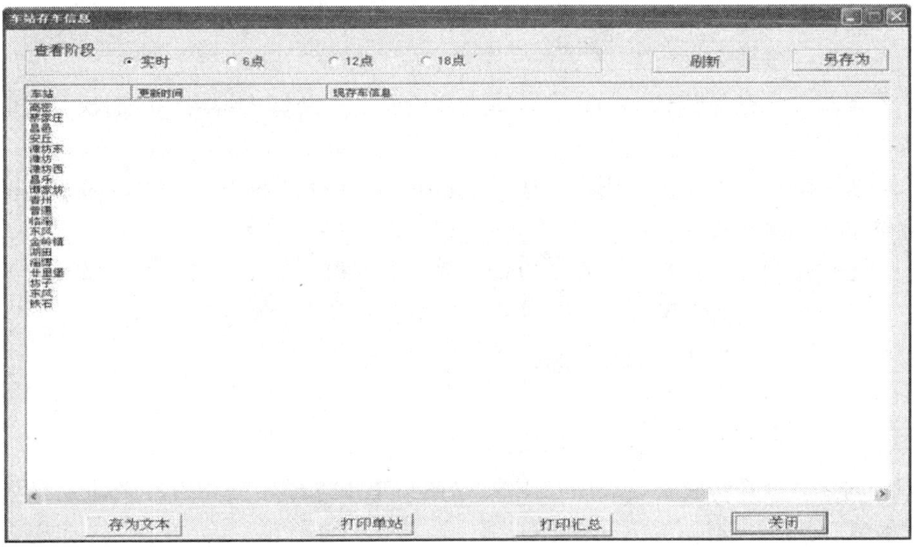

图 2.1.24　车站存车信息

该窗口显示当前区段里面所有车站的现存车的总体列表。表的第一列显示车站名称，第二列显示该车站现存车信息的最后一次修改时间，第三列显示该车站当前现存车的汇总。单击“打印单站”按钮可以打印当前选中车站的现存车信息；单击“打印汇总”按钮，会依次打印所有的车站现存车，有几个车站就打印几张现存车的信息。

如果要修改某站的现存车信息，双击相应车站的那一行，弹出如图 2.1.25 所示的对话框。

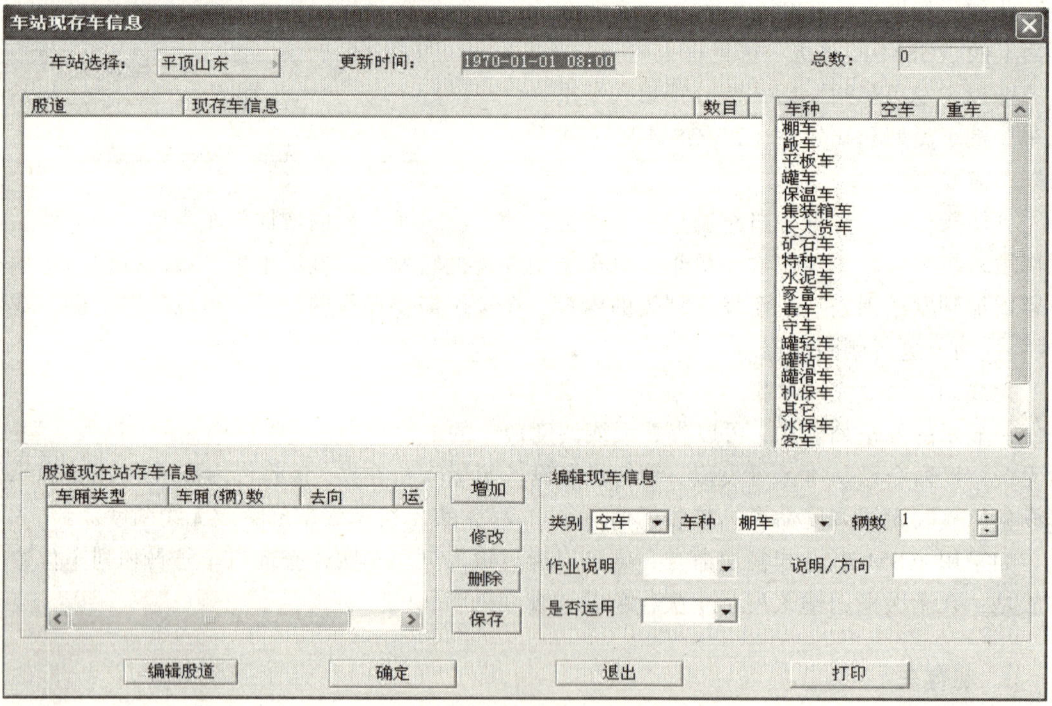

图 2.1.25 车站现存车信息

“车站选择”框中显示了当前要编辑的车站的名称，对该车站的现存车可以进行增加、删除、修改操作。具体操作步骤如下：

（1）选择某一条股道。

（2）若要增加现存车信息，则在“编辑现车信息”子窗口中编辑相应的现存车信息，并单击“增加”按钮。

（3）若要删除现存车信息，则在“股道现在站存车信息”子窗口中选中欲删除的现存车信息，并单击“删除”按钮。

（4）若要修改现存车信息，则在“股道现在站存车信息”子窗口中选中欲修改的现存车信息，在“编辑现车信息”子窗口中对其进行编辑，并单击“修改”按钮。

（5）单击“保存”按钮，保存当前操作的结果。

4. 调度命令管理

用于对调度命令进行管理。在图 2.1.20 所示菜单中选择“调度命令管理”，将弹出如图 2.1.26 所示窗口。

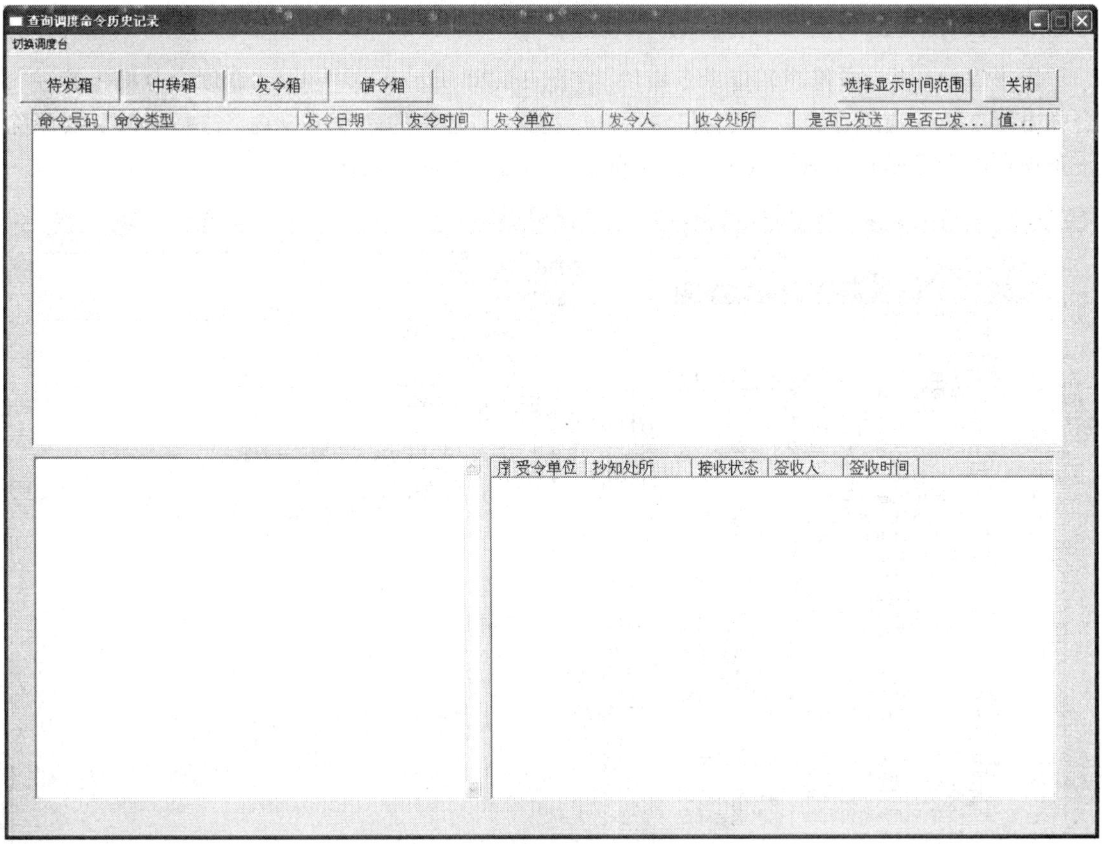

图 2.1.26　查询调度命令历史记录窗口

在该窗口中，可以在“待发箱”（调度员预先编辑的命令）、“中转箱”（邻台发给本台的命令）、“发令箱”（已发送但未全部签收或者被拒签的命令）、“储令箱”（已发送并全部签收的命令）中查看命令信息并进行相应的操作。例如，在发令箱中，可通过选择鼠标右键菜单中的“打印”，来打印调度命令。单击“选择显示时间范围”按钮，将弹出如图 1.2.27 所示窗口。在此窗口中，用户可以选择所要查询的时间范围。

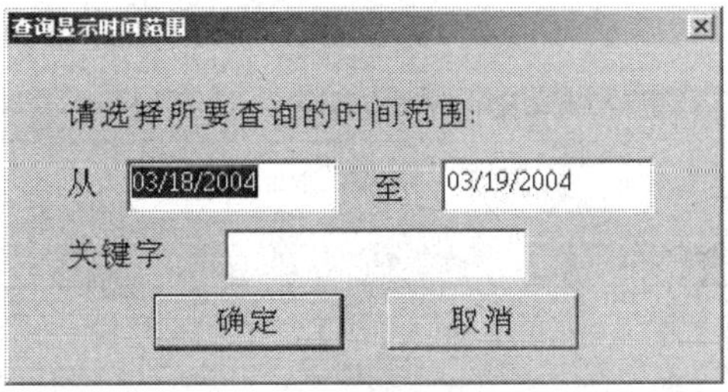

图 2.1.27　查询时间范围选择窗口

此外，选择“新建命令”，将弹出与“调度命令”同样的窗口。调度命令的状态有两种，分别用红色和绿色显示：

红色——该调度命令没有经过所有人签收。

绿色——该调度命令经过需签收车站的全部签收。

5. 调度命令模板管理

用于添加、删除或修改调度命令模块。在图 2.1.20 所示菜单中选择“调度命令模板管理”，会弹出图 2.1.28 所示窗口。在该窗口中，可以对当前选中的命令模板直接进行修改。要删除一条现存的命令模板，只需选中该命令模板并单击“删除”按钮。

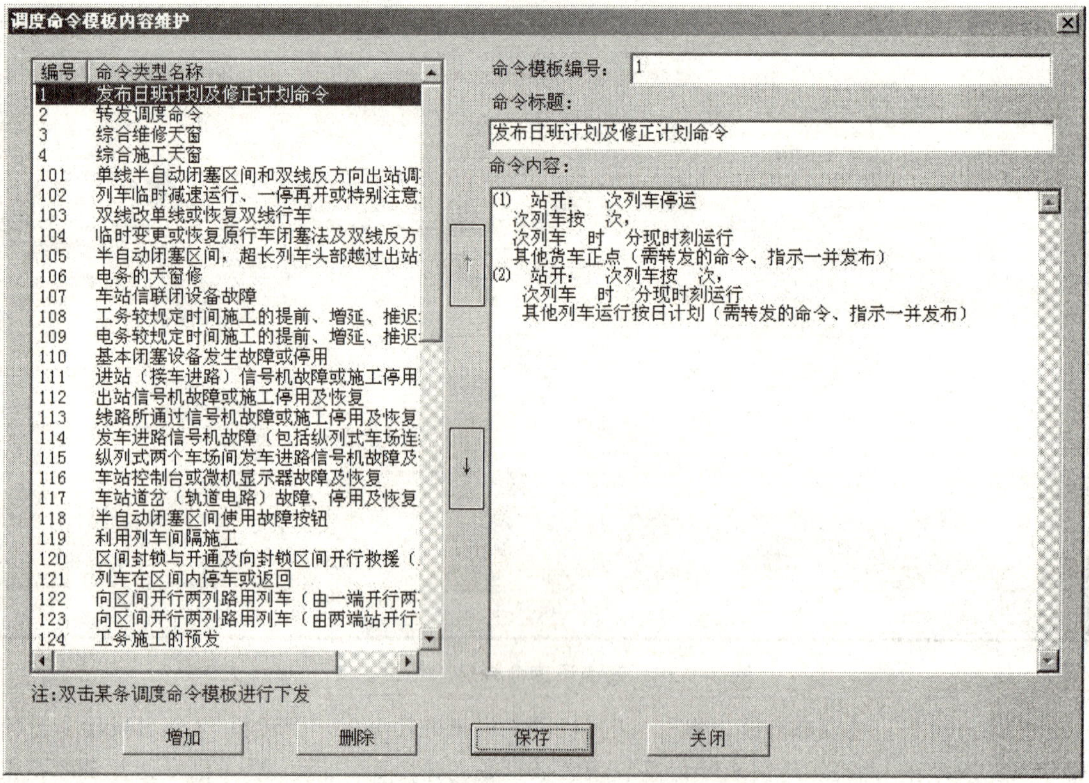

图 2.1.28　调度命令模板管理窗口

当单击窗口中的“增加”按钮时，将弹出如图 2.1.29 所示窗口。在该窗口中，可以指定命令模板的编号、名称及命令内容。单击“保存”按钮，将保存当前对命令模板所做的维护工作。

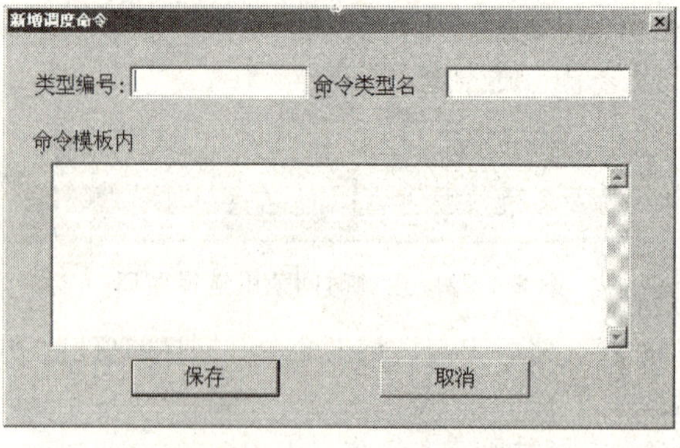

图 2.1.29　新增调度命令窗口

调度员台还有编辑、绘图、查询等功能，在此不再一一介绍。

任务4　助理调度员台的操作

任务目标：

（1）熟悉助理调度员台的操作界面，掌握对调度台的维护方法。

（2）熟悉调度台的进路控制操作和调车作业单编制操作，加强对 CTC 功能的理解。

一、进路控制操作

（一）登录与主画面

助理调度员（简称助调），是分散自律 CTC 系统所特有的工种，其工作是在列车调度员的领导下，负责监督系统列车进路的自动排列情况，必要时进行人工干预（如手工排列进路或取消进路等）。对于无人车站，助调还负责编制调车作业通知单（见《调车作业通知单编制手册》），并监督调车进路的排列，必要时进行人工干预（如手工排列调车进路或取消进路）。当启动助调操作程序时，会出现如图 2.1.30 所示的登录界面。

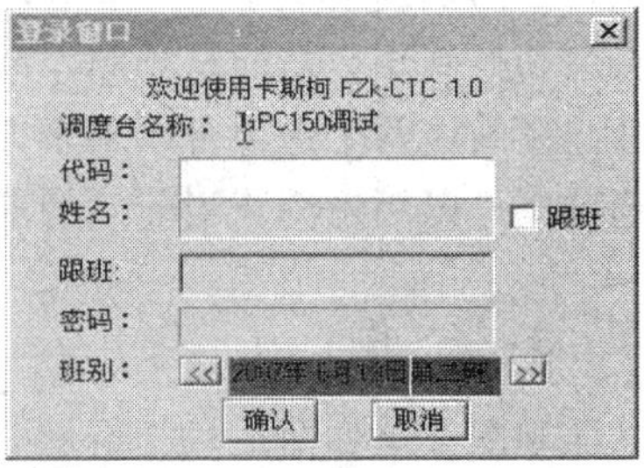

图 2.1.30　助调登录界面

输入相关内容，单击“确定”按钮，系统就会自动进入站场图显示画面，如图 2.1.31 所示。

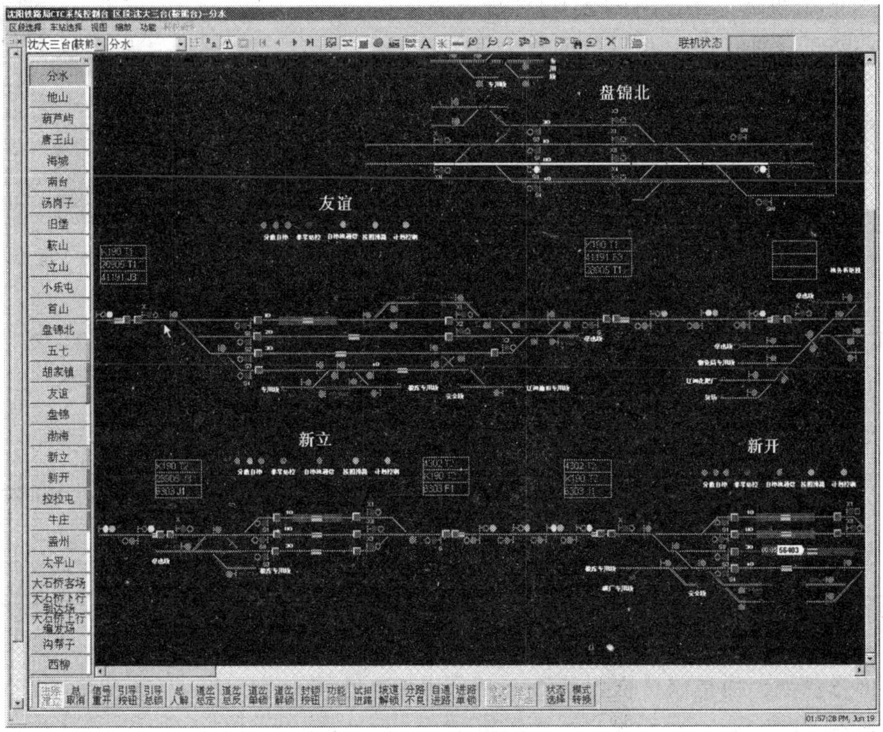

图 2.1.31　站场图显示画面

整个站场图显示画面分为六个部分：标题栏与菜单栏、主工具条、站选条、站场图显示、CTC 操作按钮条、进路序列。下面分别进行介绍。

（二）标题栏和菜单栏

标题栏位于窗口顶部，为蓝色，显示此站场图的一个标题。标题栏下面是菜单栏，其中包括：区段选择、车站选择、视图、功能等菜单。

1. 区段选择

区段选择可用于实现不同调度台的选择。

2. 车站选择

车站选择对于单站画面和区段画面有着不同的效果，在单站画面中选择车站时，站场图将会切换到相应站的站场图，而在区段画面中选择车站时只能使所选车站居于屏幕中央。首站、尾站这两个选项可以用来方便快速地显示当前区段中的首站、尾站，前站、后站这两个选项则可以用来浏览当前站的前一站和后一站。

3. 视　图

视图菜单如图 2.1.32 所示。

（1）主工具条：显示或隐藏主工具条。

（2）CTC 按钮条：显示或隐藏 CTC 按钮条。

（3）选站工具条：显示或隐藏选站工具条。

（4）区段画面：切换到区段画面。

（5）单站画面：切换到单站画面。

（6）进路序列：显示或隐藏进路序列窗。

（7）元素显隐：单击后出现如图 2.1.32 所示的子菜单。

（8）全屏显示：使 GPC 满屏显示。

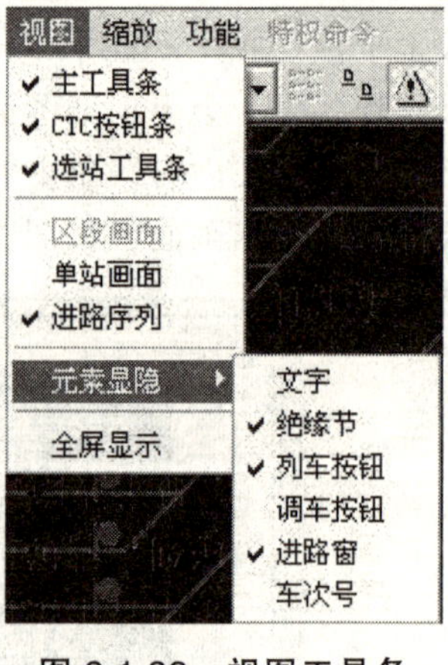

图 2.1.32　视图工具条

4. 功　能

功能菜单如图 2.1.33 所示。

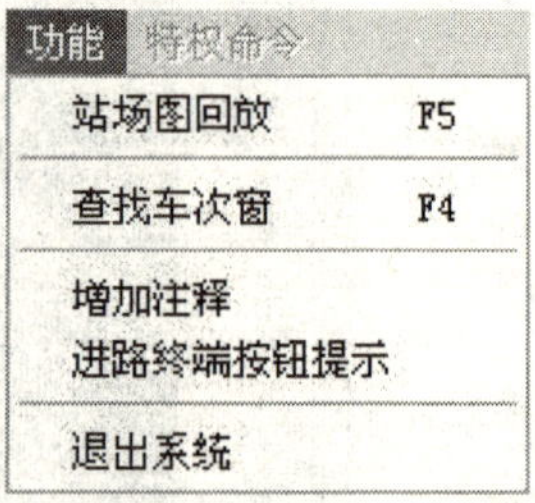

图 2.1.33　功能工具条

（1）站场图回放：选择此命令，会出现输入回放始末时间的对话框，按提示进行操作，可实现站场图显示回放，即站场图上显示的画面为回放时刻的画面。

（2）查找车次窗：选择此命令后，出现的对话框中罗列了当前区段或当前站的所有车次。

（3）增加注释：通过该命令可以在站场图上增加一些文字注释。

（4）进路终端按钮提示：通过此命令可以设置办理进路时，按下始端按钮后，终端按钮是否闪烁提示。

（三）主工具条

如图 2.1.34 所示，主工具条在菜单栏的下面，是菜单选项的快捷方式。

图 2.1.34　主工具条

在主工具条中，可快捷选择区段，如图中“胶济二台”，还可快捷选择车站，如图中“高密”站。工具条中各个按钮的功能从左到右依次是：切换到区段画面，切换到单站画面，显示或隐藏进路序列，满屏或正常显示，首站、前站、下站和尾站显示，文字属性显示，显示或隐藏绝缘节，显示或隐藏列车按钮（即接发车和通过按钮），显示或隐藏调车按钮，显示或隐藏车次窗位置，显示或隐藏进路窗，放大、缩小或还原站场图显示，放大、缩小或还原车次窗，查找车次窗，站场图回放。

主工具条的右侧显示 GPC 与主机服务器的联机状态，如图 2.1.31 所示。成功时显示 

；网络不通时显示 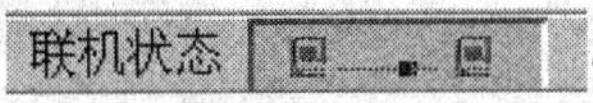

。

（四）站选条

在站场图的左边是一个站选条，此条上显示的是当前区段中的所有车站。单击某个车站的按钮，站场图即会显示所选车站的画面，同时选中车站的按钮变为浅蓝色。车站按钮右侧的颜色表示车站的状态和控制模式，具体含义如表 2.1.2 所示。如图 2.1.31 中站选条上渤海站、盘锦站右侧显示的是黄色，表明这两个站处于中心控制模式。

表 2.1.2　车站状态和控制模式显示

颜色	控制模式
红	站死
绿	分散自律
蓝	车站控制
黄	中心控制
灰	非常站控

（五）站场图

1. 区段画面

图 2.1.35 所示为区段画面，其中站内进路锁闭时，用白光带显示；区段或区间被占用时，用红光带显示；信号机开放时，用绿灯来表示。

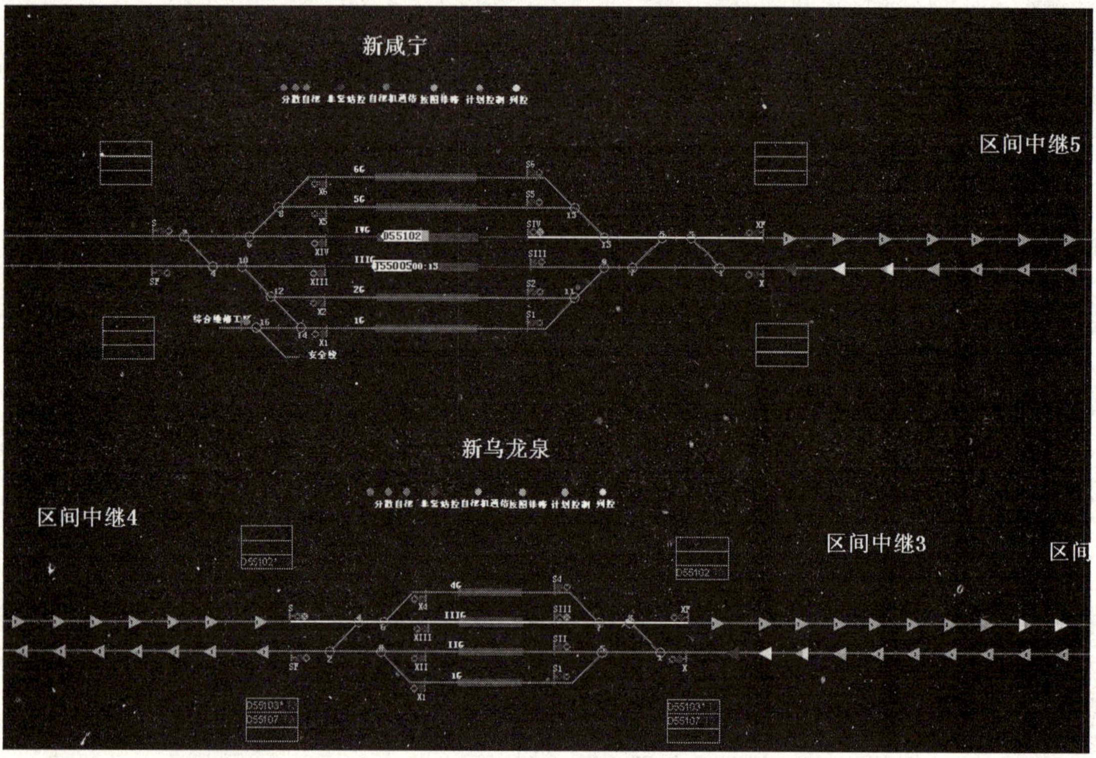

图 2.1.35　区段画面

1）站名下面的状态表示灯

如图 2.1.35 所示，“分散自律”文字下面的三个灯分别表示三种控制子模式，即中心控制、分散自律控制、车站控制，灯亮为绿色时表示车站处在相应的控制模式下。图中所示三个灯均为灭灯，而非常站控灯亮红灯，表示车站当前处于非常站控状态。同一时刻，控制模式灯最多只能亮一个。

自律机通信灯表示自律机本身的状态，当自律机状态良好时，此灯会闪烁。当此灯长时间不闪烁时，表明系统故障，需及时与维护人员联系。

按图排路灯为绿色时表示按图排路，为黄色时表示手工排路。按图排路表示车站自律机根据列车运行计划和调车作业计划生成进路序列指令，并自动触发执行。手工排路表示车站系统自律机只执行人工直接按钮操作，计划和进路序列失效。手工排路是直接通过单击“进路始终端”按钮的方式来建立进路，跟传统的计算机联锁操作或 6502 控制台操作类似。如果用户手工排列的进路能够通过联锁条件检查，则建立进路，否则无法建立该进路。在手工排路时，系统会要求用户输入当前手工办理的这条进路所对应的车次号，如果用户输入了车次号，系统会根据该车次号，在当前进路序列中进行对比检查。当手工建立的进路与进路序列窗中的这一车次的进路吻合时，进路序列中这一进路也会显示其状态为触发执行。如果用户没有输入车次号，则不会进行对应进路的检查。

计划约束灯为绿色时表示排路需要和计划比较，为灰色时表示不比较。其中“计划约束”和“按图排路”功能可以通过 CTC 工具条上的“状态选择”按钮来选择是否需要。

2）进路显示窗

在车站的出入口有四个进路显示窗，分别显示即将办理的上下行方向的进路序列，如图2.1.36所示。进路窗中计划第一趟办理的列车有“*”标志，并且如果是自动触发则后面的接发车股道为黄色，如果没有自动触发则接发车股道为红色，进路已经触发的列车接发车股道为绿色。

图 2.1.36　进路显示窗

3）站死状态

当车站处于站死状态时，站名下的状态表示灯均不亮（暗灰色），同时股道、道岔、信号机等均为暗灰色，如图2.1.37所示。

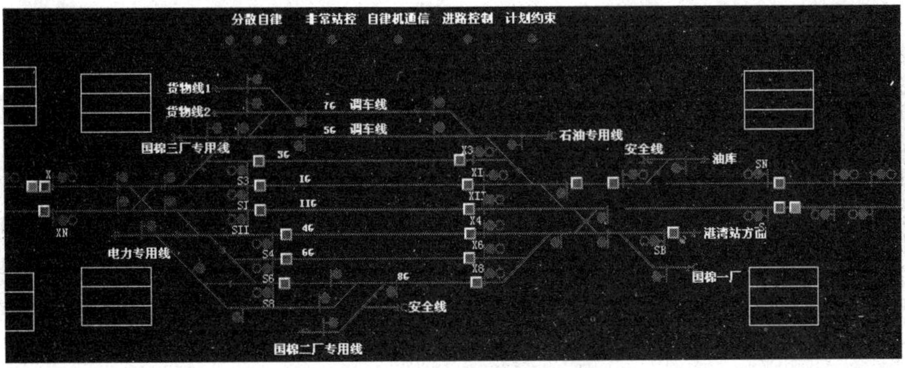

图 2.1.37　站死状态

2. 单站画面

单站画面如图2.1.38所示。

图 2.1.38　单站画面

1）状态灯

单站画面的站名下的状态表示灯更全，如图 2.1.39 所示。其中，中心通信灯表示本机与车站自律机的通信状态，当通信良好时，此灯每隔一小段时间就闪烁一下，颜色为绿色；允许转回灯为黄色时，表示车站可从非常站控转到分散自律。

2）闭塞状态灯

在单站画面的四个角上有如图 2.1.40 所示的方框。

其中的 S 方向、SF 方向、X 方向、XF 方向分别表示上行方向、上发方向、下行方向、下发方向。下面第一排的各个为状态表示灯；第二排的“总辅助”为计数标志，是对后面“接车辅助”和“发车辅助”两个按钮操作的计数。

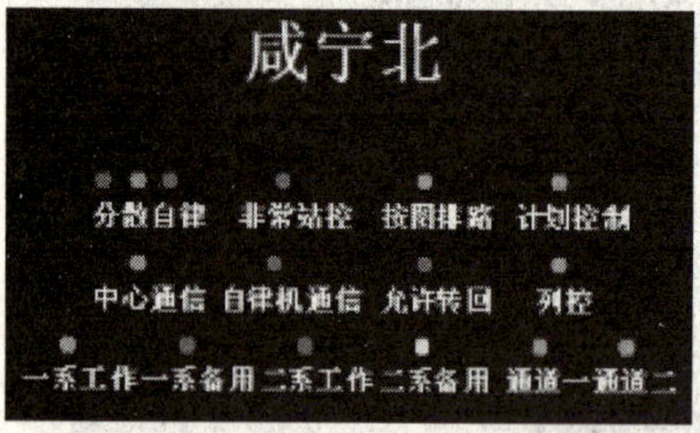

图 2.1.39　单站画面下的状态灯

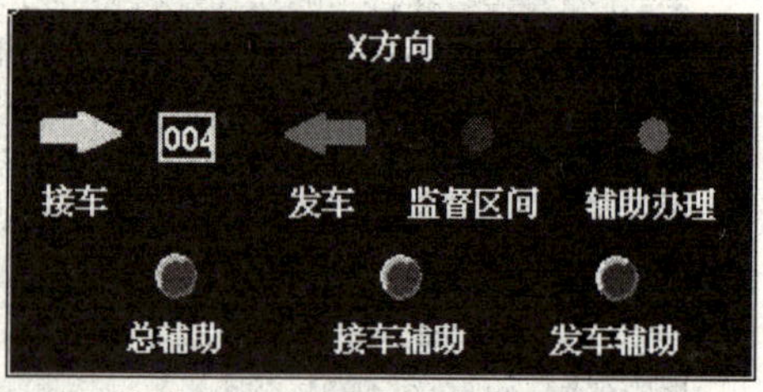

图 2.1.40　闭塞状态灯

3）各类报警灯和特殊按钮

图 2.1.41 所示为各类报警灯和特殊按钮。其中引导按钮上面的黄框为定时器，下面的黄框为计数器。总人解和引导总锁只有计数器。

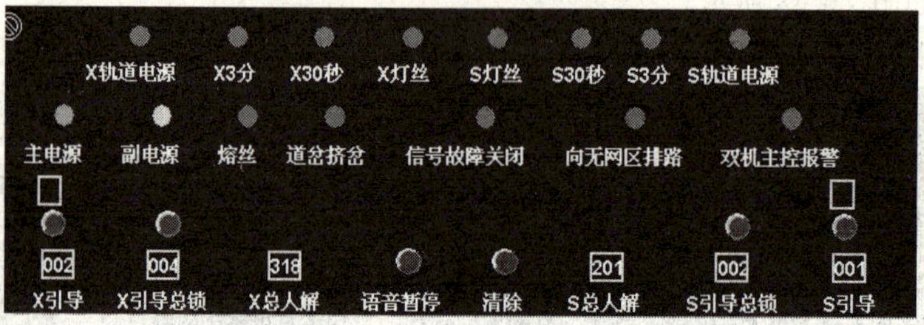

图 2.1.41　各类报警灯和特殊按钮

4）车次号操作

一般情况下，每个红光带上均有一个车次窗，用来指示正在运行列车的车次及早晚点时分，同时带有上下行方向，如图 2.1.42 所示。

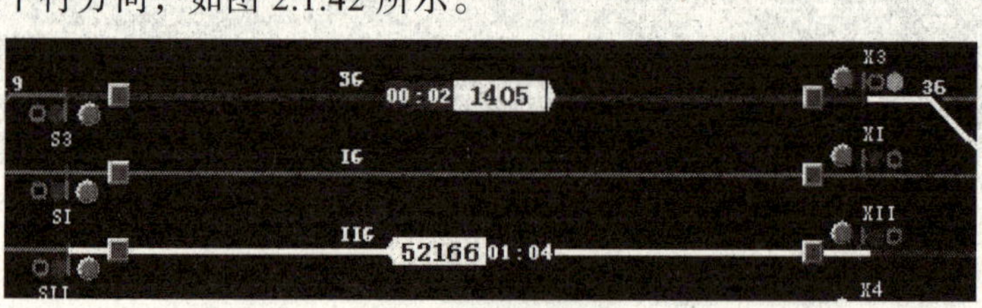

图 2.1.42　车次显示

图中，红色的“1405”表示正在运行列车的车次号，紧跟车次号的红色背景的“00：02”表示本次车的早晚点时分。箭头表示列车运行方向。一般情况下，箭头向左表示上行，向右表示下行。

通常情况下，车次号为红色时，表示本车次为特快、快速或客车；为蓝色时，表示本车次为普通货车。早晚点时分为蓝色背景表示晚点，为红色背景表示早点。车次号中出现X（下行）、S（上行）开头的时候，表示本车次号是由系统随机产生的，不是经过无线车次号校核或调度员输入的，需要人工及时修正。

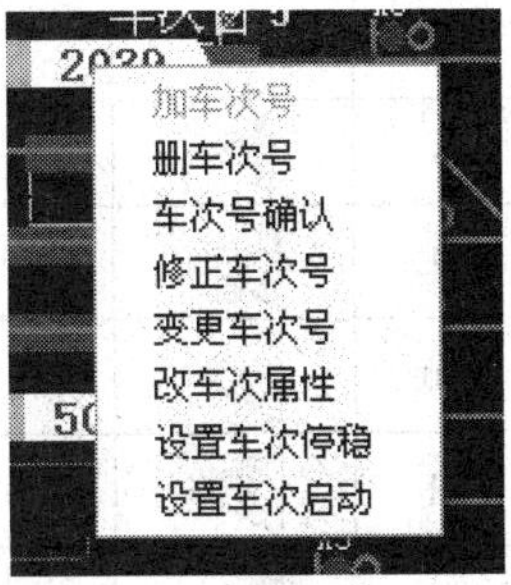

图 2.1.43　车次号操作选择界面

无论是在单站画面下，还是在区段画面下，均可以对站场图中的车次号进行操作。当将鼠标移动到任何一个车次窗位置时，鼠标变为，这时单击鼠标右键，出现如图 2.1.43 所示菜单，即可进行相应的操作。

其中，当列车进入股道后，可人工设置“列车停稳”状态，选择“设置车次停稳”选项即可完成操作。设置列车停稳后，绿色停稳标志出现，且系统报列车到达点。当列车出站信号开放后，可人工设置“列车启动”状态，选择“设置车次启动”选项即可完成操作。设置列车启动后，绿色停稳标志消失，且系统报列车出发点。

5）区间低频码显示

在C3下的CTC中，区间闭塞分区除了具有占用空闲状态显示功能之外，还具有显示闭塞分区低频码的功能。C3线路区间无常规四显示信号机，在CTC终端上采用显示区间低频码值的方式来表示前方闭塞分区的情况。在区间闭塞分区上采用三角形的显示方式，如图 2.1.44 所示。

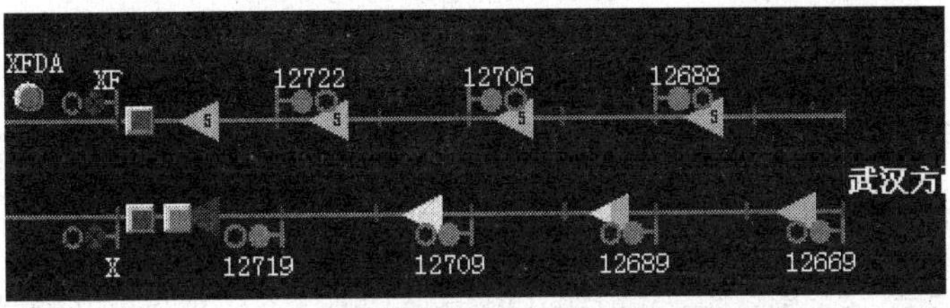

图 2.1.44　区间低频码三角形显示

如果将鼠标移至相应的三角形上即有区间闭塞分区低频码的显示，具体含义如表 2.1.3 所示。

表 2.1.3　区间闭塞分区低频码的显示含义

序号	三角形	颜　色	显示的内容	含　义
1	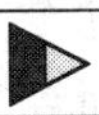	红+黄	HU	闭塞分区发 HU 码
2		红	H	闭塞分区发 H 码
3		黄	U	闭塞分区发 U 码
4	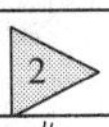	黄+数字“2”	U2	闭塞分区发 U2 码
5		黄+数字“2”+整体闪烁	U2S	闭塞分区发 U2S 码
6	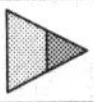	黄+绿	LU	闭塞分区发 LU 码

续表

序号	三角形	颜　色	显示的内容	含　义
7		黄	LU2	闭塞分区发 LU2 码
8		绿	L	闭塞分区发 L 码
9	2	绿+数字“2”	L2	闭塞分区发 L2 码
10	3	绿+数字“3”	L3	闭塞分区发 L3 码
11	4	绿+数字“4”	L4	闭塞分区发 L4 码
12	5	绿+数字“5”	L5	闭塞分区发 L5 码
13	6	绿+数字“6”	L6	闭塞分区发 L6 码
14		红+黄+整体闪烁	HB	闭塞分区发 HB 码
15		双黄	UU	闭塞分区发 UU 码
16		双黄闪	UUS	闭塞分区发 UUS 码
17		灰	占用检查	轨道区段发占用检查码
18		灰	载频切换	轨道区段发载频切换码

反向行车时，三角形的箭头方向也会相应地改为行车方向。

（六）CTC 工具条和 CTC 操作

在站场图下面有一个工具条，如图 2.1.45 所示。

图 2.1.45　CTC 工具条

此工具条是用来进行 CTC 按钮操作的，无论是在区段画面还是单站画面中，此工具条都能使用。一般情况下，具备 CTC 操作权限时，此工具条就显示在站场图下方。CTC 总是处在某种操作命令状态下，这可以通过观察工具条上按钮的状态来分辨。灰色的并且是凹下去的按钮就是当前的操作命令。用鼠标单击不同的按钮，将会改变当前的操作命令。缺省情况下，CTC 处在“进路建立”命令下，这与 6502 控制台保持一致。一条操作命令完成或取消后，CTC 自动回到缺省的“进路建立”命令状态下。

CTC 具备两种命令操作方式：左键操作方式和右键操作方式。

1. 左键操作方式

与 6502 控制台完全相同，通过鼠标左键来完成命令下达。先用左键在 CTC 工具条上选择操作命令，如“总取消”；然后在站场图上选择相应的设备，即用鼠标左键单击设备，如该设备被成功选中，则设备将以明显不同的方式显示；最后单击 CTC 工具条上的“命令下达”

按钮来下发操作命令。“命令清除”按钮用于对操作命令进行清除，重新回到缺省的“进路建立”命令状态下。对于左键方式，“命令下达”和“命令清除”还可以通过在站场图上任何位置单击鼠标右键弹出一个菜单来实现，如图 2.1.46 所示。

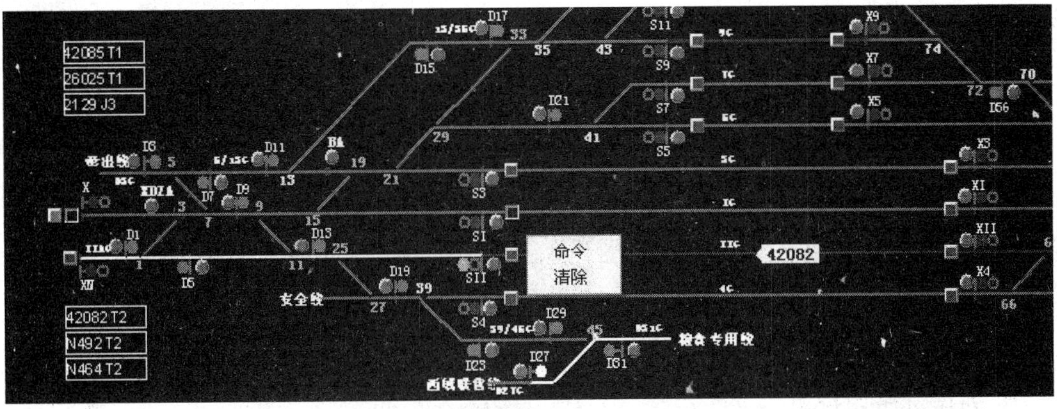

图 2.1.46　在站场图上任何位置单击鼠标右键可出现“命令下达”和“命令清除”

2. 右键操作方式

右键操作方式是对左键操作方式的改进，避免了用鼠标左键选择命令→选择设备→选择命令下达时大范围地移动鼠标。右键操作方式下，可以直接在站场图上找到要操作的设备，单击鼠标右键，弹出一个命令菜单，该菜单中罗列了可以对该设备进行操作的所有命令。在菜单上选择需要的命令，左键单击，就会完成对该设备的命令下发。需要注意的是：只有当鼠标移到设备上，设备颜色变为高亮（青色）时，才能有右键操作菜单。如图 2.1.47 所示，当鼠标移到道岔上时，道岔变为青色，此时单击鼠标右键就会有操作菜单。

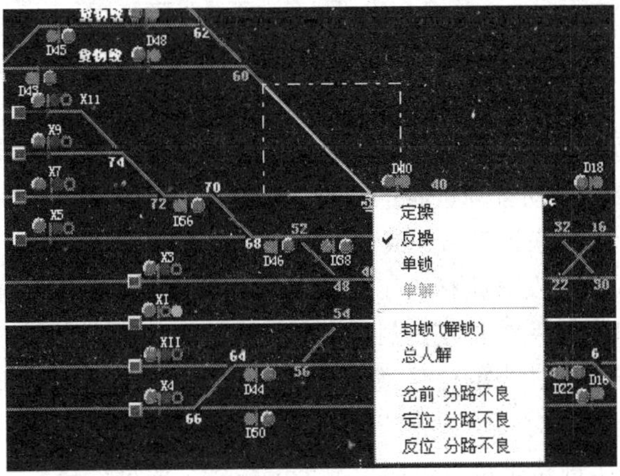

图 2.1.47　右键操作出现的道岔操作菜单

（七）进路序列调整

进路序列指本系统根据最新的阶段计划，自动生成的本站下一步需要准备办理的进路的列表，根据时间由近及远进行排序。

进路序列中的每一条进路信息，包括以下内容：车次号，接车或通过股道，是否自动触发，进路类型（接车、发车、通过），计划到发时间，进路状态（包括 6 种状态：未触发、正在触发、已触发、已取消、占用、出清），进路描述信息。

进路序列调整窗在站场图下方，操作员可以直接对计划进路进行修改或安排新的调车或接车进路，也可以查看进路在站场图中的模拟显示。图 2.1.48 所示就是进路序列调整窗口。

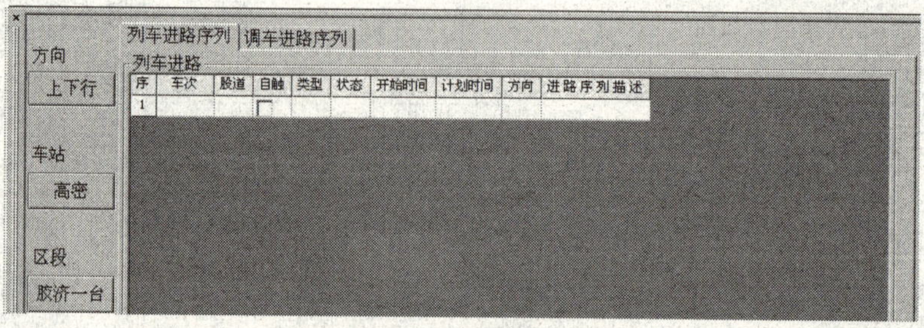

图 2.1.48　进路序列窗口

1. 列车进路调整窗

列车进路调整窗主要接收运行图下发到自律机的计划进路，如图 2.1.49 所示。

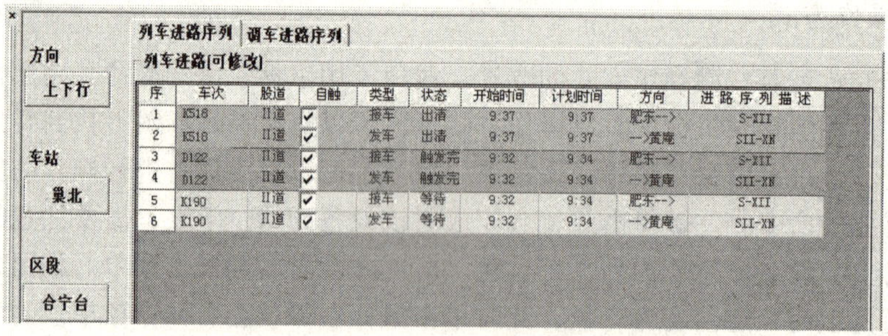

序	车次	股道	自触	类型	状态	开始时间	计划时间	方向	进路序列描述
1	K518	II道	✓	接车	出清	9:37	9:37	肥东-->	S-XII
2	K518	II道	✓	发车	出清	9:37	9:37	-->黄庵	SII-XN
3	D122	II道	✓	接车	触发完	9:32	9:34	肥东-->	S-XII
4	D122	II道	✓	发车	触发完	9:32	9:34	-->黄庵	SII-XN
5	K190	II道	✓	接车	等待	9:32	9:34	肥东-->	S-XII
6	K190	II道	✓	发车	等待	9:32	9:34	-->黄庵	SII-XN

图 2.1.49　列车进路调整窗

图中所示“自触”栏表明进路是自动触发的还是需要人工触发。自动触发进路指本系统根据阶段计划信息、车次号信息、本站站细规则、当前信号道岔设备状态、列车位置等一系列的约束条件，在合适的接近区间，或指定的提前时间量到达时，自动按计划排列接发列车进路，不需要人工干预。自动排列进路的具体工作原理是由车站自律机根据进路序列，自动产生操作命令，发往计算机联锁设备，或通过驱动电路驱动 6502 设备，具体的进路联锁关系仍由联锁设备保证。人工触发进路指人工从现有的进路序列中选择一条进路，开始进行排路操作，不再等待自动触发时系统规定的触发时机。人工触发时，依然要根据现有阶段计划、车次号信息、本站站细规则、当前信号道岔设备状态、列车位置等一系列的约束条件进行安全性检查，只是排列进路的时机由人工操作决定。

图中“类型”栏表明进路是接车进路、发车进路还是通过进路，“状态”栏表明进路是等待触发还是已触发完成。

进路的状态用不同的颜色表示：计划进路用黄色表示，正在办理和已经办理好的进路用绿色表示，已经出清的进路用灰色表示。

一般情况下，车站的所有列车进路都会列出，可通过选择进路的上下行方向只列出上行进路、下行进路或上下行进路。通过单击区段和车站按钮可以选择不同区段的不同车站的进路列表。

2. 进路调整

单击图 2.1.49 所示窗口中的“自触”列选择框，可改变进路的触发类型。用鼠标右击进路行，将会弹出一个菜单，如图 2.1.50 所示。

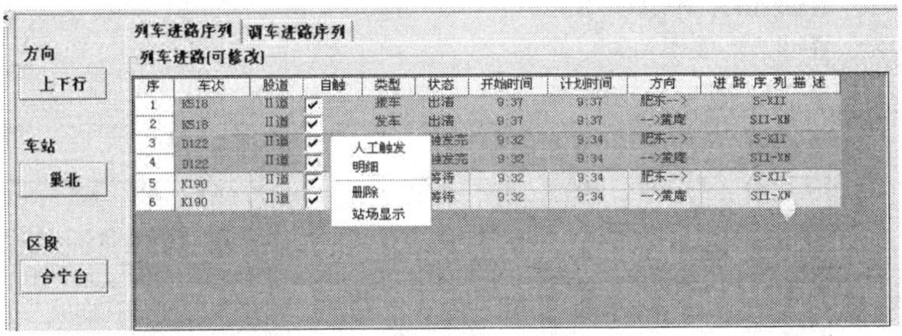

图 2.1.50 可修改进路触发类型

其中，“删除”是指删除当前选中的进路；“人工触发”是指向 CTC 系统发出办理当前进路的指令，如果成功，则在站场图上相应车站的进路位置出现一条白光带；“明细”描述了进路的详细信息。

如果存在长进路或延续进路可供修改，双击“进路序列描述”，在弹出列表中可选择其他进路，如图 2.1.51 所示。

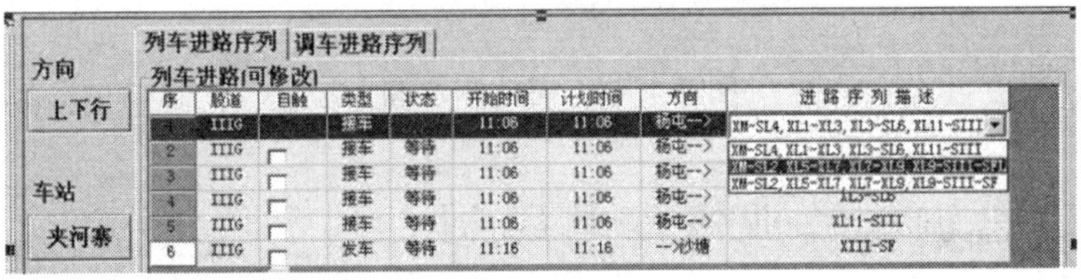

图 2.1.51 长进路或延续进路可供修改

3. 调车进路序列界面

如图 2.1.52 所示，左边是调车进路序列，右边是勾计划，上面是作业单的描述。调车进路序列的底色表示进路的各种状态，和列车进路序列界面一致。“序”栏的底色表示进路的分组情况。例如，在图 2.1.52 中，2、3、4、5 属于同一组，7、8、9 属于同一组。

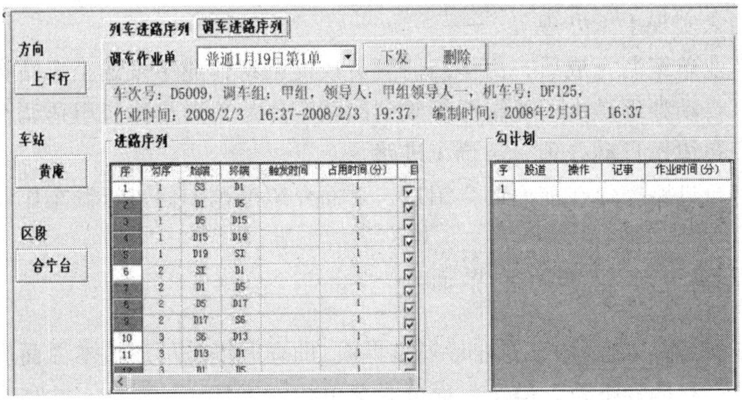

图 2.1.52 调车进路序列界面

调车进路的触发有两种方式，即单条触发和组触发，如图 2.1.53 中的右键菜单所示。

选择右键菜单的“避让列车”，在弹出的对话框中输入车次，表示该调车进路避让输入车次的列车进路（接车或者发车），如图 2.1.54 所示。

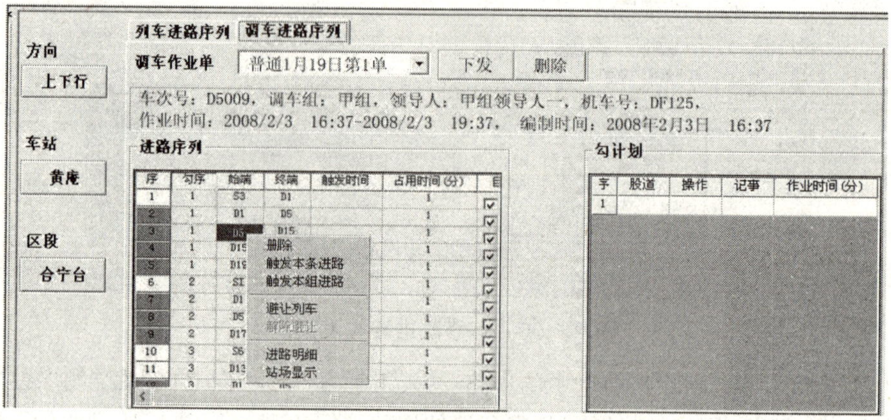

图 2.1.53　调车进路触发类型选择

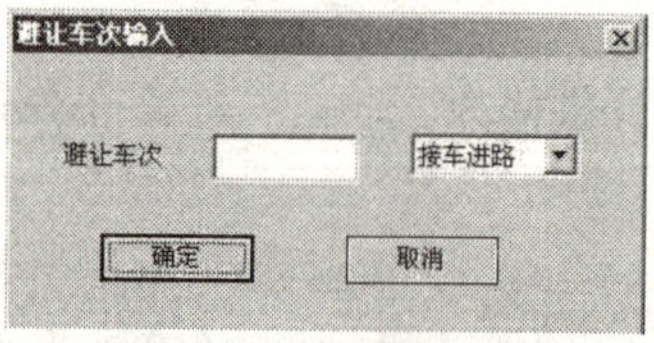

图 2.1.54　避让车次输入

二、助调台调车作业通知单编制

调车作业通知单是调车作业各工种之间的联系手段。在 CTC 系统中，车站分为有人车站（设车站值班员）和无人车站（不设车站值班员）。有人车站的调车作业由车站来完成，由车站值班员（有的车站由站调或调车区长）编制调车作业单，并由车站值班员办理具体的调车进路；无人车站的调车作业单的编制及调车进路的办理由助理调度员专门负责。

调车进路的办理有如下两种方式：

（1）由车站值班员或助调在 CTC 的进路控制界面上直接单击调车按钮来办理（或人工触发调车进路序列来实现手工办理）。

（2）调车作业单编制完成后，由车站值班员或助调将作业单发送至车站自律机中，由自律机自动办理。自动办理是由司机根据接收到的调车作业单向自律机申请调车进路办理，司机每请求一下，自律机自动办理一条调车进路。

助调如何进行进路操作在前面已介绍过，下面介绍助调如何进行调车作业单的编制。

（一）助调编制作业单的主界面

如图 2.1.55 所示是 CTC 调车作业计划主界面，助理调度员可通过本界面进行调车作业计划的编制、修改、打印和下发。整个界面分为菜单栏、工具栏、左侧车站列表、调车进路站场示意图和调车作业计划编写框五部分，下面分别进行介绍。

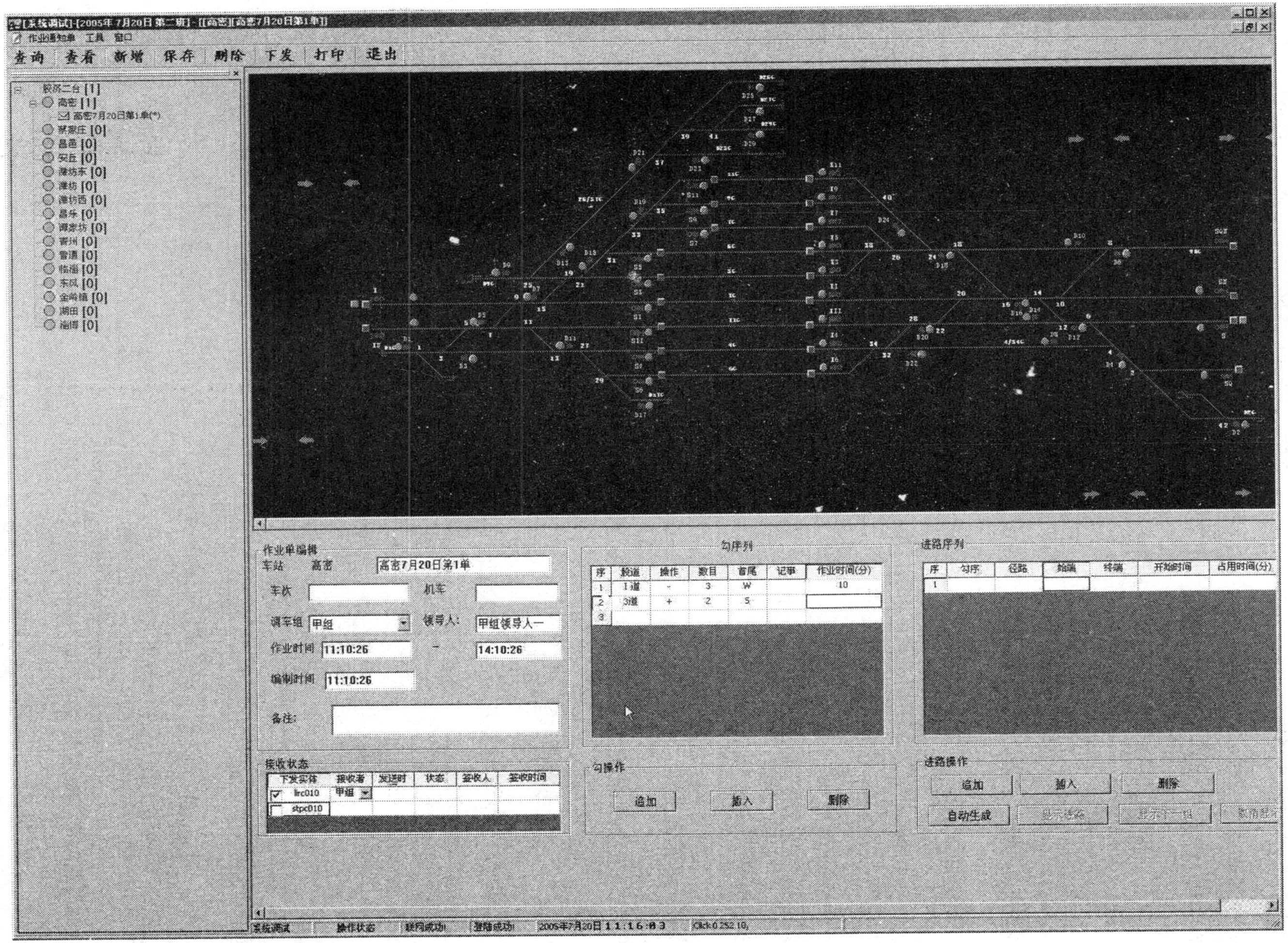

图 2.1.55　助调台调车作业单主界面

1. 菜单栏

菜单栏由作业通知单、工具和窗口三部分组成。

2. 调车作业单工具栏

调车作业单工具栏如图 2.1.56 所示，这些按钮功能与菜单栏中相同，即这些按钮是菜单栏中相关命令的快捷方式。

图 2.1.56　调车作业单工具栏

3. 车站列表框

车站列表框显示当前调度区段内所有管辖车站的列表。如图 2.1.55 所示，各个车站前的小圆框表示调车作业单的当前状态，通过黑、蓝、绿三色分别表示已完成、已下达待完成、编辑三种状态。每个车站列表下显示当前车站的所有调车作业计划单，如果该作业单还未保存，则在作业单的后面会显示“(*)”；如果已经保存，则不再出现此标记。每个车站名的右边会注明当前该车站的调车作业单的数目。调度区段名的右侧会显示本调度区段所有的调车作业计划单总数目。

4. 调车进路站场示意图

调车进路站场示意图显示实际站场与进路，为编辑调车作业单提供相关信息。

5. 调车作业计划编写框

调车作业单内容编辑框由作业单编辑、勾序列和进路序列三部分组成，如图 2.1.57 所示。

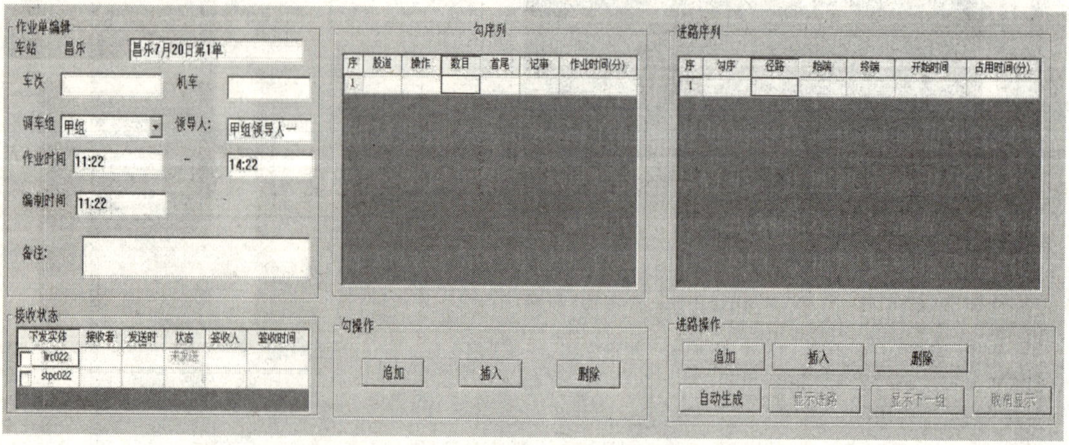

图 2.1.57　调车作业计划编写框

作业单编辑框提供调车作业计划单的内容编辑功能，包括作业单名称、作业的列车车次号、机车的机车号、调车组别、领导人、本次作业的起始和结束时间、作业单的编制时间和内容备注。编辑框下部是调车作业单的下发状态记录。“下发实体”决定调车作业单的下发对象，如果选中前面的选择框，则表示作业单将发给该实体。“发送时间”栏记录本次记录的发送时间。“状态”栏记录本次调车作业单的下发状态。“签收人”栏记录调车作业单被接收时的签收人姓名。

勾序列用来记录实际作业内容，包括勾序列列表和对该列表的相关操作。在勾序列列表中，“股道”栏用来记录作业的股道，“操作”栏用来记录操作的内容。为方便输入，只要双击列表框，就可以在弹出的下拉列表中进行选择。下拉列表的内容可以在“常用词汇管理”中进行编辑，具体内容参考“常用词汇管理”。“数目”栏用来记录作业的数量。“首尾”栏表示位置。“记事”栏用来简单记录相关内容。“作业时分”栏记录作业时间。下部的按钮用来实现对勾序列列表框的维护。“追加”按钮用于增加一条作业内容，勾序列列表框会自动在末尾增加一条列表框，供用户编辑。“插入”按钮用于在现有列表中添加一条作业内容。“删除”按钮用来删除当前选中的一条记录。

进路序列用来记录实际作业时，每勾调车作业由几条调车进路组成。它包括进路序列列表和对该列表的相关操作。在进路序列列表中，“勾序”栏用来记录在勾序列中所对应的作业序号。“进路”栏用来记录实际作业所占用的进路序号。“始端”和“终端”栏用来记录进路的始端与终端按钮。进路序列的始端与终端按钮可以通过在站场示意图上单击“始端与终端”按钮来提取出来。“开始时间”栏记录进路开始被占用的那一刻。“占用时间”栏记录股道被占用的时间。下面的按钮用来实现对进路序列列表框的维护。“追加”按钮用于增加一条作业内容，进路序列列表框会自动在末尾增加一条列表框，供用户编辑。“插入”按钮用于在现有列表中添加一条作业内容。“删除”按钮用来删除当前选中的一条记录。“自动生成”按钮用于根据勾序列的作业内容自动生成其调车作业的进路。“显示进路”按钮用来在进路列表和站场示意图中点亮显示每一条进路记录。“显示下一组”按钮用来在进路列表和站场示意图中显示下一组进路序列。“取消显示”按钮用于取消进路序列的显示。

项目二　车站 TDCS、CTC 设备日常维护与使用

项目简介

本项目任务主要包括 TDCS、CTC 车站子系统设备的日常维护与使用。其维护内容一般包括：

（1）巡视：信号工要巡视车站自律机、车站值班员终端、电务维护终端、打印机、UPS 电源、路由器及协议转换器等 CTC 设备。

（2）检查：包括设备各项功能检查，A、B 套采集（自律机）设备倒换，车站 CTC 终端信息检查，UPS 放电检查，电源防雷检查，系统时间校核等。

（3）测试：车站设备各种电源电压和接地测试。

（4）故障处理：在车站信号工区运用各种有效方法处理或协助中心处理 TDCS、CTC 系统出现的故障。

（5）操作：熟悉车务终端主要操作界面，熟练操作车务终端相关功能，学会处理相关故障。

学习目标

- 熟悉车站 TDCS 设备安装，会进行采集机的维护。
- 熟悉 TDCS 系统设备常见故障，学会常用处理方法。
- 熟悉 CTC 车站子系统设备布局及安装，会观察采集控制机柜中各设备工作状态，会进行主、备机切换工作等。
- 熟悉车站子系统电源配置，熟悉双 UPS 电源及旁路电源的切换原理，会进行电源系统的日常维护。
- 熟悉车站子系统的设备连接关系，会识读车站自律机等设备的配线，积累车站子系统故障分析与处理工作经验与策略。
- 熟悉车站自律机的功能，会进行自律机的相关操作与维护工作。
- 熟悉车站自律机的各种接口及功能，会进行开通测试与日常维护工作。
- 熟悉车务终端设备配置及主要工作界面，会进行该终端的维护工作。
- 会使用车务终端的各种操作功能。

任务 1　车站 TDCS 设备安装与连接

任务目标：

（1）熟悉车站 TDCS 设备的一般安装与布局。

（2）熟悉车站 TDCS 设备之间的连接关系，为日常维护，尤其是故障处理打好基础。

（3）熟悉车站 TDCS 采集设备的组成与安装。

（4）熟悉车站网络设备的端口分配与工作状态。

一、车站 TDCS 设备的布局与连接

从布局来看，车站 TDCS 设备通常是核心设备设在信号机械室，主要终端设备设在运转室，无线通信设备设在铁通通信机械室，通过接口设备实现连接，如图 2.2.1 所示。在不同的局集团公司或不同的线路，因 TDCS 上道时间有先后，也因设计单位不同，其车站 TDCS 设备的连接有一些不同之处，但其基本连接关系是相同的。图 2.2.1 所示为铁路现场一典型车站 TDCS 设备布局与连接示意图。

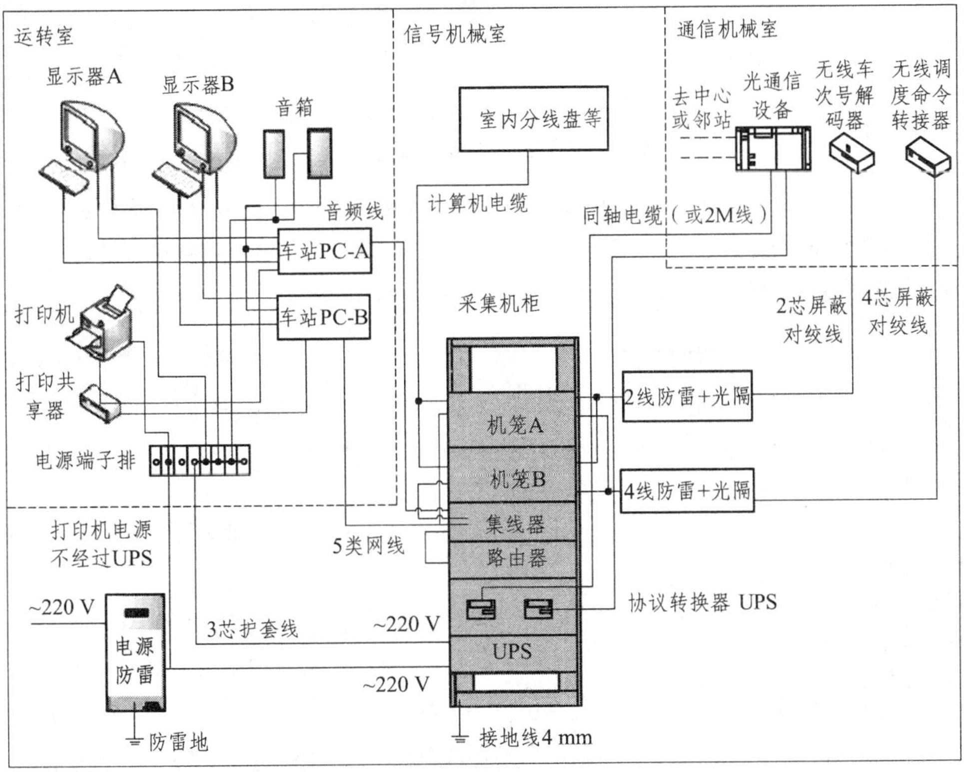

图 2.2.1　车站 TDCS 设备布局与连接示意图

由图可以看出，车站 TDCS 系统主要由三部分设备组成：设在运转室中的车务终端等设

备、设在信号机械室中的采集机柜等设备及与通信机械室接口的设备。其中采集机柜中的设备主要包括机笼 A 和机笼 B、网络集线器或交换机、路由器、协议转换器、电源系统等。

从信号机械室内机柜到运转室的 5 类网线需放 4 根，为 2 主 2 备；3 芯护套线 3 根，其中打印机电源需 1 根，另外 2 根给其他设备，为 1 主 1 备。从采集机笼到室内分线盘的开关量采集配线采用计算机电缆，33 芯或更多芯均可。每块 DIB 采集板可采集 64 位数据，则需要采样条件线 64 根，即需要配置 33 芯计算机电缆 2 根。

二、车站 TDCS 设备安装

（一）车站 TDCS 电源系统

车站 TDCS 采用 UPS 电源，通常安装在采集机柜的下层，如图 2.2.1 所示。车站 TDCS 电源主要包括电源防雷箱、UPS、电源切换电路等设备，如图 2.2.2 所示。

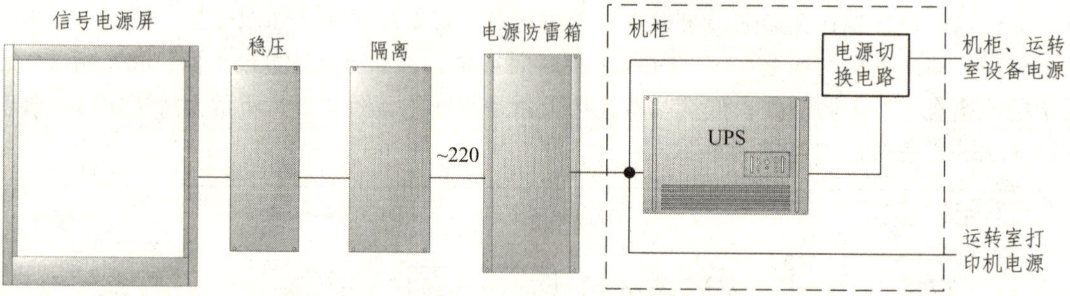

图 2.2.2　车站 TDCS 电源系统

其中，电源切换电路如图 2.2.3 所示。在 UPS 输出正常时，交流接触器 J 吸起，UPS 输出通过交流接触器的 13-14、43-44 两组常开接点向系统供电。在 UPS 输出不正常时，外电源通过交流接触器的 21-22、31-32 两组常闭接点向系统供电。

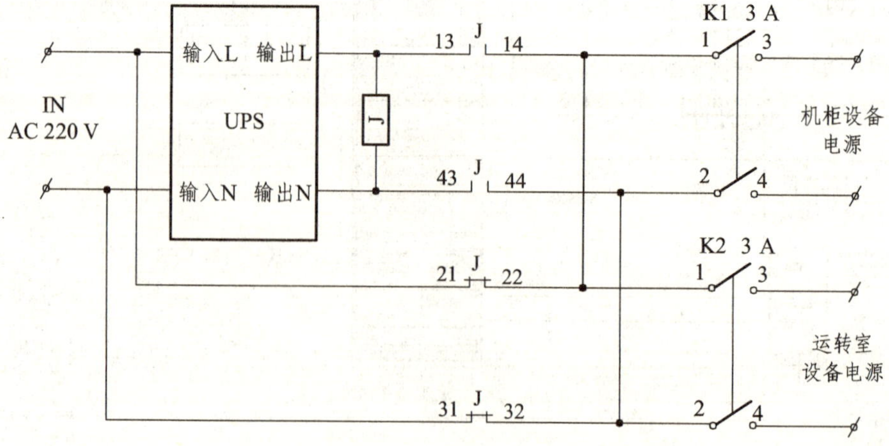

图 2.2.3　UPS 及旁路电路原理图

（二）车站 TDCS 采集及控制设备

车站 TDCS 采集及控制设备安装在采集机柜的机笼中。在铁路现场，采集机柜主要有两种：一种用于一般小站，要采集的信息较少，单套采集 DIB 板不超过 9 块，如图 2.2.4 所示；另一种用于大站，要采集的信息较多，单套采集 DIB 板超过 9 块，如图 2.2.5 所示。

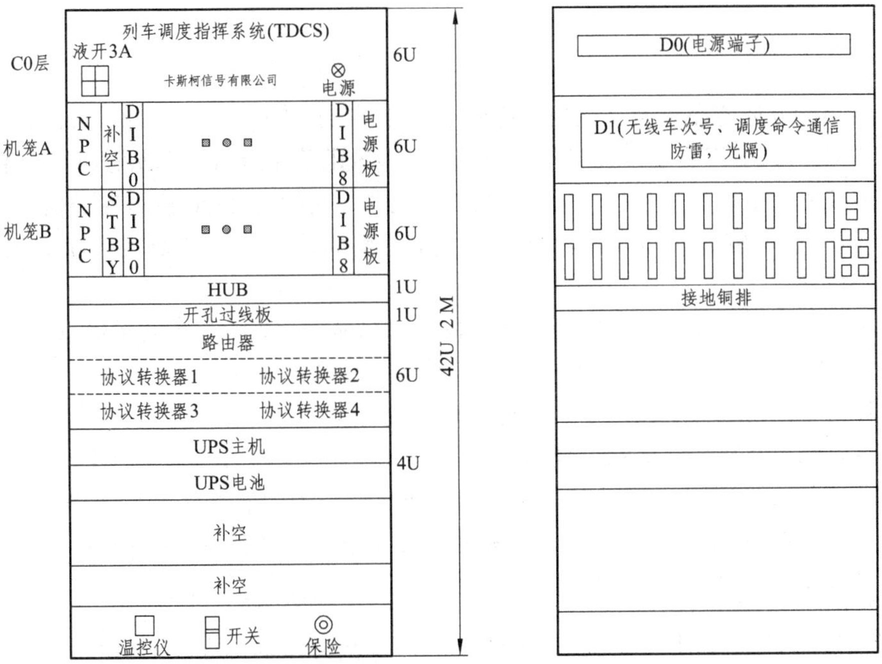

图 2.2.4　小站 TDCS 机柜示意图

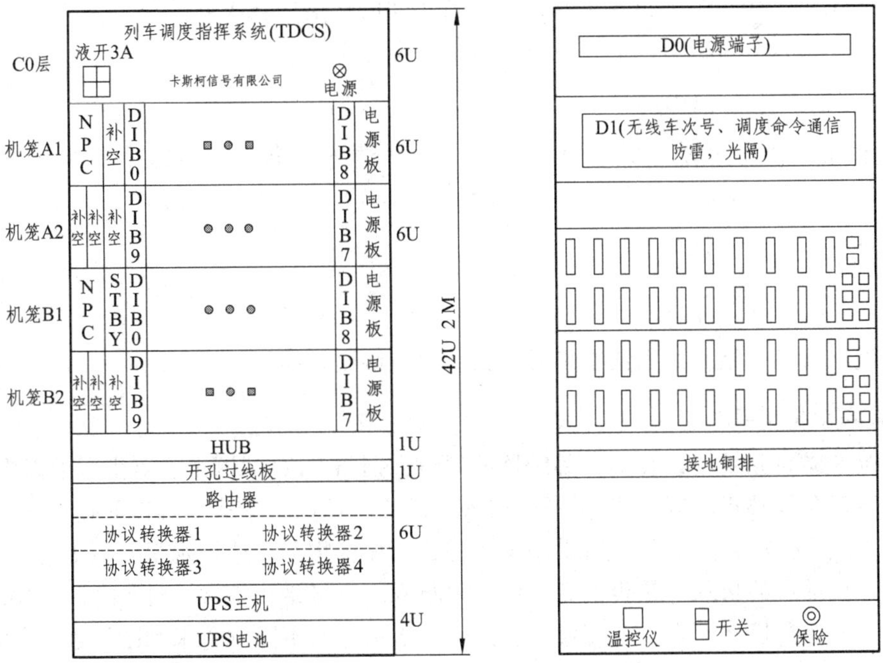

图 2.2.5　大站 TDCS 机柜示意图

这两种采集机柜的区别主要在采集板的数量上，其设备的安装与布置是一样的。从正面看，机柜内设备从上到下主要包括 C0 层、采集机笼双套、集线器 HUB、路由器、协议转换器、UPS 电源及温控系统；从背面看，机柜内设备从上到下主要包括电源端子分配板 D0、防雷光隔安装条 D1、与 NPC 通信的接口板等。C0 层主要为电源开关及指示灯。采集机笼主要由数传单元（NPC）、双机热备单元（STBY）、开关量采集板（DIB）及电源板构成。下面介绍主要设备的功能。

1）数传单元（NPC）

数据单元即数据传输单元，也叫数传控制机或通信计算机。每个车站分机采用 2 块分机数传单元（NPC），采用热备方式工作，确保硬件系统的稳定运行。车站分机、车站 PC 通过广域网与调度所通信前置机相连，同时车站分机也和邻站的车站 PC 广域网通信。车站 PC 与中心前置通信机 BASELEVEL 不直接通信，它们之间的消息由 NPC 转发。NPC 的功能主要包括以下几方面：

（1）在计算机联锁车站，接收车站计算机联锁控显机送来的站场表示信息。

（2）在 6502 继电联锁车站，通过 DIB 板采集信号联锁设备的状态信息。

（3）将列车计划、行车表示信息等转发给车站 PC。

（4）接收无线车次号信息和无线调度命令。

（5）负责与 BASELEVEL（中心通信前置机）的通信，将采集到的车站现场信息送到 BASELEVEL，并可将 BASELEVEL 的数据和命令传到车站 PC。

（6）接收和转发无线调度命令信息（预留）。

2）双机热备单元（STBY）

每个车站采集机柜配置一块双机热备单元（STBY），主要功能是：裁决 A、B 两台 NPC 中哪一个为主机，哪一个为备机；保持主、备机间的通信；裁决并控制主、备机同外设间通道的热备，保证只有主机可以向外设发送数据（命令）。

3）开关量采集板（DIB）

DIB 板是 TDCS 系统广泛使用的车站开关量采集板。每个车站配置 2 套开关量采集板（DIB），采用热备方式工作，确保硬件系统的稳定运行。其主要功能是采集车站控制台码位。

（三）网络设备

车站网络设备包括集线器或交换机、路由器和协议转换器等。

1）集线器或交换机

在 TDCS 站机系统中，交换式集线器的端口分别与 NPC 的网卡、路由器的以太网接口、车站运转室车务终端机的网卡相连。图 2.2.6 所示为某站网络集线器端口的具体连接。

图 2.2.7 所示为某站 TDCS 所采用集线器的面板实物图。通过观察面板上与集线器（或交换机）连接端口的指示灯是否发亮，可以判断网络连接是否正常。对于 10 M/100 M 自适应集线器（或交换机）而言，还可通过连接端口指示灯的不同颜色来判断被连接的计算机是工作在 10 Mb/s 状态下，还是在 100 Mb/s 状态下。

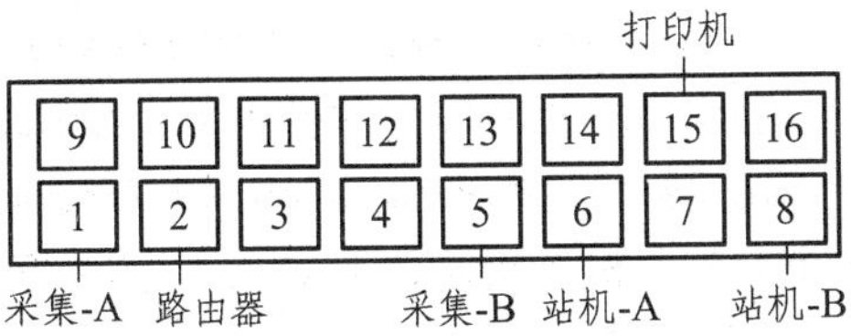

图 2.2.6　某站 TDCS 系统集线器端口分配

图 2.2.7　某站 TDCS 系统集线器面板

2）路由器

TDCS 系统采用的是 CISCO 模块化结构的各种型号的路由器。路由器的型号虽然很多，但目前车站使用的路由器型号多为 CISCO 的 17 系列、25 系列和 26 系列，如 CISCO-2611，CISCO 2501，CISCO 1760。CISCO 1760 路由器属于低端路由器，常用在车站，可同时支持 4 条 E1 链路、4 条音频模拟链路。如果某车站需用的 E1 链路超过 4 个，则常采用 CISCO-2611，因为其最高可支持 8 条 E1 链路，有两个局域网口，而且性能要比 17 系列高。

下面介绍 CISCO 1760 路由器，其面板如图 2.2.8 所示，各插槽及 LED 表示灯说明如表 2.2.1 所示。

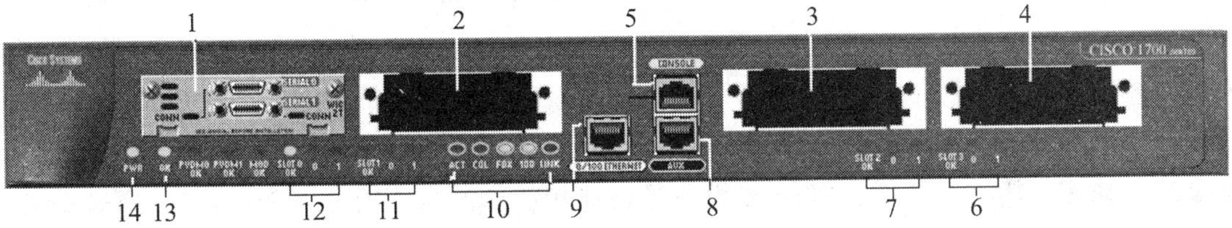

图 2.2.8 CISCO 1760 路由器

表 2.2.1　CISCO 1760 路由器面板名称说明

标号	名　称	对应 LED 指示灯	说　明
1	WIC/VID 插槽 0	12	SLOT X OK：当一个 WIC 被正确插入到卡槽中时变亮，表示网线连接完好正常（X 为 1～4） 0：闪烁绿灯表示插槽的端口 0 发送或者接收数据 1：闪烁绿灯表示插槽的端口 1 发送或者接收数据
2	WIC/VID 插槽 1	11	
3	VIC 插槽 2	7	
4	VIC 插槽 3	6	
5	控制台插槽		
8	辅助端口		
9	以太网端口	10	ACT 闪烁绿色表示以太网端口上有网络活动 COL 闪烁黄色表示在本地以太网发生分组冲突 FOX 亮绿色表示以太网端口以全双工模式运行；灭灯表示以太网端口以半双工模式运行 100 亮绿色表示以太网端口以 100 Mb/s 速度运行；灭灯表示以太网端口以 10 Mb/s 速度运行 LINK 亮绿色表示在使用以太网连接
13	路由器 OK 灯		路由器成功启动，并且软件可以正常工作时点亮绿灯；该灯会在上电自检时不停闪烁
14	电源灯		在路由器接通电源时点亮绿灯

CISCO 1760 路由器采用模块化接入方式，有 1 个 10 M/100 M 的高速以太网 RJ45 接口；4 个扩展槽 SLOT0 ~ SLOT3 作为串口，其中 SLOT0（Serial0，也叫 S0）和 SLOT1（Serial1，也叫 S1）是高速串口卡的槽位，作为广域网接口；2 个局域网口 LAN Port(Ethernet0，Ethernet1 或 AUI0，AUI1）；1 个控制端口（Console Port）；1 个远处联机控制端口（AUX）。路由器的后面板有个电源开关（ON/OFF Switch），用来重新启动路由器。

3）协议转换器

车站常用独立式协议转换器。图 2.2.9 所示是一个用来完成 V.35 与 G.703 接口之间数据格式转换的 E1 接口协议转换器，它类似一个线路的收发器，主要应用于 E1 通道(2 048 Kb/s ）与路由器等数据终端设备（DTE）接口之间的数据格式转换。

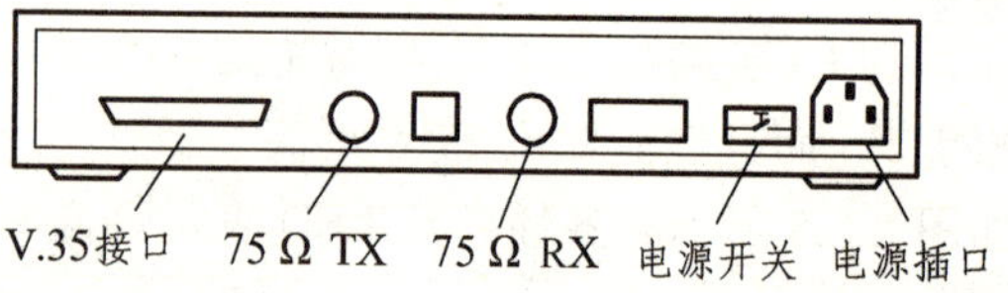

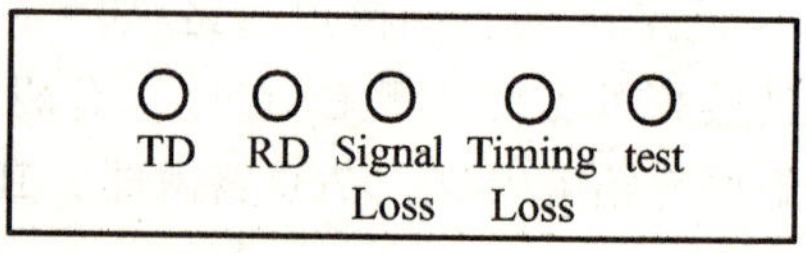

图 2.2.9　协议转换器背面接口及主要指示灯示意图

当路由器与所接光纤设备的线路距离小于 150 m 时，可直接使用 2 Mb/s 电缆通过协议转换器与路由器相连。以上述 RIC-El 设备为例，从右向左共有 4 个插座：1 个 220 V 的电源接口，用于提供设备所需电源；2 个分别标有 75 Ω TX（发送）和 75 Ω RX（接收）的 BNC（同轴电缆）插座，用于与铁通 2 Mb/s 光设备进行连接；1 个 34 芯孔式 V.35 接口，通过专用的 V.35 线缆与路由器的广域网接口连接。协议转换器面板上设有指示灯，因厂家不同，指示灯的数量和布置也略有不同，但主要指示灯有如下几种，其含义如表 2.2.2 所示。

表 2.2.2　协议转换器面板指示灯含义说明

序号	指示灯名称	着灯颜色	含义
1	PWR	绿灯	电源指示灯，设备加电正常
2	TD	黄灯	发送指示灯，表示正在向 G.703 口发送数据
3	RD	黄灯	接收指示灯，表示正在接收从 G.703 口发来的数据
4	Signal Loss	红灯	当协议转换器没有侦测到本端 BNC 接头上的 2 Mb/s 信号时，即接收不到该 G.703 口上的数据时，此灯亮，说明此线路没有连接好
5	test	红灯	本地环路已激活（环回测试用）
6	Timing Loss	红灯	设备没有同步或时钟丢失时，灯亮

在铁路现场，无论调度中心还是沿线车站都有使用此类协议转换器的，但调度中心以及部分站场设备更新后常用上架式协议转换器，如前所述。目前最新的协议转换功能已由路由器实现，对于新建线路，就不再有单独的协议转换器存在。

（四）机柜背面设备

机柜背面设备主要包括电源端子板 D0、防雷及光隔安装条 D1、通信接口板（见图 2.2.4

和图 2.2.5）。D0 包含 UPS 电源输入空开、电源端子及 UPS 旁路开关等；防雷光隔设备主要指无线车次号系统接入防雷及光隔、无线调度命令设备接入防雷及光隔。

与机柜内部 NPC 通信接口板上主要有以下接口：

（1）与联锁系统的采集接口 N6：车站联锁的控显机经由光隔与 N6 连接。

（2）与无线车次号的接口 N8、与无线调度命令的接口 N7：由铁通机械室来的地面无线设备连接线经由防雷、光隔连接到 N7、N8。

（3）NPCA 板通信接口 N1、NPCB 板通信接口 N2：N1、N2 是用于连接 TDCS 车站集线器的端口。

任务 2　车站 TDCS 采集机的维护

任务目标：

（1）熟悉车站 TDCS 系统采集机构成板件。

（2）熟悉车站 TDCS 系统采集设备面板各指示灯的含义。

（3）会根据 NPC 面板指示灯的点灯情况分析判断故障。

（4）会根据 DIB 面板指示灯的点灯情况分析判断故障。

（5）熟悉站场表示故障的分析与处理方法。

一、采集设备认识

TDCS 采集设备主要集中设置在车站 TDCS 机柜采集机笼内，由电源板、控制板（NPC）、采集板（DIB）组成。采集机笼面板如图 2.2.10 所示：每个机笼包括 1 块 NPC、1 块电源板，一般小站最多可装 9 块 DIB 板。在机笼 B 中装有 1 块双机热备板（STBY）。在车站信息量较多，所需 DIB 板超过 9 块时，需要增加扩展机笼。

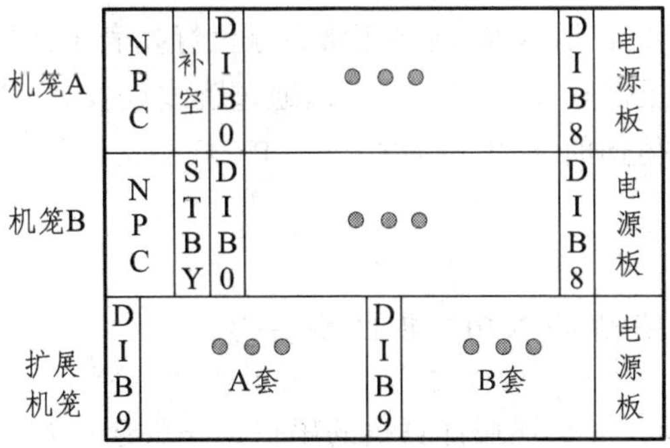

图 2.2.10　TDCS 系统采集机笼示意图

图 2.2.11 所示是某车站采集机笼 A 的结构。图中最左边是采集控制板（NPC）；中间是 4

块采集板（DIB），说明该站采集信息量最多为 4×64 个；右边是电源板，其上设有电源开关，当设备出现故障需要重启时，只需关闭后再开启这个开关即可。

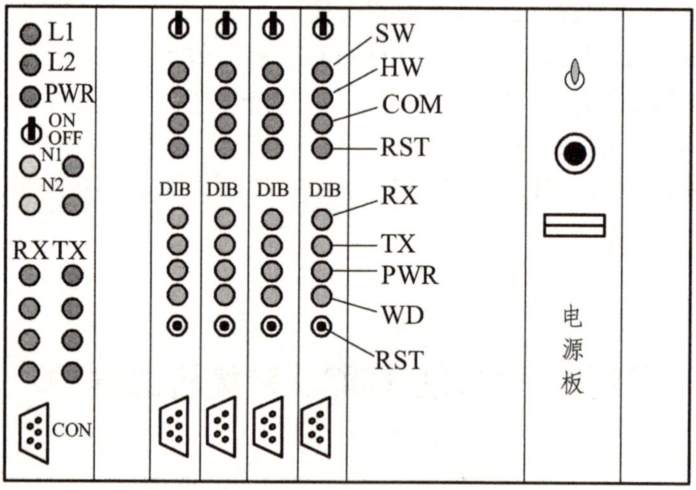

图 2.2.11　某站 TDCS 系统采集机设备

NPC 板上 L1、L2 灯分别为工作指示灯和主机工作灯；PWR 为电源指示灯；N1、N2 为网络接口通信指示灯；RX、TX 灯分别为信息接收指示灯和发送指示灯；CON 为 CONSOLE 接口，用于调试。

DIB 板上 SW 灯为软件工作指示灯；HW 灯为硬件指示灯；COM 灯为与 NPC 的通信指示灯；RST 为重新复位按钮；PWR 灯为电源指示灯；WD 灯表示 WATCHDO，即表示监督计时器已准备好。

二、NPC 板维护

（一）根据 NPC 面板指示灯分析故障

（1）PWR：正常情况下亮绿灯；此灯不亮，则说明电源有问题。

（2）N1、N2：黄色灯亮表示 NPC 网络正常，绿色灯亮表示连接到集线器或交换机正常。

（3）RX、TX：NPC 板带有 4 个串口，可以通过跳线设置为 422 或 232 方式；正常情况下，当相应的串口有信息传递时，相应口的 RX、TX 灯会交替闪亮，没有使用口的 RX、TX 灯是熄灭的。

（二）通过超级终端访问 NPC 串口的方法

用一根 RS232 串口线，一头连接计算机的串口，一头连接要访问的 NPC 的串口。打开计算机上的超级终端，先输入该连接的名字（可自己任意取，建议取为“npc”），正确选择计算机的串口，在端口设置中做如图 2.1.12 所示设置。

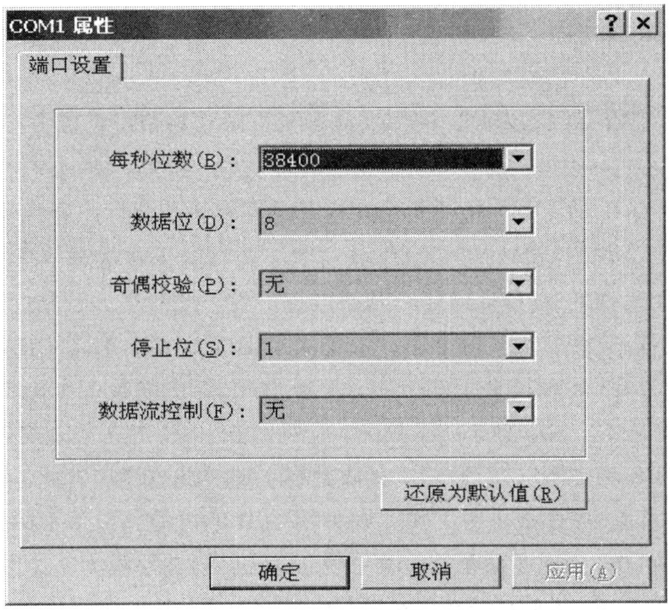

图 2.2.12　端口设置界面

单击“确定”按钮后，在窗口中敲几下回车，就会有输入用户名的提示。

（三）更换 NPC 程序及配置 NPC 的方法

先将 NPC 程序及配置文件 config.def 拷贝到和 NPC 有网络连接的计算机上，比如放在 D:\NPC 下。接着进入 DOS 窗口，在 DOS 提示符下进入 NPC 程序及配置文件所在目录，即 D:\NPC，然后做如下操作：

ftp 192.168.1.226↙　（假定该 NPC 的 IP 地址为 192.168.1.226）

稍等片刻，在提示下输入用户名和密码，进入 ftp 状态后，在 ftp 提示符下输入：

cd\npc↙　（进入 NPC 程序所在目录）

bin↙　（必须用二进制方式传送 NPC 程序）

put npc npc1↙　（将 NPC 传入系统，因原来有文件，故先改名为 npc1）

asc↙　（必须用 ASC 方式传送配置文件）

put config.def config.def↙　（将配置文件传入系统，因担心传入的文件名字被改为大写，故写两遍）

quit↙　（退出 ftp 方式，重回 DOS 提示符）

在 DOS 提示符下输入：telnet 192.168.1.226↙

稍等片刻，在提示下输入用户名和密码，进入 telnet 状态后，在#提示符下，做如下操作：

cd\npc↙　（进入 NPC 程序所在目录）

mv npc1 npc↙　（将刚传入的 NPC 程序名字从 npc1 改回为 npc）

chmod 777 npc↙　（将 NPC 程序改为可执行的）

reboot↙　（重新启动 NPC）

这样就完成了更换 NPC 程序及配置的工作。

三、DIB板维护

每一块DIB上都有一些指示灯，根据这些指示灯的点灯情况可以分析其工作状态，指导维护工作。

（1）PWR：在DIB安装后，此灯的正常状态是亮的。若此灯熄灭，检查保险丝的好坏。

（2）WD：此灯亮说明监督计时器已准备就绪。此灯的正常状态是亮的。

（3）TX：当DIB和主NPC板通信（发送数据）时，此灯亮。若此灯熄灭，需检查NPC板是否正常工作。若主NPC板正常工作，则关闭DIB的电源，取下DIB板，并检查I.D.开关，保证它已设置到0（如现场某车站，第一块板为0，第二块板为1）。然后把板放回托架，启动电源。若此灯仍不亮，说明板子出了故障，应换上备用板，把故障板交由TDCS工区处理。

（4）RX：当DIB和主NPC板通信（接收数据）时，此灯亮。若此灯熄灭，需检查NPC板是否正常工作。若主NPC板正常工作，则关闭DIB的电源，取下DIB板，并检查I.D.开关，保证它已设置到0（如现场某车站，第一块板为0，第二块板为1）。然后把板放回托架，启动电源。若此灯仍不亮，说明板子出了故障，应换上备用板，把故障板交由TDCS工区处理。

（5）RST：在板重新被复位后，此灯亮；当接收到主处理机送来的第一个信息后，此灯熄灭。如果上述复位过程结束后此灯仍不熄灭，按 RESET 按钮。如果此灯在复位后仍不熄灭，说明板子出了故障，应换上备用板，把故障板交由TDCS工区处理。

（6）COM：此灯正常情况是熄灭的，如果亮着，表示一个通信错误。当发生错误时，按RESET按钮。如果此灯在复位后仍不熄灭，说明板子出了故障，应换上备用板，把故障板交由TDCS工区处理。

（7）HW：此灯正常情况是熄灭的，如果亮着，表示硬件错误。当发生错误时，按RESET按钮。如果此灯在复位后仍不熄灭，说明板子出了故障，应换上备用板，把故障板交由TDCS工区处理。

（8）SW：此灯正常情况是熄灭的，如果亮着，表示软件错误。当发生错误时，按RESET按钮。如果此灯在复位后仍不熄灭，说明板子出了故障，应换上备用板，把故障板交由TDCS工区处理。

四、站场信息表示维护

站场信息表示维护分为两种：一种为计算机联锁站信息表示维护，另一种为6502站信息表示维护。计算机联锁站和6502站的表示信息的采集方式完全不同，因此，一旦站场表示有问题，处理方法是完全不同的。下面就这两种情况分别进行说明。

（一）计算机联锁站

对于计算机联锁站，TDCS系统是通过NPC的S5、S6串口与联锁维修机或控显机的串口相连来进行数据传送的。

（1）如果本站的站场信息全无表示，则可通过以下手段进行故障判断。

首先电话确认中心显示是否有，若也没有，则按以下步骤处理：

① 检查 NPC 是否正常工作。

正常状态下 NPC 板的 L1 灯亮（如是主机，L2 灯也亮），PWR 灯常亮，NET 灯亮，RX、TX 灯闪烁，PWR、WD 灯常亮。

如 NPC 板 NET 灯下面的一对 RX、TX 灯不亮，则重启 NPC 板。如故障未恢复，则需更换 NPC 板，更换 NPC 板后，NPC 板的地址及配置文件需重新配置。

② 检查 NPC 与计算机联锁维修机间的串口线。

③ 重启计算机联锁维修机或控显机。

（2）若是看不到邻站站场图，则邻站采集故障，或邻站至本站网络路径有故障。

（二）6502 站

对于 6502 站，TDCS 系统是通过分线盘或控制台的连接线来采集信息的，经由零层、DIB、再到 NPC，然后到各显示终端。如果本站某个光带表示或信号表示出现故障，则可通过以下手段进行故障判断：

（1）检查 NPC 是否正常工作。

（2）检查 DIB 是否正常工作。

（3）对照本站码位表查出故障现象所处的 DIB 配线端子，用万用表量这个端子与对应电源回线间的电压，看电压是否正常（正常为 24 V 左右）。如电压正常，则可能为 DIB 采集端子的问题。如电压不正常，则查找从 DIB 端子到采集点间的连接线是否已经断线或者混线。如连接线正常，则故障很可能出在采集的信号设备上。

任务 3　CTC 车站子系统设备日常巡视

任务目标：

（1）熟悉 CTC 车站子系统设备安装及布置。

（2）会观察车站自律机面板上的各种指示，能准确判断工作状态。

（3）会对自律机进行主、备切换。

（4）会观察机柜控制面板上的各种指示，能准确判断各路电源工作情况。

（5）熟悉车站值班员操作界面，能处理常见故障。

（6）熟悉 CTC 车站子系统中集线器、路由器及协议转换器的功能和接口，能判断网络信息交换状态。

一、车站信号机械室 CTC 设备日常巡视

（一）安装及布置

车站 CTC 子系统设备一般安装在两个机柜中，即采集控制机柜和工控机柜。两个机柜都采用欧洲标准，尺寸为：600 mm×800 mm×2 000 mm（宽×深×高）。下面以胶济线应用的 CTC 为例分别介绍。

1. 采集控制机柜

图 2.2.13 所示为采集控制机柜内设备布置图。

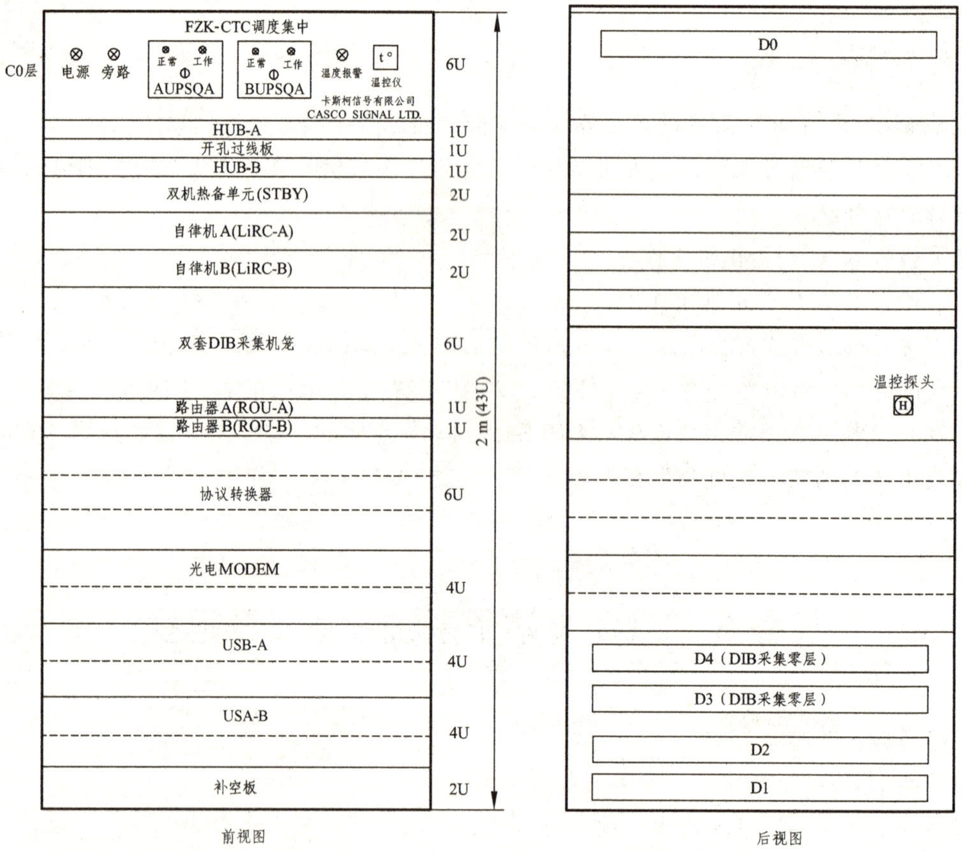

图 2.2.13 采集控制机柜设备布置图

从正面看，在采集控制机柜内从上到下安装了如下设备：C0 层（双套 UPS 电源切换装置、控制面板）、集线器 A、集线器 B、双机热备单元、自律机 A、自律机 B、双套 DIB 采集机笼、路由器 A、路由器 B、协议转换器机笼、光电 MODEM、UPS-A、UPS-B 等。

在机柜的后部，从上到下安装了：D0（电源配线端子），D1（通信防雷器安装条），D2（远程通道防雷器安装条），D3、D4（开关量采集零层端子）。

2. 工控机柜

图 2.2.14 所示是工控机柜设备布置图。

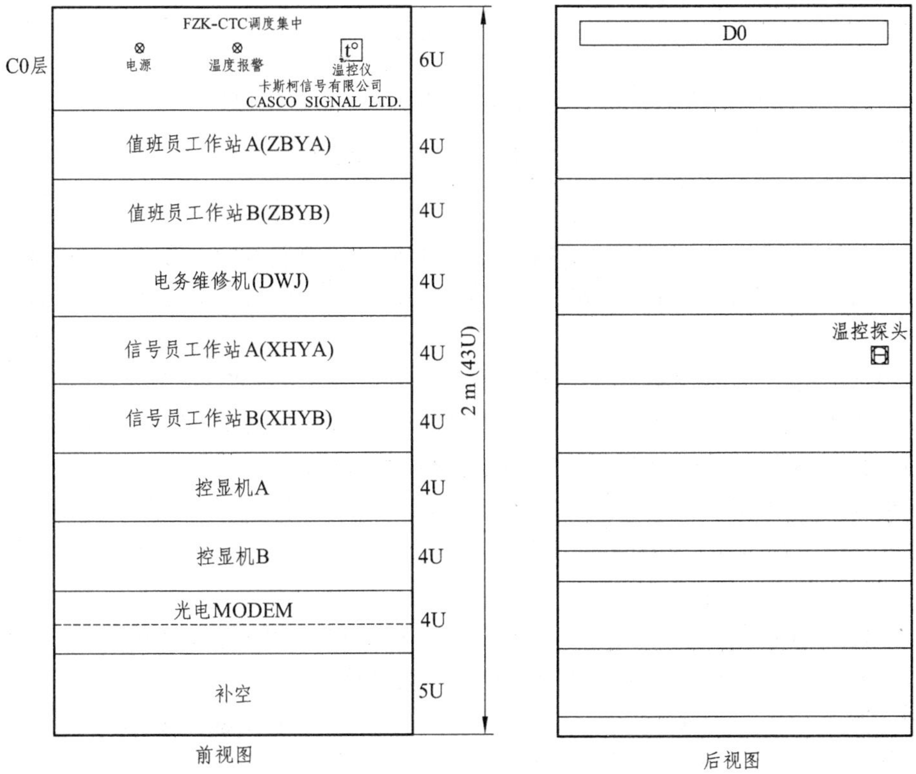

图 2.2.14　工控机柜设备布置图

在工控机柜内从上到下安装了如下设备：C0 层（指示灯、温控仪）、值班员工作站 A、值班员工作站 B、电务维修机、信号员工作站 A、信号员工作站 B、联锁控显机 A、联锁控显机 B。在机柜的后部上方安装了 D0（电源配线端子）。

（二）设备状态巡视

1. 采集控制机柜设备状态巡视

1）C0 控制面板

C0 控制面板安装在机柜的最上面，其上设有指示灯和按钮等设备，如图 2.2.15 所示，主要用来监督车站 CTC 系统电源的工作情况及机柜内的温度状态。

图中从左到右依次为输入电源指示灯、旁路电源（或称直供）工作指示灯、UPS-A 电源指示灯及切换键、UPS-A 电源指示灯及切换键、温度报警指示灯、温度显示仪。日常巡视中，通过指示灯的点灯状态可了解车站 CTC 系统电源工作情况、了解柜内温度是否正常；通过按键操作可实现双 UPS 电源的切换。

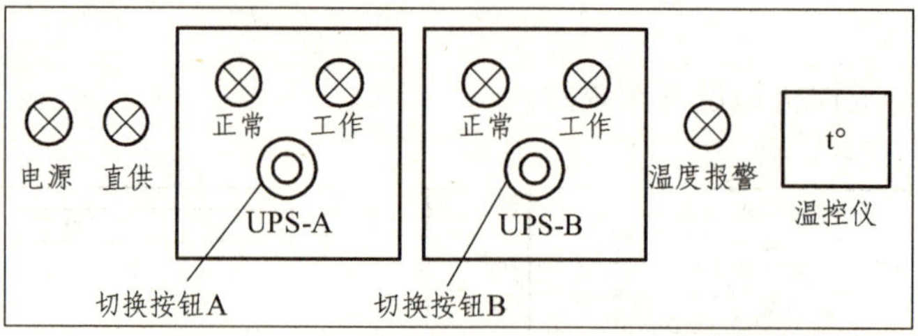

图 2.2.15　C0 控制面板图

双套 UPS 及外电源的切换使用方法如下：

（1）当外电源供电正常，双套 UPS 都没有开机时，面板左侧的电源指示灯亮绿灯，表示外电正常。由于双套 UPS 都没有输出，对应 UPS-A 和 UPS-B 的指示灯都不亮，直供指示灯亮红灯，表示系统由外电源直接供电。

（2）当任一套 UPS 开机并且输出正常时，对应的 UPS 正常指示灯亮绿灯。切换装置自动选择该路 UPS 输出作为系统的电源，并且对应该路 UPS 的工作指示灯亮绿灯，表示现在系统使用该套 UPS 的输出作为系统电源。此时直供指示灯熄灭。

（3）当双套 UPS 输出都正常时，哪一套先输出则选择哪一套作为系统电源。在 UPS-A 工作灯亮时，按下 UPS-A 的切换按钮，切换装置会切到 UPS-B，反之亦然。在工作灯不亮时按下相应的切换按钮，切换装置不会有任何动作。

（4）UPS 输出电源优先于外电源，只有在两套 UPS 输出都没有或都不正常时，才自动切换到直供。通过 UPS-A 和 UPS-B 的切换按钮都不能切换到直供。

C0 控制面板上的温控仪实时显示当前机柜内部温度，当温度超过设定值时，启动机柜顶部的风机进行通风降温，并且点亮 C0 面板上的温度报警指示灯。

2）车站 CTC 局域网集线器

C0 控制面板下面安装的是集线器或交换机，用于车站 CTC 局域网的连接，主要规格有 8、16、24 端口的集线器。胶济线沿线车站 CTC 采用 16 端口的集线器，端口分配如图 2.2.16 所示。

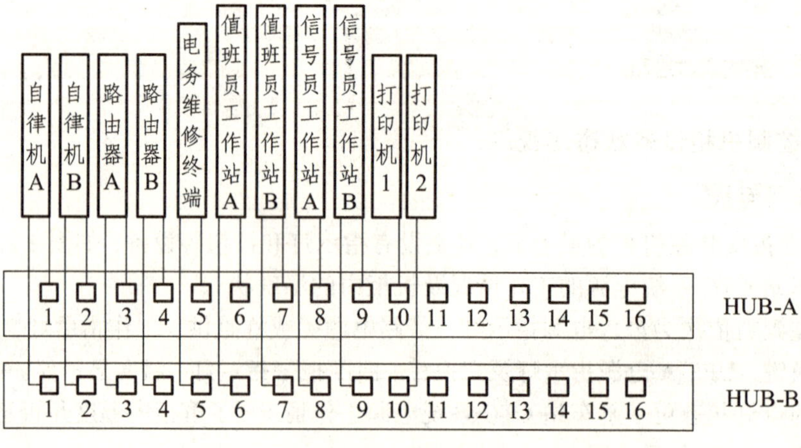

图 2.2.16　某车站 CTC 集线器端口分配

本系统使用的交换式集线器的特点是各端口各自独立、带宽独享，网线可插在集线器的任一端口上。日常巡视时，可通过观察端口对应的指示灯的状态来判断网络通信是否正常，正常使用的端口上指示灯应处于绿闪的状态。

3）双机热备单元

在集线器的下面安装的是双机热备单元，即 STBY。它的功能描述如下：

（1）保持与两台自律机间的通信，裁决两台自律机中哪一个为主机，哪一个为备机。

（2）裁决并控制主、备自律机同外设间通道的连接，保证只有主自律机可以向外设发送数据（命令）。

图 2.2.17 所示是双机热备单元的前面板。其上有指示灯和一个三态开关，下面介绍其含义。

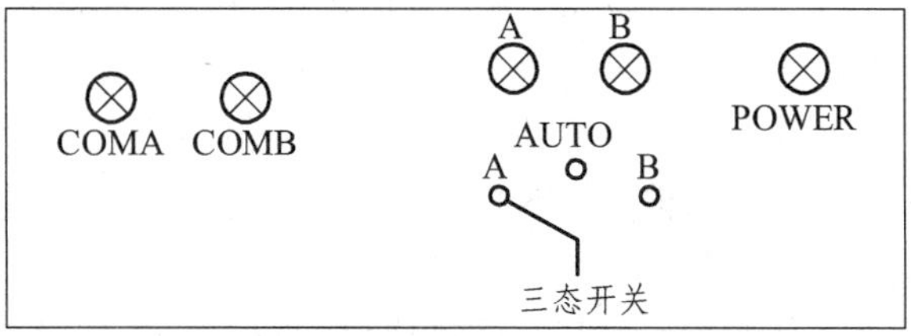

图 2.2.17　双机热备单元前面板示意图

（1）POWER 指示灯：亮绿灯时表示双机热备单元电源正常。

（2）A 指示灯：亮绿灯时表示 A 自律机为主机。

（3）B 指示灯：亮绿灯时表示 B 自律机为主机。

（4）COMA 指示灯：闪动时表示与 A 自律机通信正常。

（5）COMB 指示灯：闪动时表示与 B 自律机通信正常。

（6）三态开关：带钥匙的三态开关，当开关指向“AUTO”时，表示双套自律机自动切换，一台自律机出现故障时，系统会自动让另一台自律机变为主机；当开关指向“A”时，表示人工强制 A 自律机为主机；当开关指向“B”时，表示人工强制 B 自律机为主机。在强制状态下，系统不能自动切换，所以一般情况下三态开关应指向“AUTO”。

4）自律机

在双机热备单元的下面安装的是双套自律机，是分散自律调度集中系统的车站核心设备，其硬件选用专用的工业级计算机设备，在可靠性、数据处理能力等方面有严格要求。

自律机采用 PⅢ档次的专用工业级的 CPU，配备 128 MB 内存，采用 128 MB 非易失性 DOC 卡作为数据和程序存储介质，内置 2 块 10 M/100 M 以太网卡和 6 ~ 10 个 232/422 串行通信口，另外可以通过 PC104 总线进一步扩展其他接口。

如图 2.2.18 所示，自律机的前面板上配置了一块高清晰度的液晶屏作为图形显示界面，分辨率可达 320×240，65 536 色；配以轻触式的薄膜按键，可以方便地进行自律机的参数设置及查询等操作。另外，面板上还设有若干指示灯，可用于了解自律机的工作状态。具体描述如下：

（1）POWER 指示灯：电源指示灯，在自律机电源正常时亮绿灯。

（2）TX、RX 指示灯：上、下为一组，共四组指示灯，每一组指示灯表示自律机的一个串行口的通信状态（如与联锁的通信、与采集机的通信），在有数据发送时 TX 灯闪动，在接收到数据时 RX 灯闪动。

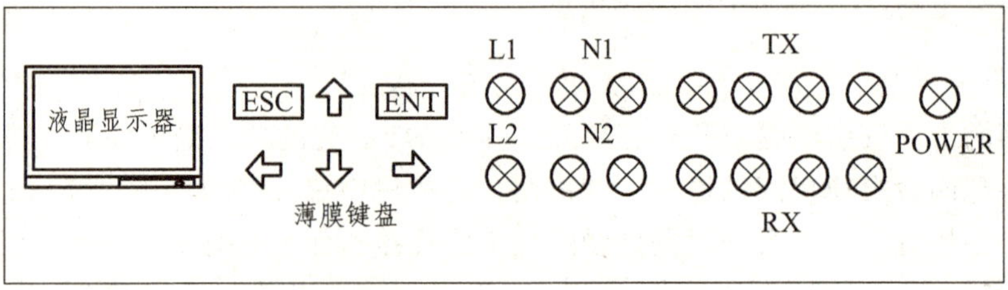

图 2.2.18 自律机前面板示意图

（3）N1、N2 指示灯：自律机内的两个局域网口的通信指示，在网络有数据交换时闪动。

（4）L1、L2 指示灯：分别用于指示自律机工作正常与否、是否为主机状态。工作正常，L1 亮绿灯；为主机时 L2 也点绿灯，否则灭灯。

（5）液晶显示器：图形显示方式，显示自律机内各项参数和运行状态。

（6）薄膜键盘：包括 ESC（取消）、ENT（确认）、上、下、左、右六个键，用来进行液晶显示器上的菜单操作。

先期上道的 CTC 系统，如胶济线，其车站自律机和双机热备切换单元均采用上述独立式机箱。后期上道的 CTC 系统，如合武客运专线、武广客运专线、京沪高铁等，则均采用架式插件型模式，即自律机系统由 CPU 板和 COM 板构成，如图 2.2.19 所示。

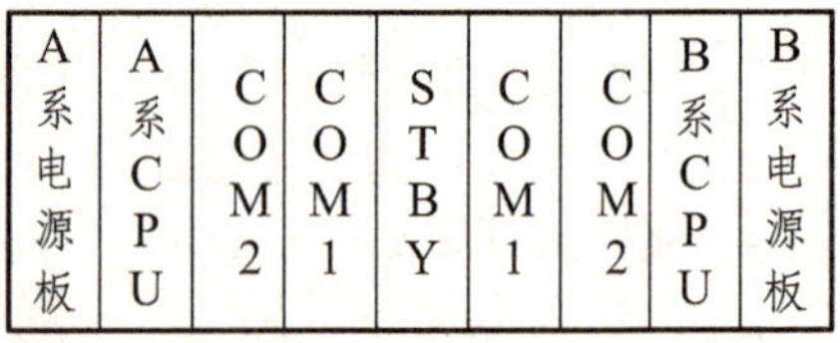

图 2.2.19 上架式插件型自律机系统

其中，左边 A 系电源板、A 系 CPU、COM2、COM1 组成车站自律机 A 系，右边 B 系电源板、B 系 CPU、COM2、COM1 组成车站自律机 B 系。以上指示灯在 CPU 板和通信板 COM 上分别有显示，含义相同。中间为双机热备切换单元 STBY，其作用与相关显示同上，只是独立机箱变成了一块插件板。

5）双套采集机笼

在双套自律机的下面安装的是双套采集机笼，每套采集机笼都配置有一块电源板和几块采集板 DIB。

6）路由器

在双套采集机的下面安装的是双套路由器，实现车站的广域网连接。

分散自律调度集中系统的每个车站配置两台 CISCO 路由器，分别连接相邻的两个车站的路由器。在抽头车站，每个路由器还与调度中心路由器通过 2 M 数字通道相连接。功能同前所述，只是型号有所不同。

7）协议转换器

协议转换器就是进行各种通信协议转换用的设备，它通常安装在路由器的下方。我们最常用的是 V.35 到 G.703 的协议转换器。它用于路由器与铁通机械室设备之间的连接。普通车站和端站配置 4 个协议转换器，在抽头车站则配置 6 个。后来上道的 CTC 系统常选择使用机架协议转换器，或叫插箱式协议转换器，功能同前所述。近些年新建线 CTC 系统该协议转换功能则由路由器实现，就取消了协议转换器。

8）光电 MODEM

光电 MODEM 是光电转换器的俗称，其作用是将光纤介质转换成铜线接入。这里是用来连接车站自律机和车站联锁设备的，能保证电气隔离。后来上道的 CTC 系统已做成光隔板的形式，双套自律机和双套联锁控显机均通过相应的端口与光隔板上的不同端子连接实现连接。

9）UPS-A、UPS-B

UPS-A 和 UPS-B 放在机柜的最下面，是能够提供稳定、不间断的电源供应的重要外部设备。它在输入电停止供应的时候，能保持一段供电时间，使人们有时间存盘，再从容地关闭机器。

2. 工控机柜设备巡视

1）C0 层控制面板

如图 2.2.20 所示，工控机柜控制面板上设有电源指示灯、温度报警指示灯、温度显示仪。

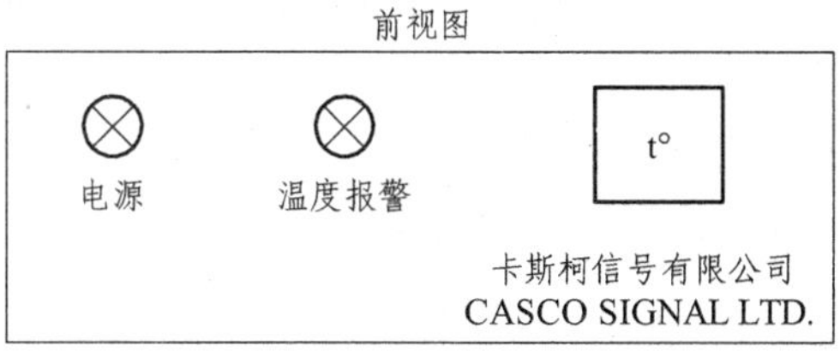

图 2.2.20　工控机柜控制面板

2）车站值班员工作站主机

车站值班员工作站主机采用两台高性能工业控制计算机，安装在工控机柜内。双主机构成冗余系统，不分主备，并行工作，双主机之间互相交换最新数据以保持同步。

两台主机通过视频长线和鼠标键盘长线与安装在运转室的两台显示器和鼠标键盘相连。即主机与显示器分置，值班员只能在显示器上操作，不能开关主机。

车站值班员工作站的功能主要包括：

（1）站场功能：站间透明（本站和邻站站场图表示）；站场显示回放；按钮操作等。

（2）行车图表：行车日志生成、查阅和打印；运行图生成；阶段计划接收与签收；历史行车日志查阅和打印。

（3）行车控制：本站 CTC 按钮操作；调车计划显示和操作；调车进路序列控制；进路序列显示和操作。

（4）其他功能：用户管理、登录和注销；调度员调度命令接收、签收、查阅和打印；阶段记事接收和签收；现存车上报；编组上报；车站调度命令上发；会让计划生成；双机信息同步；速报信息接收和上报。

（5）报警功能：日志文件生成；行车信息报警；行车异常报警；信号设备、系统故障报警；重要行车操作查询。

（6）帮助信息：版本信息；常用功能操作帮助。

3）电务维护工作站

电务维护工作站采用高性能工业控制计算机，安装在工控机柜内。

电务维护工作站显示终端用于监视车站子系统的运行状况，对所有操作控制命令、设备运用情况、故障报警信息和车站网络运行状态等进行分类存储、查询和打印。所有记录应能保存 15 天。电务维护工作站显示主要由如下 2 个画面构成：

（1）站场表示画面。

由标题栏、菜单栏、工具栏、状态栏、站场图画面构成。标题栏显示“××车站表示”；菜单栏由显示、站场调整、功能、回放、帮助等一级菜单构成；工具栏由一些快捷工具键构成；状态栏由通信状态、时间、研制单位等构成；站场图画面显示车站表示画面，并可以切换选择其中相邻每个车站。

（2）综合维护信息画面。

由标题栏、菜单栏、工具栏、状态栏、站场图画面构成。标题栏显示“××车站维护信息”；菜单栏由输入输出记录、操作记录、功能、综合信息记录、帮助等一级菜单构成；工具栏由一些快捷工具键构成；状态栏由通信状态、时间、研制单位等构成。“输入输出记录”显示采样信息和控制板状态。通过“操作记录”可以查询 15 天内的所有操作。“综合信息记录”显示系统通信状态、故障状态等信息。

主要功能包括：车站子系统运行状态监视；车站子系统的操作记录管理；车站子系统的各类报警信息；车站码位查询；计算机监测的相关功能；网络通信管理。

4）综合维护工作站

综合维护工作站安置在工控机柜中。综合维护终端主要用于无人车站的电务、工务、电力、桥隧等部门在施工、维修和抢险等情况下，现场人员和调度中心的联系，以及设备日常维护、天窗修、施工以及故障处理方面的登销记手续的办理。其终端显示主要由如下 2 个画面构成：

（1）站间透明画面。

由标题栏、菜单栏、工具栏、状态栏、站间透明图画面构成。标题栏显示“××车站站间透明”；菜单栏由登录、显示、站场调整、功能、调试、帮助等一级菜单构成；工具栏由一些快捷工具键构成；状态栏由通信状态、时间、研制单位等构成；站间透明画面显示相邻几个车站、区间透明表示画面，并可以切换选择其中每个车站。

（2）调度命令申请、接收。

由标题栏、菜单栏、工具栏、状态栏、调度命令画面构成。标题栏显示“××车站综合终端”；菜单栏由调度命令申请、显示、查询、接收、帮助等一级菜单构成；工具栏由一些快捷工具键构成；状态栏由通信状态、时间、研制单位等构成；调度命令画面显示调度命令申请、显示、查询、接收画面，并可以切换。

二、车站运转室 CTC 设备日常巡视

（一）车站值班员工作站终端

在车站运转室的 CTC 设备主要是车站值班员工作站的两台显示器以及鼠标键盘等。两台

显示器和鼠标键盘通过视频长线和鼠标键盘长线与安装在机械室工控机柜的两台主机相连。即主机与显示器分置，值班员只能在显示器上操作，不能开关主机。

车站值班员终端配置两台显示器，一台显示器显示车站控制台画面，另一台显示车站行车日志画面。即显示主要由如下 2 个画面构成：

（1）站间透明画面。

由标题栏、菜单栏、工具栏、状态栏、站间透明图画面构成，如图 2.2.21 所示。标题栏显示“××车站站间透明”；菜单栏由登录、显示、站场调整、功能、调试、帮助等一级菜单构成；工具栏由一些快捷工具键构成；状态栏由通信状态、时间、研制单位等构成；站间透明画面显示相邻几个车站、区间透明表示画面，并可以切换选择其中每个车站。

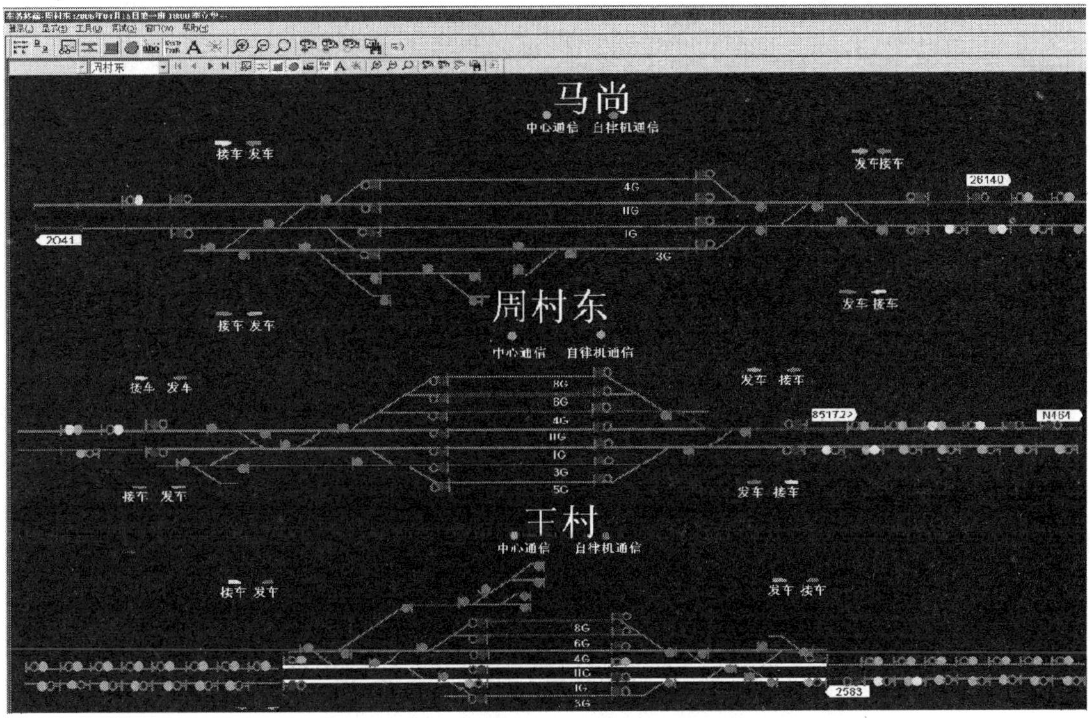

图 2.2.21 车务终端站间透明显示界面

（2）行车日志画面。

由标题栏、菜单栏、工具栏、状态栏、行车日志图画面构成，如图 2.2.22 所示。标题栏显示“××车站行车日志”；菜单栏由调度命令、许可证、文件、显示、功能、帮助等一级菜单构成；工具栏由一些快捷工具键构成；状态栏由通信状态、时间、研制单位等构成；行车日志画面显示车站行车日志画面，并可以切换显示车站运行图（以时刻表或运行图方式）。

（二）信号员工作站终端

对于规模较大的车站，设置 2 个信号员工作站，其主机安置在信号机械室工控机柜中，终端显示放在运转室。如在武广客运专线的武汉高速场、武汉普速场、长沙南、衡阳东、广州南 5 个车站各设置一套双机热备的信号员工作站。当车站规模较小时，信号员工作站可以不设，其功能合并至值班员工作站，由车站值班员工作站完成信号员工作站的任务。

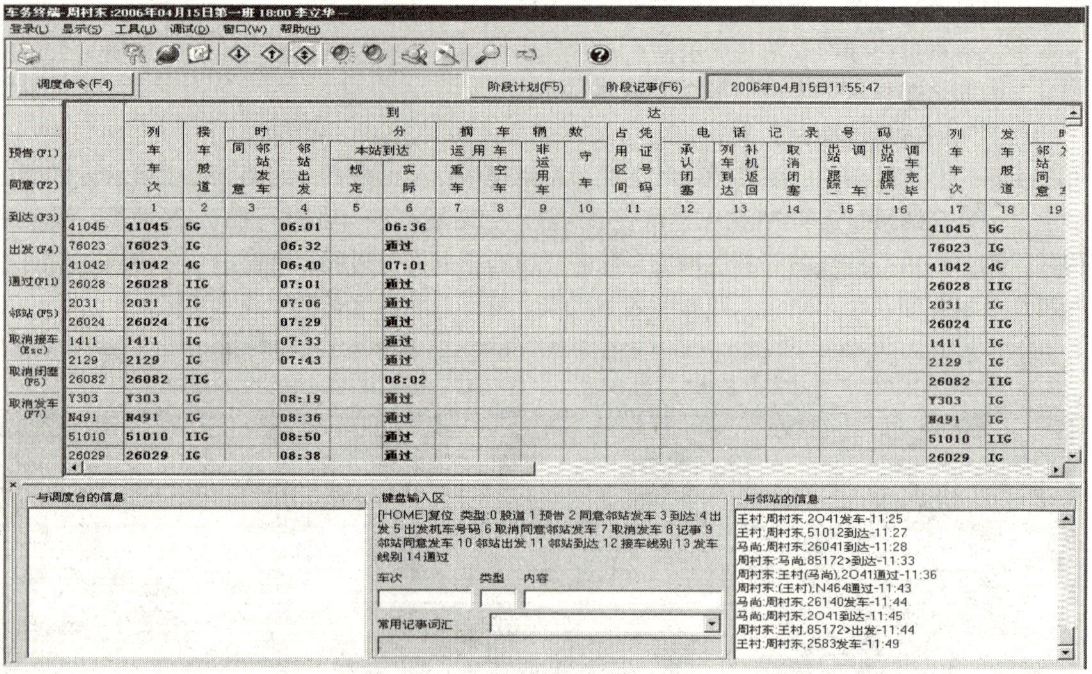

图 2.2.22　车务终端行车日志显示界面

车站信号员工作站终端设置于车站运转室内，一般配置双液晶显示器，采用双机热备模式。在分散自律 CTC 控制状态下，信号员辅助值班员控制车站信号设备，主要任务是办理调车作业和监督列车进路序列的正确性，具体包括：用户登录和权限管理；本站的站场显示和相邻车站的站场显示，区间的运行状态显示；调车作业单的查询；进路控制、道岔控制、人工解锁、设备封锁等按钮直接控制。

三、车站 CTC 设备巡视检查内容与周期

车站 CTC 设备的日常巡视与检查由信号工区实施，具体内容与周期如表 2.2.3 所示。

表 2.2.3

项　目	工　作　内　容	周　期
巡视	（1）询问用户使用情况并做好记录，保持设备清洁； （2）巡视车站分机、车站值班员终端、打印机、路由器等 TDCS、CTC 设备	有工区的车站每日 1 次，没有工区的每月 3 次
检查	（1）巡视全部项目及内容； （2）各项自检功能检查； （3）重点部位检修； （4）车站设备清扫、检查、整理	半年 1 次

任务 4　CTC 车站子系统电源设备配置与维护

任务目标：

（1）熟悉 CTC 子系统车站电源系统工作情况，熟悉 UPS 电源特性。

（2）熟悉采集控制机柜电源配线。

（3）熟悉工控机柜电源配线。

（4）学会测量电源重要工作参数。

（5）能根据相关显示正确判断电源工作状态，会处理常见故障。

一、车站 CTC 电源系统配置

目前在铁路现场，一般新建线路常采取联锁、列控、调度集中等设备集中供电方式，而既有线则常采取车站 CTC 或 TDCS 设备单独供电，基本原理大同小异。下面以单独供电情形为例进行介绍。

如图 2.2.23 所示，车站 CTC 电源系统由信号电源屏提供一组经双路转换和稳压后的交流 220 V 电源到采集控制机柜，该电源接到两套 UPS 电源的输入端；两套 UPS 的输出和外电源一起引入 C0 层的电源切换装置中，经切换装置选择一路后输出，作为车站 CTC 系统全部设备的电源。

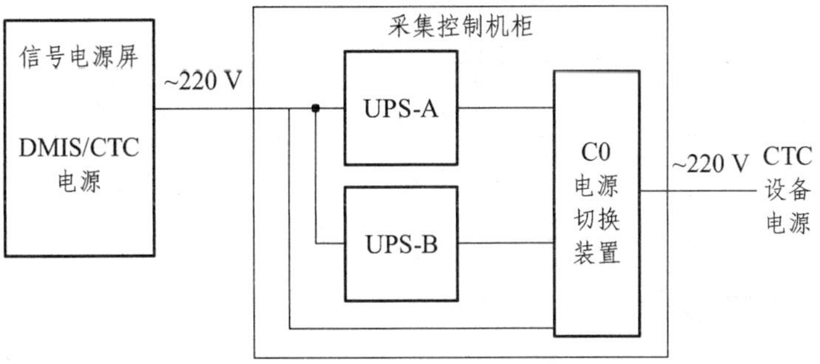

图 2.2.23　CTC 电源系统示意图

二、车站 CTC 电源系统工作原理

如图 2.2.24 所示，经由开关 K1 将交流 220 V 电源接入 UPS-A 和 UPS-B，然后将 UPS-A 和 UPS-B 的输出与外电源一起引入电源切换装置，选出一路输出。其中这个直接输出的外电源就称为旁路电源或直供电源，只有当 UPS-A 和 UPS-B 均故障无输出时才会选择旁路电源输出。C0 电源切换装置包含图中所示的交流接触器 1XLC、2XLC、3XLC 以及接点等。1XLC、2XLC、3XLC 交流接触器分别用于控制 UPS-A、UPS-B 和旁路电源的输出，并实现互锁。假设 UPS-A 为主，其输出电源 L 端子将经由 AUPSQA（UPS-A 的切换按键）、1XLC 线包、

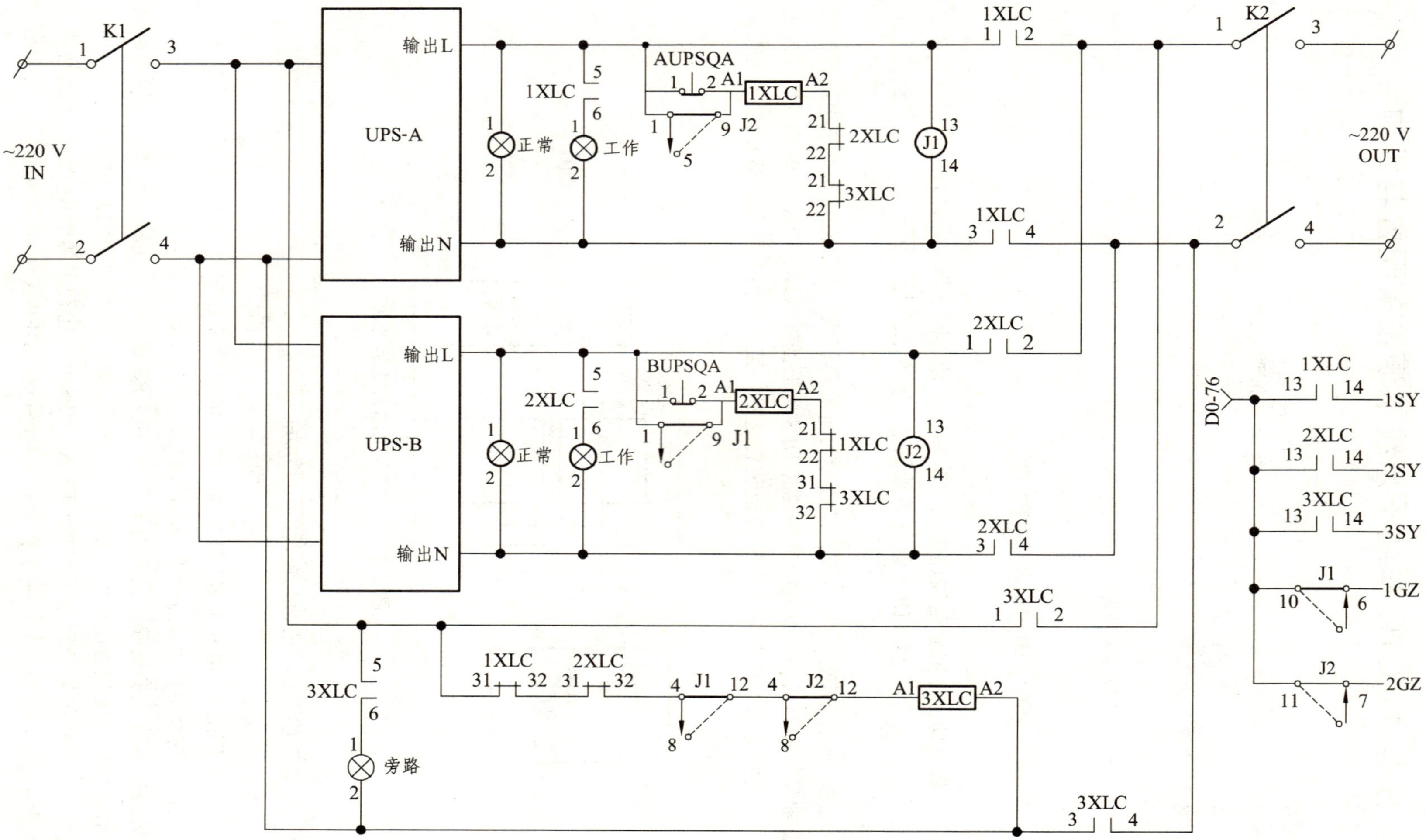

图 2.2.24　某车站 CTC 系统电源原理图

2XLC 和 3XLC 的常闭接点 21-22 回到电源 N 端子，使 1XLC 得电，其常开节点 5-6 变为闭合使工作灯点亮，表明选择了 UPS-A 电源输出。同时，1XLC 的常开节点 1-2 和 3-4 变为闭合，接通 UPS-A 输出电源，使其经由 K2 给整个车站 CTC 或 TDCS 设备供电。与此同时，1XLC 的常闭接点 21-22 和 31-32 则断开，切断另外两个接触器的得电电路，保证 UPS-B 和旁路电源不会输出。若 UPS-B 为主时，其工作原理相同，不再赘述。图中所示的两个正常灯分别接在 UPS-A、UPS-B 的输出口，只要两个 UPS 有正常输出则点亮。

主、备切换时只需按下切换键即可，如 UPS-A 为主切换至 UPS-B 时，按下 AUPSQA 即可断开 1XLC 的得电电路，使其断电，并用其接点 21-22 的闭合接通 2XLC 的得电电路，其后的动作同上，最后转换至 UPS-B 输出。

当两路 UPS 电源均故障无输出时，1XLC、2XLC 都将失电，图中继电器 J1 和 J2 也将落下，1XLC、2XLC 的 31-32 闭合，J1 和 J2 后接点闭合，接通 3XLC 得电电路，3XLC 得电，其常开节点 5-6 闭合，接通旁路灯，表示旁路供电；同时其 1-2 和 3-4 接点也闭合，接通输出通道，经由 K2 直接给系统供电。

三、采集控制机柜 C0 层配线

如图 2.2.25 和图 2.2.26 所示均为采集控制机柜 C0 层配线表，分别表示 C0 层后面的连接板 CON1、CON2 与电源端子板 D0 之间的连接关系以及内部设备（如交流接触器、各指示灯等）之间的配线关系。

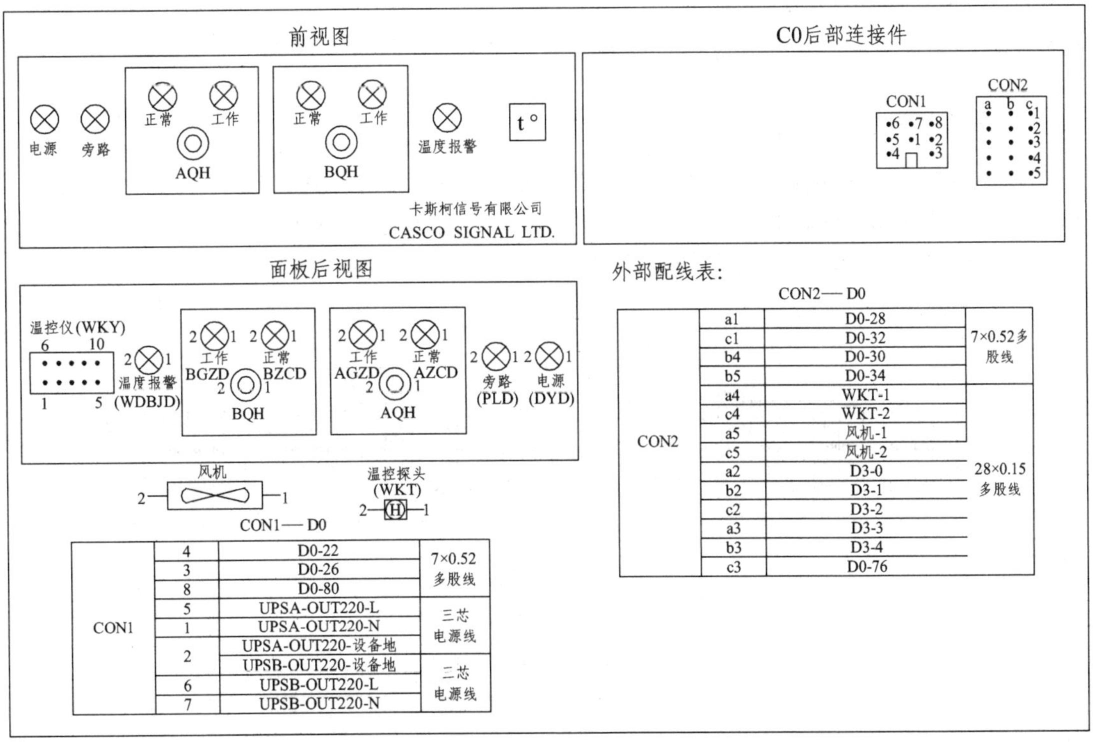

CON2— D0

CON2	a1	D0-28	7×0.52多股线
	c1	D0-32	
	b4	D0-30	
	b5	D0-34	
	a4	WKT-1	28×0.15多股线
	c4	WKT-2	
	a5	风机-1	
	c5	风机-2	
	a2	D3-0	
	b2	D3-1	
	c2	D3-2	
	a3	D3-3	
	b3	D3-4	
	c3	D0-76	

CON1— D0

CON1	4	D0-22	7×0.52多股线
	3	D0-26	
	8	D0-80	
	5	UPSA-OUT220-L	三芯电源线
	1	UPSA-OUT220-N	
	2	UPSA-OUT220-设备地	
		UPSB-OUT220-设备地	三芯电源线
	6	UPSB-OUT220-L	
	7	UPSB-OUT220-N	

图 2.2.25　某车站 CTC 采集控制机柜 C0 层配线（一）

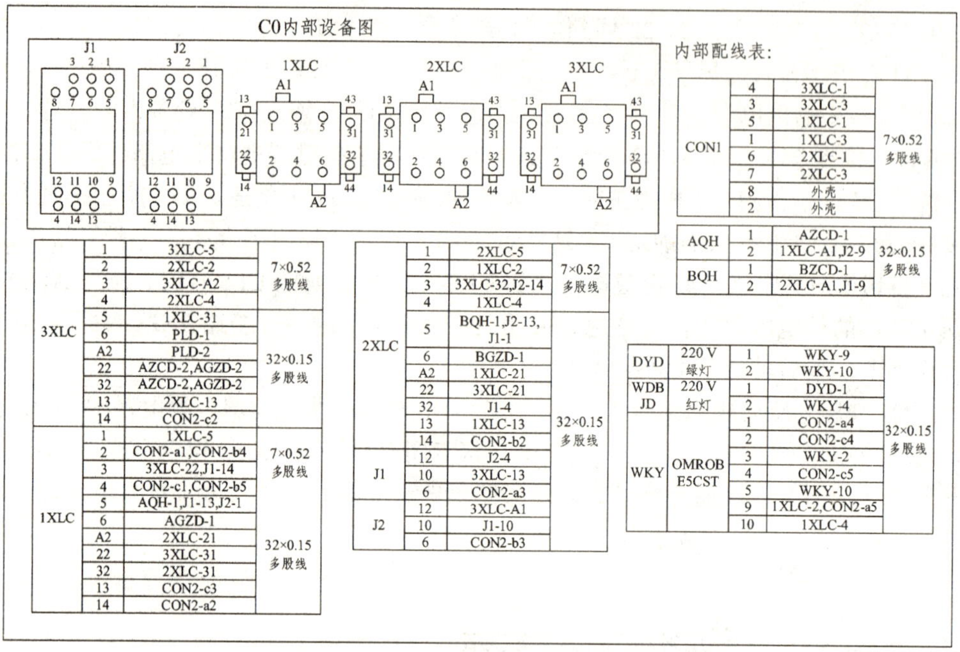

图 2.2.26　某车站 CTC 采集控制机柜 C0 层配线（二）

四、采集控制机柜电源端子分配

经过 C0 电源切换装置后输出的 220 V 电源提供给所有的车站 CTC 设备使用，包括工控机柜、运转室设备、维修台。这些设备的电源都在采集控制机柜的 D0 上汇接。

1. 采集控制机柜电源端子分配

采集控制机柜 D0 电源端子分配如图 2.2.27 所示，外电输出经空开 1 后进入 UPS-A、UPS-B 和 C0 切换装置的输出端。断开空开 1，双套 UPS 的输入都没电，但系统并不会立即停电，UPS 电池逆变出交流 220 V 的电压继续给系统供电。空开 2 只控制本机柜（采集机柜）设备的电源。

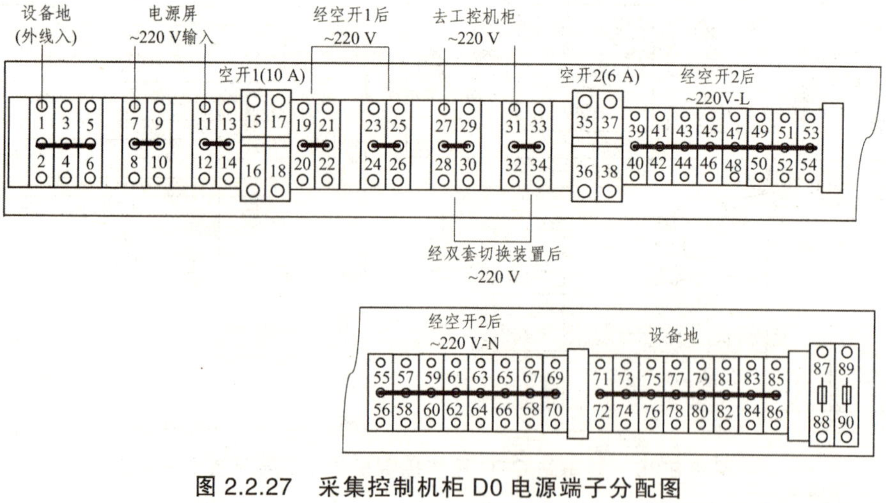

图 2.2.27　采集控制机柜 D0 电源端子分配图

2. 采集控制机柜电源配线表

图 2.2.28 所示为采集控制机柜电源配线表，即经空开 2 控制的电源分别分配给采集机柜的各设备供电。从配线表可看出，主要给双套 UPS 电源、双路由器、双集线器供电。

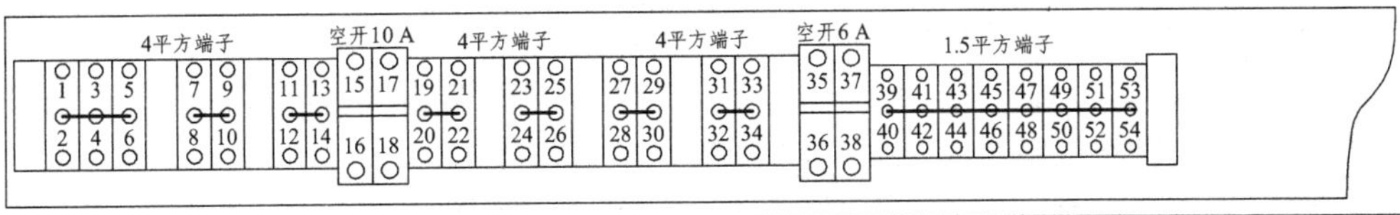

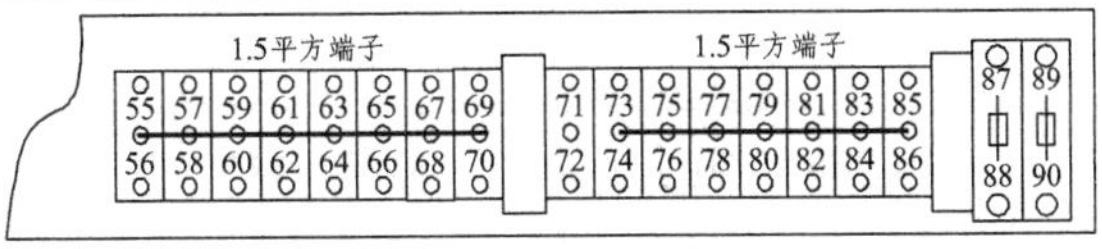

内部连接：

设备地	2	72	2.5 mm²单芯线
	4	86	
	6	机壳	7×0.52多股线
IN 220-L	9	15	2.5 mm²单芯线
IN 220-N	13	17	2.5 mm²单芯线
220-L	16	20	2.5 mm²单芯线
220-N	18	24	2.5 mm²单芯线
220-L	29	35	2.5 mm²单芯线
	36	40	7×0.52多股线
		54	
220-N	33	37	2.5 mm²单芯线
	38	56	7×0.52多股线
		70	

外部连接：

90	D3-64	32×0.15多股线

D0—UPSA

19	UPSA-IN220-L	三芯电源线
23	UPSA-IN220-N	
72	UPSA-IN220-设备地	

D0—UPSB

21	UPSB-IN220-L	三芯电源线
25	UPSB-IN220-N	
72	UPSB-IN220-设备地	

D0—ROU-A

49	ROU-A-电源-L	三芯电源线
65	ROU-A-电源-N	
81	ROU-A-电源-设备地	

D0—ROU-B

42	ROU-B-电源-L	三芯电源线
58	ROU-B-电源-N	
74	ROU-B-电源-设备地	

D0—HUB-A

44	HUB-A-电源-L	三芯电源线
60	HUB-A-电源-N	
76	HUB-A-电源-安全地	

D0—HUB-B

46	HUB-B-电源-L	三芯电源线
62	HUB-B-电源-N	
78	HUB-B-电源-设备地	

图 2.2.28　采集控制机柜 D0 电源端子配线

五、工控机柜电源端子分配

1. 工控机柜电源端子分配图

图 2.2.29 所示为工控机柜 D0 电源端子分配图。工控机柜内设备电源受空开控制。

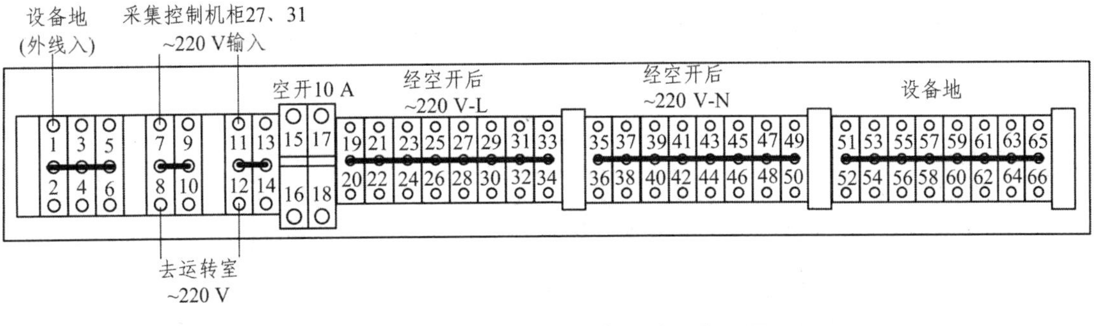

图 2.2.29　工控机柜 D0 电源端子分配图

运转室设备由工控机机柜的 D0 端子引出，接到运转室计算机桌内的电源接线端子上，再分别去接运转室内的显示器、打印机、音箱等。

2. 工控机柜电源配线表

如图 2.2.30 所示，工控机柜 D0 配线包括内部配线和外部配线。外部配线包括：D0 到电务维修工作站主机的接线端子关系，即图中“D0—DWJ”表所示；D0 到值班员 A 工作站主机的接线端子关系，即图中“D0—ZBYA”表所示；D0 到值班员 B 工作站主机的接线端子关系，即图中“D0—ZBYB”表所示；D0 到值班员 A 工作站主机的接线端子关系，即图中“D0—ZBYA”表所示；D0 到信号员 A 工作站主机的接线端子关系，即图中“D0—XHYA”表所示；D0 到信号员 B 工作站主机的接线端子关系，即图中“D0—XHYB”表所示。

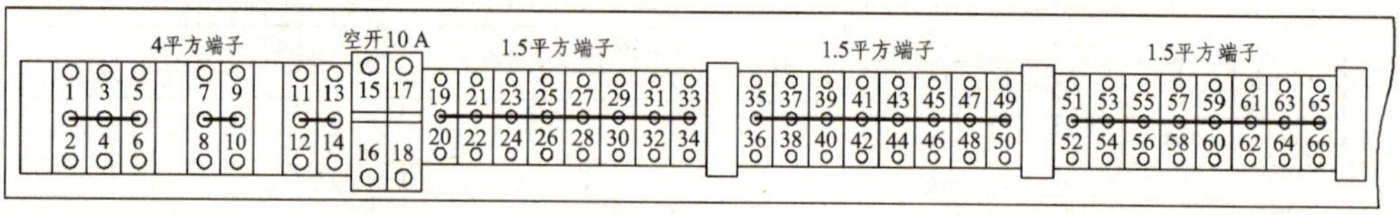

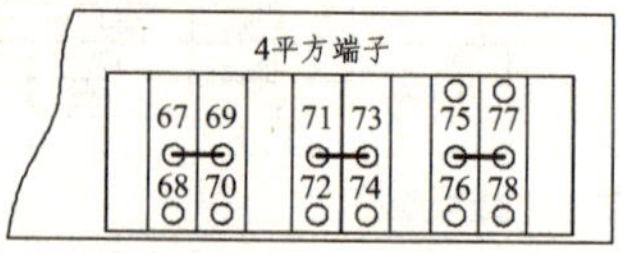

内部配线：

设备地	2	52	2.5 mm²单芯线
	4	66	
	6	机壳	7×0.52多股线
220-L	9	15	2.5 mm²单芯线
	16	20	7×0.52多股线
		34	
220-N	13	17	2.5 mm²单芯线
	18	36	7×0.52多股线
		50	

外部配线：

D0—DWJ

19	DWJ-电源-L	三芯电源线
35	DWJ-电源-N	
51	DWJ-电源-设备地	

D0—ZBYA

21	ZBYA-电源-L	三芯电源线
37	ZBYA-电源-N	
53	ZBYA-电源-设备地	

D0—ZBYB

23	ZBYB-电源-L	三芯电源线
39	ZBYB-电源-N	
55	ZBYB-电源-设备地	

D0—XHYA

25	XHYA-电源-L	三芯电源线
41	XHYA-电源-N	
57	XHYA-电源-设备地	

D0—XHYB

27	XHYB-电源-L	三芯电源线
43	XHYB-电源-N	
59	XHYB-电源-设备地	

图 2.2.30　工控机柜电源端子板 D0 配线表

任务 5　CTC 车站子系统设备配线

任务目标：

（1）熟悉 CTC 车站子系统设备的布置。

（2）熟悉 CTC 车站子系统各种设备之间的工作关系及连接关系。

（3）会识读自律机及双机热备单元的配线。

（4）学会采集机柜控制层的配线。

（5）会对车站采集机进行配线。

（6）能识读车站其他设备的配线图。

一、CTC 车站子系统设备安装

CTC 车站子系统设备分别安装在车站运转室和机械室，一般车站的设备布置如图 2.2.31 所示。在中间站车站值班员工作台上安装两台显示器和一台打印机，其中一台显示车站控制台画面，另一台显示车站行车日志画面。同时安装了车站语音系统。在信号机械室内安装两个黑色 CTC 机柜及一个电务维护终端。两个黑色机柜中，一个为采集控制机柜，安装双套自律机及双机切换装置、网络通信设备、电源设备等；另一个为工控机柜，安装车站值班员工控机、计算机联锁控显机及电务维护工控机。

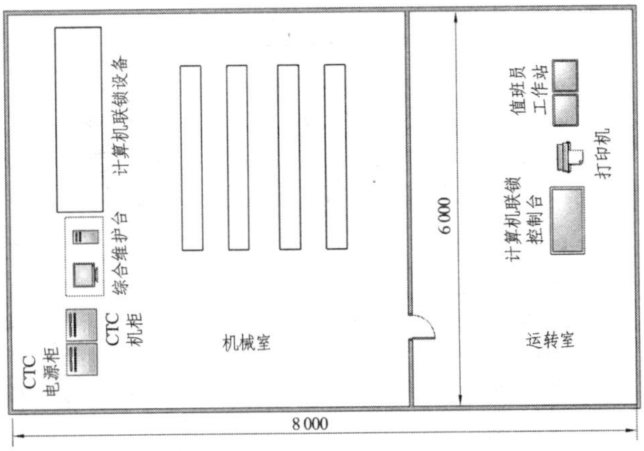

图 2.2.31　车站子系统设备布置示意图

二、CTC 车站子系统各设备的连接

（一）案例一：以胶济线为代表的 CTC 车站子系统设备连接

CTC 车站子系统各设备的连接线主要包括三类：电源线，网络线，信号线。图 2.2.32 所示为胶济线 CTC 车站子系统连接示意图，其中网络线用来将 CTC 车站设备全部通过交换机（集线器）连接在一起。车站设计为双局域网结构，采用双套双交换机（集线器）实现。通过双交换机（集线器）连接的各类设备，主要有双套路由器、双套信号员终端、双套值班员终端、一套电务维护终端、双套自律机、一台网络打印机。

电源线将电源从电源屏提供给采集控制机柜，并通过电源接线端子连接各类设备。车站需要连接电源线的设备主要有自律机、双机热备单元、路由器、协议转换器、交换机（集线器）、工控机、显示器、音箱、UPS、光纤收发器等。

信号线有以下几种：连接控显机及自律机的光纤线；连接音箱及工控机的音频信号线；连接工控机及显示器、鼠标键盘的数据线。

（二）案例二：以武广客运专线为代表的 CTC 车站子系统设备连接

图 2.2.33 所示为武广客运专线 CTC 车站子系统连接示意图。从该图可看出，它与胶济线车站 CTC 略有不同，体现在以下几个方面：第一是自律机与联锁控显机的连接方式不同，武广客运专线采用专用交换机 2 通过 5 类双绞线来连接；第二是武广客运专线各车站有列控设备，列控中心与自律机通过 RS422 串口方式连接；第三是工控机柜上电务维修机的安装不同，武广客运专线电务维修机主机及其键盘、鼠标、显示器均装在工控机柜中；第四是安装在工控机柜中的车站值班员主机与运转室里的显示器连接方式不同，武广客运专线采用超 5 类双绞线通过延长器来连接，而胶济线采用的是专用视频长线来连接，打印机的连接方式也不同。

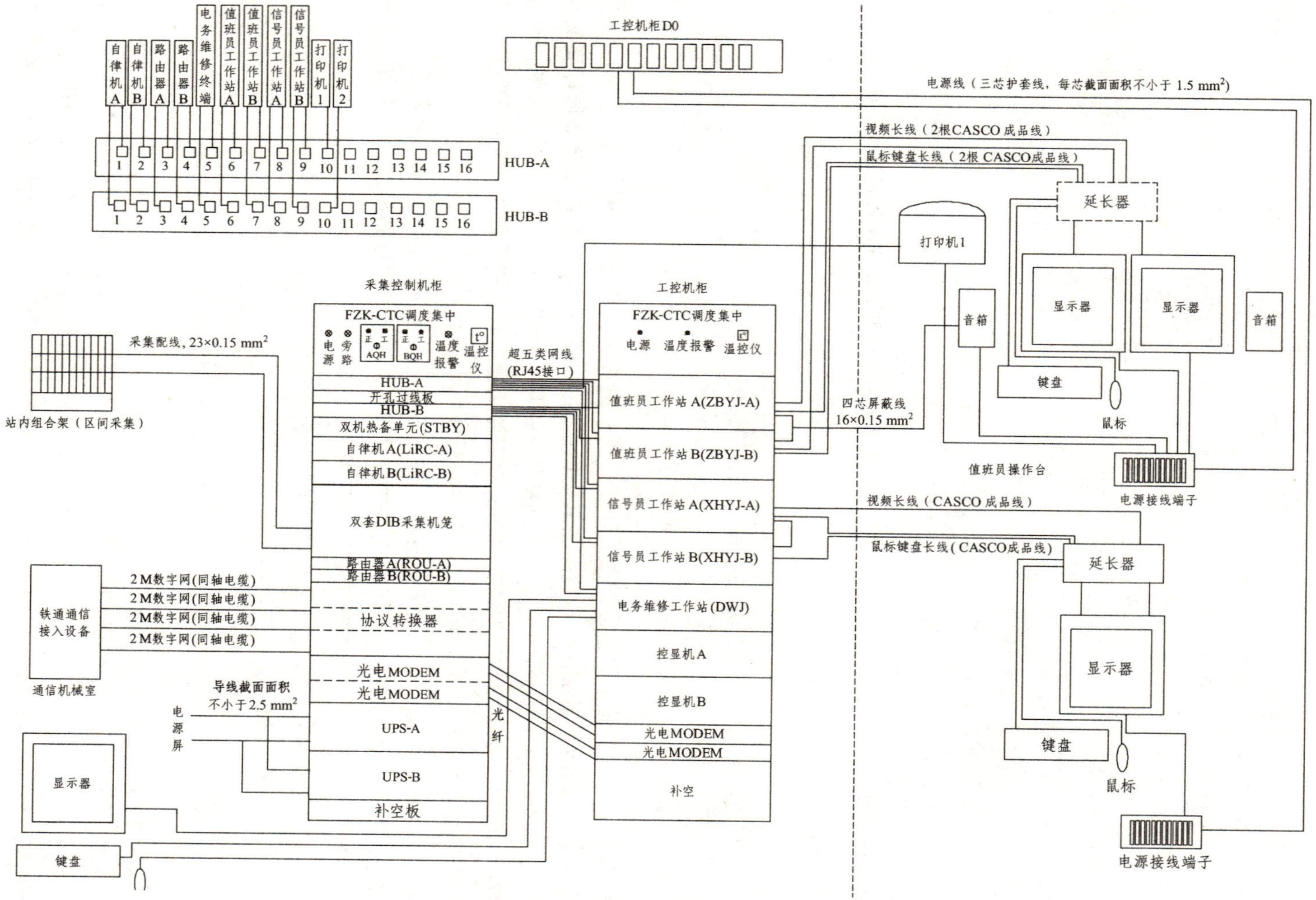

图 2.2.32　胶济线车站 CTC 设备连接示意图

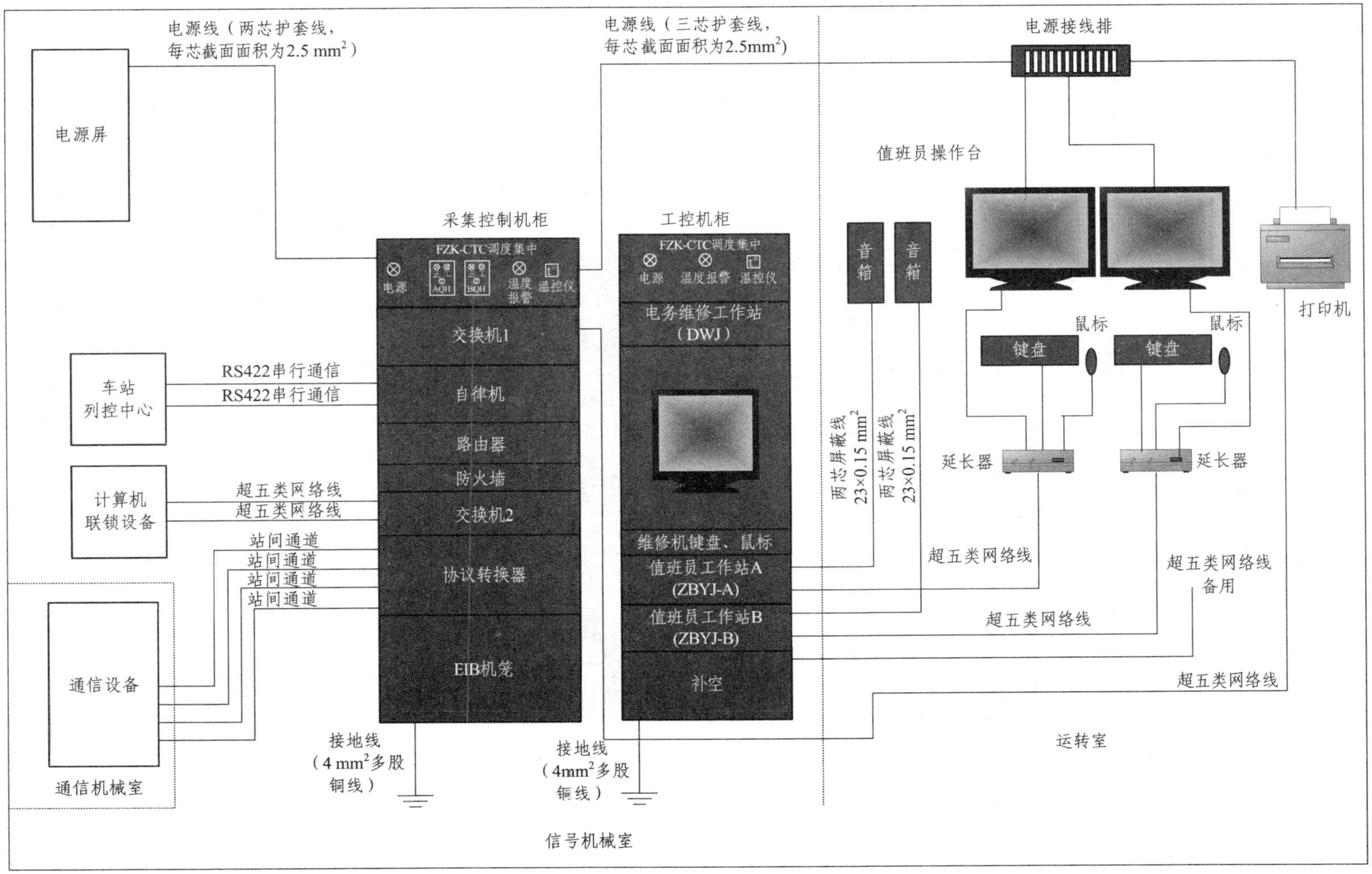

图 2.2.33　武广客运专线车站 CTC 设备连接示意图

注：图中深色部分均为 CTC 设备。

三、CTC 车站各设备配线识读

以下均以胶济线为例进行介绍。

1. 车站双套自律机与双机切换单元的配线

图 2.2.34 和图 2.2.35 所示分别为车站自律机 A 和自律机 B 的配线图。下面以图 2.2.34 所示的自律机 A 配线为例进行说明。

图 2.2.34 中表格“LiRC-A—D0”表示自律机 A 的电源引入端子。由表可知，自律机 A 背部电源插座 L、N、设备地及接地端子分别接电源端子板 D0 上的 39、55、71 及 3 端子。

图 2.2.34 中表格“LiRC-A—HUB”表示自律机 A 与车站集线器或交换机的连接关系。自律机 A 背面端子 N1、N2 分别连接 HUB-A 和 HUB-B 的端口 1，实现双网连接。

图 2.2.34 中表格“LiRC-A—HUB”的下面是自律机 A 与联锁设备的连接关系。自律机 A 的背面端口 422C 和 422D 分别通过光电 MODEM-A1 和 MODEM-A2 去连接联锁双套控显机 A 和 B，以实现对联锁的命令输入，从而实现进路的自动办理，同时获取车站码位信息。在有列控中心的车站，将采用 422E 和 422F 端口通过光电 MODEM 去连接列控主控机框的 CTC 通信板。

图 2.2.35 与图 2.2.34 相似，但从该配线表可获取以下信息：自律机 B 接 STBY 的 B 端口，接 DIB 的 PCA1 板，接 HUB 的 2 端口，接光电 MODEM-B1 和 MODEM-B2。

自律机A(LiRC-A)

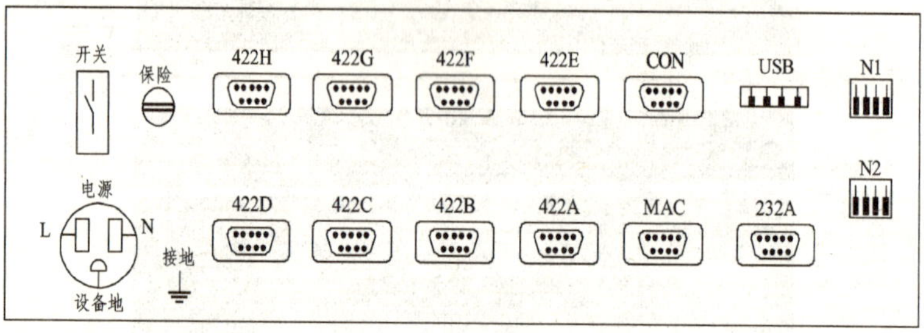

LiRC-A

MAC	2	RX	STBY-A-2	6芯屏蔽线，屏蔽层接DB9外壳
	3	TX	STBY-A-3	
	5	GND	STBY-A-5	
	7	RTS	STBY-A-7	
	8	CTS	STBY-A-8	
422A	1	TX-	DIB-PCA0-3D	4芯屏蔽线，屏蔽层接DB9外壳
	2	TX+	DIB-PCA0-3E	
	3	RX+	DIB-PCA0-1E	
	4	RX-	DIB-PCA0-1D	

外部配线表：　LiRC-A—D0

接地		D0-3	7×0.52多股线
电源	L	D0-39	3芯电源线
	N	D0-55	
	设备地	D0-71	

LiRC-A—HUB

N1(RJ45)	HUB-A-1	网线
N2(RJ45)	HUB-B-1	

422C（计算机联锁控显A）	1	TX-	光MODEM-A1-4	4芯屏蔽线，屏蔽层接DB9外壳
	2	TX+	光MODEM-A1-3	
	3	RX+	光MODEM-A1-1	
	4	RX-	光MODEM-A1-2	
422D（计算机联锁控显B）	1	TX-	光MODEM-A2-4	4芯屏蔽线，屏蔽层接DB9外壳
	2	TX+	光MODEM-A2-3	
	3	RX+	光MODEM-A2-1	
	4	RX-	光MODEM-A2-2	

图 2.2.34　胶济线车站自律机 A 配线图

自律机B(LiRC-B)

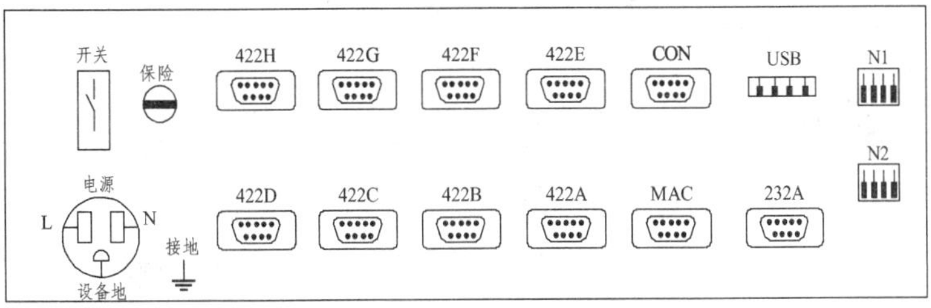

外部配线表:

LiRC-B

MAC	2	RX	STBY-B-2	6芯屏蔽线，屏蔽层接DB9外壳
	3	TX	STBY-B-3	
	5	GND	STBY-B-5	
	7	RTS	STBY-B-7	
	8	CTS	STBY-B-8	
422A	1	TX-	DIB-PCA1-3D	4芯屏蔽线，屏蔽层接DB9外壳
	2	TX+	DIB-PCA1-3E	
	3	RX+	DIB-PCA1-1E	
	4	RX-	DIB-PCA1-1D	

LiRC-B—D0

接地		D0-3	7×0.52多股线
电源	L	D0-41	3芯电源线
	N	D0-57	
	设备地	D0-73	

LiRC-B—HUB

N1(RJ45)	HUB-A-2	网线
N2(RJ45)	HUB-B-2	

422C（计算机联锁通信A）	1	TX-	光MODEM-B1-4	4芯屏蔽线，屏蔽层接DB9外壳
	2	TX+	光MODEM-B1-3	
	3	RX+	光MODEM-B1-1	
	4	RX-	光MODEM-B1-2	
422D（计算机联锁通信B）	1	TX-	光MODEM-B2-4	4芯屏蔽线，屏蔽层接DB9外壳
	2	TX+	光MODEM-B2-3	
	3	RX+	光MODEM-B2-1	
	4	RX-	光MODEM-B2-2	

图 2.2.35　胶济线车站自律机 B 配线图

图 2.2.36 所示为双机热备切换单元 STBY 的配线。由配线图可知，STBY 的电源由采集控制机柜的 D0 端子板上的端子 43、59 及 73 引入；STBY 背面的端口 A 和 B 分别连接自律机 A 和自律机 B 的 MAC 端口，与上述两图关系相对应。

双机热备单元（STBY）

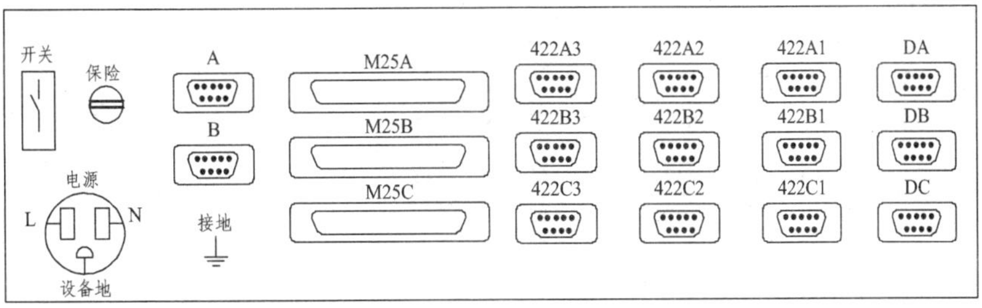

STBY—D0

接地		D0-3	7×0.52多股线
电源	L	D0-43	三芯电源线
	N	D0-59	
	设备地	D0-75	

图 2.2.36　胶济线车站 STBY 配线图

2. 采集机 DIB 的配线

图 2.2.37 所示为 DIB 的前面、背面的端子板的布局以及电源引入端子。

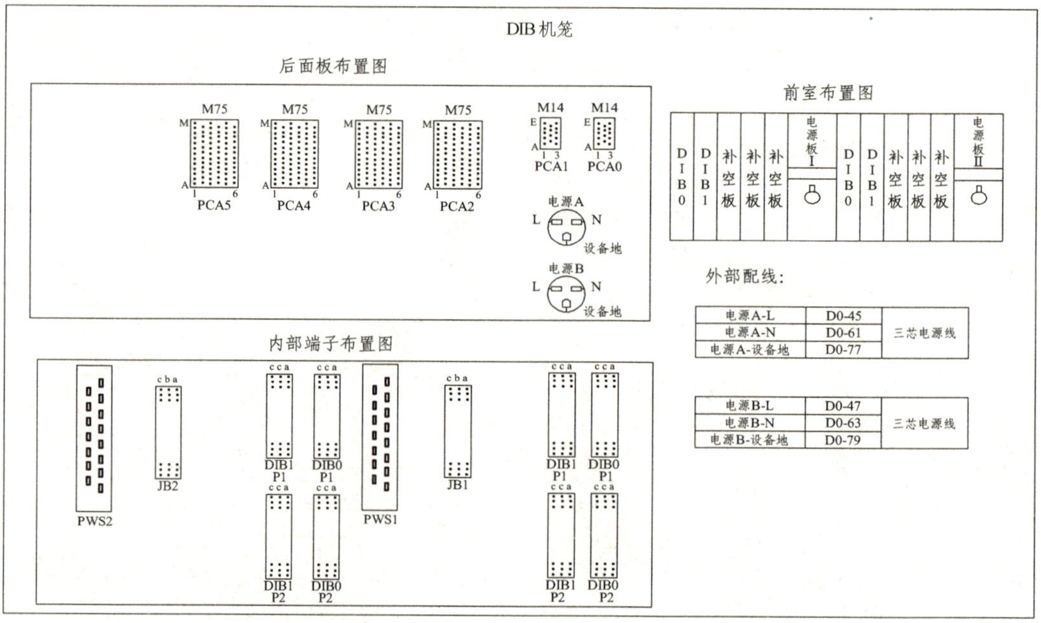

图 2.2.37 胶济线 CTC 车站子系统 DIB 后面板及电源配线图

采集控制机柜 D3（M75—威德米勒端子）

D3 端子	PCA2	PCA4	码位	D3 端子	PCA2	PCA4	码位	D3 端子	PCA2	PCA4	码位
0	1A	1A	0	24	4A	4A	24	48	1J	1J	48
1	1B	1B	1	25	4B	4B	25	49	1K	1K	49
2	1C	1C	2	26	4C	4C	26	50	1L	1L	50
3	1D	1D	3	27	4D	4D	27	51	2J	2J	51
4	1E	1E	4	28	4E	4E	28	52	2K	2K	52
5	1F	1F	5	29	4F	4F	29	53	2L	2L	53
6	1G	1G	6	30	4G	4G	30	54	3J	3J	54
7	1H	1H	7	31	4H	4H	31	55	3K	3K	55

D3 端子	PCA2	PCA4	码位	D3 端子	PCA2	PCA4	码位	D3 端子	PCA2	PCA4	码位
8	2A	2A	8	32	5A	5A	32	56	4J	4J	56
9	2B	2B	9	33	5B	5B	33	57	4K	4K	57
10	2C	2C	10	34	5C	5C	34	58	4L	4L	58
11	2D	2D	11	35	5D	5D	35	59	5J	5J	59
12	2E	2E	12	36	5E	5E	36	60	5K	5K	60
13	2F	2F	13	37	5F	5F	37	61	5L	5L	61
14	2G	2G	14	38	5G	5G	38	62	6J	6J	62
15	2H	2H	15	39	5H	5H	39	63	6K	6K	63

D3 端子	PCA2	PCA4	码位	D3 端子	PCA2	PCA4	码位	D3 端子	PCA2	PCA4	码位
16	3A	3A	16	40	6A	6A	40	64	1M	1M	0-7
17	3B	3B	17	41	6B	6B	41	65	1I	1I	8-15
18	3C	3C	18	42	6C	6C	42	66	3M	3M	16-23
19	3D	3D	19	43	6D	6D	43	67	3I	3I	23-31
20	3E	3E	20	44	6E	6E	44	68	5M	5M	32-39
21	3F	3F	21	45	6F	6F	45	69	5I	5I	40-47
22	3G	3G	22	46	6G	6G	46	70	6L	6L	48-55
23	3H	3H	23	47	6H	6H	47	71	6I	6I	56-63

图 2.2.38 胶济线 CTC 车站子系统零层 D3—DIB（M75）配线图

采集控制机柜 D4（M75—威德米勒端子）

D4 端子	PCA3	PCA5	码位	D4 端子	PCA3	PCA5	码位	D4 端子	PCA3	PCA5	码位
0	1A	1A	0	24	4A	4A	24	48	1J	1J	48
1	1B	1B	1	25	4B	4B	25	49	1K	1K	49
2	1C	1C	2	26	4C	4C	26	50	1L	1L	50
3	1D	1D	3	27	4D	4D	27	51	2J	2J	51
4	1E	1E	4	28	4E	4E	28	52	2K	2K	52
5	1F	1F	5	29	4F	4F	29	53	2L	2L	53
6	1G	1G	6	30	4G	4G	30	54	3J	3J	54
7	1H	1H	7	31	4H	4H	31	55	3K	3K	55
D4 端子	PCA3	PCA5	码位	D4 端子	PCA3	PCA5	码位	D4 端子	PCA3	PCA5	码位
8	2A	2A	8	32	5A	5A	32	56	4J	4J	56
9	2B	1B	9	33	5B	5B	33	57	4K	4K	57
10	2C	2C	10	34	5C	5C	34	58	4L	4L	58
11	2D	2D	11	35	5D	5D	35	59	5J	5J	59
12	2E	2E	12	36	5E	5E	36	60	5K	5K	60
13	2F	2F	13	37	5F	5F	37	61	5L	5L	61
14	2G	2G	14	38	5G	5G	38	62	6J	6J	62
15	2H	2H	15	39	5H	5H	39	63	6K	6K	63
D4 端子	PCA3	PCA5	码位	D4 端子	PCA3	PCA5	码位	D4 端子	PCA3	PCA5	码位
16	3A	3A	16	40	6A	6A	40	64	1M	1M	0-7
17	3B	3B	17	41	6B	6B	41	65	1I	1I	8-15
18	3C	3C	18	42	6C	6C	42	66	3M	3M	16-23
19	3D	3D	19	43	6D	6D	43	67	3I	3I	23-31
20	3E	3E	20	44	6E	6E	44	68	5M	5M	32-39
21	3F	3F	21	45	6F	6F	45	69	5I	5I	40-47
22	3G	3G	22	46	6G	6G	46	70	6L	6L	48-55
23	3H	3H	23	47	6H	6H	47	71	6I	6I	56-63

图 2.2.39　胶济线 CTC 车站子系统零层 D4—DIB（M75）配线图

由前述配线可知，其中 PCA0 和 PCA1（均为 M14 端子）分别与自律机 A 和自律机 B 的端口 422A 连接。

M75 端子 PCA2～PCA5 一方面用于连接采集机柜零层端子板 D3、D4，其中 PCA2、PCA4 与 D3 连接（具体连接关系如图 2.2.38 所示），PCA3、PCA5 与 D4 连接（具体连接关系如图 2.2.39 所示）；另一方面，M75 端子与内部端子进行连接，此处略去。

图 2.2.37 所示的外部配线表明 DIB 机笼两路电源的引入具体端子，较简单，不再赘述。

下面介绍图 2.2.37 中 M75 和 M14 端子板的端子排列规律。

如图 2.2.40 所示，M75 端子板共有 6 列端子，每列端子由下至上依次为 A、B、C、D、E、F、G、H、I、J、K、L、M。举例说明，端子 1A 表示第一列下面第一个端子，即最左下角的端子；端子 2D 表示第二列第四个端子（由下往上数）；其余以此类推。

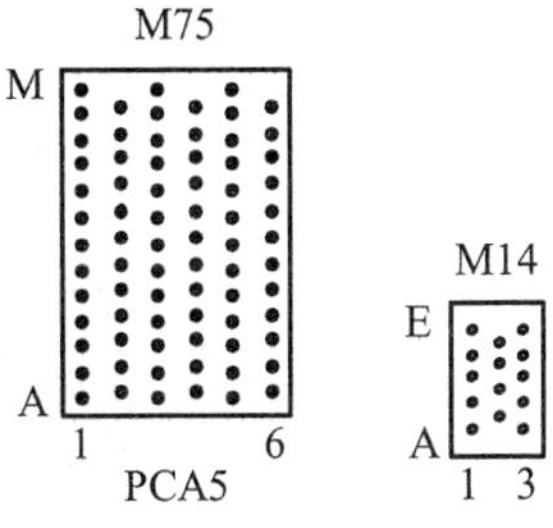

图 2.2.40　M75 和 M14 端子板端子排列规律

M14 端子板的端子较少，共 3 列，每列端子由下至上依次为 A 、B、C、D、E。同样，端子 1C 表示第一列第三个端子（由下往上数）；其余以此类推。

3. 通信防雷安装条配线

如图 2.2.41 所示为防雷安装条 D1 配线图，可装 8 个通道防雷元件（TF）。它们的 OUT 端子分别去连接 4 个协议转换器的 RX 和 TX 端子。这种情况表明该站为普通车站，只需实现两相邻车站串联即可。如果该站为抽头站，则协议转换器需设 6 个，对应的通信防雷元件需要 12 个，还需用到防雷安装条 D2。

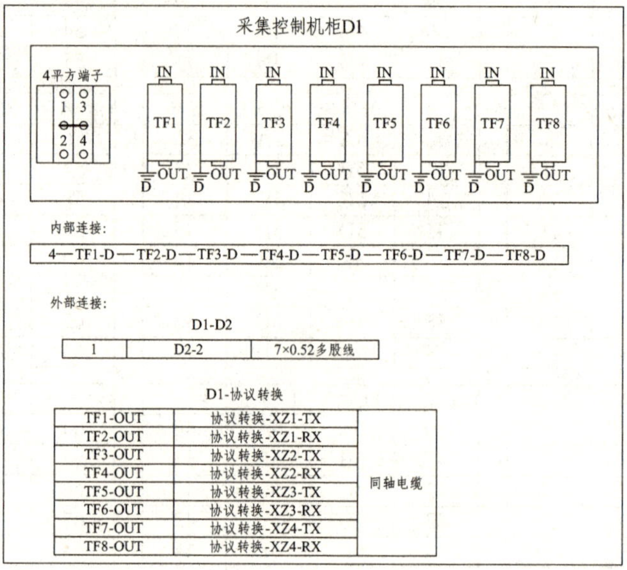

图 2.2.41　胶济线 CTC 车站子系统防雷安装条 D1 配线图

4. 协议转换器配线

如图 2.2.42 所示为协议转换器配线图，表明该站共 6 个协议转换器。由前述知识可知，

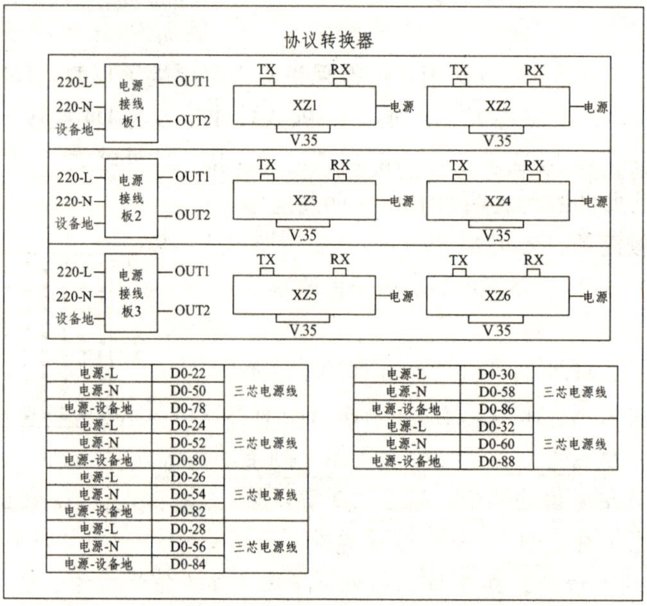

图 2.2.42　胶济线车站 CTC 系统协议转换器配线图

该站应为抽头站，除了要实现站站相连，还要和调度中心连接。每个协议转换器的 V.35 端子均连接路由器的有关端子，RX 和 TX 端子连接防雷元件 TF 去通信机械室。本配线图表示了 6 个协议转换器连接的电源端子，这些电源均由采集控制机柜的 D0 板相关端子引入。

任务 6　CTC 车站自律机的维护

任务目标：

（1）熟悉车站自律机的功能。

（2）会查看自律机日志文件。

（3）熟悉远程登录自律机的方法与一些基本操作。

（4）熟悉自律机的程序、配置与数据文件及其所属目录结构。

（5）能通过自律机维护程序更新自律机的程序、配置与数据文件。

一、自律机简介

卡斯柯信号有限公司所采用的自律机是来自法国阿尔斯通的引进设备 LiRC。LiRC 采用 PⅢ档次的专用工业级的 CPU，内存不低于 256 MB，并采用工业大容量 CF 卡作为数据和程序存储介质，内置 2 个以太网口和 6 个 232/422 串行通信口，另外还支持 PC104 总线的扩展。车站自律机的操作系统则是特殊定制的实时多任务操作系统，在软件设计上保证高效、简洁、严密，且经过全面的测试。

自律机（LiRC）是 CTC 系统中的核心设备之一，具有重要的通信与逻辑处理功能。自律机的主要功能如下：

（1）接收调度中心的列车运行计划，适时生成进路序列，并根据计划指示、列车位置等条件自动触发驱动联锁系统执行。

（2）接收调车作业计划，适时生成进路序列，并根据调车组的无线申请和车列位置自动触发驱动联锁系统执行。

（3）接收调度中心和车站值班员的进路序列操作指令，对已形成的待执行的进路序列进行修改。

（4）接收调度中心和车站值班员的直接控制操作指令（按钮命令），经与列车计划以及联锁关系检查后，确认无冲突后驱动联锁系统执行。

（5）对信号设备的表示信息进行分析，跟踪进路的状态，确认进路的完整性和信号的正确性，并能对不正常情况进行处理和报警。

（6）车次跟踪、无线车次号校核、人工车次确认处理。

（7）和相邻车站自律机交换站场实时信息、车次号信息、列车的计划和实际到发信息，并可自动调整本站的车次号以及到发情况预计。

（8）接收调度中心下发的调度命令、路票、行车凭证等，并在适当时候通过无线接口传送给机车司机，随后转发司机的签收信息。

（9）接收车站值班员下发的路票、行车凭证等，并在适当时候通过无线接口传送给机车司机，随后转发司机的签收信息。

（10）无线进路自动预告。

二、自律机维护内容

维护人员需要掌握以下内容：自律机的程序、配置与数据文件及其所属目录结构；远程登录自律机的方法与一些基本操作；通过自律机维护程序更新自律机的程序、配置与数据文件；查看自律机日志文件。下面以卡斯柯信号公司研制的 CTC 为例进行介绍。

（一）自律机正常运行所需的程序、配置与数据文件

1. 自律机运行目录

/root/ctc：主目录。

/root/ctc/bin：程序文件目录。

/root/ctc/data：配置文件与数据文件目录。

2. 自律机程序文件

1）主程序

自律机程序分为通信与逻辑处理两个主程序，正常运行需要两个程序均启动。

comm：通信主程序。

logic：逻辑处理主程序。

2）启动与终止脚本文件

startlirc：启动自律机程序（包括通信主程序与逻辑处理主程序）。

klirc：终止自律机程序。

startcomm：启动通信主程序。

kcomm：终止通信主程序。

startlogic：启动逻辑处理主程序。

klogic：终止逻辑处理主程序。

3）辅助脚本文件

watchlirc：用于监控自律机程序更新请求，并自动重新启动程序。

synctm：时间同步脚本文件，此文件位于主目录（即/root/ctc 目录）。

3. 配置文件

1）通用配置文件

此类配置文件对所有车站的自律机通用。

commhost.cfg：网络地址配置。

commsvc.cfg：网络服务配置。

commlc_comm.cfg：通信主程序网络功能配置。

commlc_logic.cfg：逻辑处理主程序网络功能配置。

entity.cfg：系统实体号配置。

snmp.cfg：网络监控协议（SNMP）配置。

crscd.cfg：CTC 控制车站功能配置。

dss.cfg：仅采集车站（非 CTC 控制）功能配置。

stationSide.def：车站股道信息配置。

tle_dup_abs.cfg：区间逻辑配置。

station*.cfg：车站站细配置（每个车站一个文件，根据站号“*”区分）。

2）专用配置文件

此类配置文件对不同车站的自律机是不同的。

comm.cfg：通信主程序功能配置。

logic.cfg：逻辑处理主程序功能配置。

tledata.cfg：站场描述文件配置。

log.inc：日志服务配置。

4. 数据文件

数据文件包括车站站场设备描述文件，对所有车站通用。

dmis_ctc.*.sta：每个车站一个文件，根据站号“*”区分。

（二）自律机基本操作

自律机的基本操作包括远程登录、查看进程、查看目录以及同步时间等。

1. 远程登录

所有自律机的基本维护操作均需通过 telnet 远程登录到自律机上方可进行，登录步骤如下：

（1）在系统维护台上打开 DOS 命令行窗口。

（2）在命令行窗口中运行 telnet 命令（telnet+IP 地址）：

C：\telnet 172.22.17.2

其中，IP 地址是根据登录的目标车站，查看系统 IP 地址表得到的。

（3）出现 login 提示后，输入用户名“root”。

（4）出现 password 提示后，输入登录口令“root”。

（5）若出现提示符 bash-2.05#，表示登录成功（# 前的提示可能略有不同）；若出现 Login incorrect 提示，表示登录失败，可能是输入错误，需重新输入登录口令。

2. 退出登录

操作完成后，必须退出远程登录，运行命令 exit：

bash-2.05# exit

成功后将回到 DOS 提示符 C：\。

3. 重启系统

运行命令为：

bash-2.05# reboot

4. 查看进程

运行命令为：

bash-2.05# ps x

执行此命令后，窗口中将列出正在运行的进程，如图 2.2.43 所示。图中第一个用椭圆标记的行“/root/ctc/bin/comm /root/ctc/data/comm.cfg”，表示通信主程序；第二个用椭圆标记的行“/root/ctc/bin/logic /root/ctc/data/logic.cfg”，表示逻辑处理主程序。

一个窗口中无法列出所有进程，可拖动右侧的滚动条查看所有进程。查看时必须确认正在运行的进程中同时包括通信主程序与逻辑处理主程序，如果任意一个没有在列表中列出，均说明自律机程序运行不正常，必须重启系统。

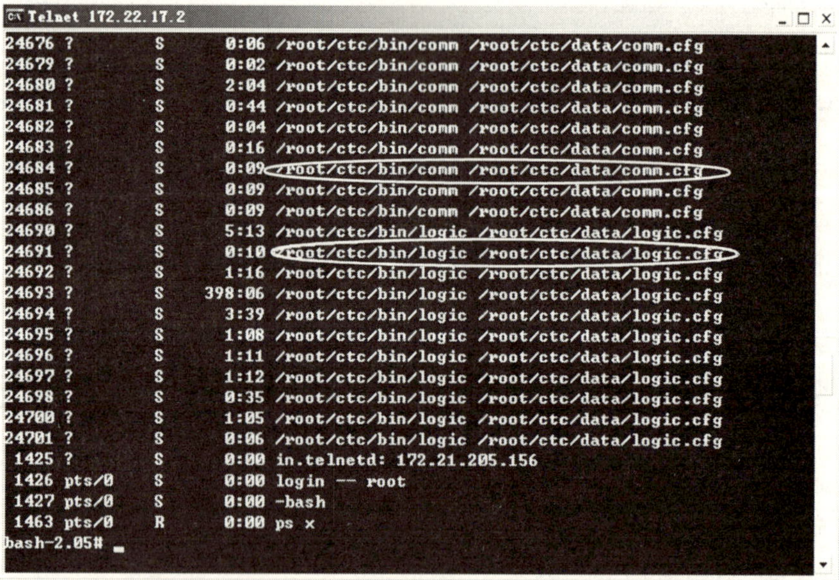

图 2.2.43　自律机正运行的进程列表

5. 查看目录与文件

1）改变当前目录

运行命令：cd+目标目录

例如：bash-2.05# cd /root/ctc/bin

2）列出当前目录下的文件

运行命令：ls[-l]

例如：bash-2.05# ls　（查看文件名）

bash-2.05# ls -l（查看文件详细信息，包括大小、日期等）

6. 检测通信状况

通过 ping 命令可检测自律机与目标地址的通信状况。运行命令为：

ping+IP 地址

例如：bash-2.05# ping 172.22.7.18

如果通信正常，则窗口中不断滚动出现：

64 bytes from 172.22.7.141：icmp_seq=4 ttl=249 time=7.493 msec

如果通信中断，则不会有上述提示。运行 ping 命令后，必须手动按“Ctrl+C”键终止，否则系统不会自动退出 ping 状态。

（三）自律机日志查询

自律机的运行日志保存于各车站的电务维护机上，记录了自律机的重要操作、系统事件和故障情况等。维护人员通过查询日志，可了解自律机的系统行为，寻找故障原因。

1. 自律机日志类型

自律机日志主目录是各车站电务维护机的 C：\log，其下有三个子目录，分别保存系统日志、行车日志和调试信息。维护人员需重点掌握系统日志与行车日志。

（1）C：\log\sys：系统日志，记录自律机系统运行信息，包括主备切换、通信中断与恢复等。

（2）C：\log\train：行车日志，记录行车相关的信息，包括自律机执行的站场设备操作、自动排列进路信息、行车过程中的报警信息等。

（3）C：\log\debug：调试信息，记录自律机运行过程的详细记录，供技术人员分析使用。

2. 日志文件说明

自律机日志逐日分别保存，其文件命名规则如下：

系统日志：sys.车站编号.日期.log。例如，2006 年 4 月 16 日高密站（编号 10）的系统日志文件名为“sys.10.060416.log”。

行车日志：train.车站编号.日期.log。例如，2006 年 4 月 16 日高密站（编号 10）的行车日志文件名为“train.10.060416.log”。

查询日志需将相应的日志文件复制到本地计算机上。复制可使用工具 pcAnywhere，也可以直接映射到车站系统维护机上。

3. 日志查询范例

日志查询需使用文本搜索工具软件，推荐使用 UltraEdit。以下是常用的查询范例。

（1）系统日志查询如表 2.2.4 所示。

表 2.2.4 系统日志查询范例

查询目的	搜索关键字	结果
自律机通信中断与恢复情况	通信	自律机与中心、车务终端、热备自律机、采集板、计算机联锁系统的通信状况
自律机主备切换	主备	自律机发生主备切换的时刻

（2）行车日志查询如表 2.2.5 所示。

表 2.2.5 行车日志查询

查询目的	搜索关键字	结果
自动报点	自动采点	本车站所有的系统自动报点
车次号操作	车次号	本车站所有的车次号操作记录
自动办理的列车进路	自动触发	本站自律机自动办理的列车进路及其办理时刻
某车次的所有相关信息	该车次的车次号	所有与该车相关的记录，包括自动采点、车次号操作和进路办理信息等
人工操作站场设备	人工排列进路	助调或车站信号员在 CTC 终端上人工办理进路的记录
	人工取消进路	助调或车站信号员在 CTC 终端上人工取消进路的记录
	人工引导进路	助调或车站信号员在 CTC 终端上人工办理引导进路的记录
	道岔	人工操作道岔的记录，包括道岔单操、单锁、解锁
	信号机	人工重新开放信号的记录
	引导总锁	人工办理引导总锁的记录
	总人解	人工办理总人解的记录
	封锁	人工封锁与解锁站场设备的记录，包括道岔、信号机、股道与区间的封锁与解锁
	进路单锁	人工将调车进路道岔单锁的操作记录
	试排进路	人工试排进路的记录
	分路不良	人工设置设备分路不良的记录
	功能按钮	人工按下功能按钮的记录
	自通	人工将信号机设置为自通模式的记录
人工触发进路	人工触发	助调或车站信号员在进路序列界面中人工触发进路的记录（包括列车与调车）
自律机自动发送的进路预告	进路预告	自律机自动向 GSM-R 系统发送的进路预告信息（发送成功或失败）
车站控制模式切换	车站控制模式	自律机的车站控制模式在非常站控、分散控制、车站控制和中心控制间切换的记录
进路控制模式切换	进路控制模式	自律机的进路控制模式在手工与按图排路间切换的记录
自律机收到的调车作业单	调车作业单	本站自律机收到的调车作业单记录

任务7　CTC车站自律机与其他系统的接口

任务目标：

（1）熟悉车站自律机与其他系统的接口设备。

（2）熟悉车站自律机与计算机联锁系统的接口及两者之间的信息交换。

（3）熟悉分散自律调度集中系统与计算机联锁接口测试规范。

（4）熟悉自律机与信息采集设备的接口连接。

（5）了解自律机与6502信息采集设备的接口设计。

（6）熟悉车站自律机与列控系统的接口。

一、自律机的各种接口功能

（1）与计算机联锁系统的接口：在计算机联锁车站，实现与联锁系统通信，一方面采集车站码位数据，另一方面向车站联锁发送控制码位，驱动联锁系统操作站场设备。

（2）与采集机（DIB）的接口：完成实时信息采集。对于计算机联锁车站，主要采集区间表示码位；在6502电气集中车站，还要采集车站码位数据。自律机根据码位信息、站场描述文件和无线车次号信息，处理调监表示逻辑、车次跟踪逻辑和自动采点逻辑。

（3）与驱动控制输出设备的接口：在6502电气集中车站，实现操作站场设备。

（4）与列控中心系统的接口：CTC系统需要给列控中心发送限速命令，而列控中心需要给CTC系统发送回执，以及区间信号机及轨道区段的表示信息等。限速命令的发送过程如下：首先由调度员通过CTC的调度命令功能完成限速命令的拟定、修改、校验，然后下发给车站值班员；车站值班员完成校验、签收后，再择机设置发送给列控中心（无人站由助理调度员设置发送）；其后，车站值班员还需要完成监视限速结果和状态（无人站由助理调度员监视）。在这个过程中，车站值班员设置后由设在车站的CTC自律机与列控中心通信，发送限速参数，并获取执行状态。

（5）微机监测系统的接口：CTC系统通过设在车站的CTC维护机接入集中监测系统的车站局域网，实现交换CTC设备状态和系统报警等信息。

（6）与无线车次号、调度命令系统的接口：在车站实现CTC系统与机车通过无线通信交换信息。

二、与计算机联锁系统的接口

（一）连接方式

1. 串口连接

计算机联锁系统本身是一个封闭的控制网络，为不影响联锁系统的正常工作，自律机与联锁系统的控显机间通过RS422串行通信接口进行连接，如图2.2.44所示。

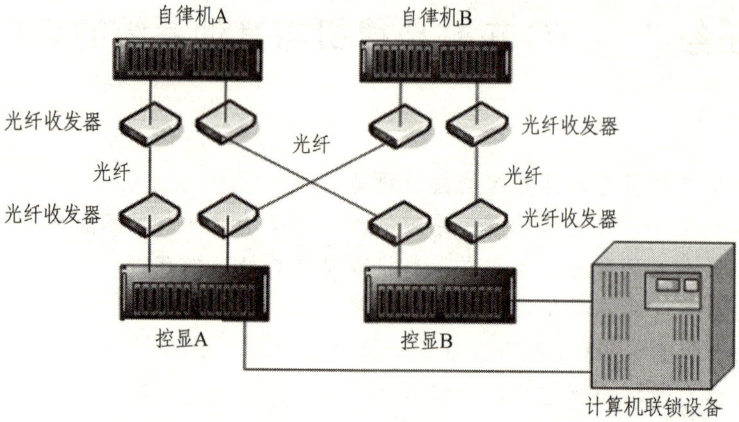

图 2.2.44　自律机与计算机联锁接口方式（一）

双自律机与双联锁控显机间进行交叉连接，在四个通信连接中只要有一个是正常的，自律机就能和联锁系统通信，保证 CTC 系统的可用性。串行通信接口在自律机端需要通过光电隔离器后与控显机连接，实现自律机与控显机间的电气隔离。

自律机从联锁控显机获得表示信息，并将完整的进路操作指令传送给控显机，由控显机将此指令转换为联锁系统能识别的控制命令。

2. 以太网连接

CTC 与车站联锁系统的另一种连接方式是通过以太网互联，即 CTC 车站采用专用交换机作为联锁系统的接入交换机，联锁控显机作为一个终端连接到 CTC 车站系统的局域网上，如图 2.2.45 所示。如武广高铁的车站 CTC 与联锁系统的连接就是采用这种方式。

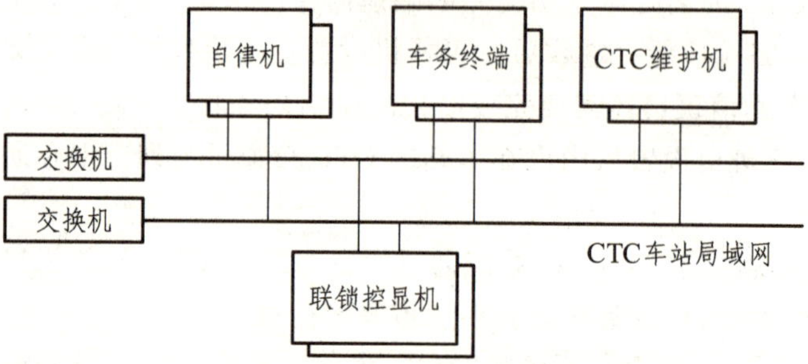

图 2.2.45　自律机与计算机联锁接口方式（二）

（二）交换的信息

自律机与控显机间的接口通信协议遵循原铁道部《分散自律调度集中系统软件通讯协议标准（暂行）》，交换的信息包括表示信息和控制命令。

1. 由控显机送给自律机的表示信息

进站信号机：绿、黄、绿黄、双黄、黄闪黄、引导、红、断丝。

进路信号机：绿、黄、绿黄、黄闪黄、引导、红、白、断丝。

出站信号机：绿、绿绿、黄、绿黄、红、白、白闪、断丝。

调车信号机：白、白闪、蓝、（红）断丝。

轨道区段：锁闭、占用、空闲。

道岔：定表、反表、四开、单锁、单解、单封、解封、总锁。

闭塞：各种表示灯。

区间：轨道占用、轨道出清、红、绿、黄。

其他：熔丝、主灯丝等各类报警灯，股道封锁、区间封锁及联锁设备运行状态表示。

2. 由自律机送给控显机的命令

由自律机送给控显机的命令包括：选路、取消进路、人工解锁、信号重复开放、道岔定位、道岔反位、道岔单锁、道岔单解、引导进路、区段解锁、道岔封闭、道岔解封、按钮单封、按钮解封、坡道解锁、引导总锁闭、轨道电路停电恢复、溜放功能等。

CTC 自律机向联锁系统发送一条完整的进路控制命令，以编码形式实现。如：选路——选路代码+始端~（变更）~终端；取消——总取消+始端；定位操作——总定+道岔。统一规定各种控制命令代码的编码原则，并确定各站信号机、道岔、轨道区段等设备代码的编码原则。例如，若规定选路编码为 01，取消为 02，则一条选路命令为：01+始端按钮代码+终端按钮代码；一条取消命令为：02+始端命令代码。

（三）计算机联锁系统的非常站控按钮设计原则

（1）非常站控按钮为非自复式带铅封的按钮，设在联锁操作界面上。

（2）在非常站控按钮按下时，联锁操作有效，CTC 操作无效，非常站控灯亮红灯。CTC 自律机自动判断转入分散自律模式条件是否满足，决定是否向控显机发出允许自律点黄灯信息。只有在允许自律黄灯点亮的状态下，才能转回分散自律模式。

（3）分散自律模式下，联锁操作无效，CTC 操作有效，自律控制状态灯亮绿灯。

（4）上电时，联锁的操作模式进入前次控制模式，CTC 等待接收联锁机传来的模式状态信息，从而决定进入何种模式。

三、信息采集结合电路

（一）采集内容

信息采集系统采集的动态信息主要包括继电联锁车站信号设备的状态变化和区间信号设备的状态变化。车站信号设备信息主要包括车站信号机的开放与关闭状态，道岔区段的状态显示，双线单向区段的接、发车方向表示等状态，股道的占用及空闲状态，主灯丝断丝、挤岔报警等。区间信号设备信息主要包括区间信号机的开放与关闭状态、自动闭塞区间轨道区段的空闲和占用状态、半自动闭塞的状态表示灯等。

（二）采集电路

轨道的占用与空闲、信号机的开放与关闭、道岔的定位与反位等信号设备状态信息均为开关量，因此可以采用光电耦合器来完成电气隔离和模/数转换，同时保证不影响联锁设备的正常工作和可靠获得开关量信息。图 2.2.46 所示为信息采集单元电路。

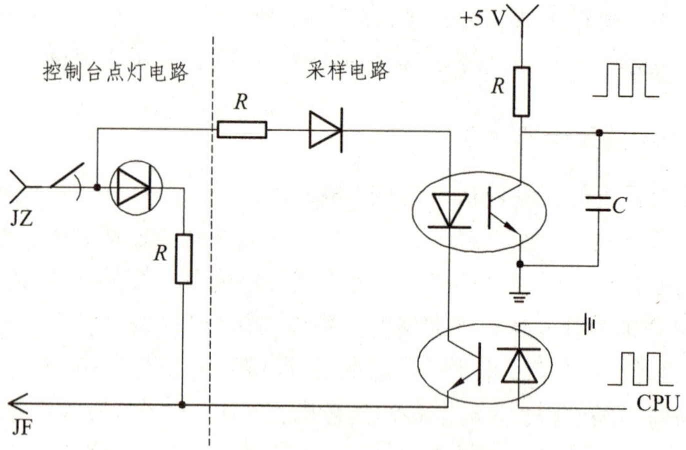

图 2.2.46　信息采集单元电路

（三）采集方法

区间的接收盒和发送盒等区间设备也放置在车站信号机械室内，故区间信号设备和车站信号设备信息均在信号机械室内进行采集。

继电联锁车站的车站设备状态信息可以从采集控制台表示灯信息得到，也可以在室内分线盘 18 柱端子上采集。对于安装 ZPW-2000 的区间，区间信号机的表示信息（L，U，H）和区间轨道占用表示信息（H）可以直接从区间组合的侧面端子采集到。采样的信息通过 32 芯通信电缆送到车站采集控制机柜中的采集零层，再送到采集机。

如果继电联锁车站已安装了微机监测系统，可以通过微机监测系统中的计算机串口直接与车站的交换机或自律机连接，实现数据共享，直接获取基础信息源。

对于安装计算机联锁系统的车站，有关车站信号设备的行车表示信息和联锁信息均可通过计算机联锁系统直接得到相关数字信息。

1. 轨道区段信息的采集

通过查阅继电器组合接点占用表得知，道岔区段和无岔区段的轨道复示继电器 DGJF、WGJF 第 7 组接点空余，到发线轨道复示继电器 DGJF 第 3 组接点空余，利用这些接点作为采集信息源。若上述空余接点被其他电路使用，则可从控制台光带表示灯电路采集信息。采集点如图 2.2.47 所示。

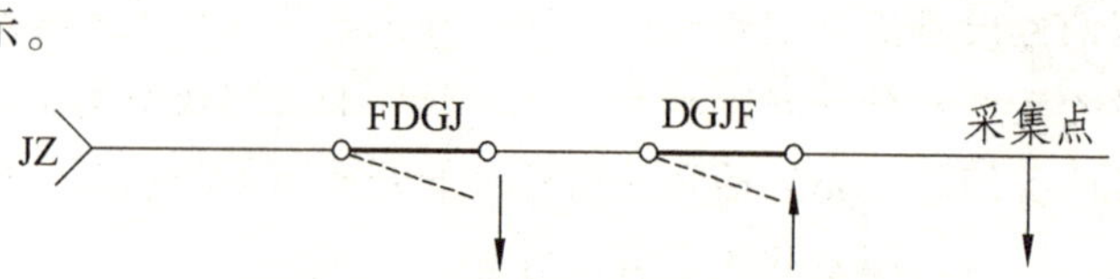

图 2.2.47　轨道区段信息采集点

2. 股道状态表示信息 B 和 H 的采集

B（白）表示股道空闲，H（红）表示股道被占用，可从股道光带表示灯电路中采集。采集点为 ZCJ 第一组前接点，如图 2.2.48 所示。

3. 轨道区段表示信息的采集

H（红）表示轨道区段被占用，B（白）表示轨道区段空闲。其信息采集点如图 2.2.49 所示。

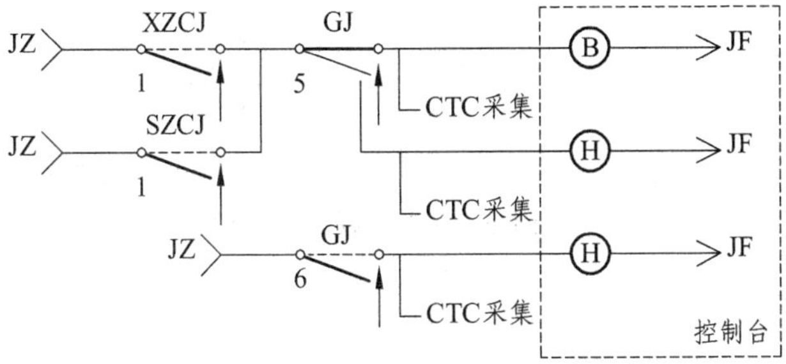

图 2.2.48　股道光带信息采集点

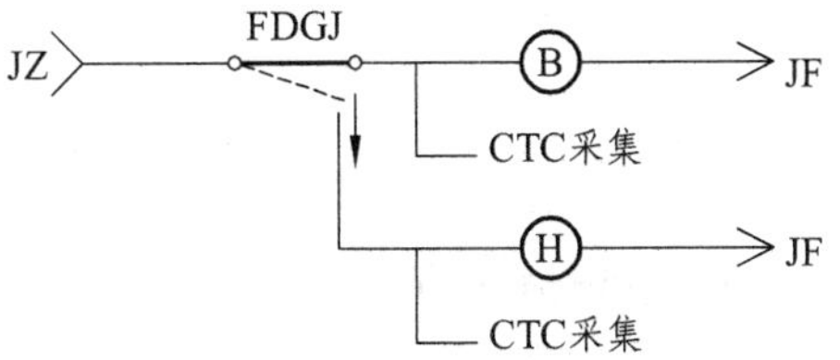

图 2.2.49　轨道区段表示信息采集点

4. 道岔位置表示信息的采集

L（绿）表示道岔位置为定位，U（黄）表示道岔位置为反位。其信息采集点如图 2.2.50 所示。

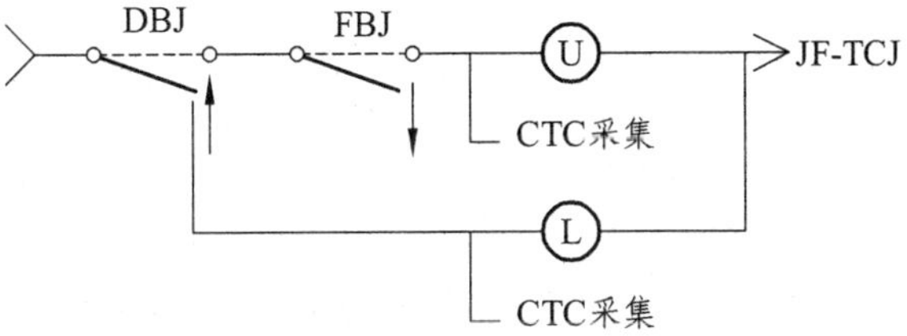

图 2.2.50　道岔定反位表示信息采集点

5. 控制台其他表示灯采集

包括挤岔报警、灯丝断丝报警、总人解等表示灯信息，均从控制台相应的表示灯处采集。图 2.2.51 所示为总人解表示灯的采集点，其余与之相似。

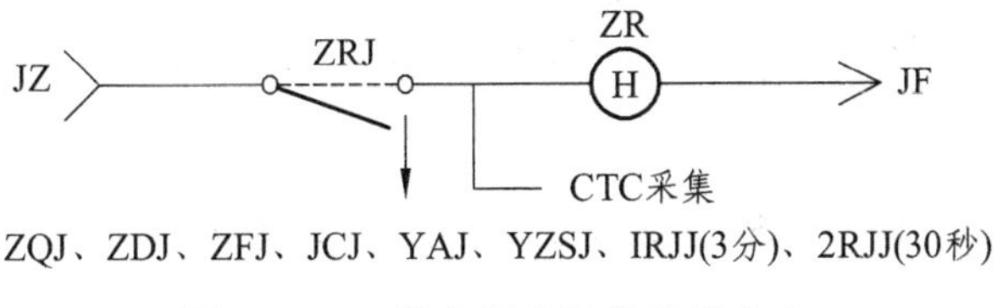

图 2.2.51　总人解表示信息采集点

6. 进路排列表示灯采集

其信息采集点如图 2.2.52 所示。

7. 熔丝报警信息采集

其信息采集点如图 2.2.53 所示。

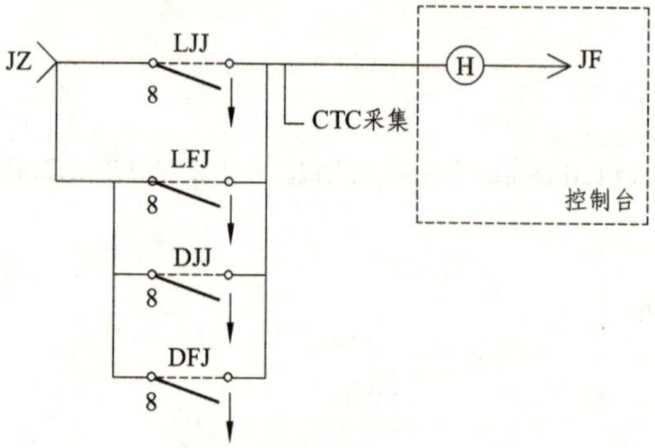

图 2.2.52　进路排列表示信息采集点

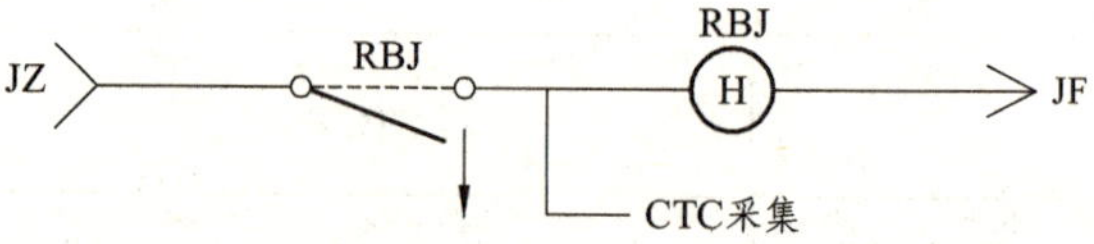

图 2.2.53　熔丝报警信息采集点

8. 按钮表示灯

如图 2.2.54 和图 2.2.55 所示，这些灯在排列进路时闪光（SJZ），进路选出后变为稳定灯光（JZ），信号开放后灭灯。闪光电源程序采样，以编码方式发给自律机。

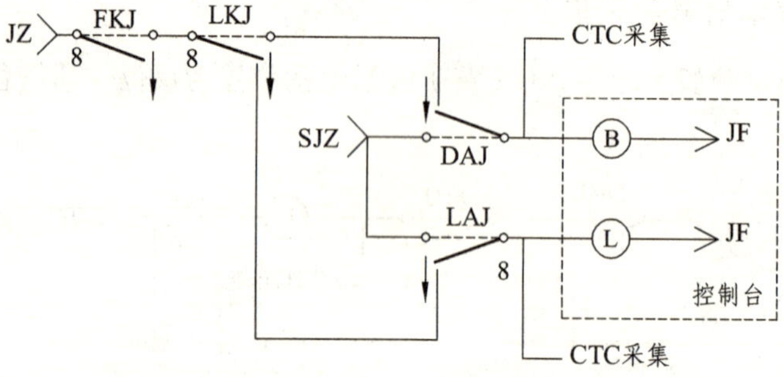

图 2.2.54　出站兼调车进路按钮表示信息采集点

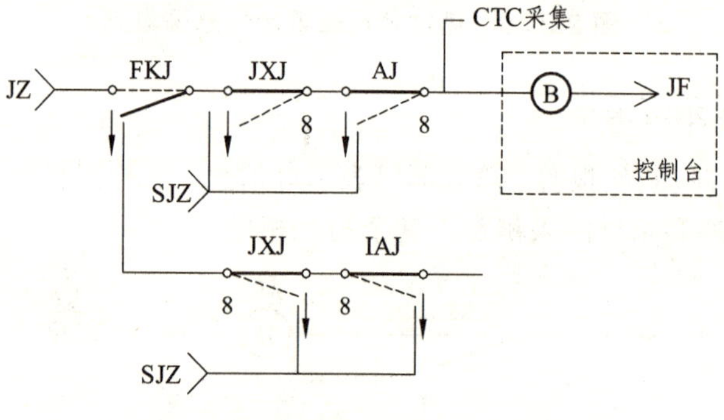

图 2.2.55　单置调车进路按钮表示信息采集点

9. 出站兼调车信号机状态 L 和 B 的采集

L（绿）表示列车信号开放，B（白）表示调车信号开放。其信息采集点如图 2.2.56 所示。

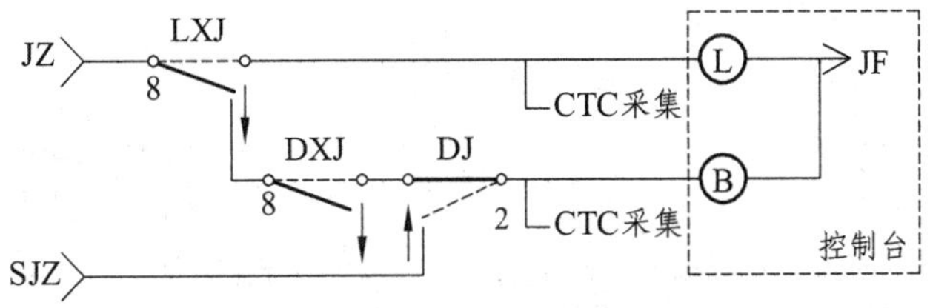

图 2.2.56　出站兼调车信号复示器信息采集点

10. 进站信号机状态 L、H、B（引导）的采集

L（绿）表示信号开放，H（红）表示信号关闭，B（白）、H（红）同时点亮表示引导信号开放。其信息采集点如图 2.2.57 所示。

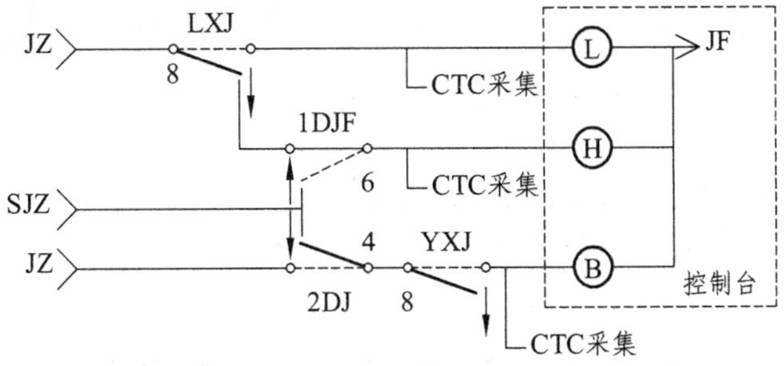

图 2.2.57　进站信号复示器信息采集点

11. 调车信号机状态 B 的采集

B（白）表示调车信号开放。其信息采集点如图 2.2.58 所示。

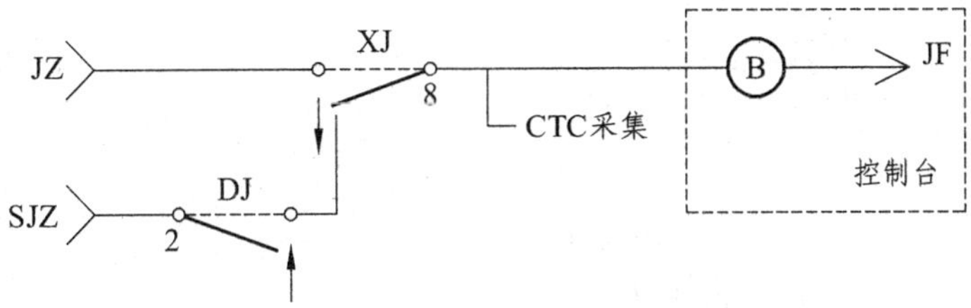

图 2.2.58　调车信号机状态采集点

12. 半自动闭塞区段接车表示灯和发车表示灯信息的采集

半自动闭塞区段用于表示闭塞机各种状态的灯包括接车表示灯和发车表示灯，均有 L（绿）、U（黄）、H（红）三个灯，但含义不同，具体如下：

（1）发车表示灯（FBD）：U 表示发车站请求发车，L 表示区间开通，H 表示发车闭塞。

（2）接车表示灯（JBD）：U 表示邻站请求向本站发车；L 表示同意接车，即同意邻站向本站发车；H 表示接车闭塞。

这些灯信息的采集点如图 2.2.59 所示。

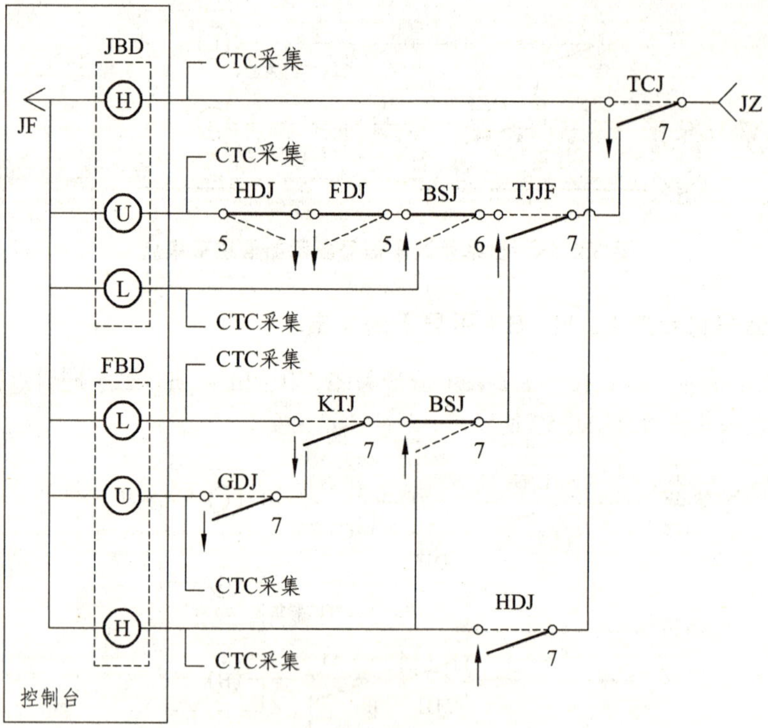

图 2.2.59　半自动闭塞表示灯的信息采集点

13. 自动闭塞区段发车方向、接车方向、监督区间占用及辅助办理表示信息的采集

其信息采集点如图 2.2.60 所示。

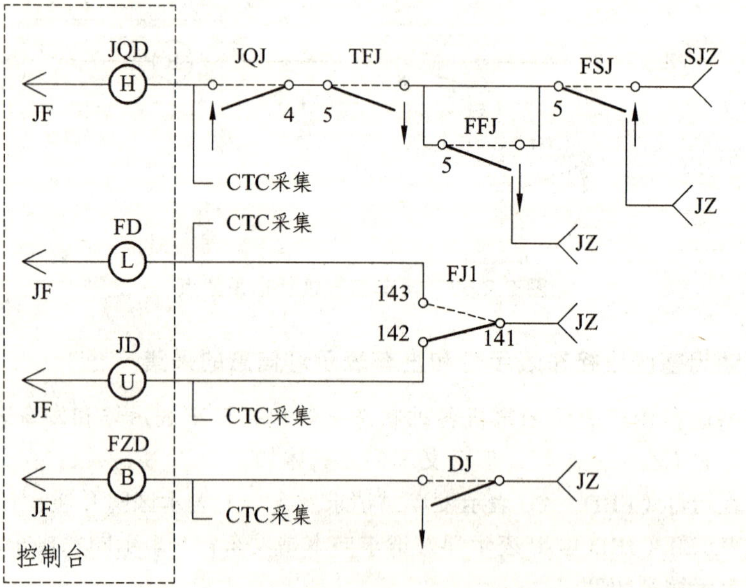

图 2.2.60　自动闭塞表示灯的信息采集点

四、与6502驱动控制输出设备的结合

（一）设计依据及原则

原6502控制台仅用作非常站控时的操作，正常分散自律控制时，全部操作在控制工作站和车务终端上进行。结合电路应该保证两种控制模式下的电源互切，即保证只有一个控制起作用。通过设在控制台上的非常站控按钮（FZKA）实现控制模式的转换，即按下为非常站控，拉出为正常分散自律控制。

（二）一般控制命令的结合电路

非常站控按钮（FZKA）按下时非常站控功能生效，此时CTC操作命令不能下发执行。非常站控按钮拉出时应该能切断控制台所有按钮继电器的控制回路，使得在拉出状态下控制台操作不起作用。

控制命令与电气集中控制台按钮一一对应，各按钮继电器通过非常控制复示继电器（FCKJF）的相应接点，即可收到自律机控制命令使按钮继电器可靠吸起，如图2.2.61所示。

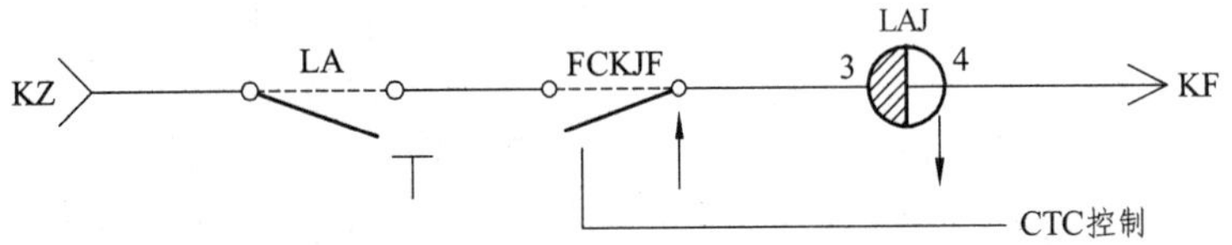

图2.2.61　CTC控制按钮继电器电路

控制台的按钮有：LA（列车按钮），XTA、STA（通过按钮），YZSA（引导总锁闭按钮），ZRA（总人工解锁按钮），ZQA（总取消按钮），ZDA（总定位按钮），ZFA（总反位按钮），YA（引导按钮），DA（调车按钮），BSA（闭塞按钮），SGA（事故按钮），FUA（复原按钮，计轴复零按钮）等。

（三）非常站控的结合电路

在分散自律控制状态下，当车站遇有紧急情况，必须转为车站控制时，车站值班员破铅封按下非常站控按钮（FCZKA），使非常控制继电器（FCKJ）落下，如图2.2.62所示。同时，向自律机送非常站控信息，并通过FCKJ接点切断复示继电器（FCKJF）的励磁电路，如图2.2.63所示，使其失磁落下，车站值班员即可通过电气集中控制台进行车站作业。

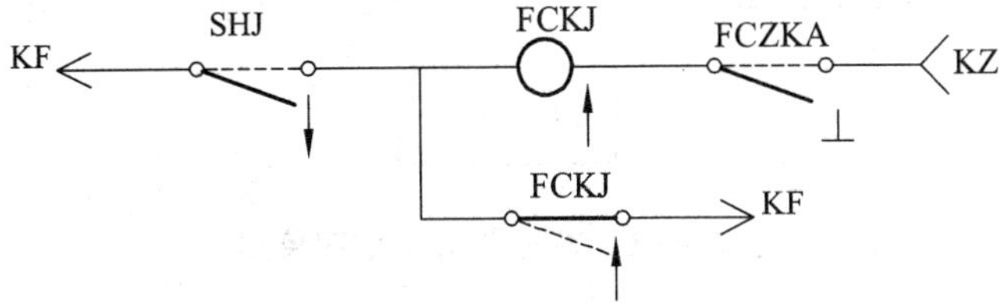

图2.2.62　非常站控继电器电路

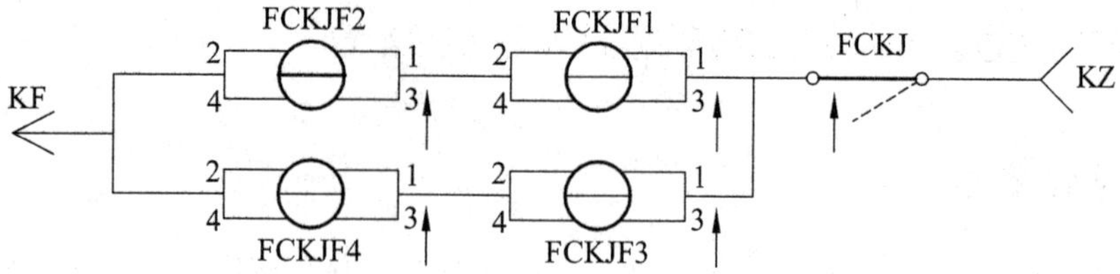

图 2.2.63　非常站控继电器复示继电器电路

当车站紧急情况处理完毕后，自律机检查分散自律系统设备正常、非常站控模式下没有正在执行的按钮操作后，CTC 系统输出控制命令，使允许收回站控继电器吸起（SHJ），如图 2.2.64 所示。控制台上允许转回分散自律控制模式黄灯亮，如图 2.2.65 所示。此时车站值班员拔出非常站控按钮（FCZKA），接通非常控制继电器（FCKJ）励磁电路使其吸起，FCKJ 吸起接通复示继电器励磁电路，使复示继电器吸起（FCKJF）。自律机检测 FCKJ 吸起后，控制 SHJ 落下，允许转回分散自律控制模式黄灯灭，控制台上分散自律控制模式绿灯亮，系统转回分散自律控制模式，并向自律机送自律控制状态信息。

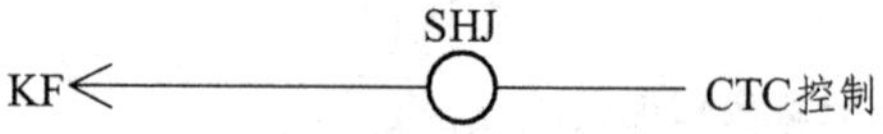

图 2.2.64　收回继电器电路

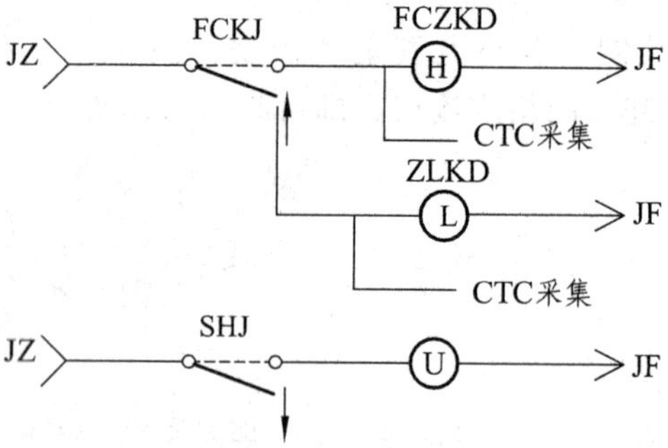

图 2.2.65　控制模式表示灯电路

五、与集中监测系统的接口

CTC 系统与集中监测系统的接口设置在各车站，接口形式为以太网。在车站，CTC 维护机通过专用网络接口接入集中监测系统的车站局域网，实现交换 CTC 设备状态和系统报警等信息，如图 2.2.66 所示。

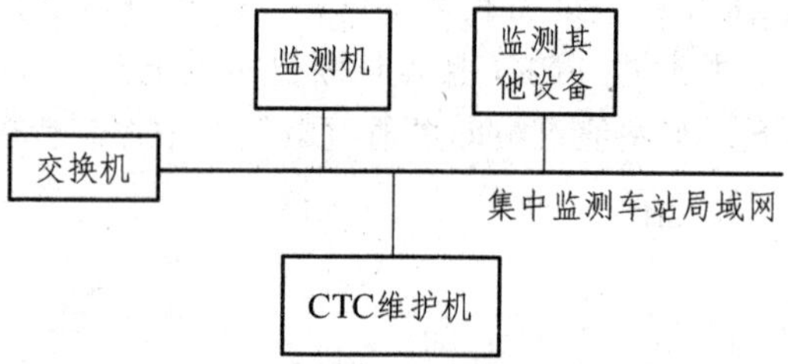

图 2.2.66　车站与集中监测接口

六、与车站列控中心接口

（一）接口方式

列控中心本身也是一个封闭的控制系统，为不影响其正常工作，车站自律机与列控中心系统间通常建议采用串行接口进行通信连接，如图 2.2.67 所示。在铁路现场的许多车站，自律机 A、B 均采用其后的 422E 和 422F 端口，通过光电 MODEM 去连接列控主控机柜中的 CTC 通信板，从而实现两者之间的信息交互。

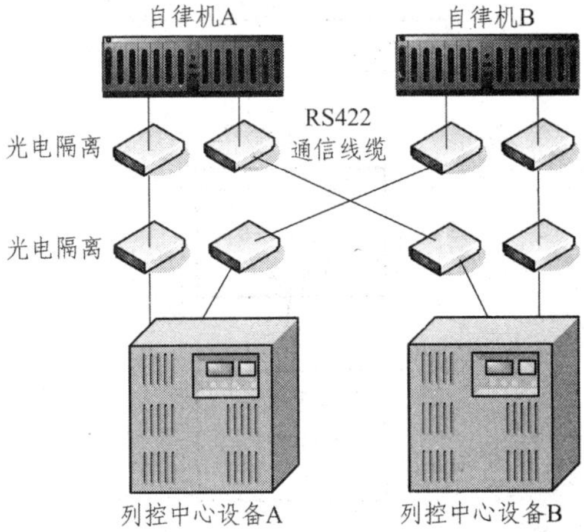

图 2.2.67　自律机与车站列控系统的接口

车站自律机和车站列控系统使用光电隔离器进行电气隔离，保证二者电气上的独立性；车站自律机和车站列控系统采用交叉的四线冗余连接，保证通信的可靠性。

（二）测　试

1. 测试目的

验证列控中心与 CTC 系统间通信连接是否正常，通道冗余设计是否有效，能否根据通信协议要求正确交换数据。

2. 开通时的测试内容及方法

（1）正确连接通信线路。

（2）列控中心和 CTC 系统分别根据通信协议，向对方发送不同类型的数据包，由对方显示接收的数据，并确认数据正确。

（3）进行冗余通道效果测试时，断开任一通道，系统及时报警，但不影响通信数据的正确性。当出现无效数据时，双方均能判断数据无效，并将数据丢弃。

（4）使 TCC A 系为主、B 系为从，CTC 自律机 A 为主、B 为备，断开 TCC A 系与 CTC A 机通道，3 s 后 CTC 自律机倒机，变成 A 为备、B 为主。恢复通道，CTC 自律机变成 A 为主、B 为备。

（5）CTC 不倒机，断开 TCC A 系与 CTC A 机通道，6 s 后 TCC 倒机，变成 A 系为从、B 系为主。恢复通道，断开 CTC A 与 TCC B 系通道，6 s 后 TCC 倒机，变成 A 系为主、B 系为从。

七、与无线车次号、调度命令系统接口

自律机通过 RS422 接口与无线车次号、调度命令系统连接，如图 2.2.68 所示。

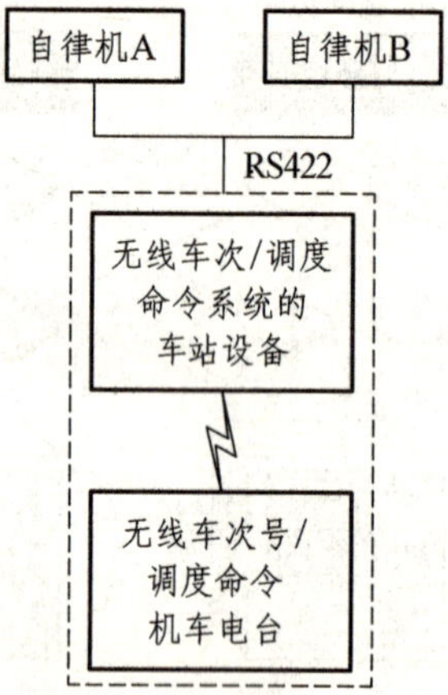

图 2.2.68　自律机与无线设备的接口

接口目的如下：

（1）实现系统车次号校核的功能。

（2）通过无线传送系统，将调度命令（含行车凭证）、调车作业单等传送到机车上。

（3）将列车进路预告信息发送到机车上。

任务 8　CTC 车务终端维护

任务目标：

（1）熟悉车务终端的硬件组成，了解车务终端软件的安装。

（2）熟悉车务终端在系统中的位置。

（3）学会处理车务终端的常见问题。

一、车务终端的硬件组成及开关机操作

CTC 系统中的车务终端，供各个车站值班员及信号员使用。它集站场显示、运统报表、

进路序列管理和调车作业单于一体，还可以接收阶段计划和调度命令。车务终端的使用减轻了车站值班员的工作强度，提高了车站值班员的工作效率，节省了车站的工作成本，加快了铁路事业现代化的建设，顺应了时代的发展潮流。车务终端是双机冗余系统，不分主备，双机并行工作，双机之间互相交换最新的数据以保持同步。

（一）车务终端计算机的组成

车务终端计算机大体包括：显示器、机箱、键盘和鼠标，还可外接打印机。

1. 显示器

显示器主要用于显示图像画面。

显示器的操作较简单，通常在它下方有一操作面板，上有多个按钮和指示灯。按钮包括电源开关和调节按钮。在显示器已通电的情况下，按下电源开关，指示灯将亮并为绿色，表明显示器工作正常。如果主机未开，呈绿色的指示灯短时间内将变为黄色，表明没有信号输入。调节按钮用于调节显示器显示模式，如宽度、高度、左右偏移、上下偏移、曲度等。由于各个显示器的调节方法不同，所以在此略去。

2. 主机箱

主机箱是计算机的心脏，负责所有的运算和存储功能。

机箱上也有电源开关和数个指示灯。按下电源开关，如果显示器指示灯为绿色，且有画面出现，表明计算机工作正常。

3. 键　盘

键盘是计算机的主要输入设备，用户可通过它将指令要求传送给计算机。

4. 鼠　标

鼠标也是输入设备。对鼠标的操作包括左键单击、左键双击、右键单击和右键双击等，用户可在计算机使用过程中领会掌握使用方法。

5. 打印机

打印机是另一种输出设备（显示器也是输出设备），它将生成的报表打印归档永久保存。

（二）车务终端的启动和关闭

在计算机启动后，车务终端软件会自动启动，当显示屏上显示站场表示、运统报表或调车作业单时表明车务终端启动成功。通常车站信号员工作站没有运统报表界面，车站综合维护员工作站只有站场表示界面。

车务终端必须保证 24 小时连续运行，车站值班员不能将其随意退出。同时，严禁车站值班员在车务终端上进行与本系统无关的操作。

（三）恢复操作

当用户不慎将车务终端退出或计算机显示蓝屏后，可同时按下 CTRL、ALT 和 DEL 三键，出现如图 2.2.69 所示对话框。

图 2.2.69　车务终端启动对话框

鼠标单击“关机”按钮，在弹出的如图 2.2.70 所示对话框中选中“重新启动”，单击“确定”按钮等待计算机重新启动后，车务终端就恢复工作了。

图 2.2.70　车务终端重启对话框

二、车务终端软件的安装

1. 添加用户

设置用户密码与属性等。

2. 安装 pcAnywhere 软件

pcAnywhere 软件是远程访问控制工具，通过它，我们可以在中心机房进行车务终端的基本维护工作。

3. 设置操作系统时间同步参数

时间同步参数是 CTC 的重要参数，如果时间不一致则会导致车站无表示、进路无法办理等重大问题，使 CTC 无法正常运行。所以在安装车务终端软件前必须设置操作系统的时间同步参数，具体步骤如下：

（1）将 tmset_2000.reg 和 resync_2000.cmd 复制到计算机的 C 盘根目录下，如图 2.2.71 所示。

图 2.2.71　复制 tmset_2000.reg 和 resync_2000.cmd

（2）双击 tmset_2000.reg 导入注册表项。

（3）运行 resync_2000.cmd 命令脚本同步时间。这时该计算机的时间应该与标准时间相一致。其前提条件是：

① 路局中心通信前置机正确配置了系统的时间同步参数，并获得标准时间。

② tmset_2000.reg 中的 IP 地址为路局中心通信前置机的 IP 地址。

当车站计算机操作系统更新为 Windows XP 或 Windows 2003 时，需要选用相应的 reg 和 cmd 文件。当车站计算机的时间与标准时间不一致时，不应进行车务终端安装，否则车务终端将无法正常运行，而是要首先处理时间问题。

4. 安装车务终端软件

（1）将车务终端软件的 ctc 目录拷贝到需安装机器的 C 盘下。

（2）进入 C：\ctc\stpc 目录下，修改相应配置文件。

（3）进入 C：\ctc\stpc_exe 目录下运行 reg.bat 注册控件；点击 gpcset.reg，修改注册表。

（4）重启计算机，当再次进入 Windows 2000 时将只运行车务终端软件，并屏蔽 Windows 2000 桌面。于是，在 ctc 目录下有三个目录，它们是：SDATA、stpc、stpc_exe，如图 2.2.72 所示。

其中，SDATA 目录为车务终端的运行数据目录，stpc 目录下为车务终端软件的配置文件，stpc_exe 目录下为车务终端软件的运行程序。在 SDATA 目录下的目录如图 2.2.73 所示。

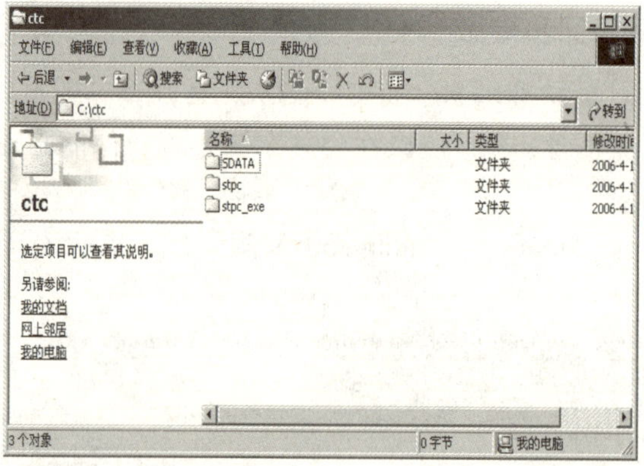

图 2.2.72　车务终端计算机 ctc 目录下的文件

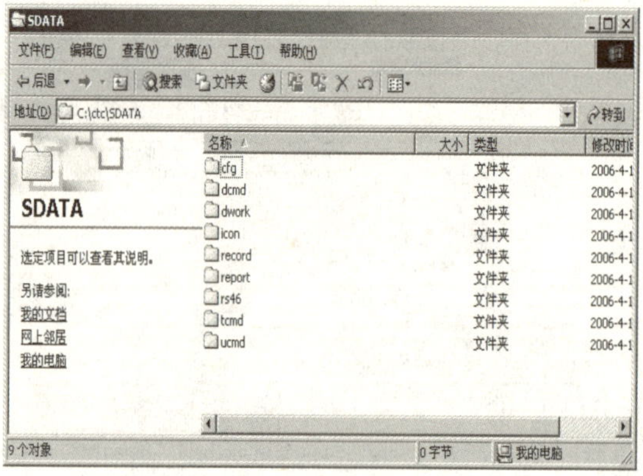

图 2.2.73　SDATA 目录

其中 cfg 下存放的是车务终端用户配置参数文件，如用户名列表、阶段计划、阶段记事、站存车、速报信息等。

dcmd 下存放的是中心下发的调度命令，dwork 下存放的是调车作业单，report 下存放的是运统报表，rs46 下存放的是运统 46 和运统 46（施工），tcmd 下存放的是车站请求调度命令，ucmd 下存放的是机车调度命令。

三、车务终端计算机维护要求

（1）为保证系统可靠运行，车务终端开机后，绝对不允许值班员玩游戏。

（2）为保证计算机系统不受到病毒感染，绝对不允许使用计算机上的软盘进行任何操作。

（3）当计算机由于某种原因需要关机时，要按照车务终端使用说明书的步骤正常关机（同时按 Ctrl+Del+Alt），而不能直接关闭计算机电源来关机，因为直接关闭计算机电源会破坏计算机操作系统。

（4）显示器由显示屏及电子器件构成，需要特别注意保持显示器清洁，绝对不允许将水或其他液体倒入显示器中。

（5）键盘、鼠标是计算机的常用输入工具，计算机所有操作均离不开它们，因此要保持鼠标、键盘清洁，绝对不允许用力敲打键盘及鼠标，更不允许将水或其他细小物件倒入键盘中。

（6）鼠标在使用一段时间后（特别是在灰尘较多的环境中），鼠标内会积累一定灰尘，这时可以定期将鼠标后盖打开，清理鼠标内灰尘。

四、车务终端常见问题处理

（一）硬件设备故障

车务终端由于不可预料的原因或操作系统的原因突然出现死机，或者鼠标或键盘突然不起作用时，值班员可以将计算机重新启动一次，这样系统一般能恢复正常工作；若不能恢复正常，则需要根据设备连接情况进行检查和分析处理。

车务终端设备连接示意图如图 2.2.74 所示。由前述知识可知：车务终端主机装在信号机械室的工控机柜中，通过专用长线与设在运转室的键盘、鼠标、显示器及音箱连接。

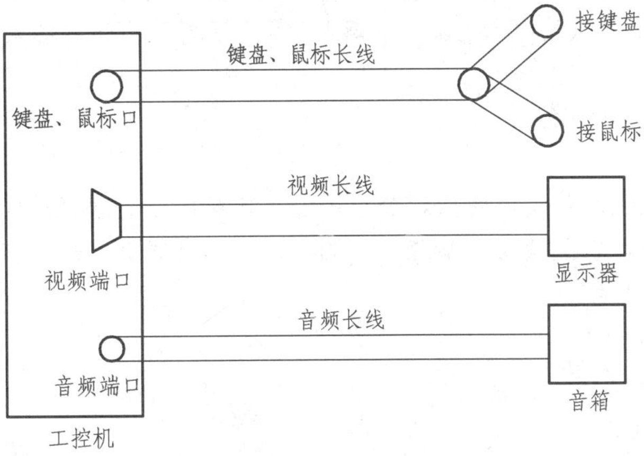

图 2.2.74　车务终端设备连接示意图

1. 键盘及鼠标常见故障处理

车务终端的键盘及鼠标是通过键盘、鼠标延长线与工控机的键盘、鼠标端口连接起来的。出现故障时首先检查连接线的各结合部分是否连接紧密，键盘、鼠标长线与工控机端口是否插紧，在运转室的一拖二转接头（俗称小辫子）与长线及键盘、鼠标是否插紧。若一切正常而故障还未恢复，可重新启动计算机。如经过以上操作故障还未恢复，则需要把键盘、鼠标延长线甩开，把一拖二转接头及键盘、鼠标直接接在工控机的键盘鼠标端口上。如故障恢复，则是键盘、鼠标长线的问题，需要更换键盘、鼠标长线。如故障还未恢复，则把一拖二转接头及键盘、鼠标接在其他计算机上，如验证键盘、鼠标设备良好，则是工控机键盘、鼠标端口的故障，工控机需返修。

2. 显示器显示不良故障处理

当显示器在开机使用一段时间后全屏幕突然变黑时，值班员可移动一下鼠标或按动键盘上任意一个键，通常就可以使显示画面又正常出现，其原因是计算机在长时间没有操作的情况下，会进入屏幕保护状态，保护计算机显示器。若这样处理后仍黑屏，则有故障，需按下述方法处理。

首先检查视频长线与工控机及显示器接触是否良好。如接触良好而故障未恢复，则把显示器直接接在工控机的视频接口上，如故障恢复，则是视频长线的问题，需更换视频长线。如故障未恢复，则把显示器接在一台好的计算机上，如显示正常，则是工控机显卡故障，需返修。如显示还不正常，则是显示器本身的故障，需返修。显示器故障的主要现象除显示器不亮外，还有图像显示不清晰、显示缺颜色等。显示器故障的原因有遭雷击、硬件损坏及寿命到期等。

3. 无语音提示故障处理

首先检查音频长线与工控机及音箱接触是否良好。如接触良好，则把音箱直接接在工控机的声卡接口上，如故障恢复，则是音频长线的故障，需更换音频长线。如故障未恢复，则把音箱接在一台声卡良好的计算机或收音机等设备上，如音箱仍无声音，则是音箱故障，需返修。如音箱正常工作，则是声卡故障，一种是声卡硬件故障，一种是声卡驱动故障。重启工控机，如故障未恢复，则重装声卡的驱动。如驱动程序装好后故障依然未恢复，则需更换声卡。

（二）软件常用问题

每一位值班员在接班时一定要重新登录系统，核对自己的值班员代号与姓名，准确输入自己的密码。因为一旦忘记登录，系统就会继续以上一班值班员姓名签收调度命令、阶段计划及行车日志。

1. 站场显示相关问题

1）站场无动态表示

（1）所有车站均无表示，可能有以下原因：

① 本计算机的时间与标准时间有较大的误差。

② 本计算机与车站集线器（或交换机）连接网线松动或网线断路。

（2）除本站外其他车站均无表示，可能有以下原因：

① 本站与其他车站网络中断。

② 其他车站的 LiRC 均故障。

（3）某一个车站无表示，可能有以下原因：

① 该车站与外界的网络中断。

② 该车站的 LiRC 故障。

2）没有 CTC 按钮工具栏，可能有以下原因：

（1）用户没有登录，处于注销状态。

（2）在区段画面下，因为只有单站方可进行按钮操作。

3）站场图出现奇怪车次号

车站值班员必须随时观察进入本站列车的车次号是否正确，一旦发现不正确车次号或没有车次号时，车站值班员必须及时修改或输入正确的车次号。车站值班员在输入车次号操作时一定要注意将计算机的输入方式切换到英文方式下，并且按一下键盘上的 Caps Lock 键（选择大写输入方式），然后再输入车次号。同时注意在输入 T、K 或 X 开头的车次号时，字母与其后的车次号不能有空格，必须连续，如“T17”“K57”“X2”为准确输入，而“T 17”“K 57”“X 2”则为不正确输入（有空格）。

2. 进路序列相关问题

（1）进路序列为空，可能有以下原因：

① 中心调度台未及时下发阶段计划。

② 车站为非按图排路模式。

③ 人工在显示选项中选择该车站重新刷新进路序列。

（2）列车进路股道为 -1 或错误股道，可能是因为中心调度台未安排行车股道或股道安排错误。如果是车站控制，可修改进路序列的股道，否则要通知相关调度台。

3. 阶段计划相关问题

当阶段签收按钮变为红色并且不停闪烁时，值班员要及时签收阶段计划，并核对阶段计划车次和到发点是否正确。

阶段计划自动填写到行车日志，由于有时候实际行车与阶段计划行车存在不一致现象，对行车日志中实际没有开行的计划列车要及时删除。

4. 调度命令相关问题

当调度命令签收按钮变为红色并且不停闪烁时，值班员要及时签收调度命令，并核对打印出来调度命令内容、签收人及发令人的姓名是否正确。

调度命令无法签收，可能是与中心的网络中断，或中心发送调度命令的机器没有启动。

5. 行车日志相关问题

（1）某次列车没有报点，可能有以下原因：

① 车站表示缺失。

② 未在站场图及时输入正确车次号。

③ 在行车日志中选择了只显示上行或下行列车信息。

（2）某次列车的股道错误，可能有以下原因：

① 调度所下达的阶段计划股道错误。

② 自动报点的股道错误。

以上原因需要值班员在行车日志中修改。

（3）无法进行预告、同意邻站发车等相关操作，可能有以下原因：

① 与中心网络中断。

② 该列车的邻站信息错误，可在列车信息菜单中修改相关邻站。

（4）不能修改行车日志，可能是因为用户没有登录。

（5）行车日志无法修改相关项信息（看不到某些项），可在工具栏的视图选项选择该项。

任务9　CTC车务终端操作

任务目标：

（1）熟悉车务终端的操作界面，掌握车务终端的维护方法。

（2）熟悉车务终端的操作，加强对CTC功能的理解。

一、用户主要界面

1. 站场控制界面

以卡斯柯公司研制的武广高铁CTC控制的新乌龙泉站为例进行介绍。如图2.2.75所示，该界面主要用来进行接发列车进路办理，控制操作站场设备，并可以切换到多站画面，显示站间透明信息，查看上下行各个站及区间的行车状况、股道占用、车次跟踪等信息。

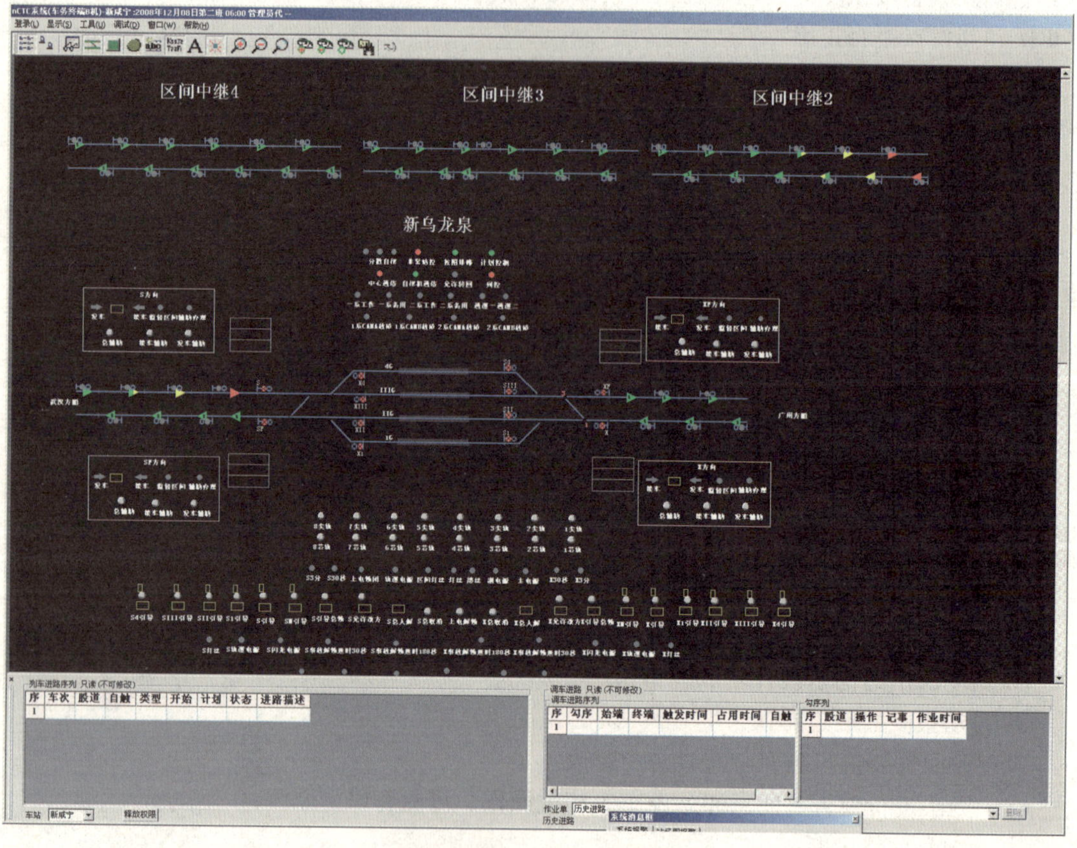

图2.2.75　站场控制界面

2. 运统报表显示界面

运统报表显示界面如图2.2.22所示，该界面主要用来进行行车日志的自动填报、接收调度命令和阶段计划信息、邻站预告、人工报点、上报列车编组及站存车信息等操作。

3. 调车作业单界面

如图 2.2.76 所示，该界面主要用来办理与调车作业单相关的事务，并可根据调车作业勾计划生成调车进路序列，并集成常用的统计功能。

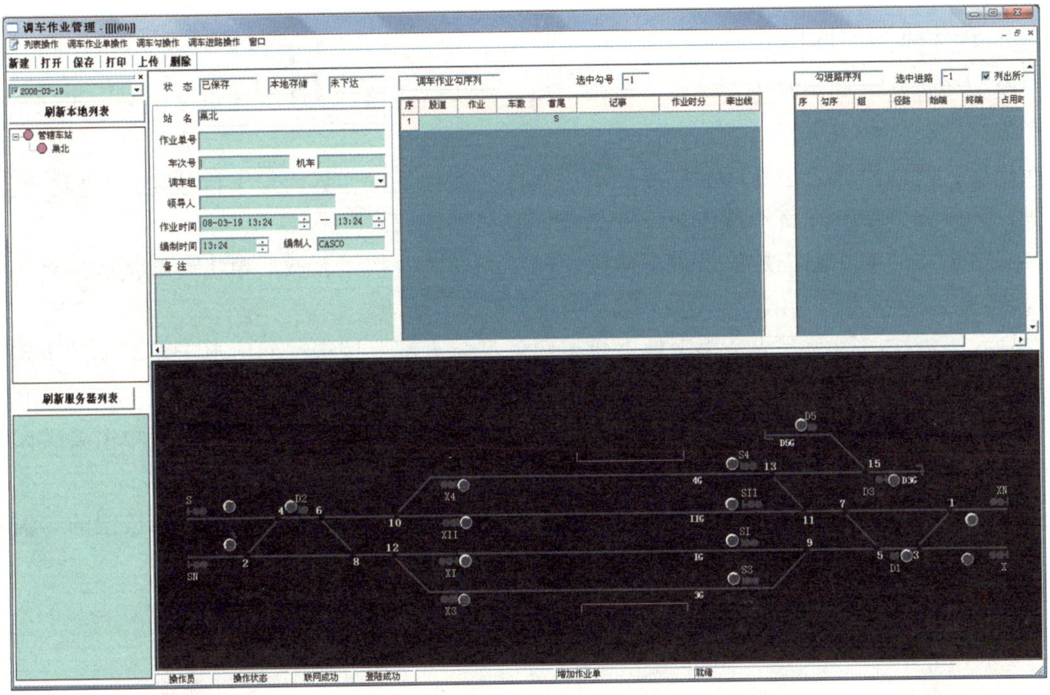

图 2.2.76　车务终端调车作业单界面

4. 界面间切换

通过图 2.2.75 所示界面中工具条（第三栏）左起第一和第二两个按钮可以实现多站和单站画面的切换，通过右边最后一个按钮可以实现在站场图界面与运统报表之间的切换。

二、操作内容与方法

由于登录与交接班操作比较简单，而多站监视界面的组成及调整与助调台相似，故此处均不再赘述。以下仅对 CTC 按钮条的操作进行介绍。

在站场图下面有一个按钮条，如图 2.2.77 所示。此按钮条是用来进行 CTC 按钮操作的，无论在区段画面还是单站画面中，此按钮条都能使用。一般情况下，具备 CTC 操作权限时，此按钮条就显示在站场图下方。选择菜单中的“CTC 按钮条”可以将其隐藏或显示。

图 2.2.77　CTC 按钮条

CTC 总是处在某种操作命令状态下，这可以通过观察按钮条上按钮的状态来分辨。灰色并且呈凹下状态的按钮就是当前的操作命令。鼠标单击各个按钮，可执行不同的操作命令。缺省情况下，CTC 处在“进路建立”命令下，如图 2.2.77 所示。这与 6502 控制台是一致的。任意一条操作命令完成或取消后，CTC 自动回到缺省的“进路建立”命令状态下。车站 CTC 命令操作同助调台一样，也有左键操作方式和右键操作方式。下面介绍各种命令操作。

1. 关于进路的操作

对一条进路的操作有建立进路、取消进路、总人解进路、人工关闭进路信号、进路信号重开等。

建立进路的操作方法是用鼠标左键单击车务终端站场操作界面最下排按钮的“进路建立”按钮，然后分别单击进路始端按钮、变更按钮和终端按钮。

取消进路的操作方法是单击最下排按钮的“总取消”按钮，然后单击要取消的进路的始端按钮。

总人解进路的操作方法是单击最下排按钮的“总人解”按钮，然后单击要取消的进路的始端按钮。

人工关闭进路信号的操作方法是单击最下排按钮的“总人解”按钮，然后单击要关闭信号的进路的任意一道岔区段或道岔。

信号重开的操作方法是在信号没有开放而进路锁闭的情况下，单击最下排按钮的“信号重开”按钮，然后单击要开放进路的始端按钮。

下面分别进行详细说明。

1）建立进路

通过进路的始、终端按钮实现手工排列进路。进路白光带显示在站场图上，道岔定、反位操作到位，在排进路过程中，道岔文字可能会闪烁。其左键操作方式如下：

首先，用鼠标单击“进路建立”按钮，当按钮变灰且呈凹下状态后，将光标移至需要办理进路的始端按钮上，如图 2.2.78 所示的 XF 按钮。如果此按钮能够办理进路，光标就会变为“十”字形，且按钮和信号机外框同时变为高亮状态。

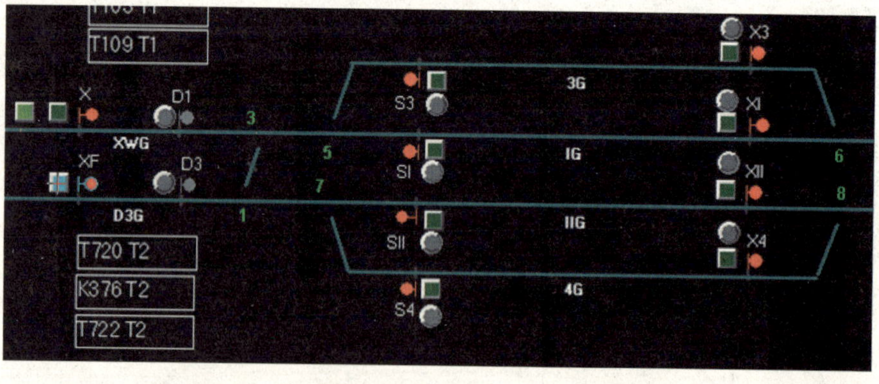

图 2.2.78　鼠标置于进路始端（XF）按钮时的状态

然后，单击鼠标左键，始端按钮压下时变为蓝色闪烁，如图 2.2.79 所示的 XF 按钮。同时系统自动找到能办理进路的终端按钮（变更按钮）并使其变为黄色闪烁，如图中的 SⅠ、SⅡ、

S3、S4 四个按钮。

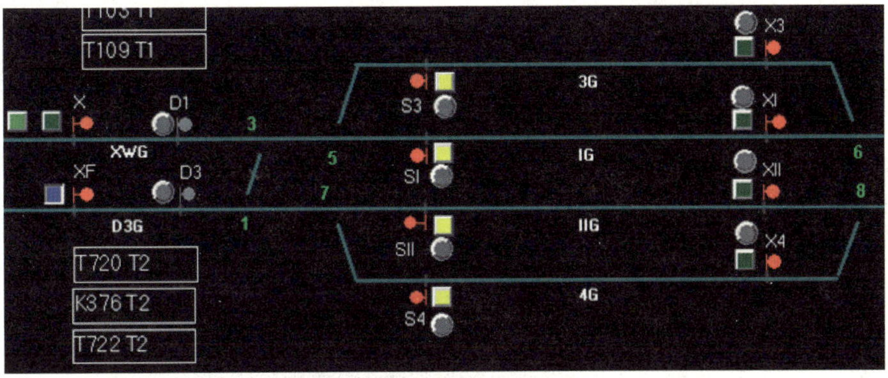

图 2.2.79　左键单击始端按钮后

此时 CTC 按钮条上原先为灰色的“命令清除”按钮变为能操作状态并且字变为蓝色，如图 2.2.80 所示。如果不办理进路了，就可以单击这个按钮。

图 2.2.80　“命令清除”按钮有效

如果要办理进路，就可以将光标移到终端按钮上，如图 2.2.81 所示 SⅡ按钮上，此时光标变为“十”字形，且按钮和信号机外框同时变为高亮状态。

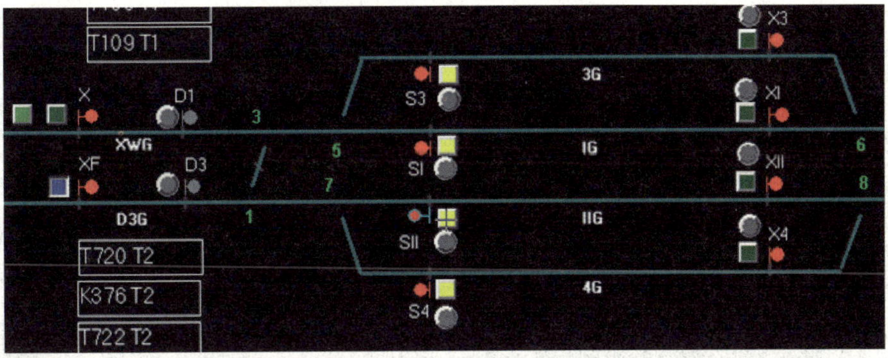

图 2.2.81　选择终端按钮

按下鼠标左键，终端 SⅡ按钮呈蓝色，并有一定时间的闪烁，如图 2.2.82 所示。

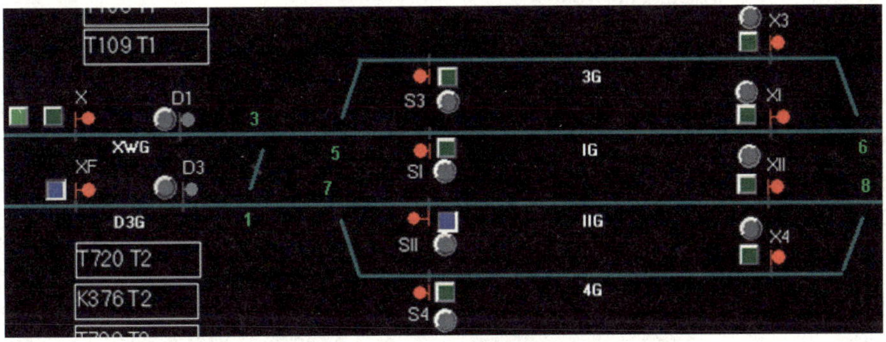

图 2.2.82　左键按下终端按钮

此时 CTC 按钮条上的“命令下达”按钮由原先的灰色变为能操作的高亮状态，同时字变为红色，如图 2.2.83 所示。

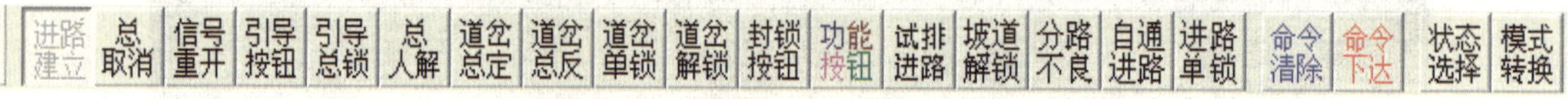

图 2.2.83 “命令下达”按钮有效

鼠标单击此按钮，则命令下达，在始端按钮的附近会弹出如图 2.2.84 所示的窗口。

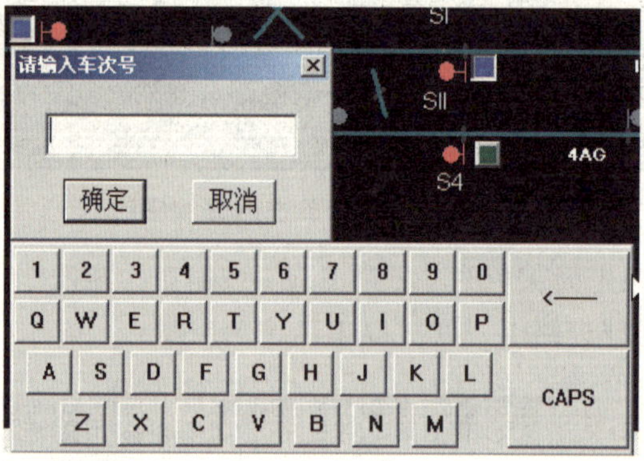

图 2.2.84 进路命令下达后输入车次号

按要求输入车次号后单击“确定”按钮，如果系统判定可以办理这条进路的话，则在站场图上就会出现一条白光带，如图 2.2.85 所示，说明此进路已经成功建立。

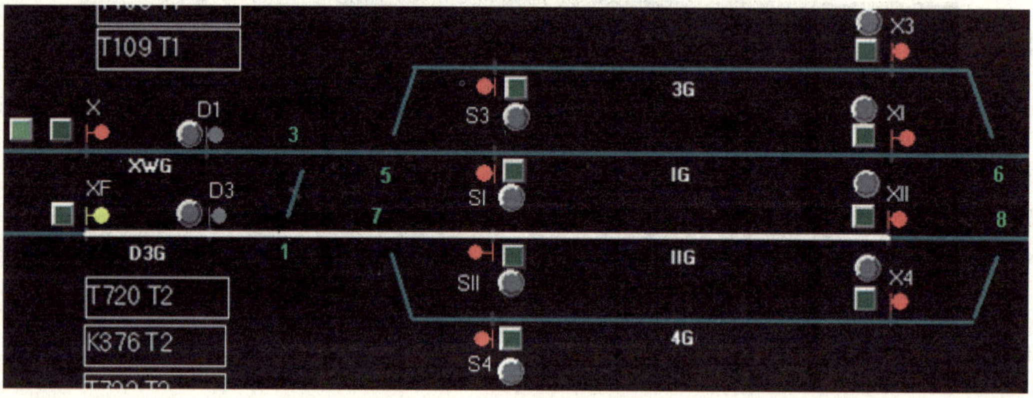

图 2.2.85 进路建立成功

如果办理进路时需要操作道岔，则在办理进路的过程中，道岔名称会有白色闪烁。

调车进路也可以按上述相同的左键操作方式建立，不同的是在办理调车进路时，进路按钮可以是调车按钮，也可以是信号机的灯位。若采用右键操作，其方法如下：

首先将光标移到始端信号机灯位上，信号机外框变为青色。此时单击鼠标右键，会出现如图 2.2.86 所示菜单。

在右键菜单中有“办理进路”这一项，因为此信号机既可作为列车按钮又可作为调车按钮，所以它同时具备列车和调车两种不同的菜单项。选择所要办理的进路选项，始端按钮变为蓝色闪烁，同时可供选择的终端按钮（变更按钮）变为黄色闪烁，接下来的操作与上面的一样。

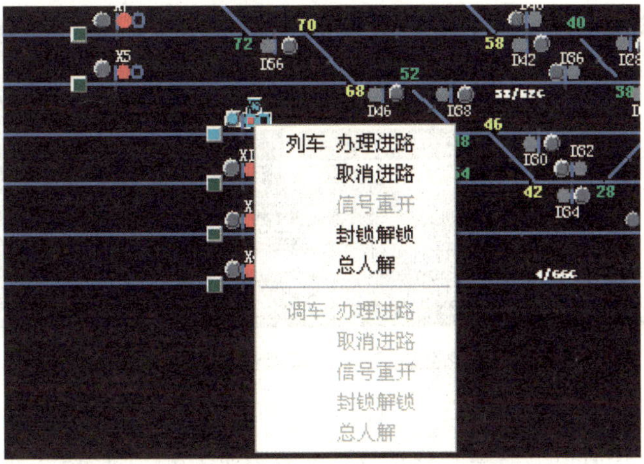

图 2.2.86　右键单击选中的始端信号机

2）取消进路

通过进路的始端按钮实现手工取消进路，操作成功后进路白光带在站场图上消失。其左键操作方式如下：

首先选择“总取消”按钮，选中后该按钮变为灰色且凹下，如图 2.2.87 所示。

图 2.2.87　选择“总取消”按钮

然后将光标移到进路的始端按钮 SⅡ上，此时光标形状为“十”字形，按钮呈青色，如图 2.2.88 所示。

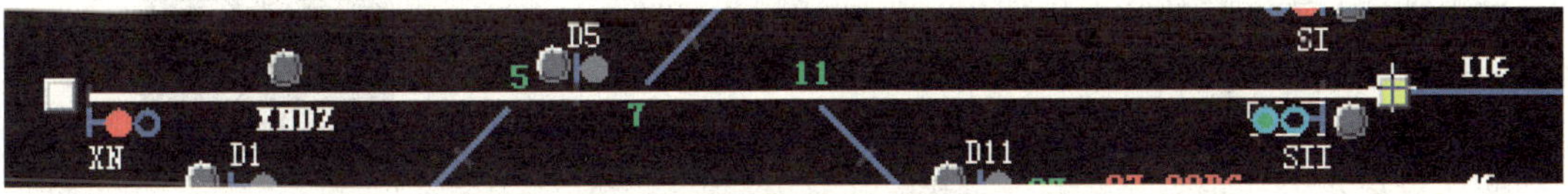

图 2.2.88　选择始端按钮

再按下鼠标左键，始端按钮会变为蓝色，并有一定时间的闪烁。此时可以观察到 CTC 按钮条上的“命令清除”和“命令下达”这两个按钮都可以选择，如图 2.2.89 所示。

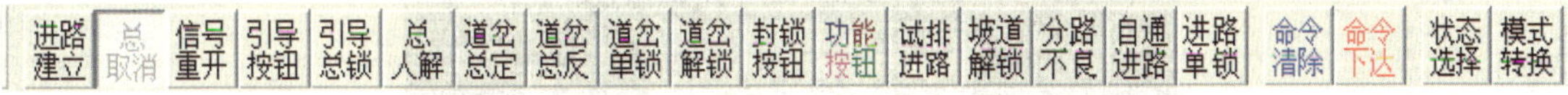

图 2.2.89　“命令清除”和“命令下达”按钮均有效

如果不想取消这条进路，单击“命令清除”按钮；如果要取消这条进路，就单击“命令下达”按钮。

进路取消操作也可以不单击 CTC 按钮条上的“总取消”按钮，直接通过鼠标右键菜单实现，即采用右键操作，其方法如下：

首先将光标移到进路始端的信号机（如图中的下行进站信号机 X）灯位上，此时信号机 X 外框和名称变为青色。然后单击鼠标右键，出现如图 2.2.90 所示的界面。选择列车的“取消进路”这个选项就可以实现进路的取消了。

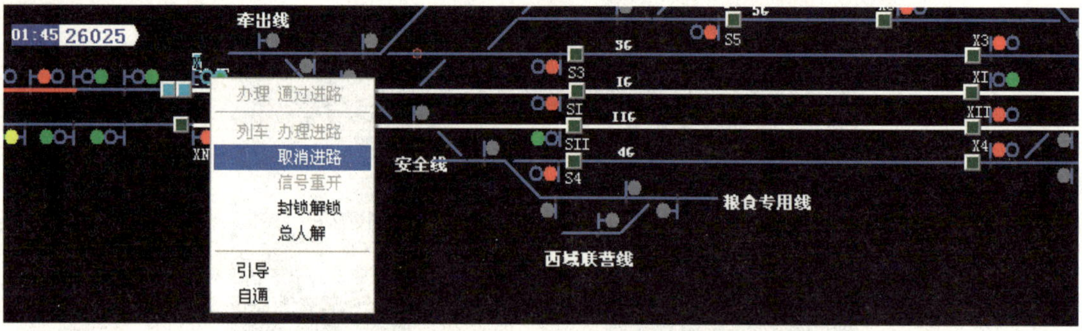

图 2.2.90　右键取消进路界面

3）信号重开

当信号开放后由于轨道电路瞬时分路或其他原因而关闭，而开放信号的条件满足（进路完整锁闭、空闲、没有敌对信号开放等）时，利用此项操作则可以使信号重新开放。该操作同样也包含两种方式。

左键操作：首先单击 CTC 按钮条上的“信号重开”按钮，再将光标移到进路的始端按钮上，当光标变为十字形，按下进路的始端按钮，然后单击“命令下达”按钮即可。

右键操作：将光标直接移到信号机的灯位上，单击鼠标右键，则有如图 2.2.90 所示菜单出现，然后选择“信号重开”，其后按提示操作即可。

4）引导按钮的操作（需密码）

当进站信号机（或进路信号机）因故不能正常开放时，可开放引导信号。如果引导进路创建成功，则用白光带显示。同时，在引导按钮下面的一个计数器，会记录按下此按钮的次数。

此项功能只能在单站画面中使用。当站场图为单站画面时，在画面的左下角和右下角分别有两个引导按钮。如图 2.2.91 所示为下行咽喉的引导按钮。

图 2.2.91　引导按钮及计数器

此项操作也有两种方式，其左键操作方式如下：

首先在 CTC 按钮条上选择“引导按钮”。此按钮是铅封按钮，需要输入密码，此时系统会弹出一个密码输入的对话框，如图 2.2.92 所示。

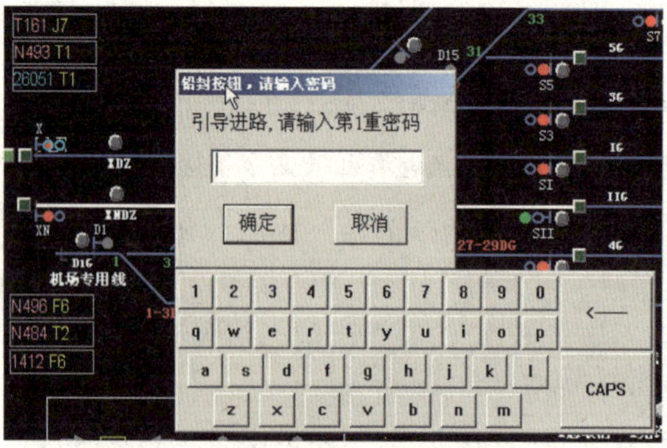

图 2.2.92　引导进路办理需输入密码

正确输入密码后，CTC 按钮条上此命令按钮表现为选中状态，如图 2.2.93 所示。此时将光标移到站场图上要办理引导进路的 X 引导按钮上。如果此时能办理引导操作，则光标变为“十”字形，同时站场图上的 X 引导按钮也变为可操作的黄色状态，如图 2.2.93 所示。

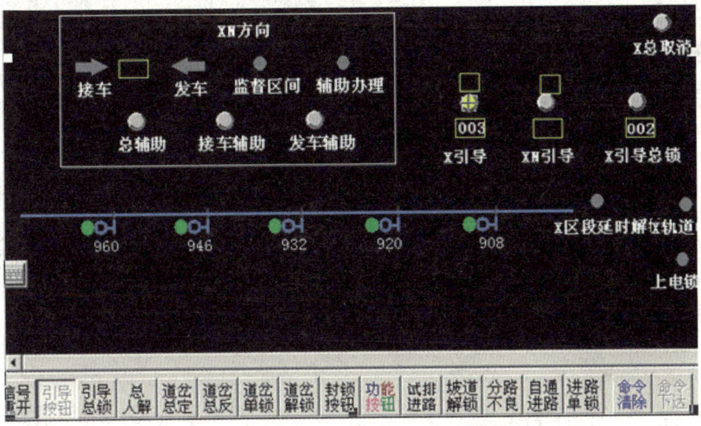

图 2.2.93 “X 引导”按钮选中

当将光标移到“X 引导”按钮上时，同时可以观察到 X 方向的进站信号机外框也呈青色。单击鼠标左键，弹出密码输入框，正确输入密码后，“X 引导”按钮呈蓝色，并有一定时间的闪烁，如图 2.2.94 所示。

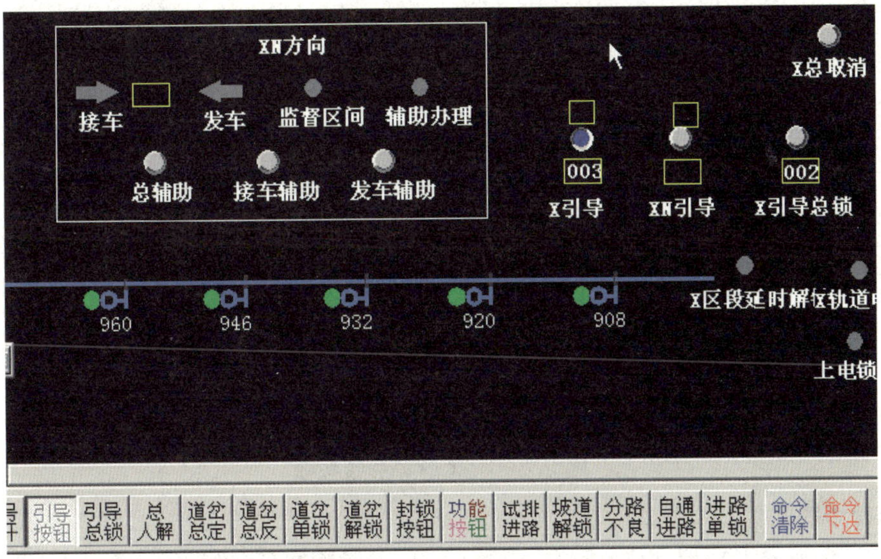

图 2.2.94 “X 引导”按钮有效

这时 CTC 按钮条上的“命令清除”和“命令下达”按钮呈可操作状态。此时可以单击“命令清除”选择不做这项操作；如果确认要进行引导操作的话，单击“命令下达”按钮即可。

此外也可以采用右键操作，其方法是：单击鼠标右键选择进站信号机，弹出菜单，按菜单选择操作即可。

引导进路的取消需要使用“总人解”按钮，首先选中“总人解”按钮，如图 2.2.95 所示。正确输入密码后，将光标移至引导按钮上，然后按下，并单击“命令下达”即可。

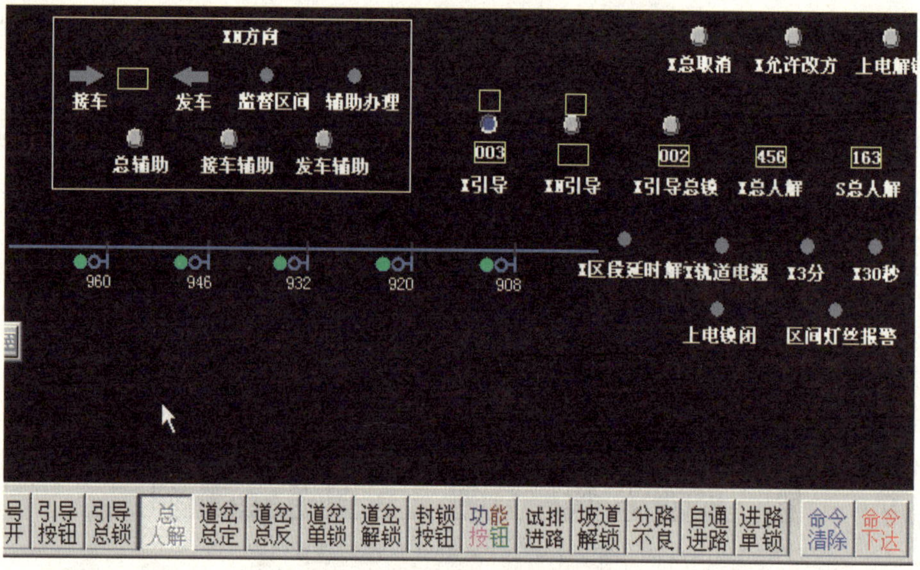

图 2.2.95 引导进路的取消

5）引导总锁的操作（需密码）

当进路上道岔失去表示或向不是接车进路的编组线上接车时，只能用办理引导总锁的方式引导接车。这时的行车安全由车站值班员保证。

办理引导总锁后，该按钮所辖咽喉内的所有道岔将被单锁，道岔文字变为红色。再次操作引导总锁时，道岔文字还原到引导总锁前的状态。引导总锁是铅封按钮，在引导总锁按钮旁边有一个计数器记录引导总锁的办理次数。

单站画面站场图的左下角和右下角，分别有两个按钮："X 引导总锁"和"S 引导总锁"，图 2.2.96 所示为下行咽喉的引导总锁按钮。

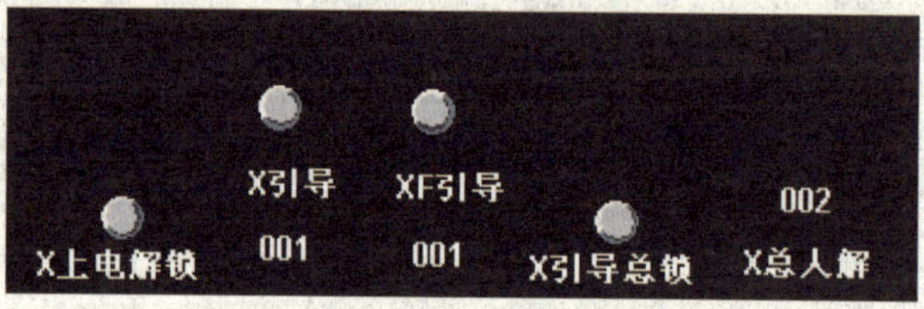

图 2.2.96 X 引导总锁按钮

其左键操作方式如下：

在 CTC 按钮条上选择"引导总锁"按钮后，系统提示校对密码两次。当正确输入密码后，将光标移到单站站场图的"引导总锁"按钮上，则光标变为"十"字形，同时按钮变为高亮青色，如图 2.2.97 所示。

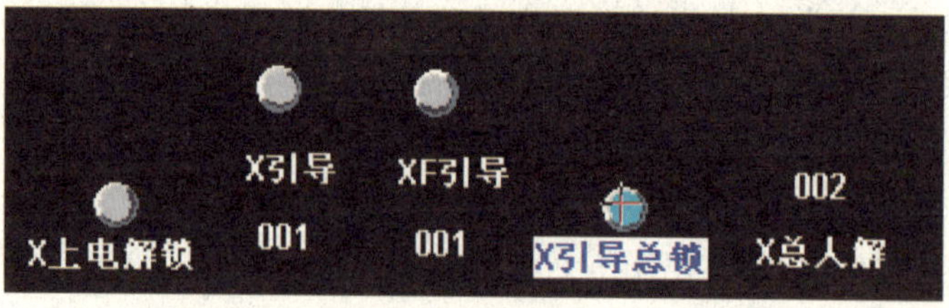

图 2.2.97 "X 引导总锁"按钮选中

按下鼠标左键，此时图上的“X 引导总锁”按钮变为蓝色，并有一定时间的闪烁，如图 2.2.98 所示。

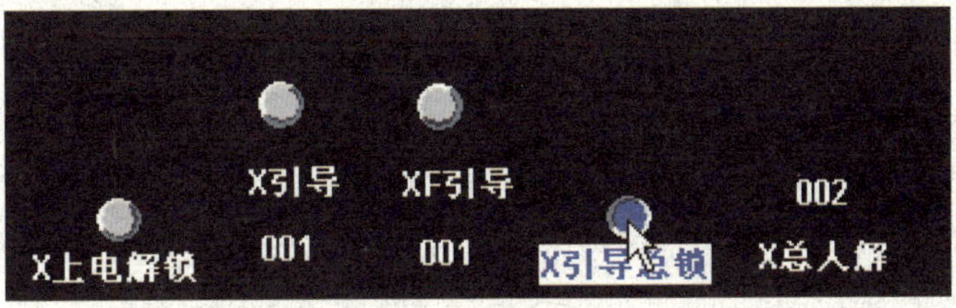

图 2.2.98 “X 引导总锁”按钮有效

这时 CTC 按钮条上的“命令清除”和“命令下达”按钮呈可操作状态。此时可以单击“命令清除”按钮，选择不做这项操作；如果确认要进行此项操作，单击“命令下达”即可。

当下达此命令后，站场图上的引导按钮将变为红色，并且它的计数器值加 1，如图 2.2.99 所示。计数器用来记录做这项操作的次数。

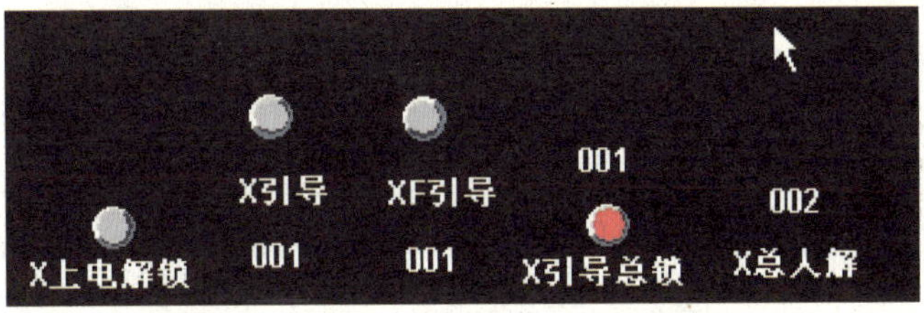

图 2.2.99 “X 引导总锁”命令下达

6）总人解的操作（需密码）

总人解操作用于解锁接近锁闭的进路、引导进路和区段，操作成功后进路白光带消失。其左键操作方式如下：

首先选择“总人解”按钮，会弹出密码对话框，正确输入密码后，“总人解”按钮将变为灰色，表明选中了总人解命令。如要解锁接近锁闭的进路或引导进路，则再按下相应信号机的始端按钮（调车信号机也可以是灯位）。将光标移到进路的始端按钮或信号机上，光标变为“十”字形，信号机也变成高亮显示，如图 2.2.100 所示。

图 2.2.100 选择始端

按下鼠标左键，信号机呈蓝色，并有一定时间的闪烁，如图 2.2.101 所示。

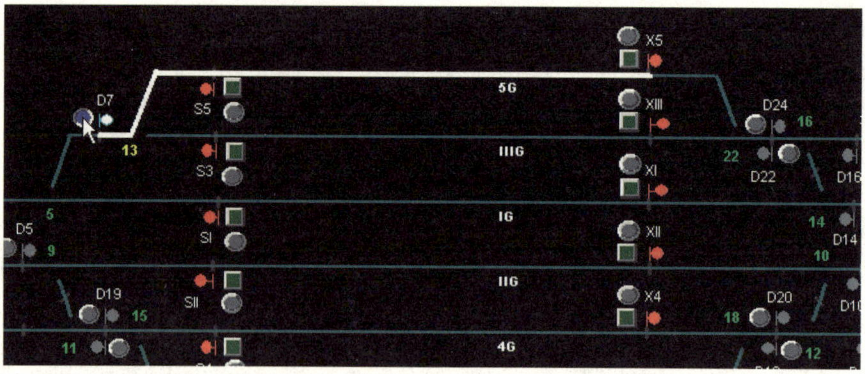

图 2.2.101　左键单击始端

此时 CTC 按钮条上的“命令清除”和“命令下达”按钮呈可操作状态，如果确认要进行此项操作，则单击“命令下达”。也可以在站场图上单击鼠标右键，出现“命令下达”和“命令清除”选项，单击它们也一样能实现想要的功能。单击“命令下达”按钮后，如果成功解锁，则白光带消失。

当开机或由于某种原因使轨道区段不能解锁时，应分段按故障方式使其解锁。解锁条件是该区段未被进路占用（不是某条进路的区段），而且该区段空闲。此时单击该区段名称即可（也可以是单击区段的线段）。其操作方法如下：

选中“总人解”按钮后，将光标移至需要解锁的区段（或区段名称），此时光标会呈“十”字形，区段会出现高亮显示（黄色），如图 2.2.102 所示。

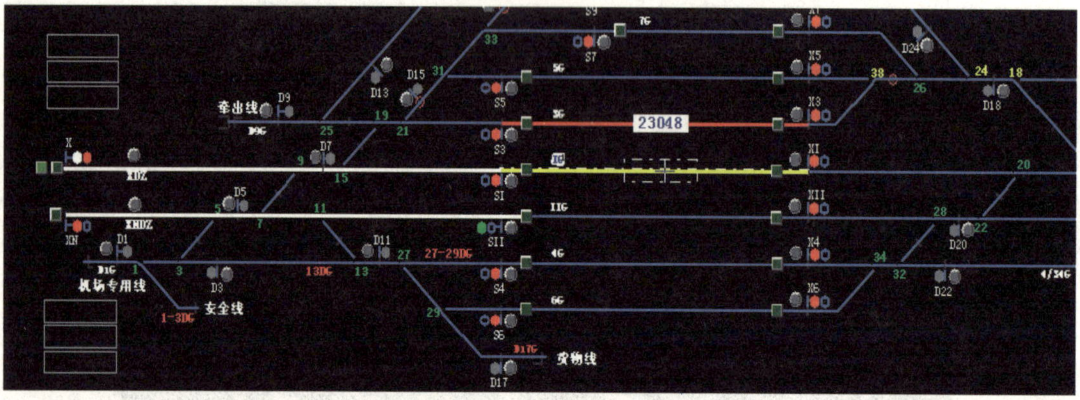

图 2.2.102　选择故障解锁区段

然后单击鼠标左键，则该区段呈蓝色，如图 2.2.103 所示，表示已被选中。

此时 CTC 按钮条上的“命令清除”和“命令下达”按钮变为可操作状态。选择不做这项操作，则单击“命令清除”按钮；如果确认要进行此项操作，则单击“命令下达”按钮。单击“命令下达”按钮后，如果成功解锁，则白光带消失。

也可用右键操作，其方法如下：

如要解锁接近锁闭的进路或引导进路，将光标移到始端信号机的灯位，若此时信号机（图 2.2.104 中的 SⅠ）的灯位名称呈高亮（青色），就可以进行右键操作。单击鼠标的右键，弹出如图 2.2.104 所示的菜单。执行此右键菜单中的“总人解”命令，再按提示操作即可。

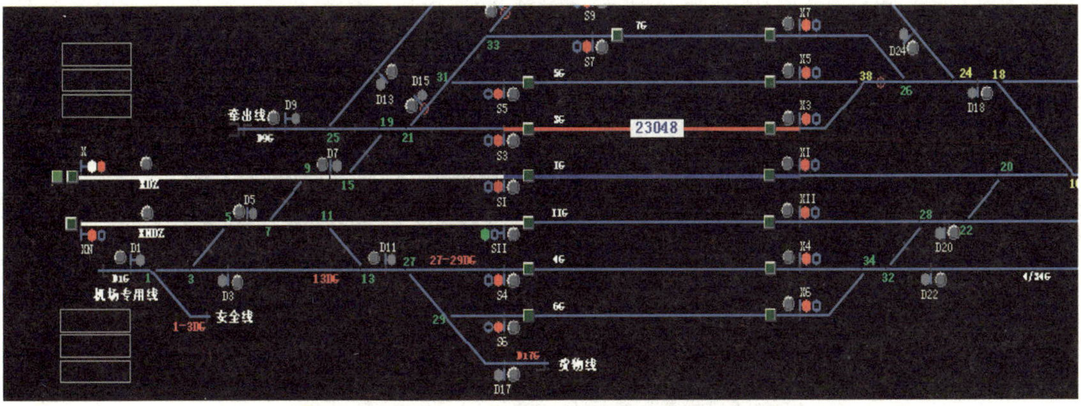

图 2.2.103　区段故障解锁选中有效

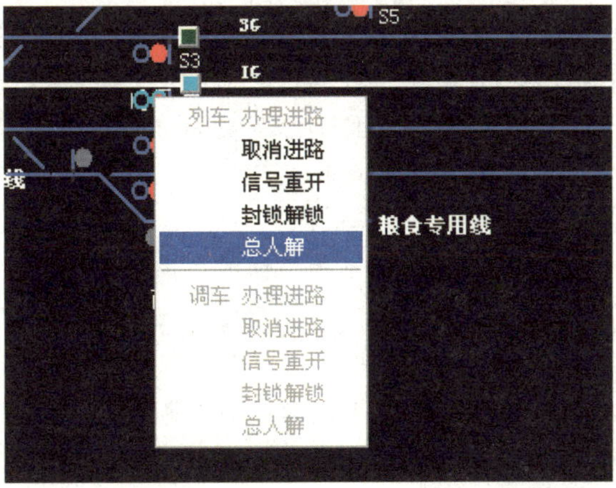

图 2.2.104　右键“总人解”接近锁闭的进路或引导进路

如要对轨道区段进行“总人解”操作时，将光标移至需要操作的区段的名称上（或是该区段的线段上），此时该区段和名称均呈高亮（青色），如图 2.2.105 中所示的 5G。

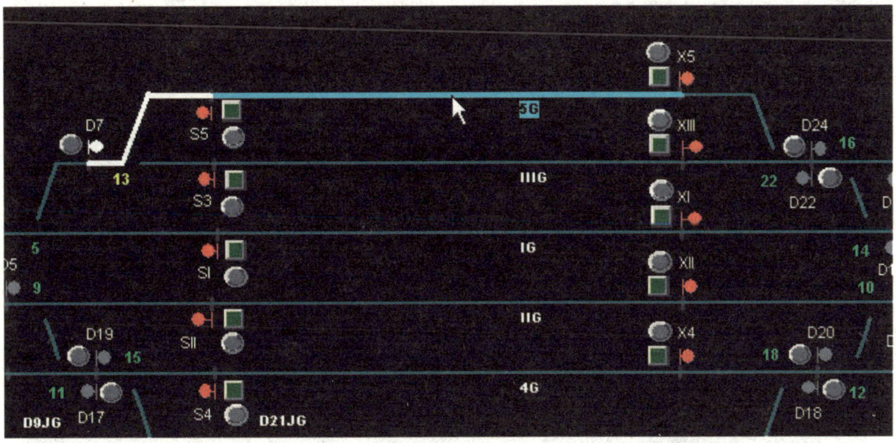

图 2.2.105　右键操作区段“总人解”时选中区段

这时单击鼠标右键，弹出的右键菜单中有“总人解”选项，如图 2.2.106 所示。

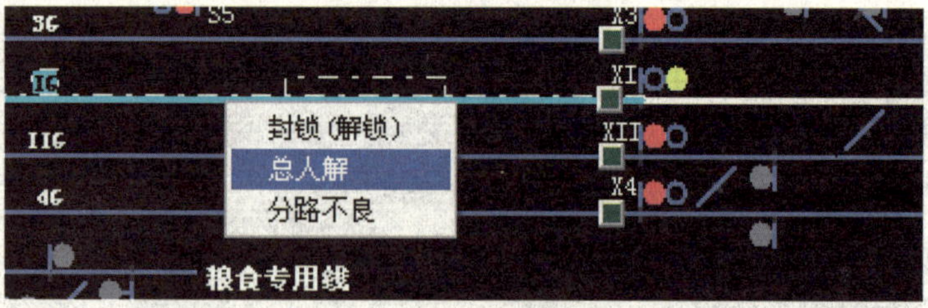

图 2.2.106　右键操作区段“总人解”

选择“总人解”命令，同样有询问对话框弹出，按提示操作即可。如果成功解锁，则白光带消失。

2. 关于道岔的操作

在车务终端上，能对所有的道岔进行定操、反操、单锁、单解、单封、封解操作。当道岔在定位时，道岔名称显示为绿色；道岔在反位时，道岔名称显示为黄色；道岔单锁时，道岔名称显示为红色；道岔封锁时，道岔名称显示为黄闪。

道岔向定位操的操作方法是：单击最下排按钮的“道岔总定”按钮，然后单击要定操的道岔。

道岔向反位操的操作方法是：单击最下排按钮的“道岔总反”按钮，然后单击要反操的道岔。

道岔单锁的操作方法是：单击最下排按钮的“道岔单锁”按钮，然后单击要单锁的道岔。

道岔解锁的操作方法是：单击最下排按钮的“道岔解锁”按钮，然后单击要单解的道岔。

道岔单封和道岔封解的操作方法相同，即单击最下排按钮的“封锁按钮”按钮，然后单击要操作的道岔。如果当前道岔处于无封锁状态，那么进行的就是单封操作；如果当前道岔处于单封状态，那么进行的就是封解操作。

1）道岔总定/总反操作

道岔未锁闭（锁闭包括进路锁闭、引导总锁闭和单锁）时，可进行道岔的单独操纵。图 2.2.107 所示的 1、3、5、9 号道岔处于定位，道岔名称呈绿色；13 号道岔处于反位，道岔名称呈黄色。

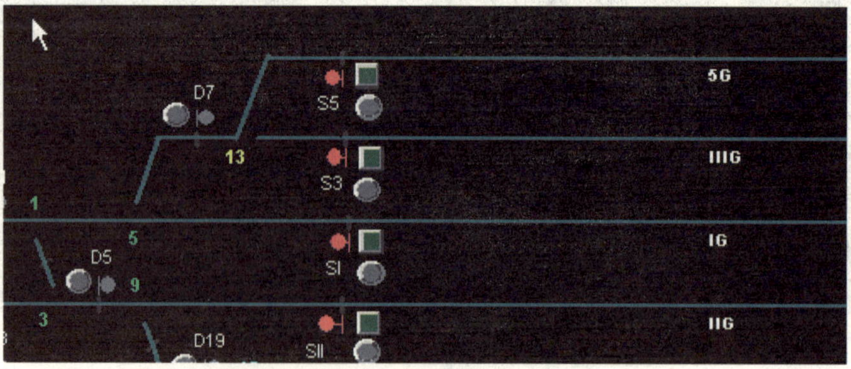

图 2.2.107　道岔定反位状态表示

以道岔向定位操作为例，其左键操作方式如下：

首先单击“道岔总定”按钮，再将光标移到站场图上需要操作的道岔上。系统自动会判定此时该道岔能否进行此项操作，如果能进行此操作，光标呈“十”字形，同时该道岔周围有虚框显示，如图 2.2.108 所示的 33 号道岔。

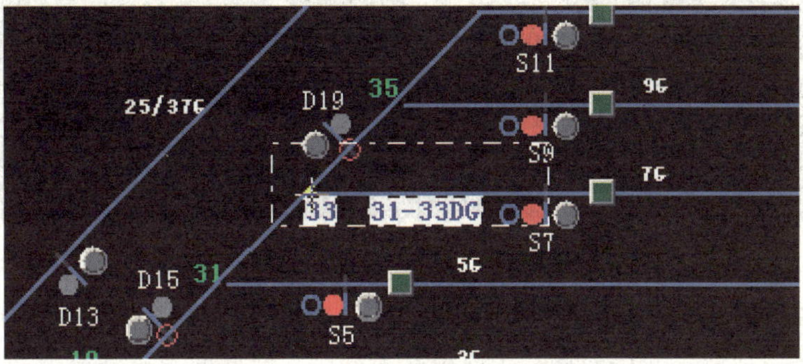

图 2.2.108　可操作的道岔状态

然后单击鼠标左键，道岔被选中则岔心呈蓝色，如图 2.2.109 中所示的 33 号道岔。

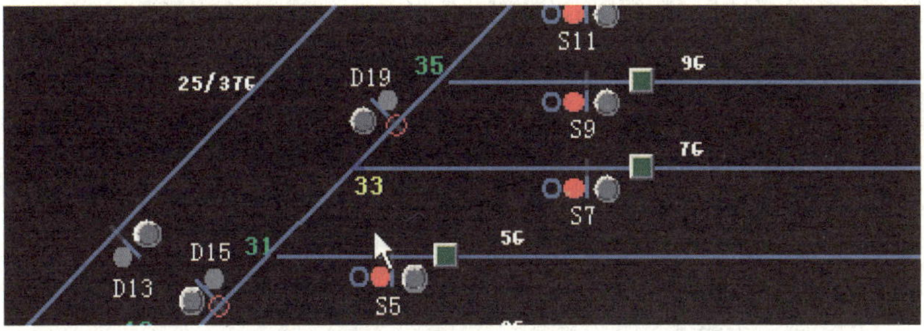

图 2.2.109　33 号道岔被选中

此时 CTC 按钮条上的“命令清除”和“命令下达”按钮变为可操作状态。若选择不做这项操作，则单击“命令清除”按钮；若选择进行此项操作，则单击“命令下达”按钮。当单击“命令下达”按钮后，如果可以成功地进行道岔的操纵，则 33 号道岔的名称呈白色闪烁，如图 2.1.110 所示。

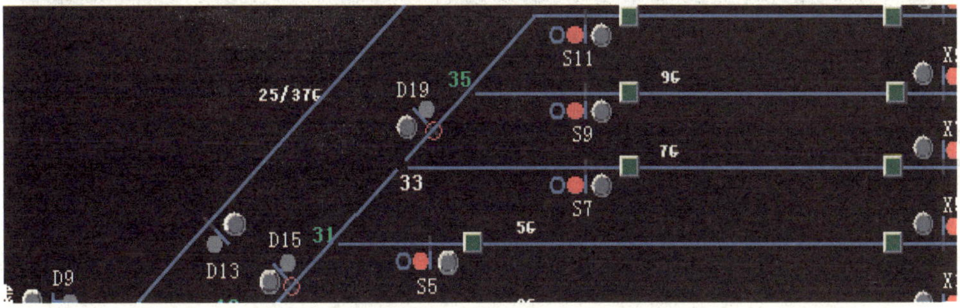

图 2.2.110　道岔被成功操作中会闪白色

若道岔动作完毕，则道岔的名称呈正常状态。图 2.2.111 所示为上述操作成功后，33 号道岔处于定位状态上，道岔名称变为绿色。

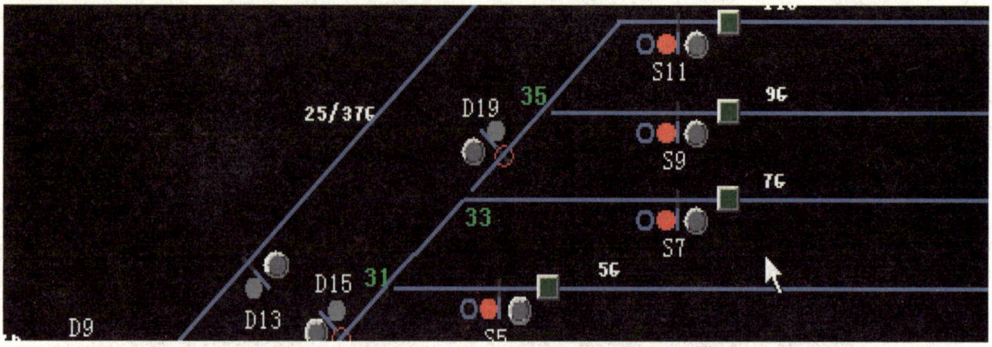

图 2.2.111 33 道岔成功操到定位

若仍是上例中的 33 号道岔，现要向反位操作，采用右键操作，其方法如下：

首先将光标移到需要动作的道岔（或道岔名称）上，此时道岔名称呈高亮显示并且周围出现虚框，与图 2.2.108 所示相同。

然后单击鼠标右键，弹出如图 2.2.112 所示的菜单。

此时选择“反操”选项，系统弹出如图 2.2.113 所示询问对话框。

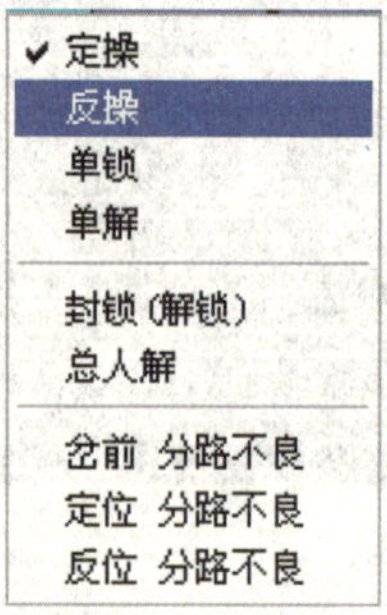

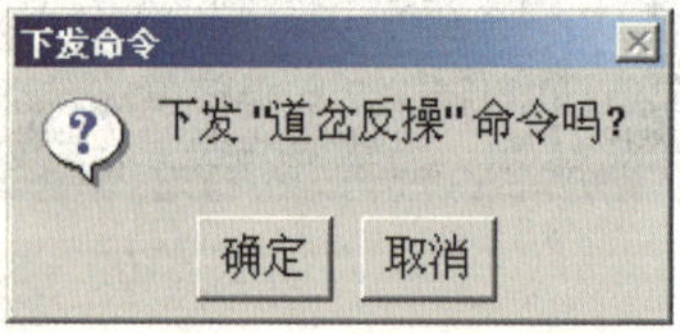

图 2.2.112 道岔操作右键菜单　　图 2.2.113 道岔反操询问对话框

单击“确定”按钮后，道岔动作时如前面所述，道岔名称呈白色闪烁；动作完毕后，道岔位于反位状态，道岔名称变为黄色，如图 2.2.114 所示。

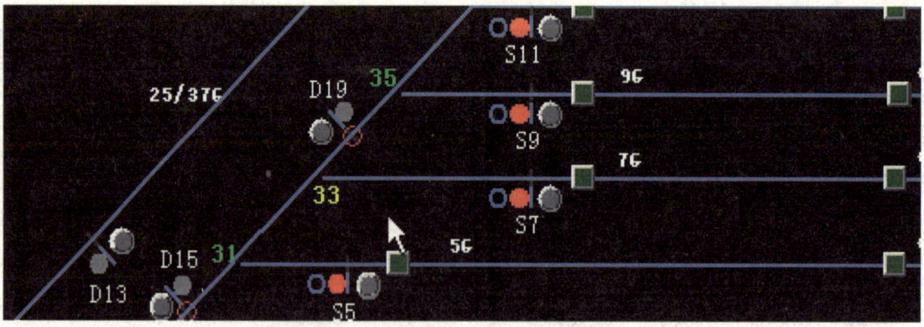

图 2.2.114 道岔反操成功

2）道岔单锁操作

道岔单锁操作用于无条件地单独锁闭道岔，道岔名称将变为红色。其左键操作方式如下：

首先选择“道岔单锁”按钮，再将光标移到需要操作的道岔（或其名称）上。此时道岔岔心呈高亮（黄色）显示，道岔周围出现虚框，光标也变为“十”字形。单击鼠标左键，此时道岔岔心呈蓝色，再通过 CTC 按钮条上的“命令清除”和“命令下达”按钮或右键菜单，实现命令清除或命令下达功能。选择“命令下达”，如果操作成功，此道岔就处于锁闭状态，同时道岔名称变为红色，如图 2.2.115 所示的 33 号道岔。

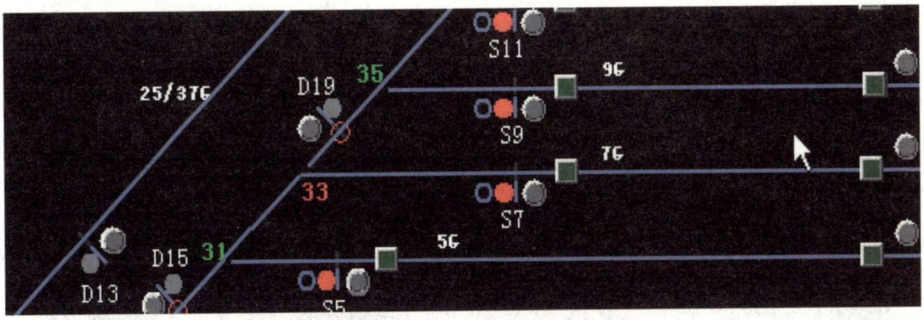

图 2.2.115　33 号道岔处于单锁

若采用右键操作，其方法如下：

将光标移到需要操作的道岔（或道岔名称）上，当此道岔变为高亮（青色）时，单击右键，弹出如图 2.2.112 所示的菜单，选择“单锁”即可。当成功地锁闭了此道岔后，道岔名称呈红色。

3）道岔解锁操作（需密码）

道岔解锁操作用于为锁闭的道岔进行解锁。以图 2.2.115 所示的 33 号道岔为例，其左键操作方式如下：

首先选择“道岔解锁”按钮，系统会弹出密码输入框。准确输入密码后，按钮会变为灰色，表示选中了“道岔解锁”这个命令。再将光标移到需要解锁的道岔名称上，系统会自动判断哪些设备能做此项操作。若鼠标变为“十”字形，同时道岔岔心呈高亮显示，表明可以对此道岔进行解锁。

然后单击鼠标左键，此时道岔岔心呈蓝色，表示选中了此道岔，如图 2.2.116 所示 33 号道岔。

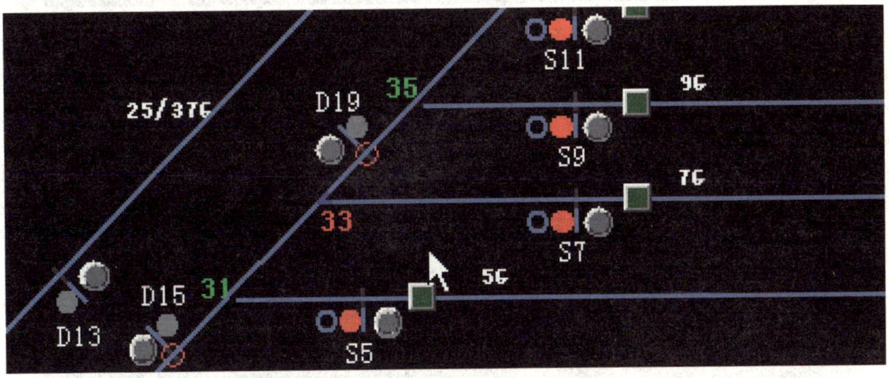

图 2.2.116　选中锁闭的 33 道岔

此时通过 CTC 按钮条上的“命令清除”和“命令下达”两个按钮，或通过站场图上右键菜单，可分别实现“命令清除”和“命令下达”的功能。当此命令下达后，如果操作成功，此道岔就恢复为锁闭前的状态。

3. 封锁按钮操作（需密码）

其左键操作方式如下：

首先选中“封锁按钮”，会弹出密码输入框。正确输入密码后，该按钮变为灰色，表明被选中。再将光标移至所需要办理封锁操作的对象上，如股道、区间、区段或其文字、信号机的按钮，当光标变为“十”字形，同时所选对象为高亮状态时，即可进行封锁操作，如图 2.2.117 所示的 D7 调车按钮。

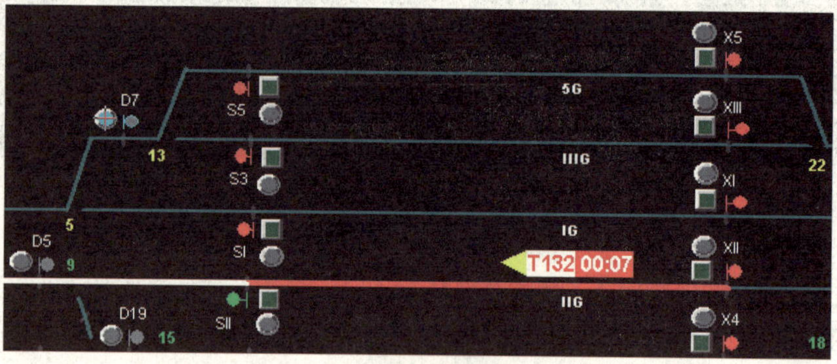

图 2.2.117 选 D7 进行封锁操作

单击鼠标左键，所选对象呈蓝色，如果是信号机按钮则还有一定时间的闪烁，如图 2.2.118 所示。

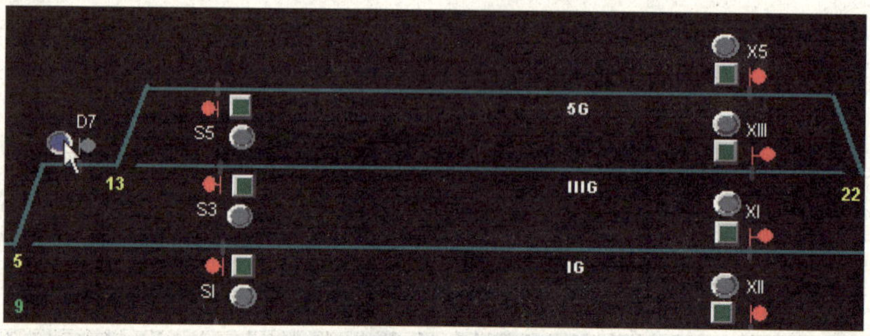

图 2.2.118 选中 D7

此时通过 CTC 按钮条上的“命令清除”和“命令下达”两个按钮，或通过站场图上右键菜单，可分别实现“命令清除”和“命令下达”的功能。当命令下达后，如果操作成功，则按钮会呈粉红色闪烁，如图 2.2.119 所示。

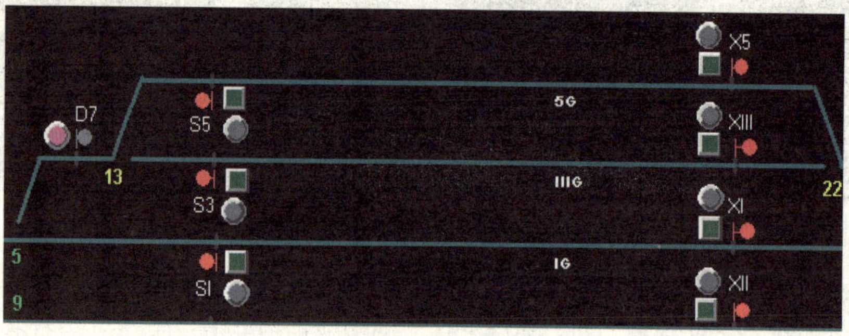

图 2.2.119 成功封锁 D7 按钮

若用右键操作，则方法如下：

以道岔为例，当选择的对象呈高亮状态时，表明此对象可进行右键菜单操作。此时单击鼠标右键，弹出如图 2.2.112 所示的菜单，单击“封锁（解锁）”即可。

当成功地将此道岔封锁后，道岔呈黄色闪烁，如图 2.2.120 所示。

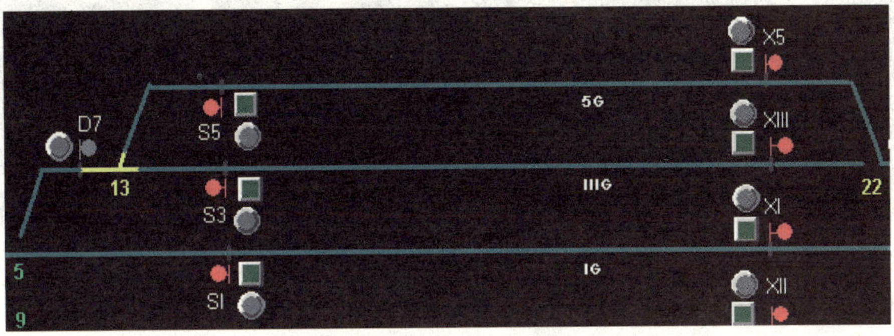

图 2.2.120　13 号道岔被封锁

如果需要取消封锁，则只需重复上面的操作即可。

4. 功能按钮使用

所有“特殊联锁”的操作都归到“功能按钮”这一命令内，“特殊联锁”包括单溜、非进路调车、闭塞操作、坡道按钮、接发车请求/同意、上电解锁按钮、允许改方等。

功能按钮的操作方法是：在车务终端的最下排按钮中单击“功能按钮”，然后在站场图上单击要进行的操作按钮。下面分别进行介绍。

1）停电恢复按钮

“停电恢复”按钮在轨道停电或联锁机启动时且确认行车安全的前提下使用，也称之为“上电解锁”。此功能只能在单站画面中使用，并且只能用 CTC 按钮条的方式实现。在单站画面的下方有一个“上电解锁”按钮，如图 2.2.121 所示。

图 2.2.121　单站画面下的上电解锁按钮平时状态

首先单击 CTC 按钮条上的“功能按钮”，再将光标移至单站画面的上电解锁按钮上。当光标呈“十”字形，并且按钮呈高亮显示时按下鼠标左键，此时按钮会呈蓝色，如图 2.2.122 所示，并有一定时间的闪烁。

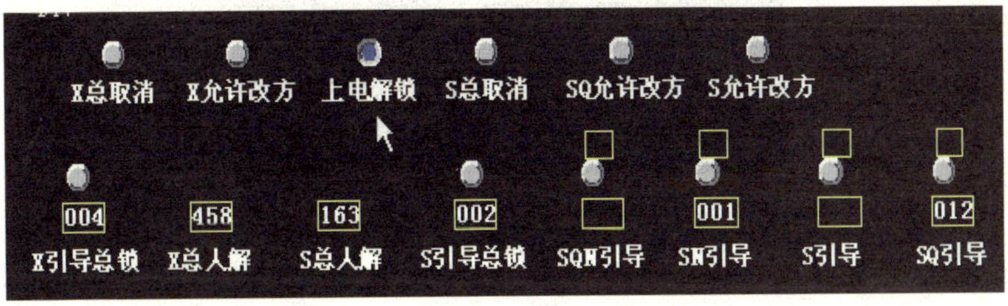

图 2.2.122　选中上电解锁按钮

此时通过 CTC 按钮条上的“命令清除”和“命令下达”这两个按钮，或通过站场图上右键菜单，可分别实现命令清除和命令下达功能。当此命令下达后，如果成功执行，“上电解锁”按钮呈红色，如图 2.2.123 所示。

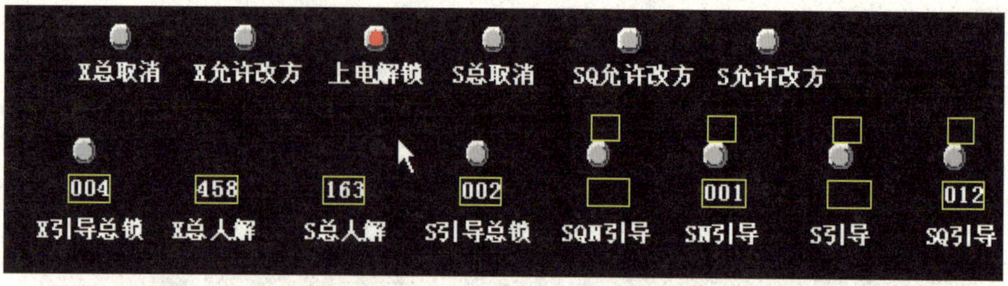

图 2.2.123　成功上电解锁

2）允许改方按钮

给区间反向进路开放出站信号机，必须按下允许改方按钮，该按钮为非自复式按钮。在单站画面的四个角上有四个方框，如图 2.2.124 所示。

这里的“接车辅助”和“发车辅助”按钮就属于功能按钮。功能按钮操作只能通过 CTC 按钮条的方式实现。站场图上各个功能按钮对密码的要求是不一样的，有些需要输入两次密码，有些需要输入一次密码。

其左键操作方式如下：

首先单击按钮条上的“功能按钮”。按钮变为灰色后，将光标移至站场图的相关按钮上，如“接车辅助”按钮，此时鼠标会变为“十”字形，同时按钮及其名称变为高亮状态，如图 2.2.125 所示，说明此按钮被选中。

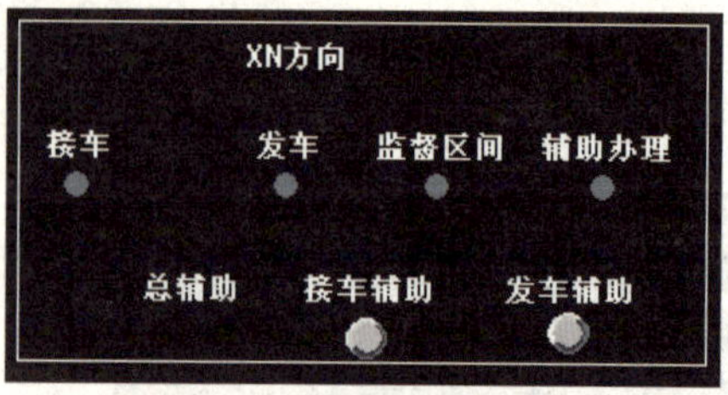

图 2.2.124　允许改方按钮

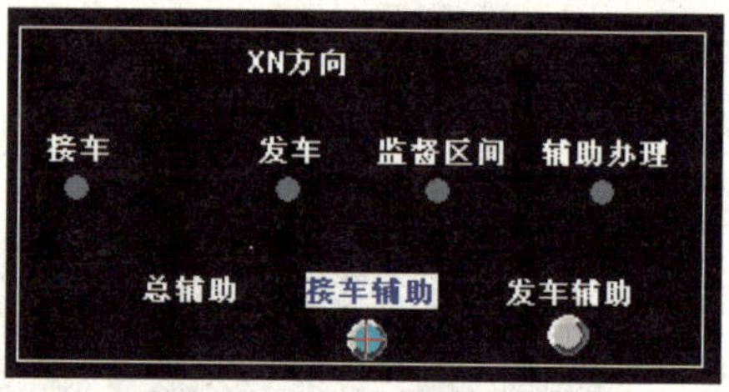

图 2.2.125　选择接车辅助按钮

然后单击鼠标左键，按钮呈蓝色，并有一定时间的闪烁，如图 2.2.126 所示。

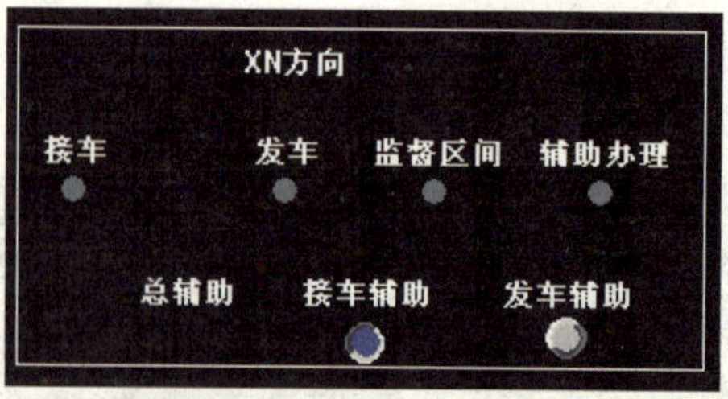

图 2.2.126　选中接车辅助按钮

再通过 CTC 工具条上的“命令清除”和“命令下达”这两个按钮，或通过站场图上右键菜单，可分别实现“命令清除”和“命令下达”功能。

3）反方向行车操作

反向行车也需要使用功能按钮，并有密码保护，具体操作如下：

在单站画面中选中 CTC 按钮条上的“功能按钮”，然后将光标移至“X 允许改方”（下行咽喉需要办理反向行车）或“S 允许改方”（上行咽喉需要办理反向行车）按钮上。当光标变为“十”字形，并且按钮文字背景为高亮时，表明此时可以按下此按钮了，如图 2.2.127 所示。

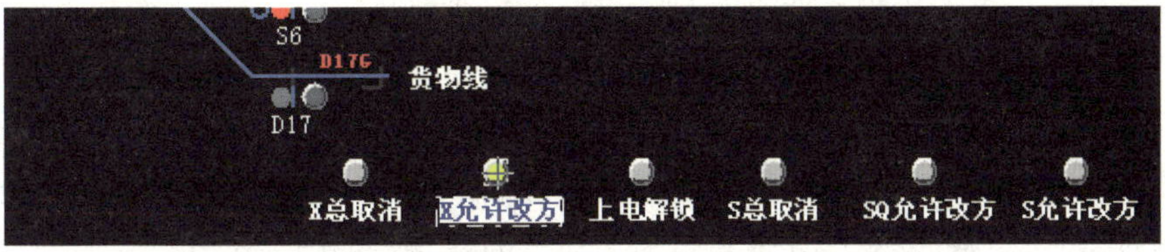

图 2.2.127　选择“X 允许改方”按钮

单击鼠标左键，将弹出密码输入框，需要输入一次密码。正确输入密码后，“X 允许改方”按钮呈选中状态，如图 2.2.128 所示。

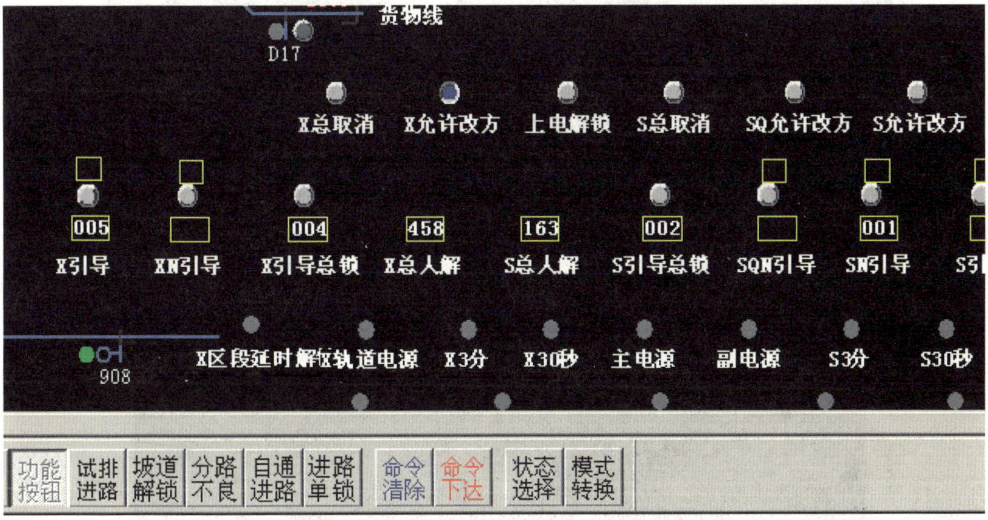

图 2.2.128　选中“X 允许改方”按钮

此时 CTC 按钮条上的“命令下达”按钮呈可操作状态，进行命令下达操作后，“X 允许改方”按钮变为红色，表示此时可以办理反向行车进路了，如图 2.2.129 所示。

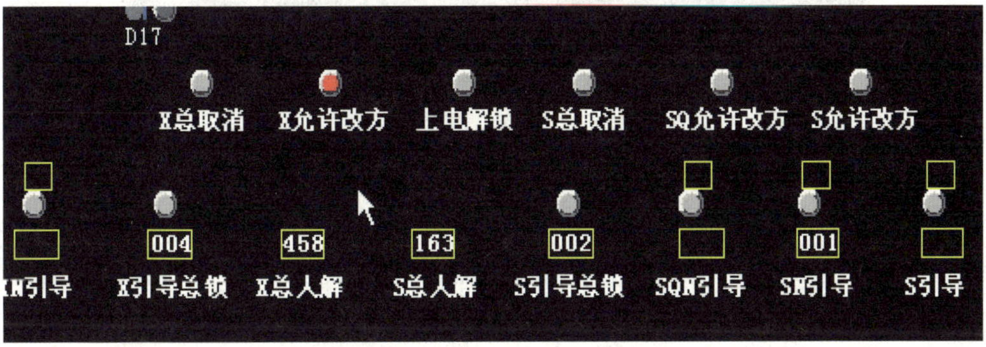

图 2.2.129　X 允许改方操作成功

这时既可以通过操作始端、终端按钮办理反向行车，也可以通过进路序列自动办理反向行车。如果不再需要办理反向行车，需重新使用“功能按钮”对允许改方的按钮进行一次操作。命令下达执行后，“X 允许改方”按钮由红色变为正常状态。

5. 试排进路操作

试排进路的目的是在排列进路之前检查进路能否成功排出，为进路指令的执行做好准备。试排成功后进路以灰光带显示，并且在一段时间后自动消失。其左键操作方式如下：

首先单击 CTC 按钮条上的“试排进路”按钮，选中后按钮变为灰色。此时将光标移至进路的始端按钮（调车信号机也可以是信号机的灯位），当光标变为“十”字形，且信号机和按钮变为高亮状态时，则可以对此设备进行当前命令的操作，如图 2.2.130 所示。

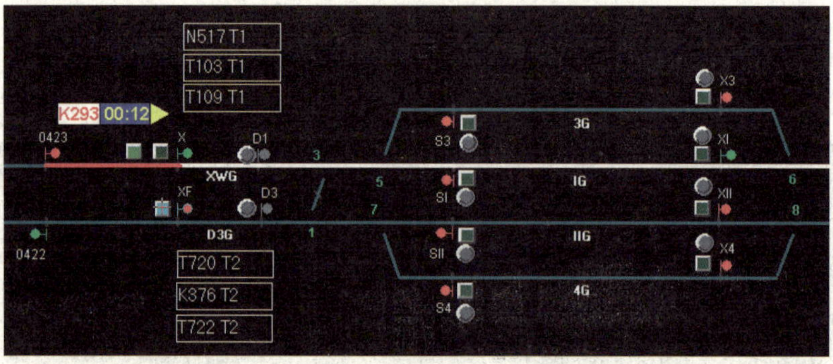

图 2.2.130　选择始端 XF 按钮

单击鼠标左键，始端按钮呈蓝色并有一定时间的闪烁，如图 2.2.131 所示，同时系统自动判断生成的终端按钮（变更按钮）会呈黄色闪烁。

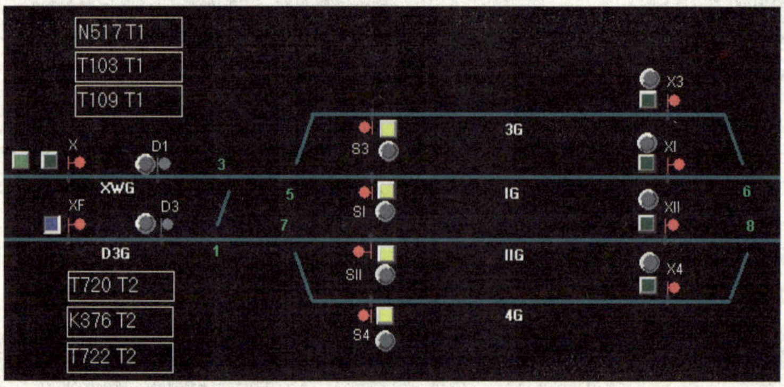

图 2.2.131　自动生成终端按钮

将光标移到所要办理进路的终端按钮（变更按钮）上，此时光标变为“十”字形，如图 2.2.132 所示。同时，按钮和信号机变为高亮显示，表明可以选中此按钮。

单击鼠标左键，终端按钮（变更按钮）会变成蓝色，并有一定时间的闪烁。此时通过 CTC 按钮条上的“命令清除”和“命令下达”两个按钮，或通过站场图上右键菜单，可分别实现是“命令清除”或“命令下达”的功能。当此命令下达后，试排进路成功，则在站场图上显示出暗灰色的进路，如图 2.2.133 所示，但此进路只显示一小段时间。

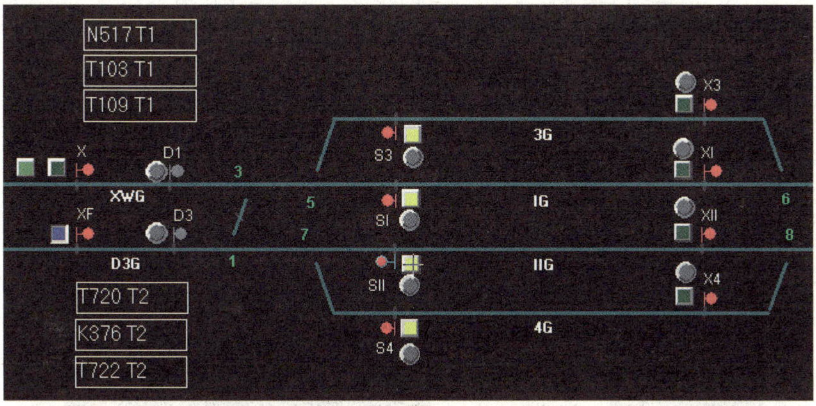

图 2.2.132　选择终端 SⅡ按钮

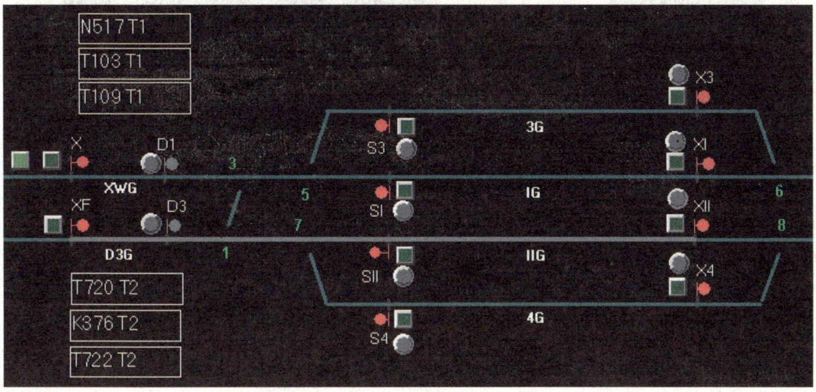

图 2.2.133　试排进路成功

如果试排进路有冲突，则会弹出人工操作回应对话框。“试排进路”操作和“进路建立”操作不同的是，“试排进路”不需要输入车次号或进路占用时间（调车进路）。

6. 坡道解锁操作（需密码）

坡道解锁按钮用于提前使延续进路解锁。在 CTC 按钮条上选择“坡道解锁”按钮，系统弹出密码输入框，输入正确的密码，然后选择站场图上进路的出站信号机的列车按钮即可。

7. 分路不良设置（确认空闲）

如果某轨道电路存在问题，分路不良设置后能让所有人员从站场图上了解这一信息，防止进行不安全的操作。设置分路不良的道岔或区段将被一条细细的红色线包围，如图 2.2.134 所示。道岔的岔前、定位、反位的分路不良是分开显示的。

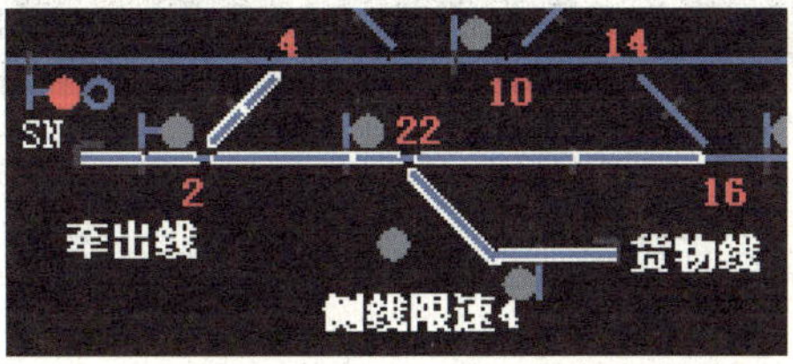

图 2.2.134　分路不良显示

其左键操作方式如下：

选择 CTC 按钮条的“分路不良”按钮，然后选择站场图上的道岔或区段。如果选择的是道岔，左键操作方式只能设置岔前分路不良。

其右键操作方式如下：

右击道岔或区段，弹出分路不良操作菜单。图 2.2.135 所示为设置道岔定位分路不良。

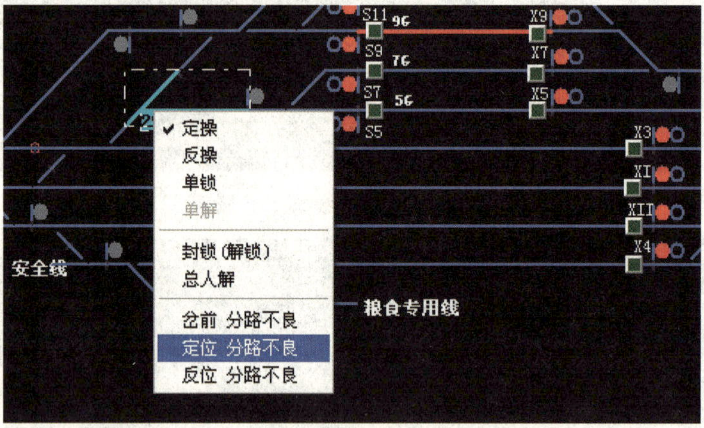

图 2.2.135 道岔分路不良右键设置菜单

若出现分路不良的区段，则需要车站值班员及时地进行确认空闲，否则自动排路将会失效。

8. 自通进路操作

自动进路即自动通过进路，指自动地重复建立相同的通过进路。一般情况下，自通进路主要是正线的通过进路，进路出清一段时间后，系统会自动排出相同的通过进路，表现为进站列车进路上的进站信号机名称变为绿色文字并且闪烁。自通进路操作只在手工排路状态下有效。由于自通进路操作的唯一性，进站信号机本身、名称、通过按钮、进站列车按钮或其调车按钮都可以作为替代的操作设备。其左键操作方式如下：

在 CTC 按钮条上选择“自通进路”按钮，然后选择站场图上的操作设备。如果设备可操作，则光标变为“十”字形，如图 2.2.136 所示的通过按钮。

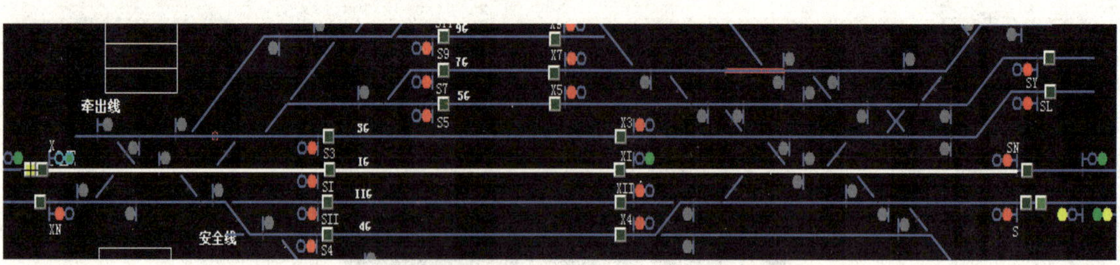

图 2.2.136 通过按钮被选择

单击“通过”按钮，按钮开始闪烁，并呈凹下状态。在命令下达后，如果成功，则进站信号机文字变绿，并开始闪烁，如图 2.2.137 所示。

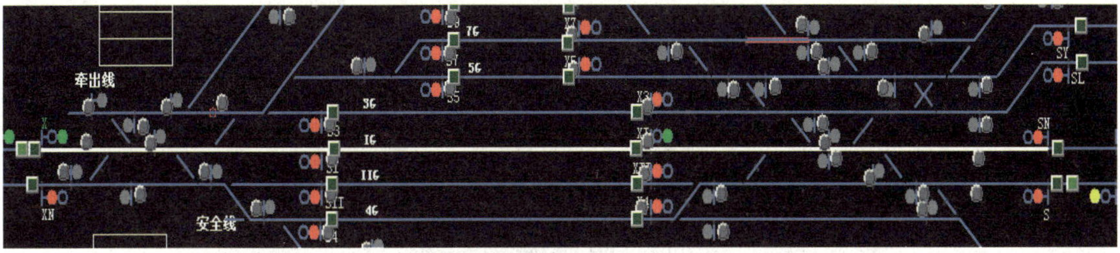

图 2.2.137　自通设置成功

也可以采用右键操作方式：右击通过进路的进站信号机，在弹出的菜单中选择“自通”菜单项即可进行相应的操作。

9. 进路单锁操作

进路单锁指单锁调车进路上的所有道岔，防止对道岔进行不当的定、反位操作。进路单锁没有对应的解锁操作，必须对单锁道岔分别进行单独解锁。进路单锁后调车进路上的所有道岔名称将变为红色。进路单锁只对调车进路有效，所以操作设备是调车进路的始端调车按钮。其左键操作方式如下：

选择 CTC 按钮条上的“进路单锁”按钮，然后选择站场图上调车进路的始端调车按钮。如果按钮可操作，则光标变为“十”字形，并且相应的按钮和信号机呈高亮显示。单击按钮，按钮开始闪烁，并且呈凹下状态，即可下达命令。若进路单锁成功，则进路上道岔被单锁，道岔文字全部变红，如图 2.2.138 所示。

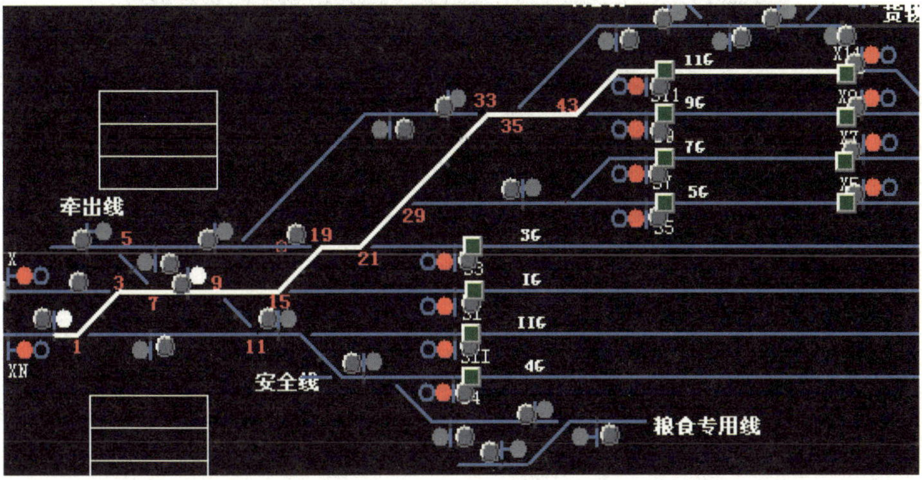

图 2.2.138　进路单锁成功

10. 状态选择操作

CTC 按钮条上的“状态选择”按钮用于对进路控制状态进行选择。单击“状态选择”，则出现如图 2.2.139 所示的对话框。

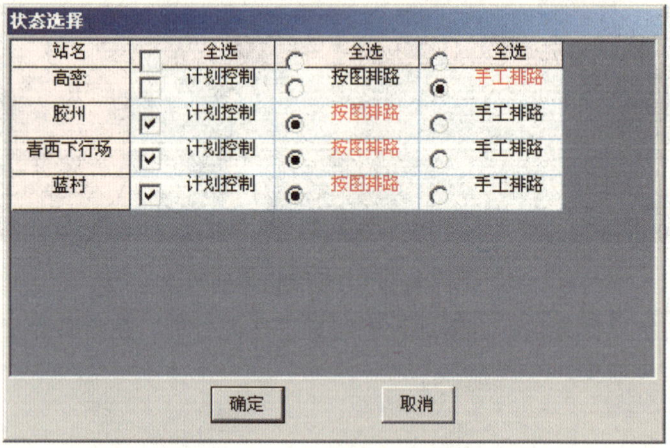

图 2.2.139　进路控制模式选择

对话框中列出了当前区段中所有车站状态为活的车站，其中的“计划控制”是指自律机是否将收到的列车运行计划作为检查进路合理性的依据，一般是检查列车进路和调车进路是否存在冲突。如果在此项前面打钩，即表示自律机将收到的列车运行计划作为检查进路合理性的依据。如果有计划控制，则站场图上每个车站站名下的“计划控制”表示灯亮绿色，如图 2.2.140 所示。

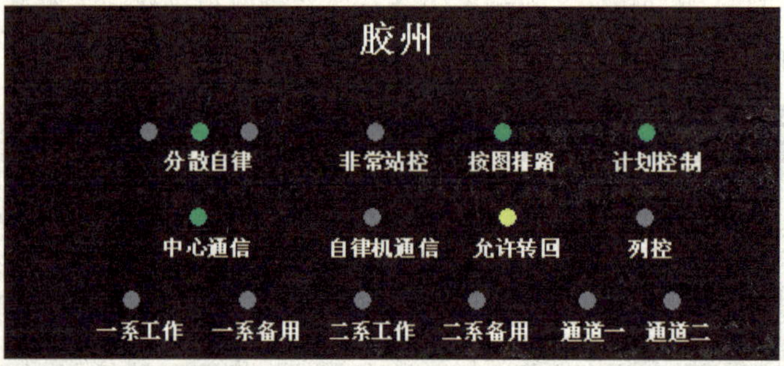

图 2.2.140　车站状态显示

“计划控制”只有在“按图排路”状态下才起作用。如果按图排路时发生调车进路和列车进路有冲突，而又需要办理调车进路，则需要将“计划控制”的钩去掉。

“按图排路”和“手工排路”两个之中只能选一个，当前车站的进路控制状态为红色显示。

11. 车站控制模式转换操作

单击 CTC 按钮条“模式转换”按钮后会出现如图 2.2.141 所示的情形。

图 2.2.141　模式转换菜单

选择“模式申请”选项单后，会出现如图 2.2.142 所示的对话框。

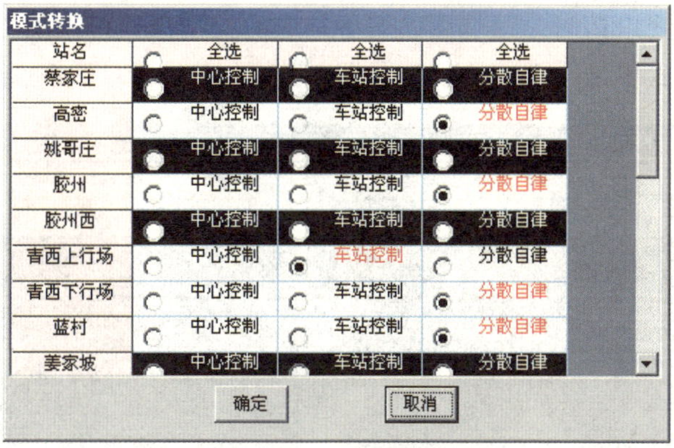

图 2.2.142　模式申请菜单

图 2.2.142 中的“蔡家庄”“姚哥庄”“胶州西”“蒋家坡”显示黑色背景，表示处于“站死”状态。其他为“站活”状态的车站当前的控制模式用红色表示，如图 2.2.142 中“高密”站为“分散自律”控制模式，“青西上行场”则为“车站控制”模式。在需要转换的车站的某一种控制模式前的圆圈中点击一下，再单击确定即可重新选择控制模式。如果转换成功，则相应站名下分散自律上面的相应表示灯会亮绿色。申请转换过程中，申请方和被申请方均有闪烁的灯提示，被申请方只需单击“同意模式申请”即可。

如果是调度中心提出模式申请，则有表 2.2.6 所示的关系。如果需要车站同意，车站名称下相应的目的模式表示灯呈绿色闪烁状态。

表 2.2.6　调度中心提出模式转换

源模式	目的模式		
	中心控制	车站控制	分散自律
中心控制	—	需要车站同意（车站控制表示灯呈绿色闪烁状态）	直接转换
车站控制	需要车站同意（中心控制表示灯呈绿色闪烁状态）	—	需要车站同意（分散自律表示灯呈绿色闪烁状态）
分散自律	直接转换	需要车站同意（车站控制表示灯呈绿色闪烁状态）	—

如果是车站车务终端提出模式申请，则有表 2.2.7 所示的关系。此时如果需要中心同意，目的模式表示灯呈黄色闪烁状态。

表 2.2.7　车务终端模式转换

源模式	目的模式		
	中心控制	车站控制	分散自律
中心控制	—	需要中心同意（车站控制表示灯呈黄色闪烁状态）	无权申请
车站控制	需要中心同意（中心控制表示灯呈黄色闪烁状态）	—	需要中心同意（分散自律表示灯呈黄色闪烁状态）
分散自律	无权申请	需要中心同意（车站控制表示灯呈黄色闪烁状态）	—

当调度台提出模式申请时，站场图站名下相应的控制模式灯闪烁，此时可以选择模式转换菜单中的“同意模式申请”选项，弹出如图 2.2.143 所示的对话框。

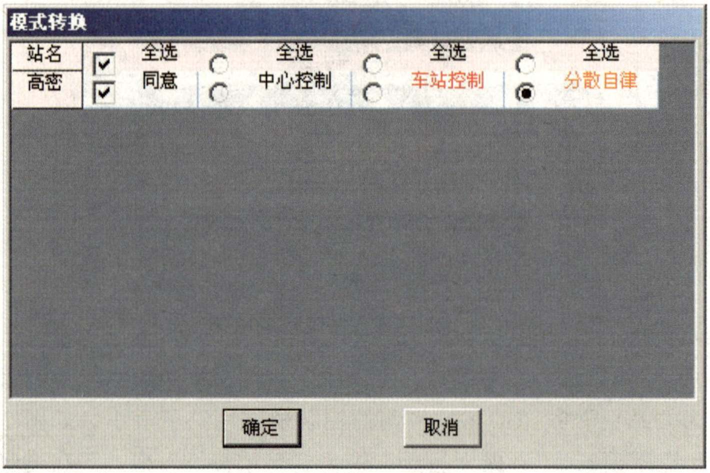

图 2.2.143　同意模式申请后

其中红色的模式表示当前的车站控制模式，黄色的模式表示申请的目的模式。在“同意”前面打钩，单击“确定”按钮即可完成转换。如果模式转换成功，则状态表示灯就会发生切换。

项目三　网络通信系统维护

项目简介

TDCS 和 CTC 系统都要借助于网络通信系统传输信息和命令，所以网络通信系统的正常工作是 TDCS 和 CTC 系统正常运行的基本保障，它的维护工作是行车调度自动控制系统维护的重要内容。网络通信系统实现调度中心与车站、车站与车站之间的连接，其设备包括设在中心机房与沿线车站信号机械室的路由器、协议转换器及由铁通管理的 2 M 数字通道等设备。在日常维护工作中，电务人员需熟知 TDCS、CTC 系统与铁通公司设备分界点，一旦有故障，需要协同铁通人员共同进行处理。

学习目标

- 熟悉 CTC 网络通信系统网络构成。
- 学会用路由器查看 2 M 数字通道情况，熟悉在中心处理通道故障的方法。
- 学会在车站工区检测站间通道故障。
- 学会对信号机械室内部网络设备故障进行检测。
- 了解路由器设置。

任务1 网络通信系统的认知

任务目标：

（1）熟悉中心系统局域网连接；

（2）熟悉车站子系统局域网的连接；

（3）熟悉 CTC 通信网的整体构成及连接。

以 CTC 系统为例，由前述所知，CTC 网络通信系统包括中心子系统局域网、车站子系统局域网，以及连接中心与车站、车站与车站的广域网。

一、中心子系统局域网的连接

如图 2.3.1 所示，中心局域网采用高性能的交换机组成双 100 Mb/s 或以上高速以太网，所有设备通过双网卡连接到双局域网上，确保各节点数据传输的可靠性。中心交换机常采用 CISCO 4506 型交换机，它采用模块化端口结构，共 6 个模块，每个模块提供 48 个端口，能保证中心局域网连接的需要。CISCO 4506 型交换机能提供 10 Mb/s、100 Mb/s、1 000 Mb/s 三种速率选择。如武广客运专线，CTC 行调台实现千兆局域网联网，而一般 TDCS 行调台、计划员台只能实现百兆局域网联网。图 2.3.1 所示机架协议转换器，或叫插箱式协议转换器，是早期独立箱盒式协议转换器的更新产品，随着技术的发展更新换代，目前在现场，一般调度中心和高铁车站常选择由路由器实现协转的功能模式了。

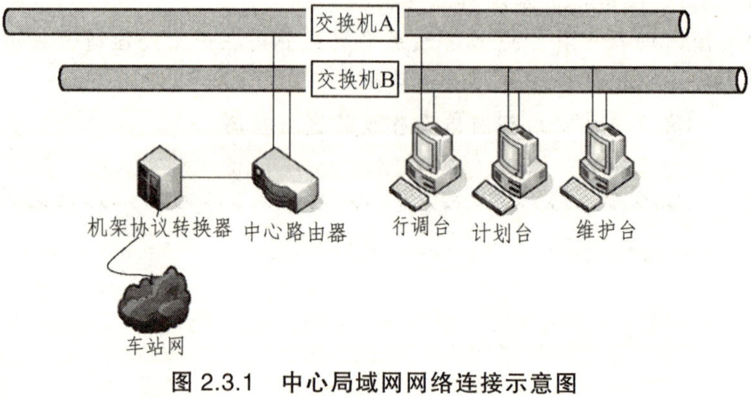

图 2.3.1 中心局域网网络连接示意图

二、车站子系统局域网的连接

如图 2.3.2 所示，车站局域网采用高性能的交换机组成双 100 Mb/s 高速以太网，所有车站设备通过双网卡连接到双局域网上，确保各节点数据传输的可靠性。

三、CTC 通信网络构成

图 2.3.3 所示为 CTC 通信网络构成示意图，网络系统由调度中心到车站及车站之间 2 M

专用数字通道构成双重 IP 广域网。其重要设备包括路由器、协议转换器、专用远程通道等。

每个车站配置 2 台路由器，分别连接相邻的两个车站的路由器，实现站站串联。在抽头车站，每个路由器还与调度中心路由器通过直连通道相连。路由器的广域网模块传输速率为 2 Mb/s。

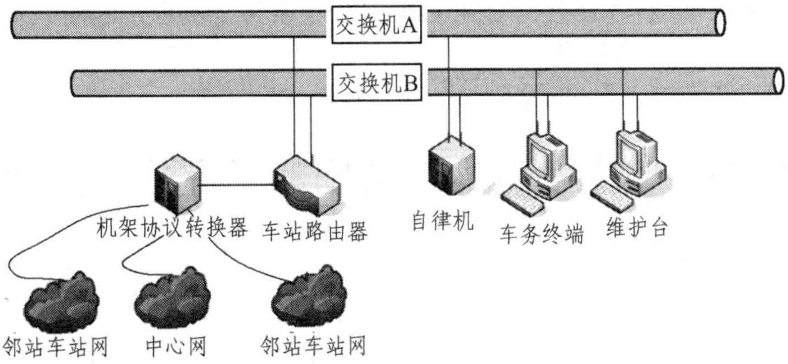

图 2.3.2　车站局域网网络连接示意图

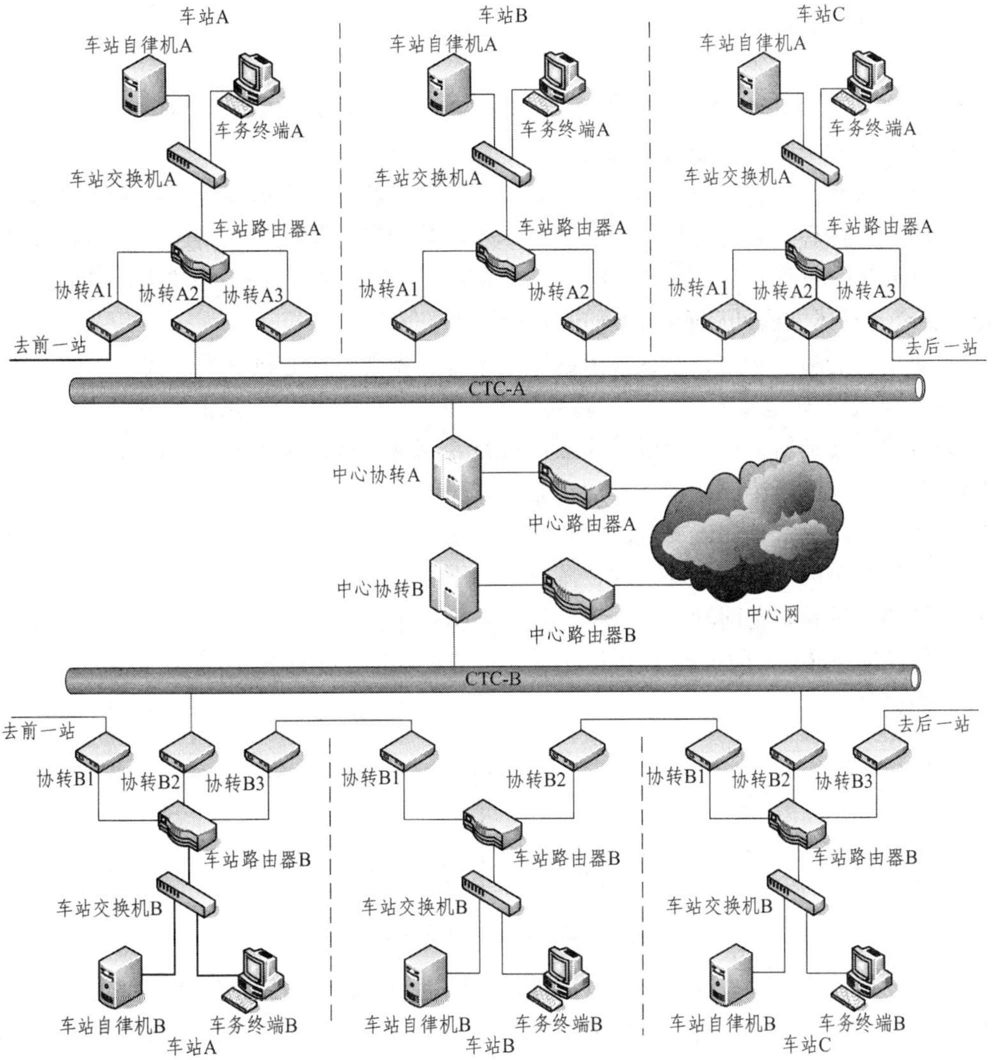

图 2.3.3　CTC 通信网络构成

每个车站基层局域网通过广域网连接到调度中心局域网和各车站局域网，采用双环、迂回的高速专用数字通道，数字通道的带宽为 2 Mb/s。每个通道环串联的车站数不超过 15 个。

图 2.3.3 中车站 A、车站 B 和车站 C 串联连接，其中车站 A 和 C 为抽头站，除了站站串联，还需与中心连接；而车站 B 就是普通的车站，与相邻站实现站间联系即可。

任务 2　中心与抽头站间的通道故障处理

任务目标：

（1）会从中心维修终端显示器上看出故障通道；

（2）会利用通道连接图分析故障范围；

（3）会打环测试；

（4）会查看处理结果。

CTC 或 TDCS 一旦出现网络通道问题，从中心维修终端显示器上可以第一时间观察到通道出现报警。通常采取以下方式进行处理：

（1）在中心查看网管维护台 MMI 界面显示的通道状态，通道线条如果为红色则表示通道出现故障了。然后查看通道连接图，确认出现故障的车站是抽头车站还是站间联系车站。

（2）对于站间联系车站，通知现场 TDCS 或 CTC 工区，联系铁通相关人员共同处理，中心协助配合。（具体方法见后面站间通道故障检测的介绍。）

（3）对于中心抽头车站，确认故障的车站名称，查看“中心机房配线图”中的“远程通道径线图”，确定该通道接入中心协议转换器的位置，以及接入中心路由器端口位置，然后进机房找到该协议转换器，观察协议转换器闪灯是否正常，确认是否为通道故障。

（4）电话通知铁通传输室，查看通道是否有报警。

（5）确认故障后，首先需要判断故障是由机房网络设备故障引起的，还是由铁通通道断开引起的。较简单的方法是做环处理，其方法如下：

甩开铁通通道及防雷同轴电缆，用自环线对协议转换器做环回，如图 2.3.4 所示。把协议转换器的 TX 和 RX 的两根插头拔下，用一根同轴电缆通过 BNC 插头连通，即进行短路，也称为“硬打环”。

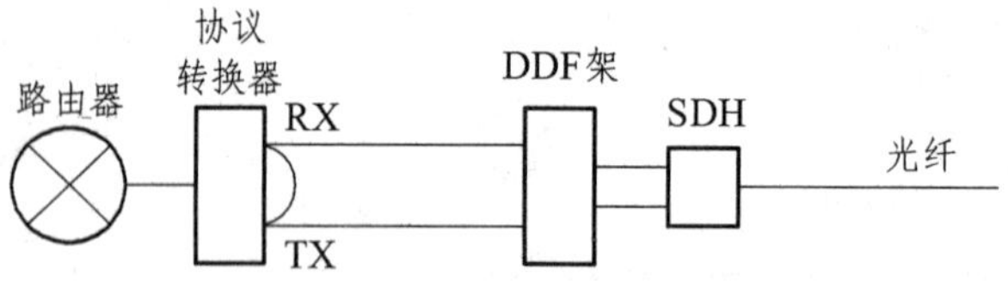

图 2.3.4　协议转换器做环回

如果做环后，LOS 红灯灭，说明铁通设备有问题，值班人员跟铁通联系解决；如果打环之后，LOS 红灯仍然点亮，说明机房网络设备有问题，需进一步查看协议转换器和路由器状态，据此判断故障设备并更换。

也可以利用网管维护台用 telnet 命令登录到路由器，查看该端口是否能看见自环

(looped)。如果能看到，则说明机房内网络设备没有问题；如果看不到环，则是协议转换器或路由器故障，此时查看路由器及协议转换器的各指示灯状态，据此判断故障设备并进行更换。

（6）排除设备问题后，从中心往车站依次让铁通协助做环测试。做环顺序为：DDF架、防雷输入端、铁通中心传输室、铁通车站、铁通车站通信机械室，如图 2.3.5 所示。最终查出问题出在哪一段线路上，然后进行有针对性的处理。

（7）通道处理完成之后，需要对通道处理结果进行确认。

① 确认协议转换器显示正常。

② 确认路由器端口和线路协议显示正常。

③ 通过网管维护台 telnet 到路由器 ping 大数据包，观察丢包情况是否存在。正常情况下，是不允许有丢包现象存在的。

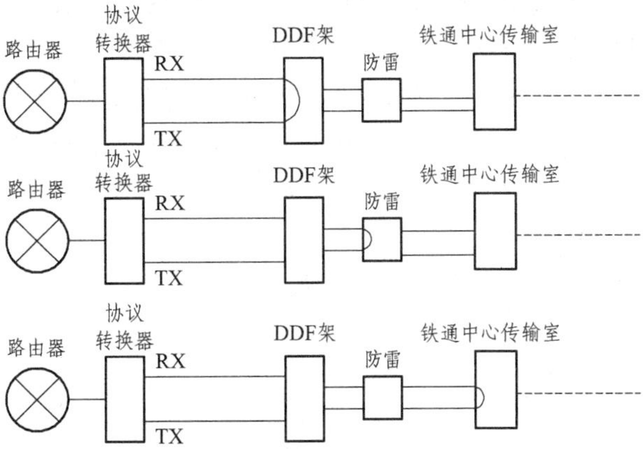

图 2.3.5　从中心向车站依次做环

任务 3　站间通道维护

任务目标：

（1）熟悉 CTC 系统站间通道连接；

（2）会使用通道检测仪检测通道故障；

（3）会用“替代法”分析处理信号机械室内网络设备故障。

一、站间通道具体连接情况

CTC 系统中相邻站通过站间广域网实现站站串联，构成环形网。图 2.3.6 所示为车站 A 的 CTC 系统和车站 B 的 CTC 系统之间的远程连接示意图。由于采用双网连接，图中 A 站协议转换器 1、3 可理解为去连接左边相邻站，协议转换器 2、4 则去连接右边的 B 站的协议转换器 1、3。以此类推，B 站的协议转换器 2、4 去连接 B 站右边相邻站。

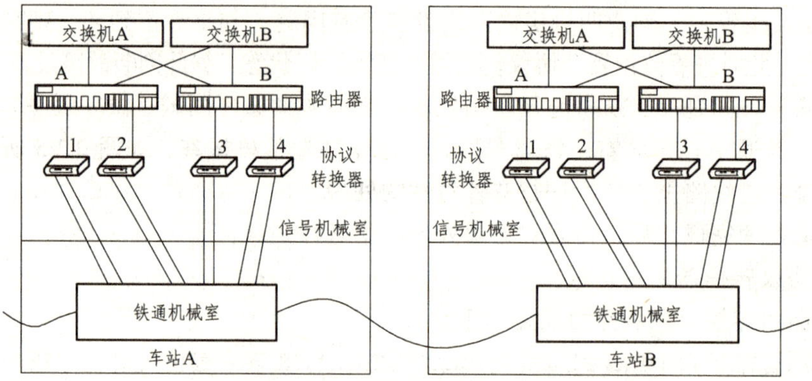

图 2.3.6　CTC 站间通道连接示意图

根据从车站信号机械室到通信机械室之间具备的不同传输介质，可以有三种连接方式，即光纤连接方式、同轴电缆连接方式、实回线连接方式。按照《设计规范》要求，原则上采用光纤通信，条件不具备时则采用同轴电缆连接方式或实回线连接方式。图 2.3.6 所示为后一种情况。如具备光纤连接条件，图中协议转换器换成光纤收发器即可。

当采用 2 Mb/s 同轴电缆或实回线数字通道时，根据不同的情况，从信号机械室到通信机械室的具体连接方式，一般有如下三种方式：

（1）当通信机械室与信号机械室布线距离小于 150 m 时，一般采用如图 2.3.7 所示的连接方式。

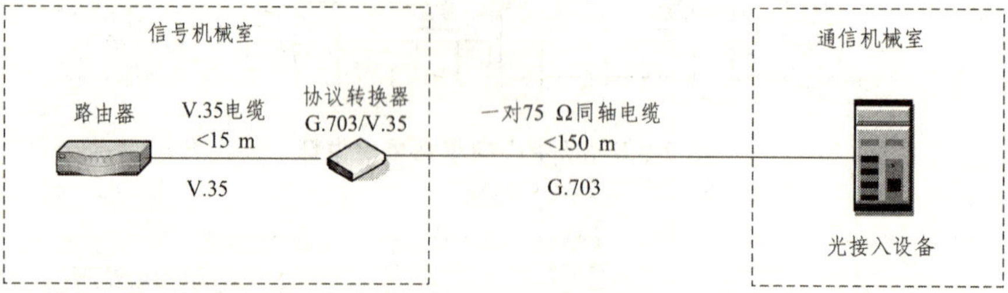

图 2.3.7　2 M 数字通道连接图（一）

在通信机械室光接入设备和协议转换器间采用 G.703 通信协议，通信介质为一对 75 Ω同轴电缆，传输限制距离为 150 m。协议转换器将 G.703 协议转换为 V.35 协议，提供一个 V.35 接口到路由器的端口上。

（2）当通信机械室与信号机械室布线距离大于 150 m 且小于 5 000 m 时，一般采用如图 2.3.8 所示的连接方式。

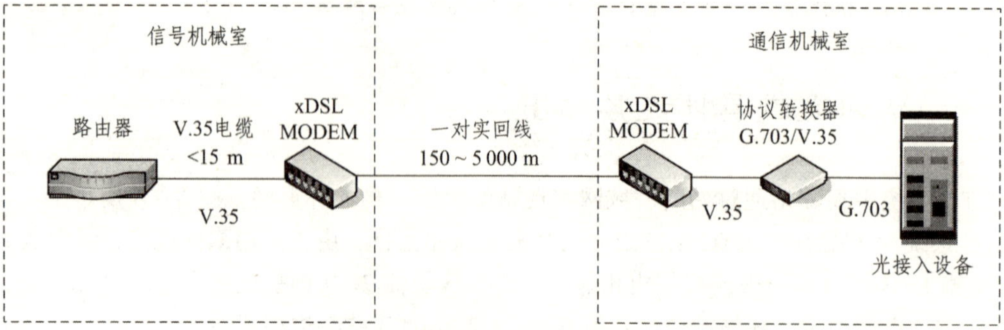

图 2.3.8　2 M 数字通道连接示意图（二）

在通信机械室与信号机械室布线距离大于 150 m 时，超过了 G.703 的传输距离限制，需增加如图 2.3.8 中所示的 xDSL MODEM 来延长传输距离。xDSL 是各种类型 DSL（Digital Subscribe Line，数字用户线路）的总称，包括 ADSL、RADSL、VDSL、SDSL、IDSL 和 HDSL 等。各种 DSL 技术最大的区别体现在信号传输速率和距离的不同，以及上行信道和下行信道的对称性不同两个方面。本系统常用 HDSL，即高数据速率数字用户线路，数据速率可达 1.5 ~ 2 Mb/s。

（3）在一些特殊场合，不经过光接入设备时，可使用如图 2.3.9 所示的连接方式。

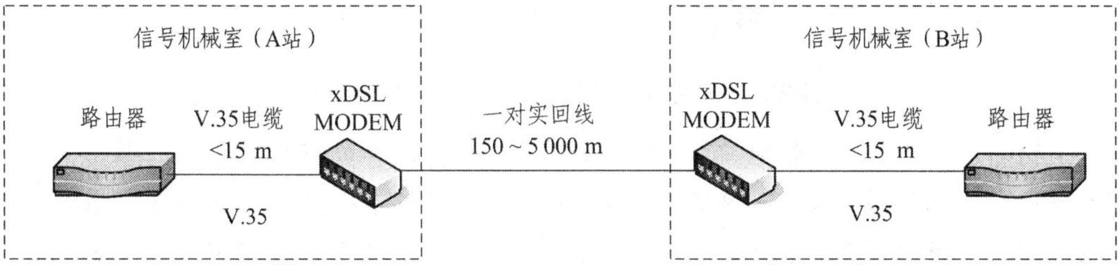

图 2.3.9　2 M 数字通道连接图（三）

二、站间通道的故障检测

站间通道的故障检测有使用通道检测仪检测和登录到相应路由器查看两种方法。

1. 使用通道检测仪检测通道故障

以图 2.3.6 所示站间通道为例，假设车站 A 和车站 B 之间的通道有故障。首先重启两站的协议转换器，确认通道故障存在，然后按下述操作步骤检测：

（1）将通道检测仪接在 A 站的协议转换器与 A 站通信机械室之间的通道上，如图 2.3.10 所示。

（2）请 B 站通信机械室人员协助打环，打环位置如图 2.3.10 所示，即在 B 站对 A 站的协议转换器与 B 站通信机械室之间的通道上。

（3）利用通道检测仪即可了解两站之间通道的通断等详细的通道状况。

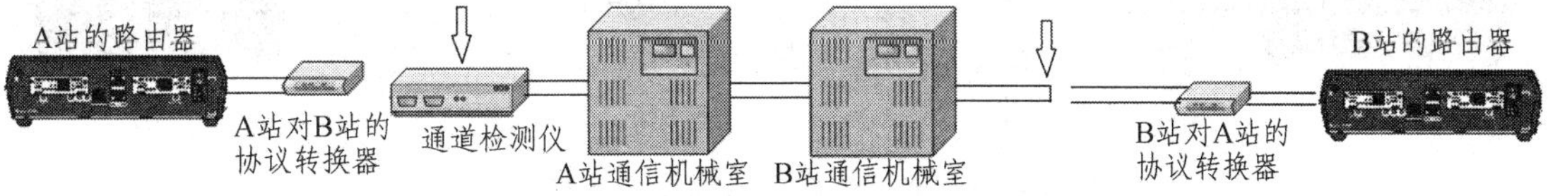

图 2.3.10　使用通道检测仪时检测仪和打环位置示意图

2. 使用路由器查看通道故障

仍以图 2.3.6 所示站间通道为例，假设车站 A 和车站 B 之间通道有故障。同样，首先重启两站的协议转换器，确认通道故障存在，然后按下述步骤操作：

（1）如图 2.3.11 所示，请铁通 A 站通信机械室人员对 A 站打环，然后登录 A 站路由器查看通道是否断开。如果通道断开，说明 A 站信号机械室内部的网络设备或 A 站信号机械室到通信机械室之间的通道有故障，需用后面所述替换法查找；如果通道是通的，则进入步骤（2）。

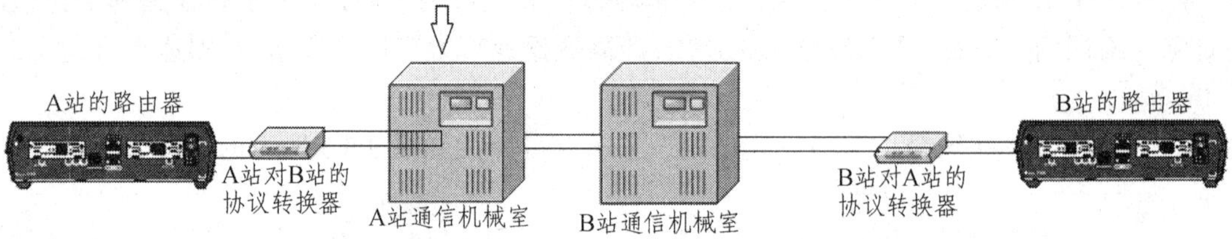

图 2.3.11　在 A 站通信机械室对 A 站做环回

（2）如图 2.3.12 所示，请铁通 B 站通信机械室人员对 B 站做环回，然后登录 B 站路由器查看通道是否断开。如果通道断开，说明 B 站信号机械室内部的网络设备或 B 站信号机械室到通信机械室之间的通道有故障，需用后面所述替换法查找；如果通道是通的，则进入步骤（3）。

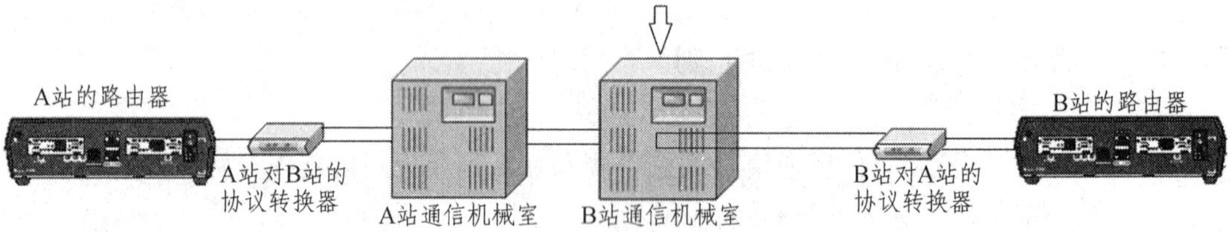

图 2.3.12　在 B 站通信机械室对 B 站做环回

（3）如图 2.3.13 所示，请铁通 B 站通信机械室人员对 A 站打环，然后登录 A 站路由器查看通道是否断开。如果通道断开，说明 A 站通信机械室到 B 站通信机械室之间的通道故障，通知铁通相关人员处理即可；如果通道没有断开，则说明 A 站与 B 站之间的通道质量不好，需用通道检测仪查看具体情况。

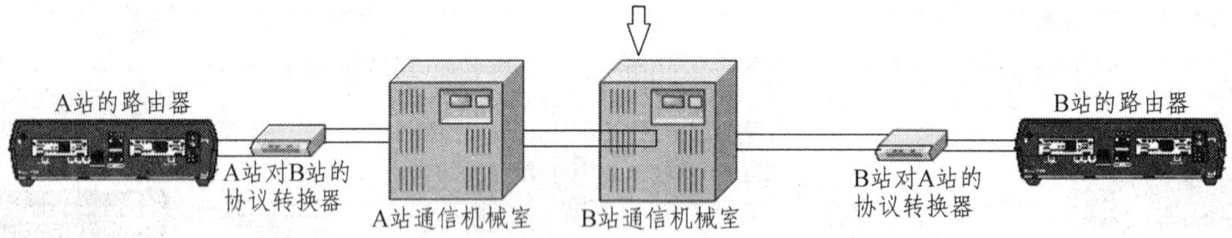

图 2.3.13　在 B 站通信机械室对 A 站做环回

三、信号机械室内部网络设备故障检测

如果两站通信机械室间的通道没问题，通道故障就很可能出在信号机械室内部的网络设备上，如协议转化器或路由器等，这时就需要对机械室内部的网络设备进行故障检测。一般采用“替换法”，即用正常的设备替换可能有故障的设备，逐步找出故障所在，如图 2.3.14

所示。因为每个信号机械室至少有两条通道，所以可以采用此方法。

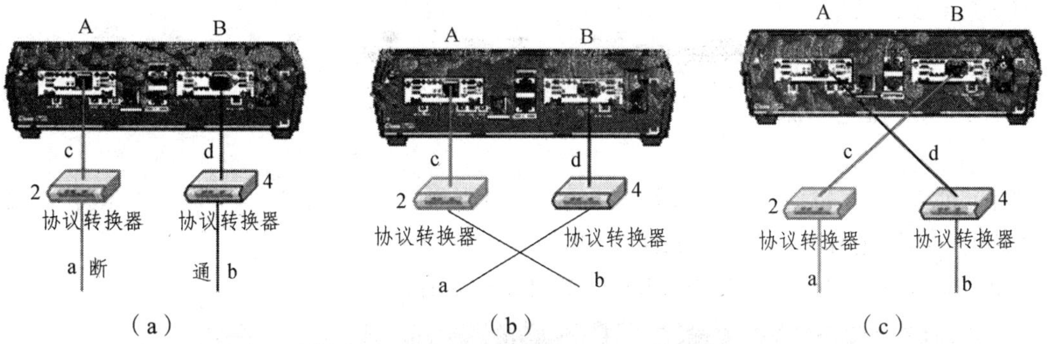

图 2.3.14　信号机械室内部网络设备替换法故障检测示意图

其中，图（a）表示原始的故障状态，即左边通道断开，右边通道是正常的连通状态。左边通道不通，可能的原因有：协议转换器到铁通的通道断开、协议转换器本身故障、路由器端口 A 故障。如何确定故障是哪一个，具体操作流程如图 2.3.15 所示。

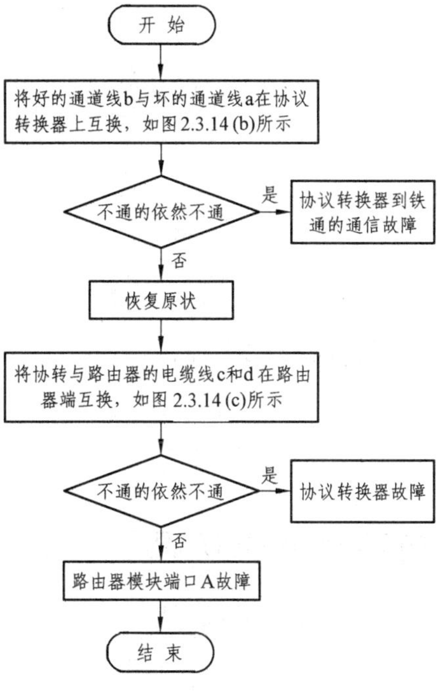

图 2.3.15　信号机械室内网络设备故障检测流程图

任务 4　用路由器查看 2 M 数字通道情况

任务目标：

（1）会进入 DOS 窗口；

（2）会用 telnet 命令；

（3）会根据显示内容判断通道情况。

一、操作步骤

（1）进入 DOS 窗口：依次单击“开始”→“程序”→“附件”→“命令提示符”（或单击“开始”→“运行”→键入“cmd”），即可进入。

（2）输入命令“telnet 172.26.15.6”，如图 2.3.16 所示。

图 2.3.16　输入 telnet 命令

（3）输入正确的密码：

User Access Verification

Password：ctc

Router>

（4）进入特权状态：

Router>en

Password：ctc

Router#

输入密码“ctc”时，屏幕不显示输入的字符。

（5）查看端口状态：

Router#sh int s0/0

二、端口显示的内容和通道情况

（1）通道正常的显示：

Router#sh int s0/0

Serial0/0 is up，line protocol is up（由此可判断通道工作正常）

Hardware is PowerQUICC Serial

Internet address is 172.28.1.118/30

MTU 1500 bytes，BW 1544 Kbit，DLY 20000 usec，

reliability 255/255，txload 1/255，rxload 1/255

Encapsulation HDLC，loopback not set

Keepalive set（10 sec）

Last input 00：00：00，output 00：00：00，output hang never

```
    Last clearing of "show interface" counters 4d04h
    Input queue: 0/75/0/0  (size/max/drops/flushes); Total output drops: 0
    Queueing strategy: weighted fair
    Output queue: 0/1000/64/0 (size/max total/threshold/drops)
       Conversations   0/2/256 (active/max active/max total)
       Reserved Conversations 0/0 (allocated/max allocated)
       Available Bandwidth 1158 kilobits/sec
    5 minute input rate 5000 bits/sec, 6 packets/sec
    5 minute output rate 9000 bits/sec, 7 packets/sec
       111874 packets input, 8322296 bytes, 0 no buffer
       Received 26377 broadcasts, 4213 runts, 7161 giants, 0 throttles
       120429762 input errors, 11193752 CRC, 75638622 frame, 0 overrun, 0 ignored,
33597388 abort
       146974 packets output, 13436057 bytes, 0 underruns
       0 output errors, 0 collisions, 5017 interface resets
  --More—
       0 output buffer failures, 0 output buffers swapped out
       24 carrier transitions
       DCD=up   DSR=up   DTR=up   RTS=up   CTS=up
  Router#
```

（2）打环的通道正常的显示：

```
  Router#sh int s0/0
  Serial0/0 is up, line protocol is up (looped)(由此可判断打环的通道正常)
    Hardware is PowerQUICC Serial
    Internet address is 172.28.1.118/30
    MTU 1500 bytes, BW 1544 Kbit, DLY 20000 usec,
       reliability 254/255, txload 1/255, rxload 1/255
    Encapsulation HDLC, loopback not set
    Keepalive set  (10 sec)
    Last input 00:00:01, output 00:00:01, output hang never
    Last clearing of "show interface" counters 4d04h
    Input queue: 0/75/0/0  (size/max/drops/flushes); Total output drops: 6
    Queueing strategy: weighted fair
    Output queue: 0/1000/64/0  (size/max total/threshold/drops)
       Conversations   0/2/256  (active/max active/max total)
       Reserved Conversations 0/0  (allocated/max allocated)
       Available Bandwidth 1158 kilobits/sec
    5 minute input rate 3000 bits/sec, 2 packets/sec
    5 minute output rate 4000 bits/sec, 2 packets/sec
```

113785 packets input，8598463 bytes，0 no buffer

Received 26411 broadcasts，4214 runts，7162 giants，0 throttles

120432739 input errors，11196667 CRC，75638684 frame，0 overrun，0 ignored，33597388 abort

149081 packets output，13787369 bytes，0 underruns

0 output errors，0 collisions，5017 interface resets

--More—

0 output buffer failures，0 output buffers swapped out

26 carrier transitions

DCD=up　DSR=up　DTR=up　RTS=up　CTS=up

（3）通道断开的显示：

Router#sh int s0/0

Serial0/0 is down，line protocol is down（由此可判断通道断开）

Hardware is PowerQUICC Serial

Internet address is 172.28.1.118/30

MTU 1500 bytes，BW 1544 Kbit，DLY 20000 usec，

reliability 252/255，txload 1/255，rxload 1/255

Encapsulation HDLC，loopback not set

Keepalive set （10 sec）

Last input 00：00：13，output 00：00：13，output hang never

Last clearing of "show interface" counters 4d04h

Input queue：0/75/0/0 （size/max/drops/flushes）；Total output drops：6

Queueing strategy：weighted fair

Output queue：0/1000/64/0 （size/max total/threshold/drops）

Conversations　0/2/256 （active/max active/max total）

Reserved Conversations 0/0 （allocated/max allocated）

Available Bandwidth 1158 kilobits/sec

5 minute input rate 0 bits/sec，0 packets/sec

5 minute output rate 0 bits/sec，0 packets/sec

113788 packets input，8598623 bytes，0 no buffer

Received 26412 broadcasts，4214 runts，7162 giants，0 throttles

120438411 input errors，11202339 CRC，75638684 frame，0 overrun，0 ignored，33597388 abort

149084 packets output，13787529 bytes，0 underruns

0 output errors，0 collisions，5017 interface resets

--More—

0 output buffer failures，0 output buffers swapped out

27 carrier transitions

DCD=down　DSR=up　DTR=up　RTS=up　CTS=up

（4）以下显示也表示通道断开：

```
Router#sh int s0/0
Serial0/0 is up, line protocol is down（该状态也表示通道断开）
   Hardware is PowerQUICC Serial
   Internet address is 172.28.1.118/30
   MTU 1500 bytes, BW 1544 Kbit, DLY 20000 usec,
     reliability 252/255, txload 1/255, rxload 1/255
  Encapsulation HDLC, loopback not set
  Keepalive set  (10 sec)
  Last input 00:00:01, output 00:00:04, output hang never
  Last clearing of "show interface" counters 4d04h
  Input queue: 0/75/0/0  (size/max/drops/flushes); Total output drops: 6
  Queueing strategy: weighted fair
  Output queue: 0/1000/64/0  (size/max total/threshold/drops)
     Conversations  0/2/256  (active/max active/max total)
     Reserved Conversations 0/0  (allocated/max allocated)
     Available Bandwidth 1158 kilobits/sec
  5 minute input rate 0 bits/sec, 0 packets/sec
  5 minute output rate 0 bits/sec, 0 packets/sec
     113795 packets input, 8600047 bytes, 0 no buffer
     Received 26418 broadcasts, 4214 runts, 7176 giants, 0 throttles
     120438565 input errors, 11202346 CRC, 75638767 frame, 0 overrun, 0 ignored,
33597452 abort
     149087 packets output, 13787689 bytes, 0 underruns
     0 output errors, 0 collisions, 5018 interface resets
 --More—
     0 output buffer failures, 0 output buffers swapped out
     30 carrier transitions
     DCD=up  DSR=up  DTR=up  RTS=up  CTS=up
Router#
```

附录1　综合选择题库

1. 分散自律 CTC 系统由__________构成。

A. 调度中心子系统、车站子系统

B. 国铁集团中心子系统、局集团公司中心子系统、车站子系统

C. 调度中心子系统　网络子系统

D. 调度中心子系统、车站子系统、网络子系统

2. 调度中心子系统是 CTC 系统中完成行车指挥功能的核心，同时也提供了在非常情况下的__________。

A. 人工控制功能及调车作业计划的编制

B. 调车作业进路控制功能

C. 人工控制功能及调车作业进路控制功能

D. 人工控制功能及调车作业计划的编制、调车作业进路控制功能

3. 车站子系统主要负责 CTC 中心系统__________，反馈上报并记录列车运行情况，监视站场信息，提供历史回放功能，同时也提供了调车作业计划的编制、调车作业进路控制功能。

A. 行车计划的执行　　B. 列车计划的执行　　C. 调车计划的执行

4. 联锁接口是自律机和联锁系统信息交换的通道，对于计算机联锁站系统，则是自律机和联锁系统的__________ 连接。

A. 驱动系统　　B. 采集系统　　C. 控显机

5. 网络子系统采用通用的网络和接入设备按 IP 网的方式组成，由__________系统组成。

A. 调度中心局域网、车站局域网

B. 站间广域网和无线通信网络

C. 车站局域网、站间广域网

D. 调度中心局域网、车站局域网、站间广域网和无线通信网络

6. FZ-CTC 系统提供自动调整和人工调整两种方式实现列车计划的调整功能，但是无论采用何种方式，调整后的列车计划必须经过__________的人工确认，并通过系统的安全认证检查后，才能下达车站自律机执行。

A. 值班员　　B. 信号员　　C. 调度员

7. 非常站控模式下由__________操作。

A. 联锁控制台　　B. CTC 助调台　　C. 车站信号员终端

8. 在 CTC 系统中，引导接车后，确认列车完全进入站内，需人工办理引导进路解锁手续，操作方法如下__________。

A. 按压“总人解”按钮，输入一层密码，再按下对应的引导进路始端列车按钮，引

导进路白光带消失

B. 按压“总人解”按钮，再按下对应的引导进路始端列车按钮，引导进路白光带消失

C. 按压“总人解”按钮，输入一层密码，再按下对应的进路始端列车按钮，引导进路白光带消失

9. 对于按计划自动排列的接车或通过进路，按照车种、计划种类、到开类型配置不同的信号开放空间条件，系统按照空间条件选排进路，直达特快旅客列车通过满足________闭塞分区时开放信号。

A. 7 个　　B. 9 个　　C. 5 个　　D. 6 个

10. 协议转换灯 RD 灯，指示对端协议转换器到本端协议转换器的连接状态，灯亮表示收到从__________发送来的信号。

A. 对端　　B. 路由器　　C. 联锁机

11. 集中控制方式下，__________具有列车和调车的控制权，具有对指令队列的干预权。

A. 中心　　B. 车站

12. CTC 广域网传输媒介目前采用的是__________。

A. 光纤　　B. 同轴电缆　　C. 双绞线

13. 双控显机与双自律机通过___________个串口互连。

A. 4　　B. 2　　C. 1

14. 车站自律机通过____与无线车次号校核系统的地面接收机相连接，接收车次号信息。

A. RS422　　B. RS232　　C. RS485

15. 车站自律机通过____________串口连接至微机监测主机，将采集到的站场复示信息（主要包括信号机显示状态、道岔开通位置、轨道区段占用、按钮表示灯状态等站场实时信息）发送给微机监测系统。

A. RS422　　B. RS232　　C. RS485

16. 上报列车计划执行情况、记录行车日志、接收调度命令，由___________完成。

A. 站调　　B. 车务终端　　C. 电务维护终端

17. 电源屏交流 220 V 电源进入自律机机柜，通过_______后，分成两路给系统设备供电。

A. 防雷和空气开关　　B. 防雷　　C. 空气开关

18. 两台自律机通过___________串口双心跳连接，保证双机数据同步。

A. RS422　　B. RS232　　C. RS485

19. CTC 系统采集区间信息的电源为___________电源。

A. JZ 24　　B. JZ 12　　C. JZ 5

20. 自律机到联锁系统的连接用_________根线，实现自律机和联锁系统的通信。联锁通过这些线向自律机传送站场信息，自律机则通过这些线向联锁发送操控命令，其中有一根为备用。

A. 5　　B. 4　　C. 3

21. 在 CTC 系统中，采集机是___________工作。

A. 双机　　B. 单机

22. 采集机通过_____________和自律机相连。

A. RS422 串口　　B. RJ45

23. 进行车次号校核的数据由____________提供。

A. 自律机模块　　　　　　B. 车务终端

24. 车次校核在列车进站、出站进行，在区间是__________。

A. 有的　　　　　　　　B. 没有的

25. 车次号的信息流程是 ____________。

A. 由车载无线设备到车次号地面接收机再到自律机

B. 由车载无线设备到自律机再到车次号地面接收机

26. CTC 系统电源是从车站电源屏过来的一路单独 220 V 电源，首先进入____________。

A. 采集控制机柜　　　　B. 工控机柜

27. 协议转换器 test 灯亮，表示正处于__________。

A. 正常工作状态　　　　B. 打环测试状态

28. 协议转换器的 RD 灯亮，表示处于对端协议转换器到本端协议转换器的连接状态，灯亮表示_______从对端发送来的信号。

A. 收到　　　　　　　　B. 未收到

29. 用_________命令可以对网络状态通信进行检查。

A. ping　　　　　　B. ipconfig　　　　　　C. exit

30. 用____________命令可以检查网络配置。

A. exit　　　　　　B. ping　　　　　　C. ipconfig

31. 局域网与广域网的分界设备是____________。

A. 路由器　　　　　　B. 集线器　　　　　　C. 协议转换器

32. CTC 的广域网和局域网都是____________。

A. 单网　　　　　　　B. 双网

33. 各站的路由器是__________替换的。

A. 可以　　　　　　　B. 不能　　　　　　C. 经过专人调试后可以

34. 调度集中既是先进的技术装备，也是新型的运输组织形式。针对调度集中的功能，下列说法错误的是__________。

A. 调度集中能直接提高线路的通过能力

B. 可增强行车调度的自动化程度

C. 充分运用线路的通过能力，提高劳动生产效率和改善劳动条件

D. 保证铁路运输的安全和效率

35. 下列哪些问题是传统调度集中系统需要解决的关键问题？__________

A. 行调干扰　　　　　　　　B. 避免控制权频繁下放

C. 实现部分车站无人化　　　D. 分散自律

36. 分散自律的基本原则是：___________。

A. 列车作业优先于调车作业，调车作业不得干扰列车作业

B. 生冲突由系统判决，给出建议后执行

C. 完全由计算机软件处理

D. 调度所酌情协调处理

37. 调度集中从根本上解决频繁放权问题是通过解决__________来实现的。

A. 列车作业与调车作业在时间和空间上的冲突，实现了列车和调车作业的统一控制

B. 列车作业与调车作业在计算机软件上的冲突，实现了列车和调车作业的统一控制

C. 电务与车务的冲突，实现了作业的统一控制

D. 工务作业与电务作业在时间和空间上的冲突，实现了作业的统一控制

38. 车站子系统的核心是________，它是高可靠的智能数据处理中心，采用高可靠专用工业控制平台。

A. 自律机　　　　B. 信息采样输出控制接口

C. 数据传输网络　　　　D. 操作终端

39. 对于 6502 联锁车站，________是整个 CTC 车站系统控制命令的执行接口机构，是 CTC 系统与 6502 联锁系统的分界口。

A. 驱动装置　　　　B. 自律机

C. 计算机联锁　　　　D. 操作终端

40. ________是整个 CTC 系统的基层采样、预处理系统，也是新一代 CTC 系统的重要组成部分。

A. 信息采集子系统　　　　B. 自律机

C. 数据传输网络　　　　D. 操作终端

41. CTC 系统网络接口设备与双套自律机系统安装在同一机柜中，选用基于________的设备，国际统一标准的数据交换设备。

A. 开放式 TCP/IP 协议　　　　B. NOVELL 协议

C. BASIC 语言　　　　D. C 语言

42. 车站 CTC 系统的所有电源来自专用的智能电源屏，采用________技术，UPS 采用双机热备，能自动切换。

A. 双路电源无缝切换　　　　B. 单路电源双套切换

C. 双机自动切换　　　　D. 双电源人工切换

43. 电源防雷设备安装在________中，通道防雷设备安装在 CTC 自律机系统机柜的底层，保证系统免受雷电危害。

A. CTC 电源屏的输入配线柜　　　　B. CTC 自律机系统机柜

C. 电源入口处　　　　D. 设备入口处

44. 电务维护终端是车站子系统维护所用的________设备，系统采用单机单屏配置，通过双以太口组成一虚拟端口连接在车站双网中。

A. 侦测　　　　B. 网络管理

C. 网络协调　　　　D. 系统管理

45. 车务终端采用工业控制计算机组成双套冗余热备系统，是对车站自律机中指令及命令人工干预的输入平台。这种说法是________的。

A. 正确　　　　B. 错误

46. 时钟服务器上有时钟校对程序，保证 CTC 网络系统中所有的车站终端和调度终端每隔一段时间（时间可以设定）向时间服务器校时，这样每个终端都是 GPS 时间。这种说法是________的。

A. 正确　　　　B. 错误

47. D/T 数据交换服务器通过串口与 TMIS 系统交换信息，以 TCP/IP 方式接入系统网络。这种说法是__________的。

A. 正确　　B. 错误

48. CTC 系统与有线通信系统接口其带宽至少为__________。

A. 2 Mb/s　　B. 1 Mb/s　　C. 512 Kb/s　　D. 100 Mb/s

49. 调度集中对车站实行分散自律控制时，联锁关系仍由车站联锁设备保证。这种说法是__________的。

A. 正确　　B. 错误

50. 双控显机与双自律机通过 2 个串口互连，在控显机终端或控制台上增加一个带铅封的非常站控按钮。这种说法是__________的。

A. 正确　　B. 错误

51. 按下非常站控按钮，这时红灯点亮表示处于__________状态，CTC 终端不起作用，由计算机联锁终端或控制台执行操作。

A. 非常站控　　B. 自律

C. 动态身份认证　　D. 安全漏洞评估

52. 非常站控状态下，联锁操作有效，CTC 操作无效，但 CTC 判断转入分散自律模式条件是否满足，决定是否向联锁机发出点黄灯信息。这种说法是__________的。

A. 正确　　B. 错误

53. 上电时，联锁的操作模式进入前次控制模式，CTC 等待接收联锁机传来的模式状态信息决定进入何种模式，状态灯为前一次状态。这种说法是__________的。

A. 正确　　B. 错误

54. 非常站控模式下，联锁系统收到 CTC 传来的点黄灯信息后，人工拉起非常站控按钮，向 CTC 自律机发出请求进入分散自律模式信息，请求成功后状态灯为__________。

A. 红、黄　　B. 绿灯　　C. 黄灯　　D. 红灯

55. 电源屏交流 220 V 电源进入自律机机柜，分成两路给系统设备供电，其中一路不通过 UPS，主要供给打印机、风扇、音箱等非计算机设备，即使断电也不影响系统主要功能。这种说法是__________的。

A. 正确　　B. 错误

56. 行调台无法下达阶段计划给车站系统故障应急方案是__________。

A. 可切换到 N+1 备份终端继续工作，并通知有关值班人员抢修

B. 转自律模式

C. 停用设备

D. 都不对

57. 通信服务器（双机）、应用服务器（双机）、数据库服务器（双机）故障应急方案为__________的。

A. 由调度员通知所有车站转为非常站控模式

B. 转自律模式

C. 停用设备

D. 都不对

58. TDCS 设备每块 DIB 板可以采集__________个开关量。

A. 48　　B. 64　　C. 128

59.《铁路信号维护规则》(简称《维规》) 规定 TDCS 车站系统 UPS 放电时间在正常情况下不少于__________min。

A. 5　　B. 10　　C. 15

60. 调试 NPC 时，用超级终端访问 NPC 的 CON 口，用__________的串口线连接。

A. RS232　　B. RS422　　C. RS485

61. NPC 与 DIB 通信用__________串口方式。

A. RS232　　B. RS422　　C. RS485

62. DIB 板上的 PWR 灯的正常状态是亮的，若此灯熄灭，应先检查__________。

A. 跳线　　B. 保险　　C. RST 按钮

63. TDCS 局域网传输媒介目前采用的是__________。

A. 同轴电缆　　B. 光纤　　C. 双绞线

64. 站间及车站到局集团公司中心通道为__________通道。

A. 2 Mb/s　　B.56 Kb/s　　C. 实回线

65. TDCS 与计算机联锁的__________进行数据通信。

A. 联锁机　　B. 控显机　　C. 维修机

66. 车站站机程序死机时尽可能利用__________重新启动程序，而不是直接关闭电源。

A. Ctrl+Alt+Del　　B. reset　　C. 电源开关

67. 本站采集信息没有的情况下可尝试复位__________。

A. NPC、DIB、电源板　　B. 工控机　　C. 路由器

68. 单个邻站没有采集信息的可能原因是__________故障。

A. 本站设备　　B. 邻站设备　　C. 中心设备

69. 所有邻站没有采集信息的可能原因是__________故障。

A. 路由器　　B .集线器　　C. 路由器或外部通道

70. 双机热备板的开关正常时应放在__________位置上。

A. A　　B. Auto　　C. B

71. NPC 的__________灯表示本机处于主控状态。

A. L1　　B. L2　　C. PWR

72. NPC 的__________灯表示本机处于工作状态。

A. L1　　B. L2　　C. PWR

73. NPC 的__________灯指示与 DIB 板的通信状态。

A. 第一组 RX/TX　　B. 第二组 RX/TX

C. 第三组 RX/TX　　D. 第四组 RX/TX

74. NPC 的__________灯指示与计算机联锁的通信状态。

A. 第一组 RX/TX　　B. 第二组 RX/TX

C. 第三组 RX/TX　　D. 第四组 RX/TX

75. NPC 的__________灯指示与无线调度命令的通信状态。

A. 第一组 RX/TX　　B. 第二组 RX/TX

C. 第三组 RX/TX　　　　D. 第四组 RX/TX

76. NPC 的__________灯指示与无线车次号的通信状态。

A. 第一组 RX/TX　　　　B. 第二组 RX/TX

C. 第三组 RX/TX　　　　D. 第四组 RX/TX

77. 更换 DIB 板时，_________检查核对地址码和跳线后进行更换。

A. 需要　　　　B. 不需要

78.《维规》规定 TDCS、CTC 系统调度中心 UPS 放电时间在正常情况下不少于______min。

A. 30　　　　B. 10　　　　C. 15

79. 用路由器查看 2 Mb/s 数字通道情况，需进入____________窗口。

A. DOS　　　　B. Windows

80. 当查看到路由器某端口显示____________时，表示通道工作正常。

A. Serial0/0 is up，line protocol is up

B. Serial0/0 is down，line protocol is down

C. Serial0/0 is up，line protocol is down

附录 2　部分术语说明

DMIS：Dispatching Management Information System，调度管理信息系统。

TDCS：Train operation Dispatching Command System，列车调度指挥系统。

CTC：Centralized Traffic Control system，调度集中系统。

DSS：Dispatching Supervision System，调度监督系统。

TMIS：Transport Manage Information System，运输管理信息系统。

GSM-R：GSM for Railway，铁路数字移动通信系统。

CAD：Computer Aided Design，计算机辅助设计，指利用计算机及其图形设备帮助设计人员进行设计工作。

BASELEVEL：通信前置机。

STPC：Station PC，车站 PC。

GPC：行调台软件和系统维护台软件的统称。

NPC：Network Processing Control，网络型处理控制单元。

DIB：数据采集单元。

DB2：IBM 公司的数据库软件。

CAN：Controller Arca Network，现场控制总线。

LAN：局域网，指在一定的范围进行信息的传输，完成彼此间软硬件资源共享目的的网络。其中以太网络结构（普通 10 Mb/s，高速 100 Mb/s）最为普遍，范围在 2 km 左右。

WAN：广域网，指在多个局域网间进行信息传输，完成彼此间软硬件资源共享目的的网络。

NOS：网络操作系统，使网络运作的软件操作系统。最为普遍的是应用于个人计算机的由微软公司开发的 Windows NT，其通信协议结构使用 TCP/IP。此外还有应用于工作站上的 NetWare、Unix 及其衍生版本的操作系统。

NIC：网卡，安装在计算机内部的与网络设备连接的接口板，其中以太网卡（普通 10 Mb/s，高速 100 Mb/s）最为普遍。

中继器（Repeater）：因信号传送距离远使衰减过大时使用的信号再生设备，一般多用于局域网中。

集线器（HUB）：增加网络联结点数量的设备，相当于多口中继器。多用于局域网络节点设备较少的情况。传输速率在 10 Mb/s 以下时最大传送距离为 500 m，传输速率为 100 Mb/s 时最大传送距离为 250 m。

交换机（Switch）：增加网络节点数量的设备，且各区块端口带宽各自独立，整体传输带宽相应成倍增加。不受连接数量及连接距离的限制（传输距离归零处理）。传输速率为 200 ~ 300 Mb/s。

路由器（Router）：组成广域网时，路由器是中大型网络中相当普遍且重要的设备，除了具备中继器、集线器、交换机的功能外，还具备路由（Route）和寻址（Routing）的功能。

HDSL（高速数字用户线路）：通常应用于数字通道接口与网络设备接口距离较远的情况，通过该设备可使数据在双绞线上高速传送，传输速率可达 2 048 Kb/s，传输距离在 4 km 左右。

E1 接口协议转换器（E1 Interface Converter）：用于将 E1 数字通道与路由器互连的设备，将数字通道的 G.703 模式转换为路由器识别的 V.35 模式。

UPS 电源：不间断电源系统，通常为了保证在电力系统短时间故障时计算机及网络设备正常工作而设。分为在线式及离线式，供电保持时间从十几分钟到若干小时不等。

网关：用于连接具有完成不同的寻址机制、不兼容的协议、不同结构和不同数据格式的网络。网关从一个网络收到数据包，重新打包成目的网络能接收并处理的格式。

IP 地址：IP 地址是 TCP/IP 网络中的主机（或称为节点）的唯一地址。IP 地址是网络层的逻辑地址。

子网（Subnet）：在 TCP/IP 网络上，用路由器连接的网段。同一子网内的 IP 地址必须具有相同的网络地址。

子网掩码（Subnet Mask）：用来确定 IP 地址中的网络地址部分。其格式与 IP 地址相同，也是一组 32 位的二进制数。子网掩码中为“1”的部分对应 IP 地址中的网络地址部分，为“0”的部分对应 IP 地址中的主机地址部分。

TCP/IP：Transmission Control Protocol/Internet Protocol，传输控制协议/互联网协议。

DDF：Digital Distribution Frame，数字配线架。

RJ45 接口：多用于网络设备，是用双绞线互连的一种接口，8 芯的插头仅使用其中的 1、2、3、6 端。插头插入插孔后，平面端从左至右顺序为 1 ~ 8。对于 Ethernet 网卡，1 为 TX+，2 为 TX-，3 为 RX+，4 为 RX-；而对于 HUB，1 为 RX+，2 为 RX-，3 为 TX+，4 为 TX-。

BNC 接口：多用于网络设备，用细同轴电缆互连的一种接口。

AUI 接口：多用于网络设备，用粗同轴电缆互连的一种接口。

UDP：User Datagram Protocol，用户数据报协议。

GPS：Global Position System，全球定位系统。

CIR：Cab Integrated Radio，机车综合无线通信设备。

参考文献

[1] 刘浩，等. TB/T 3203—2008　列车调度指挥系统、调度集中系统组网技术条件[S]. 北京：中国铁道出版社，2008.

[2] 中华人民共和国铁路总公司. TB/T 2499—2008　列车调度指挥系统（TDCS）数据通信规程[S]. 北京：中国铁道出版社，2008.

[3] 中华人民共和国铁路总公司. 铁路信号维护规则[S]. 北京：中国铁道出版社，2008.

[4] 北京全路通信信号研究设计院. 铁路列车调度指挥系统及调度集中系统设计暂行规定[S]. 北京：中国铁道出版社，2007.

[5] 侯启同. 调度集中和列车调度指挥系统[M]. 北京：中国铁道出版社，2008.

[6] 过惠庆. 调度监督与调度集中[M]. 北京：中国铁道出版社，2000.

[7] 刘晓娟，董昱. 远程控制系统[M]. 成都：西南交通大学出版社，2003.

[8] 张雅净，等. 铁路行车调度[M]. 北京：中国铁道出版社，2010.

